EXLIBRIS

Berufliche Handlungskompetenz als Studienziel

8. VII. 04

Für Erika & Bea,

mit herzlichen Grüßen

von ... Friedrich

D1729768

Studienreihe der Stiftung Kreditwirtschaft an der Universität Hohenheim

Herausgeber:

Prof. Dr. Joh. Heinr. v. Stein

Band 42

Friedrich Trautwein

Berufliche Handlungskompetenz als Studienziel

Bedeutung, Einflussfaktoren und Förderungsmöglichkeiten
beim betriebswirtschaftlichen Studium an Universitäten
unter besonderer Berücksichtigung der Bankwirtschaft

Verlag Wissenschaft & Praxis

Bibliografische Information der Deutschen Bibliothek

Die Deutsche Bibliothek verzeichnet diese Publikation in
der Deutschen Nationalbibliografie; detaillierte bibliografische Daten
sind im Internet über http://dnb.ddb.de abrufbar.

D100

ISBN 3-89673-235-8

© Verlag Wissenschaft & Praxis
Dr. Brauner GmbH 2004
D-75447 Sternenfels, Nußbaumweg 6
Tel. 07045/930093 Fax 07045/930094

Alle Rechte vorbehalten

Das Werk einschließlich aller seiner Teile ist urheberrechtlich geschützt.
Jede Verwertung außerhalb der engen Grenzen des Urheberrechtsgesetzes
ist ohne Zustimmung des Verlages unzulässig und strafbar. Das gilt insbesondere für Vervielfältigungen, Übersetzungen, Mikroverfilmungen und
die Einspeicherung und Verarbeitung in elektronischen Systemen.

Printed in Germany

GELEITWORT DES HERAUSGEBERS

Mit der Studienreihe möchte die Stiftung Kreditwirtschaft Arbeiten, die an der Universität Hohenheim zu bank- und finanzwirtschaftlichen Themen entstanden sind, einem interessierten Fachpublikum zugänglich machen. Die Veröffentlichungen sollen Erkenntnisse und Gedankenaustausch in Wissenschaft und Praxis fördern.

Die Arbeit Trautweins ist für das Selbstverständnis der Universität sowie für Arbeitgeber, Absolventen und Studierende bedeutungsvoll. Denn berufliche Handlungskompetenz ist eine Grundvoraussetzung für beruflichen Erfolg und persönliche Freude an der Arbeit. Hier will die Untersuchung dazu beitragen, die noch weit verbreitet, einseitig fachlich orientierte und im Frontalunterricht angebotene Lehre zu überwinden. Dafür wird ein Konzept beruflicher Handlungskompetenz mit den Hauptbestandteilen Sach-, Sozial- und Selbstkompetenz vorgeschlagen; die drei Dimensionen und ihre Beziehungen zueinander werden theoretisch und empirisch untersucht. Die Ergebnisse bilden wichtige Erkenntnisse für die Umorientierung und Neugestaltung des Studiums. Sie belegen, dass die Förderung beruflicher Handlungskompetenz durchaus zu Auftrag und Selbstverständnis wissenschaftlicher Hochschulen passt und dass die Möglichkeiten dafür bei Weitem nicht ausgeschöpft sind. Der Verfasser zeigt Defizite und Verbesserungsmöglichkeiten klar und wirklichkeitsbezogen auf. Seine Arbeit ist für Wissenschaft und Arbeitgeber gleichermaßen nützlich.

Sie ist im Rahmen eines Projekts zur Weiterentwicklung der universitären Lehre am Hohenheimer Banklehrstuhl entstanden. Allen Förderern dieses Projekts möchte ich auch an dieser Stelle herzlich danken.

Ich wünsche diesem Band der Studienreihe Stiftung Kreditwirtschaft reges Interesse und fruchtbare Wirkung.

Stuttgart, im Juni 2004

Prof. Dr. Joh. Heinr. von Stein

VORWORT DES AUTORS

„Auf der Grenze" überschreibt der Religionsphilosoph Paul Tillich die für ihn wichtige theologisch-philosophische Grenzerfahrung. Eine Grenze ist ihrem Wesen nach etwas ganz Spezifisches: Sie trennt und verbindet.

Der Weg auf der Grenze zwischen Erziehungswissenschaft und Betriebswirtschaft war für mich die bestimmende Komponente der Jahre vor und während der Entstehung dieser Arbeit. Im Rahmen meines Studiums der Wirtschaftspädagogik habe ich mich sowohl mit erziehungswissenschaftlichen als auch mit betriebswirtschaftlichen Fragestellungen beschäftigt. Besonders wichtig waren für mich die erziehungswissenschaftlichen Lehrveranstaltungen und Forschungen zur beruflichen Handlungskompetenz von Herrn Professor Dr. Diethelm Jungkunz. Meine anschließende Tätigkeit am Lehrstuhl für Bankwirtschaft und Finanzdienstleistungen war maßgeblich durch die von Herrn Professor Dr. Johann Heinrich von Stein initiierte und vorangetriebene Reform des bankwirtschaftlichen Studiums bestimmt.

Diese ganz unterschiedlichen Anregungen, die kontinuierliche kritische Auseinandersetzung mit betriebswirtschaftlichen und erziehungswissenschaftlichen Betrachtungsweisen sowie die eigene betriebswirtschaftliche Lehrtätigkeit erwiesen sich als grundlegend für meine Dissertation. Eine solche interdisziplinäre Betrachtungsweise ist meines Erachtens wichtig, um menschliche Bildungsprozesse beim betriebswirtschaftlichen Studium angemessen abzubilden und den Ansprüchen des Individuums und der Gesellschaft gleichermaßen gerecht zu werden. „Auf der Grenze" zu stehen war für mich eine Herausforderung, um im Spannungsfeld von Verbindendem und Trennendem neue Erkenntnisse zu gewinnen.

Herzlich danke ich Herrn Professor Dr. Johann Heinrich von Stein und Herrn Professor Dr. Diethelm Jungkunz, die mich persönlich und fachlich vielfältig gefördert und mir den Weg auf der Grenze zwischen Erziehungswissenschaft und Betriebswirtschaft ermöglicht haben. Bei Herrn Professor Dr. Helmut Kuhnle bedanke ich mich für den Prüfungsvorsitz und für die anregende Zusammenarbeit unter anderem in der Studienkommission der wirtschafts- und sozialwissenschaftlichen Fakultät.

Meinen Eltern, meiner Freundin Christina und meinen Freunden danke ich für ihr Vertrauen, ihre Ermutigung und ihre kritischen Anregungen. Bei meinen Mitdoktoranden Dr. Heike Schwadorf, Simon Beck und Raphael Verstege bedanke ich mich für die langjährige vertrauensvolle Zusammenarbeit, die weit über die Dissertation hinausgeht.

Den an der empirischen Untersuchung beteiligten Professoren, Studierenden und Mitarbeitern von Kreditinstituten bin ich für ihre Unterstützung dankbar und hoffe, dass die vorliegende Arbeit interessante Anregungen für sie enthält.

Stuttgart-Hohenheim, im Juni 2004

Friedrich Trautwein

INHALTSVERZEICHNIS

ABKÜRZUNGSVERZEICHNIS

AG	Aktiengesellschaft
ANOVA	Analysis of Variance
BLK	Bund-Länder-Kommission für Bildungsplanung und Forschungsförderung
BMBF	Bundesministerium für Bildung und Forschung
BRD	Bundesrepublik Deutschland
BW	Baden-Württemberg
BWL	Betriebswirtschaftslehre
CSC	Computer Science Corporation
DFG	Deutsche Forschungsgemeinschaft
EDV	Elektronische Datenverarbeitung
E-Learning	Electronic-Learning
FA	Fachabteilung
FSI	Fragebogen zum Studieninteresse
GG	Grundgesetz
HIS	Hochschul-Informations-System
HRG	Hochschulrahmengesetz
HRK	Hochschulrektorenkonferenz
KMK	Kultusministerkonferenz
MWK	Ministerium für Wissenschaft, Forschung und Kunst Baden-Württemberg
o.S.	ohne Seite
PA	Personalabteilung
PISA	Program for International Student Assessment
SPSS	Statistical Package for the Social Sciences
UG	Universitätsgesetz
URL	Uniform Resource Locator
USA	United States of America
ZEvA	Zentrale Evaluationsagentur
ZfB	Zeitschrift für Betriebswirtschaft

SYMBOLVERZEICHNIS

α	Reliabilitätskoeffizient
Δx	Mittelwertdifferenz
n	Anzahl
n.s.	nicht signifikant
p	Wahrscheinlichkeit
P	Professoren
r	Korrelationskoeffizient
R^2	Bestimmtheitsmaß
s	Standardabweichung
S	Studierende
Σ	Summe
U	Unternehmungen
x	arithmetisches Mittel
*	$1{,}0\,\% < p \le 5{,}0\,\%$, das heißt signifikanter Mittelwertunterschied beziehungsweise Korrelationskoeffizient
**	$0{,}1\,\% < p \le 1{,}0\,\%$, das heißt hoch signifikanter Mittelwertunterschied beziehungsweise Korrelationskoeffizient
***	$p \le 0{,}1\,\%$, das heißt höchst signifikanter Mittelwertunterschied beziehungsweise Korrelationskoeffizient

ABBILDUNGSVERZEICHNIS

TABELLENVERZEICHNIS

1 Einleitung

1.1 Problemstellung und Forschungsstand

Wirtschaftliche, politische, sozio-kulturelle und technische Megatrends führen zu einem dynamischen Wandel der Unternehmungsumwelt. Dieser Wandel zwingt die Unternehmungen zu tiefgreifenden Veränderungen und führt zu andersartigen und höheren Anforderungen an Fach- und Führungskräfte. Aufgrund vernetzter, vielschichtiger Gesamtzusammenhänge müssen Fach- und Führungskräfte bei ihren Handlungen weitreichende Folge- und Nebenwirkungen in sich ständig wandelnden Kontexten bedenken. In komplexen kaufmännischen Situationen müssen einander widersprechende Interessen und Zielvorstellungen bei Entscheidungen angemessen berücksichtigt werden.

Um diesen beruflichen Anforderungen gerecht werden zu können, sind über primär tüchtigkeitsbezogene fachliche Kompetenz hinaus zunehmend stärker mündigkeitsbezogene überfachliche Kompetenzen erforderlich. Nur diese ermöglichen den Fach- und Führungskräften kritisch und selbstreflexiv mit dem Gelernten umzugehen, flexibel auf neue Anforderungen zu reagieren und einen Ausgleich zwischen den Wünschen der Kunden, den geschäftspolitischen Interessen der eigenen Unternehmung sowie den Ansprüchen der eigenen Person herzustellen. Entsprechend werden bei Befragungen von Personalverantwortlichen und in Absolventenverlaufsstudien überfachliche Kompetenzen als sehr wichtig erachtet (vgl. Kapitel 3.3.2).

Trotz dieser Erkenntnisse verharren die Universitäten überwiegend im Konzept der allein fachlich legitimierten frontalunterrichtlichen Lehre (vgl. ARNOLD/ SCHÜSSLER 1998, S. 49). Damit ignorieren sie die veränderten Anforderungen der Berufspraxis. Gerade bei solchen Kompetenzen, die wachsende Bedeutung für den Arbeitsmarkterfolg versprechen, ist die Ausbildung[1] an Universitäten defizitär. So stößt der Versuch, Studierende auf die Komplexität beruflicher Situationen und die beruflichen Anforderungen mit den für Deutschland traditionellen Formen der Wissensvermittlung vorzubereiten, zunehmend an Grenzen. Erforderlich sind vielmehr Lehr-Lern-Arrangements, die den Studierenden er-

---

[1]   Im Rahmen dieser Arbeit werden die Begriffe Ausbildung beziehungsweise Berufsausbildung an Universitäten und Studium an Universitäten synonym verwendet (vgl. hierzu KELL 1995a, S. 369).

möglichen, sich berufliche Handlungskompetenz im Sinne von Sach-, Sozial-
und Selbstkompetenz anzueignen.

Für die Gestaltung des betriebswirtschaftlichen Studiums und die Integration der
Absolventen in den Arbeitsmarkt kommt Studierenden, Unternehmungen und
Professoren[2] entscheidende Bedeutung zu. Entsprechend wichtig sind die Sicht-
weisen dieser drei Anspruchsgruppen des betriebswirtschaftlichen Studiums. Es
gibt zahlreiche Untersuchungen, die sich theoretisch und empirisch fundiert,
insbesondere unter soziologischem und psychologischem Blickwinkel, mit
Studienerfolg im Sinne von Diplomnoten und Studiendauer beschäftigen und den
Studierenden in den Mittelpunkt der Betrachtung stellen (vgl. Kapitel 2.5).
Außerdem werden die Anforderungen von Unternehmungen an Hochschulabsolventen in vielen Studien untersucht (vgl. Kapitel 3.3.2). Allerdings weisen
Unternehmungsbefragungen häufig keine oder nur eine fragmentarische theoreti-
sche Fundierung auf und sind empirisch oft unzulänglich. Vergleichsweise selten
sind Untersuchungen zum betriebswirtschaftlichen Studium, die sich mit der
Sichtweise von Professoren beschäftigen (vgl. Kapitel 3.5).

Für alle drei Anspruchsgruppen fehlen empirische Untersuchungen, die Studienerfolg theoretisch fundiert im Sinne von beruflicher Handlungskompetenz als
Befähigung zur Anwendung wissenschaftlicher Erkenntnisse und Methoden
verstehen (vgl. RINDERMANN/OUBAID 1999, S. 175). Darüber hinaus fehlen
Untersuchungen, die die Sichtweisen der wichtigsten Anspruchsgruppen des
betriebswirtschaftlichen Studiums integrativ verknüpfen. Eine solche Betrachtungsweise ist aber erforderlich, um einseitige und damit unangemessene
Schlussfolgerungen zu vermeiden. Dementsprechend stellt BUCHMANN fest,
dass die Diskussionen über die akademische Berufsausbildung auf „einer sehr
schmalen Basis gesicherter wissenschaftlicher Forschungsergebnisse geführt"
(BUCHMANN 2000, S. 53) werden (vgl. auch DFG 1990). Angesichts der
Bedeutung der universitären Ausbildung für jeden einzelnen Studierenden und
die Gesellschaft sind die derzeitigen theoretischen und empirischen Erkenntnisse
keine ausreichende Grundlage für eine zielorientierte Gestaltung des betriebswirtschaftlichen Studiums.

Hier setzt die vorliegende Untersuchung an. Ziel sind wissenschaftliche Erkenntnisse, die es ermöglichen, die Lernumwelten beim betriebswirtschaftlichen Studium so zu gestalten, dass sie die Aneignung von beruflicher Handlungskompetenz fördern. Dazu wird im Rahmen der Untersuchung sowohl theoretisch geklärt

---

[2]   Um die Verständlichkeit der Ausführungen zu erhöhen, wird im Rahmen dieser Arbeit nur die
      männliche Form verwendet.

als auch empirisch analysiert, welche Bedeutung Sach-, Sozial- und Selbstkompetenz als Dimensionen beruflicher Handlungskompetenz haben. Außerdem ist zu ermitteln, in welcher Beziehung die Dimensionen beruflicher Handlungskompetenz zueinander stehen und bei welchen Kompetenzen Defizite bei den Universitätsabsolventen gesehen werden. Dabei werden multiperspektivisch die Sichtweisen von Studierenden, Unternehmungen und Professoren integrativ verbunden. Darüber hinaus wird auf der Grundlage theoretischer Überlegungen empirisch analysiert, welche Faktoren den Erwerb beruflicher Handlungskompetenz beeinflussen. Hierbei wird zwischen Faktoren der Person und des privaten Lebensbereichs sowie studien- und berufsbezogenen Faktoren unterschieden. Aufbauend auf den theoretischen Überlegungen zur beruflichen Handlungskompetenz und den Ergebnissen der empirischen Untersuchung werden Konsequenzen für die Gestaltung des betriebswirtschaftlichen Studiums zur Förderung beruflicher Handlungskompetenz aufgezeigt.

Trotz grundlegender Gemeinsamkeiten kommt den Kompetenzen von Fach- und Führungskräften je nach Wirtschaftsbereich eine unterschiedliche Bedeutung zu und es werden unterschiedliche Ansprüche an betriebswirtschaftliche Universitätsabsolventen gestellt. Besondere Bedeutung haben Fach- und Führungskräfte in der Bankwirtschaft.[3] Aufgrund homogener Produkte und leichter Imitierbarkeit von Innovationen sind ihre Fähigkeiten für Banken und Sparkassen der zentrale Erfolgsfaktor.

Um fokussiert die Interessen der drei Anspruchsgruppen miteinander vergleichen zu können, liegt der Schwerpunkt dieser Untersuchung bei

- Studierenden, die bankwirtschaftliche Vertiefungsrichtungen gewählt haben,

- Unternehmungen, die aus der Bankwirtschaft kommen und

- Professoren, die Bankwirtschaft lehren oder Fächer, die von Studierenden häufig in Verbindung mit bankwirtschaftlichen Vertiefungsfächern gewählt werden (vgl. ausführlich zu den Befragten Kapitel 5.1.3).

Gleichzeitig ist das betriebswirtschaftliche Studium das verbindende Element:

- Für die Studierenden ist Bankwirtschaft eine von mehreren Vertiefungsrichtungen im Rahmen des betriebswirtschaftlichen Universitätsstudiums und häufig entscheiden sie sich im Anschluss an ihr Studium für einen Arbeitgeber außerhalb der Bankwirtschaft.

---

[3] Zur Bankwirtschaft werden im Rahmen dieser Untersuchung Banken und Sparkassen gezählt (vgl. auch Anhang 6). Gleichbedeutend zu Banken und Sparkassen wird auch der Begriff Kreditinstitut verwendet.

- Banken und Sparkassen suchen betriebswirtschaftliche Universitätsabsolventen als Fach- und Führungskräfte und nicht nur Absolventen bankwirtschaftlicher Studienrichtungen.

- Professoren betriebswirtschaftlicher Fachbereiche bilden für Fach- und Führungstätigkeiten in Unternehmungen und nicht nur in Kreditinstituten aus.

Aus diesem Grund wird sowohl im theoretischen und empirischen Teil der Untersuchung als auch bei den Förderungsmöglichkeiten beruflicher Handlungskompetenz das betriebswirtschaftliche Studium als ganzes betrachtet. Soweit möglich und sinnvoll finden bankwirtschaftsspezifische Aspekte besondere Berücksichtigung.

Angesichts des noch offenen Forschungsgebiets versteht sich die Untersuchung vor allem im Hinblick auf die Einflussfaktoren als explorative Studie.

1.2 Wissenschaftsdisziplinäre Einordnung

Gesellschaftliche und wirtschaftliche Veränderungen und ihre Wirkungen auf das Bildungs- und Beschäftigungssystem können monokausal nur unzureichend analysiert und bewertet werden. Sie erfordern eine interdisziplinäre Betrachtung und die Überwindung klassischer Denk- und Forschungstraditionen einzelner Disziplinen (vgl. BUCHMANN 1999, S. 22; BAETHGE/TEICHLER 1995, S. 206 und 215f. sowie KLÜVER 1995, S. 79). Eine Analyse ist daher weder allein aus pädagogischer noch allein aus betriebswirtschaftlicher Sicht hinreichend. Vielmehr betreffen menschliche Bildungs- und Qualifikationsprozesse, ihre Ursachen und Auswirkungen sowie die gezielte Einflussnahme darauf, sowohl das Forschungsfeld der Berufs- und Wirtschaftspädagogik[4] als auch das der Betriebswirtschaft (vgl. ASCHENBRÜCKER 1991, S. 1). Außerdem können

---

[4] Das Verständnis von Berufs- und Wirtschaftspädagogik ist unter Fachvertretern strittig (vgl. exemplarisch SCHMIEL/SOMMER 2001, S. 13). Aus systemischer Sicht stellt sich Berufs- und Wirtschaftspädagogik als Netzwerk der drei Systeme Beruf, Wirtschaft und Pädagogik dar (vgl. REBMANN/TENFELDE/UHE 1998, S. 54). Häufig werden Berufspädagogik und Wirtschaftspädagogik allerdings getrennt betrachtet. Vereinfachend kann gesagt werden, dass sich die Berufspädagogik vorwiegend auf gewerblich technische Ausbildungsgänge bezieht, während die Wirtschaftspädagogik für kaufmännische Berufsfelder verantwortlich zeichnet (vgl. PÄTZOLD 1999, S. 124; KAISER 1999, S. 394). Im Rahmen dieser Arbeit kommt der Abgrenzung keine Bedeutung zu. Die Begriffe Berufspädagogik, Wirtschaftspädagogik sowie Berufs- und Wirtschaftspädagogik werden daher synonym verwendet.

Aspekte der Bildungsökonomie, der Psychologie und der Soziologie in eine Analyse eingehen.

Aus Sicht einer berufs- und wirtschaftspädagogisch fundierten Berufsbildungsforschung sind berufliche Tüchtigkeit und Mündigkeit die normativen Zielkategorien der Berufsbildung (vgl. JUNGKUNZ 1995, S. 18 und S. 28ff.; KELL 2000, S. 150). „Berufliche Tüchtigkeit als normative Zielkategorie der Berufsausbildung bezeichnet formal die umfassende Erfüllung einer vorgegebenen beruflichen Leistungsanforderung" (JUNGKUNZ 1995, S. 28). Damit bezieht sich berufliche Tüchtigkeit auf individuelle Qualifikationen, die es einer Person ermöglichen, bestimmten Aufgaben im Rahmen einer beruflichen Tätigkeit gerecht zu werden. Berufliche Mündigkeit bezieht sich hingegen auf „den kritischen selbstreflexiven Gebrauch der für die berufliche Tüchtigkeit erworbenen Kenntnisse, Fertigkeiten und Einstellungen sowie die kritische Reflexion betrieblicher, beruflicher und gesellschaftlicher Strukturen in sozialer Verantwortung durch das Individuum" (JUNGKUNZ 1995, S. 36). Dieser Aspekt beinhaltet berufliche Tüchtigkeit, geht aber darüber hinaus. Da die Ziele berufliche Tüchtigkeit und Mündigkeit für den gesamten Bereich der Berufsbildung Geltung beanspruchen können, lassen sich diese Zielkategorien auch auf die akademische Berufsausbildung an Universitäten übertragen (vgl. BUCHMANN 2000, S. 68).

Mit den Zielkategorien korrespondieren die einzelnen Dimensionen beruflicher Handlungskompetenz. Während sich Sachkompetenz dominant der Zielkategorie berufliche Tüchtigkeit zuordnen lässt, kann Selbstkompetenz dominant beruflicher Mündigkeit zugeordnet werden (vgl. JUNGKUNZ 1995, S. 72). Sozialkompetenz bezieht sich als vermittelnde Komponente zwischen Gesellschaft und Individuum auf beide Zielkategorien. Damit stellt berufliche Handlungskompetenz eine Konkretisierung der normativen Zielkategorien beruflicher Bildung dar und macht diese bestimmbar.

Ihrer Bedeutung entsprechend ist berufliche Handlungskompetenz vor allem als Ausbildungsziel im Dualen System seit vielen Jahren ein zentraler Bestandteil der berufs- und wirtschaftspädagogischen Forschung und Gegenstand teils umfangreicher empirischer Studien (vgl. beispielsweise JUNGKUNZ 1995). Im Mittelpunkt der Betrachtung steht dabei das auszubildende Individuum mit seinen Bildungsansprüchen („homo educandus").

Demgegenüber wird der Mensch aus betriebswirtschaftlicher Perspektive weitgehend unter ökonomischen Nützlichkeitsüberlegen betrachtet („homo oeconomicus"). Ziel einer solchen Betrachtungsweise ist die möglichst optimale Funktionalisierung des Menschen und damit des Humankapitals von Unternehmungen. Das entsprechende betriebswirtschaftliche Forschungsfeld ist die Personalwirtschaft und hier insbesondere die Personalbeschaffung sowie die Personalentwicklung (vgl. ASCHENBRÜCKER 1991, S. 1).

Aufgabe der Personalwirtschaft ist es, Unternehmungen Mitarbeiter zur Verfügung zu stellen, die in qualitativer und quantitativer Hinsicht dem Bedarf zum jeweiligen Zeitpunkt und am relevanten Ort entsprechen. Zur Deckung dieses Bedarfs stehen Unternehmungen intern die Personalentwicklung sowie extern die Personalbeschaffung zur Verfügung. Aufgrund veränderter Anforderungen an die Kompetenz ihrer Fach- und Führungskräfte stehen Unternehmungen vor allem vor dem Problem, ihren Personalbedarf in qualitativer Hinsicht zu decken. Hier bietet das Konzept der beruflichen Handlungskompetenz die Möglichkeit, die qualitativen Anforderungen von Unternehmungen an Fach- und Führungskräfte und damit an Universitätsabsolventen angemessen abzubilden und systematisch zu operationalisieren.

Berufliche Handlungskompetenz als Ziel des betriebswirtschaftlichen Studiums an Universitäten ist damit gleichzeitig ein Forschungsfeld der Berufs- und Wirtschaftspädagogik und der Betriebswirtschaft. Auch wenn sich in Betriebswirtschaftslehre und Pädagogik gleiche Betrachtungsweisen abzeichnen (vgl. DUBS 1998, S. 13) und ACHTENHAGEN von der „Koinzidenz ökonomischer und pädagogischer Vernunft" (ACHTENHAGEN 1990, S. VII) spricht, bleibt die Spannung zwischen unterschiedlichen Sichtweisen erhalten. Diese Spannung findet sich in der Struktur der Arbeit in Form der Anspruchsgruppen wieder.

1.3   Aufbau der Arbeit

Die Arbeit gliedert sich in sieben Kapitel (vgl. Abbildung 1).

Auf die Einleitung (Kapitel 1) folgend wird das betriebswirtschaftliche Studium als Bezugsrahmen der Untersuchung vorgestellt (Kapitel 2). Ziel dieses Kapitels ist zunächst, den Entwicklungsrahmen von Studierenden zu analysieren und die Situation der Betriebswirtschaftslehre an deutschen Universitäten zu charakterisieren. Darüber hinaus werden die wesentlichen Anspruchsgruppen des betriebswirtschaftlichen Studiums herausgearbeitet. Daran anschließend werden Bedeutung und Potenziale der Qualitätssicherung zur Optimierung der betriebswirtschaftlichen Ausbildung beleuchtet und der Beitrag der vorliegenden Untersuchung zur Qualitätssicherung aufgezeigt. Das Kapitel schließt mit Überlegungen zu den Zielen des betriebswirtschaftlichen Studiums. Dabei werden die Erfolgskriterien Diplomnote und Studiendauer einer kritischen Prüfung unterzogen und ihre Bedeutung relativiert.

Im Mittelpunkt von Kapitel 3 steht berufliche Handlungskompetenz als ganzheitliches Studienziel. Hierzu wird zunächst das Konzept der beruflichen Handlungskompetenz vorgestellt. Darauf aufbauend wird analysiert, welche Bedeutung beruflicher Handlungskompetenz als Studienziel aus Sicht von Unternehmungen, Studierenden und Professoren zukommt. Ein Fazit mit Leitfragen zur empirischen Analyse beruflicher Handlungskompetenz rundet Kapitel 3 ab.

In Kapitel 4 folgen theoretische Überlegungen zu den Einflussfaktoren auf die Entwicklung beruflicher Handlungskompetenz. Diese lassen sich entsprechend dem in Kapitel 2 vorgestellten Entwicklungsrahmen von Studierenden in vier Bereiche unterteilen. Einfluss auf den Erwerb beruflicher Handlungskompetenz könnten demnach Faktoren der Person (beispielsweise kognitive Fähigkeiten), Faktoren des privaten Lebensbereichs (zum Beispiel die soziale Eingebundenheit), studienbezogene Faktoren (etwa die Qualität der Lehrveranstaltungen) und berufsbezogene Faktoren (beispielsweise Praktika) haben.

Auf Basis der theoretischen Überlegungen folgt in Kapitel 5 die empirische Analyse beruflicher Handlungskompetenz. Im Rahmen dieses Kapitels wird die Untersuchung zunächst im Hinblick auf die Methoden der Datenerhebung und Datenauswertung gekennzeichnet und die Stichprobe beschrieben. Im Folgenden werden die empirischen Befunde aus Sicht von Studierenden, Unternehmungen und Professoren charakterisiert und analysiert. Hierbei werden jeweils die Ergebnisse zur Sach-, Sozial- und Selbstkompetenz, zur beruflichen Handlungskompetenz sowie zur Qualität der Ausbildung und zu den Einflussfaktoren betrachtet. Danach werden die Ergebnisse vergleichend analysiert und der Handlungsbedarf beim betriebswirtschaftlichen Studium aufgezeigt.

In Kapitel 6 werden die Konsequenzen für die Gestaltung des betriebswirtschaftlichen Studiums an Universitäten gezogen. Neben der theoretischen und empirischen Analyse beruflicher Handlungskompetenz und ihrer Einflussfaktoren stellen lerntheoretische Überlegungen zum Kompetenzerwerb die Grundlage der Gestaltungsempfehlungen dar. Darauf aufbauend werden Förderungsmöglichkeiten beruflicher Handlungskompetenz im Rahmen von Lehrveranstaltungen und durch die Gestaltung des ergänzenden Dienstleistungsangebots analysiert.

Eine Schlussbetrachtung (Kapitel 7) schließt die Untersuchung ab.

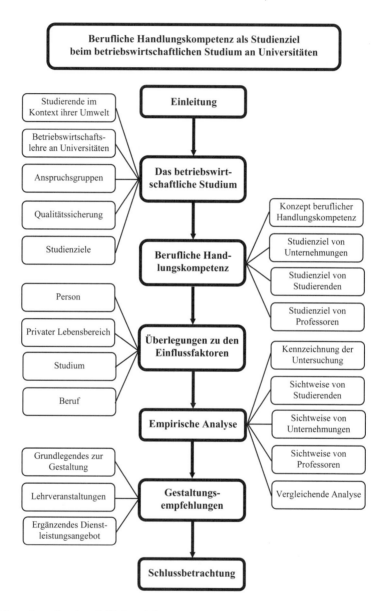

Abbildung 1:   Strukturbild der Arbeit

2 Das betriebswirtschaftliche Studium als Bezugsrahmen der Untersuchung

2.1 Studierende im Kontext ihrer Umwelt[5]

Häufig wird die Ausbildung Studierender an Universitäten als Ausbildung im „Elfenbeinturm" bezeichnet. Dabei wird davon ausgegangen, dass Universitäten ein in sich geschlossenes, von der Umwelt relativ unabhängiges System sind. Tatsächlich steht die Ausbildung an Universitäten und mit ihr die Entwicklung Studierender in enger und zunehmend stärker werdender Wechselbeziehung zu verschiedenen Umweltsystemen (vgl. MAYER 1999, S. 79). KELL (vgl. 1995b, S. 294) spricht sogar davon, dass Bildungs- und Beschäftigungssystem nicht nur in enger Wechselbeziehung stehen, sondern nicht mehr genau voneinander abgrenzbar sind. Um die Bedingungen für den Erwerb beruflicher Handlungs-kompetenz bei Studierenden umfassend und systematisch analysieren zu können, müssen die Studierenden im Kontext ihrer Umwelt betrachtet werden.

Die Umwelt als Entwicklungsrahmen kann dabei nach BRONFENBRENNER (vgl. 1979) als Anordnung ineinander geschachtelter Systeme verstanden werden, die von der jeweils nächsten Systemebene umschlossen werden. Diese Strukturen werden als Mikro-, Meso-, Exo- und Makrosystem bezeichnet (vgl. Anhang 1).[6] Bei Mikro- und Mesosystemen handelt es sich um Lebensbereiche, an denen das Individuum aktiv beteiligt ist. Sie sind dadurch gekennzeichnet, dass Menschen in ihnen in direkter Interaktion stehen. Mikro- und Mesosysteme werden umfasst von Exosystemen. Diese haben zwar Einfluss auf die sich entwickelnde Person, die Person ist an ihnen aber nicht aktiv beteiligt. Exosysteme wiederum sind eingebettet in das Makrosystem. Dieses beinhaltet die grundsätzliche formale und inhaltliche Ähnlichkeit der Systeme niedrigerer Ordnung. Es bezieht sich auf die grundlegenden Strukturen von Gesellschaft, Staat, Wirtschaft und Kultur.

---

[5] Die *Umwelt* als Gesamtheit unterteilt sich in spezifische *Umwelten*. Im Rahmen dieser Arbeit wird daher sowohl von der *Umwelt* als auch von *Umwelten* gesprochen.

[6] Obwohl es nicht *das* Mikrosystem gibt, sondern mehrere Mikrosysteme (beispielsweise Studiensi-tuation oder Praktikumssituation), wird der Begriff Mikrosystem auch übergreifend für die ein-zelnen Mikrosysteme verwendet (vgl. KELL 1989, S. 13). Gleiches gilt für Meso- und Exo-system.

Über BRONFENBRENNERs Ansatz hinausgehend ist meines Erachtens inzwischen eine das Makrosystem umfassende globale Umwelt in die Betrachtung mit einzubeziehen. Beispielsweise gehen von europäischen ebenso wie von außereuropäischen wirtschaftlichen, politischen und gesellschaftlichen Trends starke Einflüsse auf das nationale Makrosystem aus und wirken sich über gesellschaftliche Subsysteme auch auf Studierende aus. Solche globale Trends sind zum Beispiel eine zunehmende Internationalisierung des Wirtschaftens oder die Globalisierung von Ressourcennutzung und Umwelteinflüssen (vgl. hierzu BUTTLER 1992, S. 163f.; ACHTENHAGEN 1995, S. 156ff.). Ebenso führt der Einsatz von Informations- und Kommunikationstechnik zu Veränderungen in fast allen Lebensbereichen und wirkt sich ganz besonders in immer schneller werdenden Veränderungen des Beschäftigungssystems aus (vgl. DIEPOLD/KELL 1993, S. 7).

Bei einigen Aspekten des Studiums, beispielsweise im Hinblick auf die Aneignung von Fachwissen, ist allein die Betrachtung der Studiensituation an der Hochschule hinreichend. Dies gilt insbesondere dann, wenn im Rahmen des Studiums keine Praktika vorgeschrieben sind und Studierende aus Eigeninitiative keine Praktika absolvieren. Bei Studierenden, die Praktika absolvieren oder als Werkstudenten tätig sind, ist darüber hinaus die Verknüpfung der Lern- und Arbeitsfelder Universität und Unternehmung angemessen, um die relevanten Aspekte zu berücksichtigen. Berührungspunkte des universitären und betrieblichen Lernens und Arbeitens mit dem System zur privaten Lebensgestaltung sind hingegen weniger relevant.

Im Hinblick auf den Erwerb von beruflicher Handlungskompetenz ist die Beschränkung auf das Bildungs- und gegebenenfalls das Beschäftigungssystem jedoch nicht hinreichend, weil insbesondere der Erwerb von Sozial- und Selbstkompetenz alle Lebensbereiche von Studierenden betrifft. Insofern kann hier von einer „Multilokalität" (TULLY 1994, S. 37) der Bildung gesprochen werden.

Dies bedeutet auf Mikro-, Meso- und Exosystemebene sowie eingeschränkt auch auf Makrosystemebene jeweils eine Dreiteilung der in die globale Umwelt eingebetteten Systeme (vgl. Abbildung 2):[7]

---

[7]   Zur grafischen Darstellung vgl. auch BUCHMANN 1999, S. 80; BUCHMANN 2000, S. 65; KLEBER 1995, S. 89; KELL 1995a, S. 377. Da BRONFENBRENNER selbst die Anordnung der Umweltsysteme grafisch nicht verbindlich dargestellt hat und seine Definitionen von Mikro-, Meso-, Exo- und Makrosystem nicht eindeutig sind, werden diese teils unterschiedlich dargestellt. Insbesondere die strukturelle Einordnung des Exosystems wird kritisch gesehen (vgl. SCHWADORF 2003, S. 28f.).

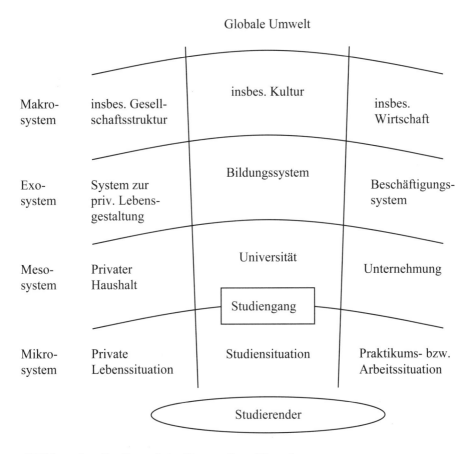

Abbildung 2:   *Studierende im Kontext ihrer Umwelt*
(vgl. BUCHMANN/KELL 1997, S. 594)

- **Mikrosysteme** sind die Studiensituation an der Universität, Praktikums-
  oder Arbeitssituation in Unternehmungen und die private Lebenssituation.

- **Mesosysteme** sind die Universität des Studierenden, Unternehmungen als
  gegenwärtige und künftige Arbeitgeber sowie der private Haushalt des Studierenden.

- **Exosysteme** sind das Bildungssystem, das Beschäftigungssystem und das
  System zur privaten Lebensgestaltung (Freizeitbereich).

- Das **Makrosystem** umschließt als grundsätzliche weltanschauliche Ordnung die Bereiche Bildung, Beschäftigung und Freizeit und verbindet damit die Subsysteme. Allerdings können den einzelnen Exosystemen die strukturellen Bereiche Kultur, Wirtschaft und Gesellschaftsstruktur des Makrosystems zugeordnet werden, in denen ökonomische, pädagogische und politische Normvorstellungen dominant sind (vgl. BUCHMANN/KELL 1997, S. 595).

Zentral für die menschliche Entwicklung[8] und damit auch für die Aneignung von beruflicher Handlungskompetenz ist das Erleben des Individuums in Mikrosystemen. Auslöser für Veränderungen liegen jedoch häufig auf übergeordneten Systemebenen.

Um Dynamik und Wirkungen der Anpassung von Individuum und Umwelt erfassen zu können, ist daher eine differenzierte Betrachtung der Umwelt erforderlich. So stehen Studierende, Universitäten und Unternehmungen zueinander und zu den sie umgebenden Umwelten in horizontalen und vertikalen Beziehungen. Horizontale Beziehungen bestehen auf einer Systemebene, beispielsweise im Mikrosystem zwischen Studiensituation und Praktikumssituation und im Mesosystem zwischen Universität und Unternehmung. Vertikale Beziehungen sind hingegen systemebenenübergreifend. Sie beziehen sich darauf, in welchem Verhältnis zum Beispiel eine Universität zum Bildungssystem steht.

Dabei stellt die auf BRONFENBRENNER zurückgehende Sichtweise das Individuum mit seinen Wahrnehmungen, Einstellungen und Kognitionen in den Mittelpunkt der Betrachtung, ohne die Wechselbeziehungen mit der Umwelt zu vernachlässigen (vgl. KELL 1989, S. 14; JUNGKUNZ 1995, S. 22). Vom Individuum ausgehend werden nicht nur die unmittelbaren Lebensbereiche berücksichtigt, sondern auch die Beziehungen zu übergeordneten Umwelten. Dies ist wichtig, weil beispielsweise die Wahrnehmung von Studien- oder Praktikumssituationen davon abhängig ist, wie ein Studierender die vom Beschäftigungssystem gestellten Anforderungen wahrnimmt. Sieht ein Studierender detaillierte fachtheoretische Kenntnisse als wichtige Anforderung der Praxis, so wird er den derzeit oftmals stark fachwissenschaftlich geprägten Lehrveranstaltungen eine andere Bedeutung zumessen als ein Studierender, der als entscheidende Anforderung des Beschäftigungssystems Sozial- und Selbstkompetenz wahrnimmt.

---

[8]   Die Entwicklung einer Person bedeutet die dauerhafte Veränderung der Art und Weise, wie eine Person die Umwelt wahrnimmt und sich mit ihr auseinandersetzt (vgl. BRONFENBRENNER 1979, S. 3; KELL 1984, S. 32 sowie ergänzend PIAGET 1976, S. 11ff.).

Wichtig für die Entwicklung von Personen sind die Übergänge zwischen Umweltbereichen. Verharrt eine Person in einem Umweltbereich gibt es weniger Anreize der Umwelt zur Weiterentwicklung der Person als bei häufigen Wechseln. So können von der Aufnahme eines Studiums, dem anschließenden Wechsel ins Beschäftigungssystem, aber auch studienbegleitend durch Praktika oder den Wechsel der Hochschule, starke Entwicklungsimpulse ausgehen. Beispielsweise verlangt ein Praktikum vom Studierenden, dass er sich über fachliche Anforderungen hinaus in die spezifische Unternehmungskultur integriert. Dadurch wird er gezwungen, seine Vorstellungen über die Umwelt zu reflektieren und kann differenziertere Vorstellungen über die Umwelt und seine eigene Person erwerben.

Das Modell BRONFENBRENNERs bietet einen theoretischen Bezugsrahmen zur Erforschung der menschlichen Entwicklung. Es erlaubt, Strukturen und Prozesse, die die menschliche Entwicklung beeinflussen, in ein einheitliches und doch differenziertes begriffliches Schema zu bringen. Damit ermöglicht das Modell eine integrative Sichtweise des komplexen Umweltgefüges (vgl. SCHMIDT-PETERS 2000, S. 94; SCHULZE 1995, S. 265f.). Angesichts des vielschichtigen Beziehungsgeflechts von Gesellschaft, Ökonomie, Hochschule und Individuum erscheint das Modell gut geeignet, um die Entwicklung von Studierenden ganzheitlich zu betrachten.

Besondere Bedeutung für die Entwicklung von beruflicher Handlungskompetenz kommt dem Bildungssystem zu, da es den Entwicklungsbereich darstellt, bei dem pädagogisch gestaltete Bildungsprozesse im Mittelpunkt stehen. Entsprechend der Zielsetzung der Arbeit werden daher im Folgenden Universitäten und das Studienfach Betriebswirtschaftslehre als Rahmenbedingung für die Aneignung von beruflicher Handlungskompetenz durch Studierende näher betrachtet. Dem Verständnis der Betriebswirtschaftslehre und ihrer Aufgaben kommt eine wichtige Rolle zu, da dieses Verständnis prägenden Einfluss auf die Gestaltung und Wahrnehmung der Lernumwelten und damit auf die Entwicklungsmöglichkeiten der Studierenden hat.

2.2 Betriebswirtschaftslehre an Universitäten

Universitäten sind Einrichtungen des tertiären Bildungssektors. Als Universitäten werden in Deutschland Hochschulen (vgl. hierzu § 1 HRG) bezeichnet, wenn sie durch Landesgesetz als solche ausgewiesen werden (vgl. beispielhaft § 1 und § 2 UG BW sowie vertiefend zum deutschen Hochschulsystem MWK 1998; MÜLLER-BÖLING 1997 und 2000; HOFFACKER 2000; HERBERGER 2001;

HÖNN 2002). Sie sind mehrheitlich staatliche Einrichtungen mit wissenschaftlicher Ausrichtung und Prägung in der Trägerschaft der Bundesländer und werden überwiegend aus öffentlichen Mitteln der Länder finanziert. Merkmale von Universitäten, die sie von anderen Hochschulen und insbesondere von Fachhochschulen unterscheiden, sind das Promotions- und Habilitationsrecht, das breite Fächerangebot sowie die Einheit und Gleichrangigkeit von Forschung und Lehre (vgl. WOLL 2001, S. 13ff.; BODE 1996, S. 10; FINKENSTAEDT 1990, S. 155).

Universitäten besitzen in der Ausgestaltung des Studiums große Freiheiten. Durch die vom Hochschulrahmengesetz vorgegebenen Rahmenbedingungen wird jedoch trotz der Freiheiten und des im Hochschulsystem dominierenden föderalen Systems in grundlegenden Fragen die bundesweite Einheitlichkeit des Studiums gewährleistet (vgl. WIEDMANN 2001, S. 28f.). Beispiele für solche Vorgaben sind die Regelstudienzeit (vgl. § 11 HRG), die Gestaltung von Prüfungen (vgl. §§ 15f. HRG) und die Zulassung zum Studium (vgl. §§ 27ff. HRG). Eine Präzisierung dieser Bestimmungen erfolgt in den Universitätsgesetzen der Bundesländer sowie in den Studien- und Prüfungsordnungen der Universitäten. In den Studien- und Prüfungsordnungen regeln die Universitäten weitgehend autonom den Aufbau und Inhalt der Studiengänge sowie die Art der Prüfungen. Ihnen kommt eine zentrale Bedeutung für die Gestaltung des Studiums zu.

Wie im vorangegangen Kapitel verdeutlicht, stehen Universitäten und mit ihnen das Studienfach Betriebswirtschaftslehre als Teil des Bildungssystems in enger Wechselbeziehung zu anderen gesellschaftlichen (Sub-)Systemen. Den unterschiedlichen Umwelten und ihren Einflüssen entsprechend haben sich international unterschiedliche Hochschulsysteme herausgebildet (vgl. beispielsweise BRUNSTEIN 1991; DE WEERT 1997; GELLERT 1999; MÜNCH 2000; HEYMAN 2001; MEWES 2001). Gleichzeitig sind Universitäten durch ihre Geschichte geformt und haben eine eigene, relativ stabile Struktur entwickelt. Diese übt wesentlichen Einfluss auf die gegenwärtige Gestaltung des Studiums aus.

Die deutsche Universität ist bis in die Gegenwart wesentlich durch die eng mit dem Namen HUMBOLDTs verbundene neuhumanistische Universitätsreform geprägt (vgl. ROSIGKEIT 1995, S. 23ff.; MITTELSTRASS 1994, S. 19ff.; SCHIMANK/WINNES 2001). Grundlage dieser Reform war die neuhumanistische Vorstellung einer umfassenden Bildung des Individuums und damit verbunden der Trennung von Allgemeinbildung und beruflicher Qualifizierung. Gleichzeitig gelang es HUMBOLDT im Sinne der Freiheit von Forschung und Lehre, den Universitäten ebenso wie einzelnen Professoren ein hohes Maß an Autonomie zu sichern. Charakteristisch für deutsche Universitäten ist darüber hinaus, im Gegensatz beispielsweise zu Business Schools amerikanischer Prägung, die enge Verzahnung von Forschung und Lehre (vgl. MEFFERT/KIRCHGEORG 1999,

S. 85) bei relativer Unabhängigkeit der Forschung von unmittelbaren gesellschaftlichen Ansprüchen.

Mit insgesamt 1.351.817 Studierenden im Wintersemester 2001/2002 (vgl. STATISTISCHES BUNDESAMT 2002b) bilden die 91 Universitäten den Kern des deutschen Hochschulsystems. Auch wenn die Zahl der Fachhochschulen die Zahl der Universitäten deutlich übersteigt, sind an ihnen „nur" 484.405 Studierende eingeschrieben (vgl. STATISTISCHES BUNDESAMT 2002a und 2002b).

Von den Studierenden an Universitäten waren im Wintersemester 2001/2002 181.013 und damit über 13 % in wirtschaftswissenschaftlichen Studiengängen immatrikuliert (vgl. STAUFENBIEL/HEIMBURGER/FRIEDENBERGER 2002, S. 147ff. sowie ergänzend BMBF 2000; KMK 2001; WISSENSCHAFTSRAT 2002, S. 22ff.). Diese verteilen sich auf 81 der insgesamt 91 Universitäten. Nur an 10 Universitäten ist kein wirtschaftswissenschaftliches Studium möglich, so dass die Wirtschaftswissenschaften fester Bestandteil fast aller deutschen Universitäten sind. Die zahlenmäßig wichtigste wirtschaftswissenschaftliche Studienrichtung bildet die Betriebswirtschaftslehre mit 74.328 Studierenden an insgesamt 53 Universitäten (vgl. STAUFENBIEL/HEIMBURGER/FRIEDENBERGER 2002, S. 147ff.).[9]

Gegenstand der Betriebswirtschaftslehre ist das „Wirtschaften in Betrieben unter Berücksichtigung der Wechselbeziehungen zu anderen Betrieben und zu den sie umgebenden Wirtschaftsbereichen" (SCHWEITZER 2000, S. 24).

Ihre Ursprünge hat die moderne Betriebswirtschaftslehre in den Gründungen der ersten Handelshochschulen in Leipzig, Aachen, Wien und St. Gallen ab 1898 (vgl. auch im Folgenden WÖHE/DÖRING 2000, S. 66ff.; SCHANZ 2000, S. 93ff. sowie WITT 1995, S. 34ff.). Bis zur Mitte des 20. Jahrhunderts entwickelten sich drei Auffassungen, die auch die gegenwärtige Betriebswirtschaftslehre noch in unterschiedlicher Stärke beeinflussen: die empirisch-realistische Betriebswirtschaftslehre (SCHMALENBACH), die theoretische Richtung der Betriebswirtschaftslehre (RIEGER) sowie die normativ-wertende Betriebswirtschaftslehre (NICKLISCH).

Ziel der empirisch-realistischen Richtung war eine angewandte Betriebswirtschaftslehre, deren Ergebnisse unmittelbar der betrieblichen Praxis dienen sollten. Im Gegensatz zu SCHMALENBACH lehnte es RIEGER ab, dass die Be-

---

[9]   Darüber hinaus studieren 48.912 Studierende Ökonomie beziehungsweise Wirtschaftswissenschaften und 24.964 Volkswirtschaftslehre. Die übrigen Studierenden verteilen sich auf weitere wirtschaftswissenschaftliche Studiengänge wie beispielsweise Wirtschaftspädagogik und Wirtschaftsinformatik (vgl. STAUFENBIEL/HEIMBURGER/FRIEDENBERGER 2002, S. 147ff.).

triebswirtschaftslehre auf die Anwendung ihrer Erkenntnisse in der Praxis be-
dacht sein müsse. Vielmehr stellen betriebswirtschaftliche Forschung und Lehre
für ihn einen vom Verwertungszusammenhang losgelösten Wert an sich dar. Ziel
von NICKLISCHs Ansatz war es, unabhängig vom tatsächlich vorgefundenen
betrieblichen Geschehen aus sogenannten allgemeingültigen sittlichen Normen
einen betrieblichen Idealzustand abzuleiten. Im Unterschied dazu lehnen sowohl
SCHMALENBACH als auch RIEGER Werturteile in der Betriebswirtschaftslehre soweit möglich ab.

Nach dem 2. Weltkrieg entwickelte sich GUTENBERGs (vgl. 1951 und 1955)
faktortheoretischer Ansatz zur dominierenden Richtung in der Betriebswirtschaftslehre (vgl. STÜDEMANN 1994, S. 36f.). Er führte zu einem hohen Maß
an Geschlossenheit betriebswirtschaftlicher Theorien. Gleichzeitig hatte der
Ansatz eine Vernachlässigung qualitativer Fragestellungen zur Folge. Vor allem
MELLEROWICZ (vgl. 1952) sah in GUTENBERGs Ansatz eine zu starke
Trennung von wissenschaftlicher Theorie und betrieblicher Praxis. Ziel der
Betriebswirtschaftslehre ist nach Ansicht von MELLEROWICZ, Unternehmungen bei der konkreten Entscheidungsfindung zu unterstützen. Anders als GU-
TENBERG, der sich vorwiegend auf mathematisch-deduktiv gewonnene Er-
kenntnisse stützt, arbeitete MELLEROWICZ seinem Erkenntnisinteresse ent-
sprechend vorwiegend empirisch-induktiv.

Gegenwärtig kann von einem pluralistischen Verständnis des Faches gesprochen
werden. Beispiele sind die systemorientierte, entscheidungsorientierte und verhal-
tenswissenschaftliche Betriebswirtschaftslehre. Gleichzeitig wird die Bedeutung
der (sozialwissenschaftlichen) Nachbardisziplinen anerkannt (vgl. BROCKHOFF
1996, S. 138). Entscheidende Bedeutung für das Verständnis der Betriebswirtschaftslehre hat aber auch heute noch das Theorie-Praxis-Verhältnis, das sich als
„unendliche Geschichte" (WÄCHTER 1999, S. 18) wie ein „roter Faden"
(WÄCHTER 1999, S. 19) durch die Betriebswirtschaftslehre als Wissenschaft
zieht (vgl. auch ALBACH 1992; FREIMANN 1994; KIESSLER 1994; MOR-
KEL 2000).

So fordern Vertreter einer Theorie- und Wissenschaftsorientierung, das betriebswirtschaftliche Studium relativ losgelöst von den Anforderungen der Unternehmungen zu gestalten. Teilweise wird von ihnen die Ansicht vertreten, dass
Betriebswirtschaftslehre der beruflichen Realität gerade durch das hohe Abstrak-
tionsniveau am besten dient. Dem steht die Forderung einer starken Praxis-
beziehungsweise Berufsorientierung entgegen. Dieser Ansicht nach sollte die
berufliche Praxis organisierendes Prinzip und zentraler Bezugspunkt für die
Entwicklung und Ausgestaltung von Studiengängen sein. Maßgeblich für die
Auswahl von Bestandteilen der Studiengänge und ihrer didaktischen Strukturie-

rung ist demnach die Verwertungsperspektive (vgl. BUCHMANN/KELL 1997, S. 591f.). Dieser Dualismus von Wissenschaftsorientierung und Berufsorientierung führt dazu, dass der Wissenschaftsprozess mit seinen unterschiedlichen, aber zusammenhängenden Bestandteilen von der Erkenntnisgewinnung bis hin zur Umsetzung nicht mehr als Ganzes betrachtet wird (vgl. BULTMANN 1993, S. 52f. sowie ergänzend TEICHLER 1995, S. 70f.).

Die Gliederung der Betriebswirtschaftslehre in Forschung und Lehre erfolgt funktionell und institutionell. Unter funktionellem Aspekt werden als betriebliche Hauptfunktionen zum Beispiel die Bereiche Beschaffung, Produktion, Absatz betrachtet. Unter institutionellen Gesichtspunkten wird zwischen Wirtschaftszweiglehren wie beispielsweise Bank, Handel und Industrie differenziert. In der vorliegenden Arbeit liegt der Fokus der Betrachtung institutionell auf der Bankwirtschaft.

Das Studium der Betriebswirtschaftslehre an Universitäten unterteilt sich in Grund- und Hauptstudium und hat eine Regelstudienzeit von gewöhnlich acht oder neun Semestern. Während im Grundstudium die Aneignung von grundlegendem Wissen im Mittelpunkt steht, können Studierende im Hauptstudium durch Wahlfächer Schwerpunkte bilden. Hierbei steht die wissenschaftliche Auseinandersetzung mit einzelnen Themengebieten beispielsweise im Rahmen von Seminaren im Vordergrund. Die Vordiplom- und Diplomprüfungen können sowohl als Blockprüfung als auch in Form von studienbegleitenden Prüfungen erfolgen. Meist wird die Anfertigung einer Diplomarbeit als eigenständige wissenschaftliche Arbeit verlangt.

Bei allen Unterschieden in den Auffassungen von Betriebswirtschaftslehre bleibt festzuhalten, dass sich der Anspruch der Betriebswirtschaftslehre nach Gestaltung der betrieblichen Realität auch und vor allem in der Ausbildung der Studierenden niederschlagen muss (vgl. BALDERJAHN 2000, S. 233). Die konkrete Ausgestaltung des betriebswirtschaftlichen Studiums, beispielsweise im Hinblick auf die Vertiefungsrichtungen, die Stärke des Realitätsbezuges und das Angebot an Zusatzveranstaltungen, unterscheidet sich jedoch von Universität zu Universität. Welche Aspekte die Gestaltung dominieren, hängt entscheidend von den Interessen der unterschiedlichen Anspruchsgruppen (und insbesondere den Interessen der Lehrenden) des betriebswirtschaftlichen Studiums ab.

2.3   Anspruchsgruppen des betriebswirtschaftlichen Studiums

An Universitäten im Allgemeinen und an das betriebswirtschaftliche Studium im Besonderen werden Ansprüche von unterschiedlichen gesellschaftlichen Gruppen gestellt. Um diese Ansprüche systematisch analysieren zu können, wird den folgenden Überlegungen als theoretische Fundierung das originär auf Unternehmungen bezogene Stakeholdermodell zu Grunde gelegt und auf das betriebswirtschaftliche Studium übertragen (vgl. ausführlich STEGNER 2000, S. 64ff. sowie WORATSCHEK 2001, S. 75ff.). Dabei wird von der Überlegung ausgegangen, dass der gesellschaftliche Bildungsauftrag von Universitäten Ausdruck der Anforderungen einer Vielzahl gesellschaftlicher Anspruchsgruppen (Stakeholdern) ist, deren Interessen bei der Gestaltung und Bewertung des Leistungsangebotes angemessen zu berücksichtigen sind (vgl. HANSEN/HENNIG-THU-RAU/LANGER 2000, S. 26).

Anspruchsgruppen des betriebswirtschaftlichen Studiums sind sowohl Gruppen, an die Ansprüche gerichtet werden, als auch Gruppen, die Ansprüche erheben. In aller Regel werden an Gruppen gleichzeitig Ansprüche gerichtet und sie erheben eigene Ansprüche, so dass Gruppen in einem Wechselverhältnis zu anderen Gruppen stehen. Einerseits stellt eine Gruppe Forderungen an andere Gruppen, andererseits werden ihr gegenüber umgekehrt auch Forderungen erhoben. Beispielsweise erwarten die Studierenden ein hochwertiges Studienangebot, gleichzeitig wird von ihnen die aktive Beteiligung am Studium verlangt.

Nach der Stellung im Leistungserstellungsprozess können beim betriebswirtschaftlichen Studium idealtypisch drei Kategorien von Anspruchsgruppen unterschieden werden (vgl. Abbildung 3 sowie HEILAND 2001, S. 166ff. und vertiefend TROGELE 1995, S. 27ff.; SCHEIDEGGER 2001, S. 19; FRETER 2001, S. 40f.):

- Die **internen Anspruchsgruppen** sind direkt am betriebswirtschaftlichen Studium beteiligte Gruppen. Dazu zählen Professoren, wissenschaftlicher Mittelbau und nicht-wissenschaftliche Mitarbeiter von Universitäten sowie die Studierenden.

- Die **mittelbaren Anspruchsgruppen** liegen im Übergangsbereich zwischen internen und externen Anspruchsgruppen. Dazu gehören zum Beispiel Angehörige von Studierenden. Personen dieser Gruppen verbringen gewöhnlich nur einen begrenzten Teil ihrer Zeit mit dem betriebswirtschaftlichen Studium als Themenkreis.

- Die **externen Anspruchsgruppen** sind meist nur indirekt am betriebswirtschaftlichen Studium beteiligt und nicht in dieses eingebunden. Zu dieser Gruppe zählen unter anderem Schüler, die Wirtschaft und andere Bildungseinrichtungen.

Die grafische Anordnung der Akteure macht keine Aussage über die Wichtigkeit für das betriebswirtschaftliche Studium, sondern ausschließlich über die Nähe zum Leistungserstellungsprozess (vgl. HANSEN/HENNIG-THURAU/LANGER 2000, S. 26).

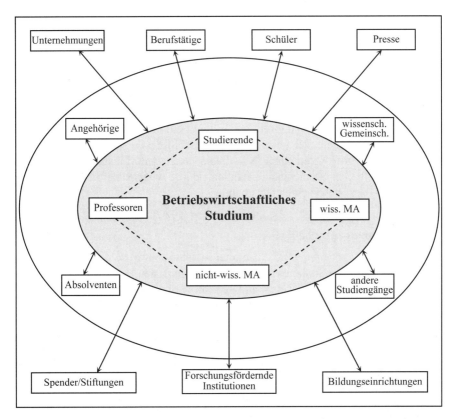

Abbildung 3: Ausgewählte Anspruchsgruppen des betriebswirtschaftlichen Studiums
             (vgl. DAVIES/MELCHIORI 1982, S. 96; HEINISCH/LANTHA-LER 1993, S. 53; HANSEN/HENNIG-THURAU/LANGER 2000, S. 27; HEILAND 2001, S. 165)

Angesichts der Vielzahl von Anspruchsgruppen muss in Abhängigkeit von der Fragestellung eine Eingrenzung der betrachteten Gruppen vorgenommen werden (vgl. STEGNER 2000, S. 66). Im Hinblick auf berufliche Handlungskompetenz als Studienziel lassen sich drei zentrale Anspruchsgruppen identifizieren (vgl. ergänzend HARTEIS u.a. 2001, S. 226):

1. Professoren

Ausschlaggebend für das **Leistungsangebot** sind vor allem die Professoren betriebswirtschaftlicher Studiengänge. Sie sind sowohl für die Gestaltung der Studienpläne und Prüfungsordnungen als auch für die Durchführung der Lehre und der Prüfungen hauptverantwortlich. Darüber hinaus sind sie für die Einstellung ihrer wissenschaftlichen Mitarbeiter zuständig und diesen gegenüber weisungsbefugt. Außerdem leisten die Professoren einen wesentlichen Beitrag zur Leitung der Universität und sind damit indirekt auch für die nichtwissenschaftlichen Mitarbeiter und deren Leistungsangebot verantwortlich. Damit tragen die Professoren direkt und indirekt entscheidend zur Gestaltung der Lernumwelten Studierender beim betriebswirtschaftlichen Studium bei. Gleichzeitig können Professoren auch Nachfrager nach dem Leistungsangebot betriebswirtschaftlicher Studiengänge sein, da sie ihre wissenschaftlichen Mitarbeiter häufig aus den Absolventen rekrutieren.

2. Unternehmungen/Arbeitgeber

Die Professoren erbringen eine Ausbildungsleistung zwar *an* den Studierenden, aber nicht nur *für* die Studierenden. Vielmehr kommt den Unternehmungen beim betriebswirtschaftlichen Studium eine zentrale Rolle als **Nachfrager** zu. Auch wenn ein Teil der Absolventen im Anschluss an ihr Studium in der Wissenschaft verbleibt oder an anderer Stelle beim Staat eine Beschäftigung findet, sind die privaten Unternehmungen der wichtigste Abnehmer betriebswirtschaftlicher Universitätsabsolventen. Vor dem Hintergrund ständig steigender Qualifikationsanforderungen sind Unternehmungen auf die Leistungsfähigkeit der Universitätsabsolventen angewiesen (vgl. hierzu Kapitel 3.3). Gleichzeitig können Unternehmungen auch Anbieter von Ausbildungsleistungen sein, wenn sie im Rahmen gemeinsamer Veranstaltungen oder durch das Angebot von Praktika einen Beitrag zum Studium leisten.

3. Studierende

Eine besondere Stellung kommt den Studierenden zu. Ihre Eigenheit liegt darin, dass Sie gleichermaßen als **Kunden** und als **Co-Produzenten** zu betrachten sind (vgl. HANSEN 1999, S. 372; AMRHEIN 1998, S. 15). Sie können daher weder dem Leistungsangebot des betriebswirtschaftlichen Studiums noch der Leistungsnachfrage dominant zugeordnet werden. Vielmehr sind sie gegenüber Unternehmungen schwerpunktmäßig Teil der Angebotsleistung, gegenüber Professoren sind sie schwerpunktmäßig Nachfrager. Für die Studierenden stellt das Studium oftmals einen zentralen Lebensabschnitt dar und sie erwarten, dass ihnen optimale Entwicklungsmöglichkeiten geboten werden. Gleichzeitig sind sie als Co-Produzenten in den Leistungserstellungsprozess integriert und damit für das Leistungsergebnis mitverantwortlich.

Die unterschiedlichen Anspruchsgruppen und ihre Sichtweisen sind insbesondere an zwei Stellen zu berücksichtigen: Zum einen müssen die Zielvorstellungen der Anspruchsgruppen bei der Gestaltung des Studiums berücksichtigt werden, zum anderen deren Urteile bei der Bewertung der Ausbildung (vgl. HANSEN/HENNIG-THURAU/LANGER 2000, S. 26). Dabei ist jeder der Stakeholder in der Lage, aus seiner spezifischen Sicht einen Beitrag zur Qualitätssicherung beim betriebswirtschaftlichen Studium zu leisten (vgl. MÜLLER-BÖLING 1999b, S. 363). Gleichzeitig ist die Qualitätssicherung wichtig, um den Anforderungen der unterschiedlichen Anspruchsgruppen ganzheitlich gerecht zu werden.

2.4 Qualitätssicherung beim betriebswirtschaftlichen Studium

Die universitäre Ausbildung ist sowohl für die Gesellschaft als auch für den einzelnen Studierenden mit hohen Kosten verbunden. Für die Gesellschaft entstehen sie in Form von Personal- und Sachausgaben für den Hochschulbereich. Für die Studierenden fallen unabhängig davon, ob sie Studiengebühren bezahlen müssen oder nicht, sowohl materielle als auch immaterielle Kosten an. So verzichten sie in der Zeit ihres Studiums weitgehend auf die Möglichkeit zum Gelderwerb. Gleichzeitig entstehen ihnen Opportunitätskosten im Sinne von anderweitig nutzbarer Lebenszeit. Vor diesem Hintergrund verwundert nicht, dass Qualität zu einem „Schlüsselbegriff" (GNAHS/KREKEL/WOLTER 1996, S. 1) in hochschulpolitischen Diskussionen geworden ist (vgl. WISSENSCHAFTSRAT 1996, S. 13ff.; MEINHOLD 2000, S. 77ff. sowie KRIZ 2000).

Um so mehr stellt sich die Frage, wie eine hohe Qualität des Studiums gewähr-leistet werden kann. Der Fokus bei der Qualitätssicherung liegt auf der Kunden-sicht (vgl. CARSTENSEN/REISSERT 1995, S. 3f.; WIMMER/FRANK 1999, S. 387 und S. 393ff.). Qualitätssicherung an Universitäten verdeutlicht gegenüber Gesellschaft und Studierenden den verantwortlichen Umgang mit Ressourcen (vgl. HENER 1996, S. 40; KLOCKNER 1999, S. 20f.) und trägt zur Steigerung der Effizienz und Effektivität des Studiums bei. Damit verbessert sie einerseits die Berufs- und damit Lebenschancen der Studierenden und führt andererseits zu einer Nutzenerhöhung des Einsatzes öffentlicher Mittel. Angesichts ihrer Bedeu-tung ist die Qualitätssicherung nach Ansicht von MÜLLER-BÖLING die „Grundlage einer wissenschaftsbasierten Gesellschaft" (MÜLLER-BÖLING 1995, S. 27).

Ähnlich und teils synonym wie Qualitätssicherung beziehungsweise Qualitäts-management (vgl. LEHMANN 2000, S. 71; MÜLLER-BÖLING 2001; FABER 2001 sowie im Überblick ZINK 1999) werden auch Begriffe wie Bildungscont-rolling (vgl. DUBS 2000, S. 197; SEEBER 2000), Ausbildungscontrolling (vgl. VON STEIN/TRAUTWEIN 2002a, S. 10) sowie Evaluation (vgl. BAUMERT 2001, S. 17ff.; HACKL/SEDLACEK, 2001; BÜLOW-SCHRAMM 2001; KROMREY 2001, S. 22ff. und 2003) verwendet. Dabei halten die Vertreter der verschiedenen Konzepte jeweils ihr eigenes für das übergreifende Konzept, das die anderen Ansätze einschließt (vgl. BEYWL/SCHOBERT 2000, S. 18). Zudem werden die Begriffe in verschiedenen Formen verbunden und beispielsweise von einem „evaluationsbasierten Qualitätssicherungssystem" (MWK 2001, Anhang 1, S. 1) gesprochen.

Im Rahmen dieser Arbeit wird von Qualitätssicherung gesprochen, da einerseits bei Evaluationen häufig der Fokus auf der Erfolgskontrolle als einem Teilaspekt der Qualitätssicherung liegt[10] und andererseits unter Bildungs- und Ausbildungs-controlling (wie unter Controlling insgesamt) häufig die Sicherstellung und Verbesserung der Ausbildungsqualität unter einseitig ökonomischen Gesichts-punkten und Effizienzzielen verstanden wird (vgl. HOSS 1993, S. 78; SPER-LING 1994, S. 65ff.; GEISSLER 1999, S. 147; MUMMENTHAL 2001, S. 480; HASEWINKEL/LEMCKE/ZWICKER 2001 sowie ergänzend zum Universitäts-controlling HABERSAM 2000, S. 153ff.). Hingegen ist der Begriff der Qualität

---

[10] So versteht beispielsweise DANIEL (vgl. 2000a, S. 40ff.) unter Evaluation von Studiengängen die Ex-Post-Durchführung von Absolventenbefragungen (vgl. auch ENGEL/POHLENZ 2001, S. 133ff.). Ein Ex-Post-Verständnis von Evaluation im Sinne der Erfolgskontrolle liegt auch vor, wenn Evaluation als Basis für Hochschul-Rankings gesehen wird (vgl. beispielsweise FÜRS-TENBERG 2000).

gleichermaßen für betriebwirtschaftliche und pädagogische Betrachtungen geeignet (vgl. KIENZLER/WINZ 2002, S. 28ff.) und fügt sich damit in die vorliegende Arbeit ein.

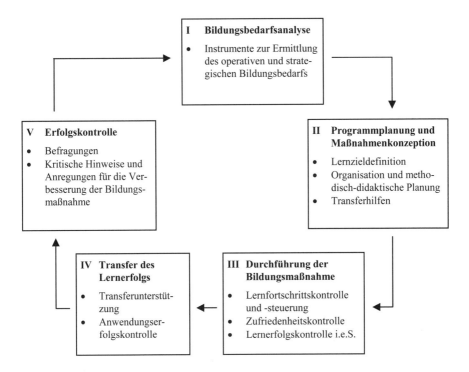

Abbildung 4:   *Qualitätssicherung in den einzelnen Phasen des Bildungsprozesses*
(vgl. KUSS 2000, S. 77; HEEG/JÄGER 1995, S. 345; BRONNER/HISCHE 1995, S. 53; ENDERLE 1995, S. 30; LÖBBERT 1996, S. 34; GERLICH 1999, S. 33ff.)

Die Qualitätssicherung umfasst alle Phasen des Bildungsprozesses (vgl. Abbildung 4): Bildungsbedarfsanalyse, Programmplanung und Maßnahmenkonzeption, Durchführung der Bildungsmaßnahme, Transfer des Lernerfolgs und Erfolgskontrolle. Für jede Phase stehen spezifische Instrumente zur Verfügung (vgl. exemplarisch Abbildung 4). Sie haben die Aufgabe, systematisch Informationen über den Bildungsprozess zu liefern, um steuernd in den Bildungsprozess eingreifen zu können. Ziel der Qualitätssicherung ist es, Defizite im Ausbildungsprozess erst gar nicht entstehen zu lassen. Im Sinne einer prozessbegleitenden Erfolgssteuerung und Erfolgskontrolle müssen Schwächen in den jeweiligen Phasen entdeckt und Möglichkeiten der Verbesserung aufgezeigt werden.

Phase I: Bildungsbedarfsanalyse

Funktion der ersten Phase ist es, Bildungsdefizite zu erkennen und die universitäre Ausbildung zielorientiert am gegenwärtigen und für die Zukunft erwarteten Bildungsbedarf auszurichten (vgl. KUSS 2000, S. 78). Die Festlegung und Beschreibung des „Solls" (der Studienziele) bildet den Bewertungsmaßstab, mit dem das „Ist" (der Studienerfolg) verglichen wird (vgl. BANK 2000, S. 55f.). Die Bildungsbedarfsanalyse ist grundlegende Voraussetzung für eine effektive und erfolgreiche Durchführung des Bildungsprozesses in den weiteren Phasen. Dennoch erfolgt sie häufig unsystematisch (vgl. ARNOLD 1991, S. 149). Aufgrund ihrer Bedeutung sollte die Bildungsbedarfsanalyse nicht nur operativ sondern auch strategisch orientiert sein und über konkrete fachliche Inhalte hinaus den Bildungsbedarf ganzheitlich betrachten.

Phase II: Programmplanung und Maßnahmenkonzeption

Im Rahmen der zweiten Phase erfolgt die Planung und Konzeption der Bildungsmaßnahmen. Auf der Grundlage der allgemeinen Bildungsziele werden konkrete Lernziele festgelegt, die mit Hilfe der Maßnahmen erreicht werden sollen. Die Lernziele dienen bei der methodisch-didaktischen Planung als Grundlage für die Auswahl von bereits bestehenden Bildungsmaßnahmen oder für die Neuentwicklung von Bildungsmaßnahmen. Die methodisch-didaktische Planung setzt ebenso wie die Auswahl geeigneter Transferhilfen die Kenntnis der Einflussfaktoren und ihrer Wirkungsweise voraus. Da der Studienerfolg entscheidend von wirksamen Lehrverfahren und -methoden und damit der methodisch-didaktischen Planung abhängt, ist in dieser Phase zu prüfen, welche Verfahren und Methoden genutzt werden und ob sie sich bewährt haben (vgl. REUKE 1996, S. 88).

Phase III: Durchführung der Bildungsmaßnahme

Die Aufgabe dieser Phase ist es sicherzustellen, dass die Bildungsinhalte adressatengerecht sowie fachlich und methodisch-didaktisch fundiert gelehrt werden (vgl. ENDERLE 1995, S. 32), so dass die Studierenden die gewünschten Lernfortschritte erzielen. Der Einsatz von Instrumenten zur Qualitätssicherung betrifft in dieser Phase die Steuerung des Lernprozesses (vgl. umfassend VAN BUER 2000). Hierbei soll bereits durch prozessbegleitende Instrumente Einfluss auf den Studienerfolg genommen werden. Dazu können ausbildungsbegleitende Lernerfolgs- oder Lernfortschrittskontrollen (vgl. EBBINGHAUS 2000, S. 122f.) ebenso dienen wie Veranstaltungsbeurteilungen durch Studierende.

Phase IV: Transfer des Lernerfolgs

Die vierte Phase des Bildungsprozesses beinhaltet die Aufgabe, die Umsetzung der Lerninhalte zu ermöglichen und zu fördern (vgl. KUSS 2000, S. 73), da der am Ende einer Bildungsmaßnahme festgestellte Lernerfolg noch nicht sicher stellt, dass das Gelernte auch umgesetzt werden kann (vgl. zur Transfersicherung PATRY 2000). Bezogen auf das betriebswirtschaftliche Studium bedeutet das, Studierenden die Möglichkeit zu geben, erworbene Fähigkeiten und Kenntnisse anzuwenden. Dies kann zum Beispiel bei Fallstudien, Planspielen und Projekten oder bei studienbegleitenden Praktika geschehen. Die Beurteilung des Transfererfolgs ist sehr wichtig und gleichzeitig sehr schwierig (vgl. FRIED u.a. 1999, S. 68; OLESCH 1995, S. 328).

Phase V: Erfolgskontrolle

Die fünfte Phase beinhaltet die Frage, inwieweit Leistungssteigerungen bei Studierenden eingetreten sind und ob diese der Bildungsmaßnahme zuzurechnen sind. Dies kann in Form der Selbstkontrolle durch Studierende und Fremdkontrolle durch wissenschaftlich Tätige geschehen (vgl. PRÄTSCH/SCHRÖDER 1996, S. 19). Zur Erfolgskontrolle können Klausuren und Prüfungen durchgeführt werden. Dabei kommt über Objektivität und Reliabilität hinaus der Validität der Prüfungen grundlegende Bedeutung zu (vgl. WITTHAUS 2000, S. 157f.). Nur wenn Prüfungen tatsächlich das messen, was sie zu messen vorgeben, dienen sie der Erfolgskontrolle. Bezogen auf berufliche Handlungskompetenz als Studienziel bedeutet das, dass über klassische schriftliche Prüfungen hinaus, die vorwiegend Sachkompetenz erfassen, ganzheitliche Prüfungsformen erforderlich sind, in denen Sach-, Sozial- und Selbstkompetenz beurteilt werden.

Eine verantwortungsvolle Qualitätssicherung kann einen wesentlichen Beitrag zum Erwerb beruflicher Handlungskompetenz leisten, indem sie entscheidungsrelevante Informationen zur Verfügung stellt. Sie kann bei einzelnen Lehrveranstaltungen und Vertiefungsfächern ebenso durchgeführt werden wie für ganze

Studiengänge und zunehmend stärker auch übergreifend für ganze Fachbereiche oder sogar auf Universitätsebene (vgl. KLOCKNER/BARZ 1995, S. 122; HRK 1995; KIESER 1996, S. 545; VON TROTHA 1998, S. 414 sowie ergänzend ZEVA 1999 und 2002; EVALUATIONSAGENTUR BW 2001a und 2001b.). Der Zielsetzung entsprechend umfasst Qualitätssicherung in Phase I auf Fachbereichsebene beispielsweise die Ermittlung des strategischen Bildungsbedarfs, während es auf Lehrveranstaltungsebene um die Ermittlung des operativen Bildungsbedarfs geht. Der stärker strategischen oder operativen Ausrichtung entsprechend ist der Turnus länger oder kürzer. Während eine Qualitätssicherung auf Lehrveranstaltungsebene im Rahmen von jeder Lehrveranstaltung stattfinden sollte, umfasst ein Turnus bei der Qualitätssicherung auf Fachbereichsebene oder bei Studiengängen oft mehrere Jahre (vgl. MICHAELIS 2000, S. 142).

Die vorliegende Untersuchung unterstützt die Qualitätssicherung in den verschiedenen Phasen. Sie ermöglicht mit der Erhebung der derzeitigen Kompetenzen von Universitätsabsolventen sowohl eine Bildungsbedarfsanalyse (Phase I) als auch eine Erfolgskontrolle (Phase V). Die Ermittlung von Einflussfaktoren auf den Studienerfolg unterstützt vor allem die Programmplanung und Maßnahmenkonzeption (Phase II). Die Analyse von Förderungsmöglichkeiten beruflicher Handlungskompetenz unterstützt ebenfalls die Programmplanung und Maßnahmenkonzeption (Phase II). Sie weist darüber hinaus auch auf Aspekte der Durchführung von Bildungsmaßnahmen (Phase III) hin und zeigt Möglichkeiten zur Transferunterstützung (Phase IV) auf.

Ausgangspunkt sowohl der Qualitätssicherung als auch der Gestaltung des betriebswirtschaftlichen Studiums ist die Bildungsbedarfsanalyse und damit die Ermittlung der Bildungsziele. Im folgenden Kapitel werden daher unterschiedliche Zielvorstellungen im Hinblick auf ihre Relevanz für die betriebswirtschaftliche Ausbildung näher betrachtet.

2.5 Ziele des betriebswirtschaftlichen Studiums

Leitbild der Hochschulen in Deutschland und der betriebswirtschaftlichen Studiengänge sollte das Hochschulrahmengesetz sein. Als grundsätzliches Ziel der Hochschulen bestimmt § 2 Abs. 1 HRG, dass die Hochschulen auf berufliche Tätigkeiten vorbereiten, die die Anwendung wissenschaftlicher Erkenntnisse und Methoden erfordern (vgl. auch § 38 UG BW). Eine Präzisierung dieser Zielsetzung erfolgt in § 7 HRG: „Lehre und Studium sollen den Studenten auf ein berufliches Tätigkeitsfeld vorbereiten und ihm die dafür erforderlichen fachlichen Kenntnisse, Fähigkeiten und Methoden dem jeweiligen Studiengang entsprechend so vermitteln, dass er zu wissenschaftlicher [...] Arbeit und zu verantwortlichem Handeln in einem freiheitlichen, demokratischen und sozialen Rechtsstaat befähigt wird".

Mit der mehrfachen Hervorhebung der berufsvorbereitenden Funktion und der Forderung nach einem „berufsqualifizierenden Abschluss" (§ 10 Abs. 1 HRG) verlangt der Gesetzgeber von den Hochschulen explizit eine marktorientierte Gestaltung ihrer Studiengänge. Die Anforderungen der beruflichen Realität sind danach ein zentraler Bezugspunkt von Universitäten und des betriebswirtschaftlichen Studiums. Die Universitäten haben die Aufgabe, Inhalte und Formen des Studiums entsprechend den Veränderungen in der Berufswelt und den Bedürfnissen der beruflichen Praxis weiter zu entwickeln (vgl. § 40 UG BW). Die Festlegung von Lehrzielen und -inhalten liegt aufgrund der im Grundgesetz verankerten Freiheit von Forschung und Lehre (vgl. Art. 5 Abs. 3 GG) weitgehend in den Händen der Professoren. In Zusammenarbeit mit der Wirtschaft sollen die Universitäten die Studierenden zudem bei der Durchführung von Praktika in Unternehmungen sowie beim Übergang ins Berufsleben unterstützen (vgl. § 8 HRG sowie § 3 Abs. 1 UG BW).

Mit der Zielsetzung des Hochschulrahmengesetzes decken sich die Ausbildungsziele der Studierenden. Die große Mehrheit der Studierenden an Universitäten ist an einer berufsbefähigenden Ausbildung interessiert und studiert, um sich für einen Beruf außerhalb der Hochschulen zu qualifizieren (vgl. BLK 1995, S. 94). Ziel des Studiums ist die wissenschaftliche Ausbildung zur Berufs*fähigkeit* (vgl. HRK 1994, S. 35; MINKS 1999, S. 83f.). Der Erwerb der für die Berufs*fertigkeit* erforderlichen Qualifikationen hat hingegen im Anschluss an das Studium zu erfolgen.

Neben dem Ziel der Berufsfähigkeit ist ein angemessener Zeitrahmen für das Studium wichtig (vgl. HRK 1994, S. 35; vgl. auch HÖPPEL 1993, S. 4ff.; SCHAEPER/MINKS 1997, S. 2ff.; SCHREIBER/SOMMER 2000, S. 21). So reduzieren lange Studienzeiten für Studierende die individuelle potenzielle Beschäftigungszeit und führen damit über die direkten Kosten des Studiums hinaus zu Opportunitätskosten in Form von entgangenem Einkommen (vgl. WISSENSCHAFTSRAT 2001, S. 8). Lange Studienzeiten können außerdem die Einstellungschancen von Studierenden verringern, da Unternehmungen kurze Studienzeiten als Indikator für Effizienz ansehen und der Studienzeit bei der Einstellung entsprechende Bedeutung zumessen (vgl. WISSENSCHAFTSRAT 2001, S. 8). Für die Lehrenden an Universitäten sind kurze Studienzeiten unter Kapazitätsaspekten ein anzustrebendes Ziel.

Als weiteres Studienziel sehen Studierende eine gute Diplomnote. Die Diplomnote ist für viele Ausdruck ihres individuellen Leistungsvermögens. Für Professoren zeigt die Diplomnote, in welchem Umfang Studierende den vorwiegend fachlichen Lehrzielen und Leistungsanforderungen gerecht werden. Welche Aussagekraft Diplomnoten im Hinblick auf die berufliche Leistungsfähigkeit besitzen und welche Relevanz sie für die Personalauswahl von Unternehmungen aufweisen, ist hingegen eher zweifelhaft.

So kommen HÖRSCHGEN u.a. (vgl. 1993, S. 117) in einer Untersuchung zu dem Ergebnis, dass kein Zusammenhang zwischen Diplomnote und späterem Berufserfolg besteht.[11] Für beruflichen Erfolg sind vielmehr Persönlichkeitsmerkmale wie Engagement, Interesse an einer Sache und kommunikative Fähigkeiten ausschlaggebend (vgl. HÖRSCHGEN u.a. 1993, S. 120). Vor diesem Hintergrund verwundert nicht, dass Unternehmungen die mangelnde Validität von Diplomnoten beklagen und bei Einstellungsentscheidungen aufwändige Auswahlverfahren wie beispielsweise Assessment-Center durchführen.

Trotz der Fragwürdigkeit von Diplomnoten als Kriterium für Studienerfolg[12] im Sinne von Berufsfähigkeit stehen sie im Mittelpunkt zahlreicher Studien. So stellen TROST/BICKEL (vgl. 1979, S. 13) fest, dass allein die Zahl der amerikanischen Studien, bei denen die Beziehung zwischen verschiedenen Prädiktoren und den im Studium erzielten Noten untersucht worden ist, in die Tausende geht (vgl. auch GALLEY/KIENER/MEYER 1994). Für KONEGEN-GRENIER sind die „beiden wichtigsten Kriterien für Studienerfolg [..] in der wissenschaftlichen Literatur die Examensnote und die Studiendauer" (KONEGEN-GRENIER 2002, S. 29). Darüber hinaus wird häufig der Studienabbruch als äußerlicher Gegensatz zum erfolgreichen Studienabschluss analysiert (vgl. beispielhaft GRIESBACH u.a. 1998; WITTENBERG/ROTHE 1999; HEUBLEIN 1999 und 2003). Im Mittelpunkt der Studien stehen damit eher formale Studienziele (vgl. GOLD 1999, S. 51).

Hingegen wird die Frage, wodurch Berufsfähigkeit aus Sicht der unterschiedlichen Anspruchsgruppen inhaltlich charakterisiert ist, nur unzureichend thematisiert. Bedingt durch die beschränkte Aussagefähigkeit anderer Erfolgsgrößen, ist eine solche inhaltliche Betrachtungsweise richtungsweisend. Das Konzept der

---

[11] Kritisch anzumerken ist allerdings, dass der Studie eine theoretische Fundierung weitgehend fehlt und eine Auseinandersetzung mit der Fachliteratur zumindest in dokumentierter Form (Literaturangaben fehlen vollständig) nicht stattgefunden hat. Außerdem hätten regressionsanalytische Auswertungen den Aussagegehalt der Untersuchung steigern können.

[12] Studienerfolg bezieht sich auf das Ausmaß der Zielerreichung und korrespondiert damit direkt mit den Studienzielen.

beruflichen Handlungskompetenz bietet für eine inhaltliche Betrachtungsweise eine theoretisch fundierte Basis und ermöglicht damit einen kritisch-konstruktiven Dialog zwischen den Anspruchsgruppen. Darüber hinaus eröffnet berufliche Handlungskompetenz als ganzheitliches Studienziel die Möglichkeit zur Annäherung von betriebswirtschaftlicher und berufs- und wirtschaftspädagogischer Perspektive (vgl. Kapitel 1.2).

3 Berufliche Handlungskompetenz als Studienziel

3.1 Vorbemerkungen zur beruflichen Handlungskompetenz

Nachdem im vorangegangenen Kapitel 2 das betriebswirtschaftliche Studium als Bezugsrahmen der Untersuchung analysiert wurde, wird in Kapitel 3 berufliche Handlungskompetenz[13] als Studienziel eingehend betrachtet.

Für alle Bereiche der beruflichen Bildung gilt berufliche Handlungskompetenz inzwischen als Leitziel (vgl. BADER 2000b, S. 211; HOERBURGER 1998, S. 8) und der Begriff wird entsprechend häufig genutzt. Trotz oder gerade wegen der häufigen Verwendung des Begriffs der beruflichen Handlungskompetenz handelt es sich um einen oftmals sehr allgemein und undifferenziert verwendeten Begriff (vgl. BADER 1990, S. 3).

Angesichts der Bedeutung, die dem Begriff der beruflichen Handlungskompetenz für die vorliegende Arbeit zukommt, wird dieser in Kapitel 3.2 ausgehend von den Begriffen Handlung und Kompetenz geklärt. Darauf aufbauend wird in den Kapiteln 3.3 bis 3.5 herausgearbeitet, welche Bedeutung beruflicher Handlungskompetenz als Studienziel aus Sicht der zentralen Anspruchsgruppen der Ausbildung an Universitäten zukommt. Hierbei wird, abweichend von der sonst gewählten Reihenfolge, mit der Bedeutung aus Sicht der Unternehmungen begonnen (Kapitel 3.3), da die Anforderungen der Unternehmungen eine wesentliche Determinante für die Sichtweise der Studierenden (Kapitel 3.4) darstellen. Daran anschließend wird in Kapitel 3.5 auf berufliche Handlungskompetenz als Studienziel aus Sicht von Professoren als Dienstleitungsanbieter eingegangen. Ein Fazit in Verbindung mit den Leitfragen für die empirische Analyse beruflicher Handlungskompetenz (Kapitel 3.6) schließt Kapitel 3 ab.

---

[13]   Auch wenn im Folgenden nicht immer von *beruflicher* Handlungskompetenz beziehungsweise *beruflicher* Sach-, Sozial- und Selbstkompetenz gesprochen wird, sondern auf den Zusatz von *beruflich* zum Teil verzichtet wird, so ist *berufliche* Handlungskompetenz beziehungsweise *berufliche* Sach-, Sozial- und Selbstkompetenz gemeint.

3.2   Das Konzept beruflicher Handlungskompetenz

3.2.1   Begriffsklärung beruflicher Handlungskompetenz

Der Begriff der beruflichen Handlungskompetenz wird häufig undifferenziert verwendet und unterschiedlich konkretisiert. Als Basis einer fundierten Auseinandersetzung wird daher zunächst eine Präzisierung vorgenommen.

Handlungen sind nach AEBLI „zielgerichtete, in ihrem inneren Aufbau verstandene Vollzüge, die ein faßbares Ergebnis erzeugen" (AEBLI 2001, S. 182; vgl. auch SCHRAMM 1997, S. 45ff.; HACKER 1998, S. 67ff. und 1999, S. 275f.). Der Begriff der Handlung umfasst sowohl motorische als auch abstrakt-gedankliche Leistungen. Handlungen zeichnen sich durch folgende wesentliche Merkmale aus (vgl. LAUR-ERNST 1990, S. 150ff.):

1. **Intentionalität:** Handeln ist auf ein Ziel gerichtet und erfolgt motiviert.

2. **Bewusstheit:** Eine Handlung unterscheidet sich vom Verhalten im behavioristischen Sinne dadurch, dass es nicht nur eine Reaktion auf äußere Reize darstellt. Vielmehr besteht eine Wechselbeziehung zwischen Individuum und Umwelt und das Individuum verarbeitet intern äußere Einflüsse.

3. **Subjektivität:** Handlungen erlauben individuelle Variationen und Alternativen und sie beinhalten Gestaltungsspielräume. Im Gegensatz zu Fertigkeiten sind Handlungen nicht standardisierbar, da jede Person individuell unterschiedliche Handlungsschemata[14] besitzt.

4. **Prozesshaftigkeit:** Handeln ist ein dynamischer Prozess über einen bestimmten Zeitraum, bei dem die einzelnen Schritte vorab nicht festgelegt sind. Vielmehr entwickelt sich eine Handlung in Abhängigkeit von konkreten Situationen.

5. **Komplexität:** Handeln ist mehrdimensional und erfordert in seinem Verlauf in der Regel unterschiedliche Kompetenzen.

6. **Gestaltbarkeit:** Eine Handlung erlaubt konstruktive Vorgänge und berücksichtigt die wechselseitige Einflussnahme zwischen Individuum und Umwelt.

7. **Resultat:** Handlungen führen zu einem Ergebnis, das sich anhand objektiver oder subjektiver Kriterien bewerten lässt.

---

[14]   Handlungsschemata stellen gelernte und abrufbare Abläufe dar, die sich reproduzieren und auf neue Gegebenheiten übertragen lassen.

Handlungen stellen demnach einen Prozess zwischen Individuum und Umwelt dar, in dem sich sowohl die Umwelt als auch das Individuum verändern können (vgl. auch im Folgenden ausführlich SCHWADORF 2003, S. 62ff.). Dabei erwerben und verändern Personen ihre Handlungsschemata und festigen, vertiefen und entwickeln damit Fähigkeiten, Fertigkeiten und Kenntnisse. Die Übertragung von Handlungsschemata auf neue Situationen fällt umso leichter, je ähnlicher sich neue und bekannte Gegebenheit sind. Neue, komplexe Situationen erfordern Handlungsfolgen, die noch nicht als Handlungsschemata vorhanden und nicht abrufbar sind.

Kompetenz ist seit den 70er Jahren ein wichtiger Begriff aus bildungstheoretischer Perspektive (vgl. REETZ 1999a, S. 245). Kompetenz bezieht sich auf die kognitive Tiefenstruktur des menschlichen Handelns (vgl. HEURSEN 1995, S. 472 sowie ergänzend CHOMSKY 1969 und SCHLÖMER-HELMERKING 1996, S. 78ff.). Sie stellt damit ein Fähigkeitspotenzial (vgl. JUNGKUNZ 1995, S. 60) dar und ist als solches im Unterschied zur Performanz nicht direkt beobachtbar. Kompetenz bezeichnet „den Lernerfolg im Hinblick auf den Lernenden selbst und seine Befähigung zu selbstverantwortlichem Handeln" (DEUTSCHER BILDUNGSRAT 1974, S. 65). Damit betont sie das Subjekt an sich und nicht primär seine ökonomische Nützlichkeit.

Im Gegensatz zum Verständnis des DEUTSCHEN BILDUNGSRATes wird Kompetenz inzwischen häufig als Fähigkeit und Bereitschaft verstanden (vgl. beispielsweise BADER 2000a, S. 39; MWK 1999, S. 3 sowie ergänzend STAUDT u.a. 1997, S. 44). Demnach beinhaltet Kompetenz nicht nur die Möglichkeit zu entsprechendem Handeln, sondern auch motivationale Elemente. Ein solches Verständnis ist meiner Ansicht nach angemessen, da Fähigkeit (Können) und Bereitschaft (Wollen) in enger Wechselbeziehung stehen, voneinander abhängig sind und die Gesellschaft (und damit wiederum das Individuum) nicht nur von den Fähigkeiten der Individuen lebt, sondern auch von ihrer Bereitschaft, von diesen Gebrauch zu machen. Als Ziel der Ausbildung sind daher sowohl Handlungsfähigkeit als auch Handlungsbereitschaft zu sehen (vgl. SAUTER 1994, S. 106).

Aufbauend auf diesem Verständnis von Kompetenz und Handlung wird **berufliche Handlungskompetenz** im Rahmen dieser Arbeit in Anlehnung an BADER als Fähigkeit und Bereitschaft des Menschen verstanden, „in beruflichen Situationen problemorientiert und sachgerecht, durchdacht sowie in individueller und gesellschaftlicher Verantwortung zu handeln" (BADER 1991, S. 443; vgl. ergänzend EULER 1994, S. 127ff.; BLUM u.a. 1998, S. 12ff.).

Handlungskompetenz wird kompetenzanalytisch in unterschiedliche Kompetenz-bereiche, beispielsweise in Sach-, Sozial- und Selbstkompetenz, aufgegliedert (vgl. auch im Folgenden SCHWADORF 2003, S. 71ff.). Diese Kompetenzen werden als Voraussetzung für erfolgreiches berufliches Handeln betrachtet. Demgegenüber steht beim handlungsorientierten Ansatz die vollständige beruf-liche Handlung im Mittelpunkt. Entsprechend wird beim handlungsorientierten Ansatz gefordert, dass die Auszubildenden zu einer vollständigen Handlung mit den Phasen der Planung, Durchführung und Kontrolle in der Lage sein sollen.

Eine vollständige Handlung bedarf nicht zwingend der drei Kompetenzen und umgekehrt sichert das Vorliegen von Sach-, Sozial- und Selbstkompetenz noch nicht die Durchführung einer vollständigen Handlung. Dennoch stellen der handlungsorientierte und kompetenzanalytische Ansatz, von Ausnahmen abgese-hen, eine Ergänzung und keinen Widerspruch dar. Grundlage der theoretischen Überlegungen zur beruflichen Handlungskompetenz sowie der empirischen Erhebung ist weitgehend der kompetenzanalytische Ansatz.

Häufig wird berufliche Handlungskompetenz mit Schlüsselqualifikationen in Verbindung gebracht. Ziel des auf MERTENS zurückgehenden Konzepts der Schlüsselqualifikationen[15] ist es, die Qualifikationen der Berufstätigen den sich ändernden Ansprüchen des Arbeitsmarktes anzupassen. Damit gibt es eine Antwort auf die sich immer schneller verändernden und unzureichend vorhersag-baren Anforderungen des Beschäftigungssystems.

Bei Schlüsselqualifikationen handelt es sich um bereichs- und funktionsübergrei-fende, zeitlich überdauernde Kenntnisse, Fertigkeiten und Fähigkeiten (vgl. MERTENS 1974, S. 40). Schlüsselqualifikationen beinhalten vergleichbar beruf-licher Handlungskompetenz Qualifikationen beziehungsweise Kompetenzen, die über Sachkompetenz hinausgehen (vgl. zum Verhältnis von (Handlungs-)Kom-petenz und (Schlüssel-)Qualifikation MÜLLER 1995, S. 41; HEIDEGGER 1996; ARNOLD 1998; ARNOLD/STEINBACH 1998; REETZ 1999b; VONKEN 2001). Im Gegensatz zum Konzept der beruflichen Handlungskompetenz rückt das Konzept der Schlüsselqualifikationen das ökonomische Verwertungsinteresse in den Mittelpunkt. Daher kann das Konzept der Schlüsselqualifikationen nicht als Bildungskonzept bezeichnet werden. Vielmehr handelt es sich um ein „bil-dungsrhetorisch verpacktes Qualifikationskonzept" (BECK 2001, S. 148).

---

[15] Vgl. hierzu auch ARNOLD 1992; STANGEL-MESEKE 1994; GAUGLER 1994a; DÖRIG 1995; LAUR-ERNST 1996; GRIEGER 1997; WILDT 1997, S. 77ff.; ACHTENHAGEN 1998; GO-NON 1999; LISOP 1999; WAGNER 2001, S. 96ff. An dieser Stelle soll nicht auf die Kontrover-se eingegangen werden, inwiefern es sich beim *Konzept* der Schlüsselqualifikationen überhaupt um ein *Konzept* handelt.

Aufgrund der begrifflichen Unklarheiten wird das Konzept der Schlüsselqualifikationen zunehmend vom Konzept der beruflichen Handlungskompetenz abge-
löst (vgl. BECK 2001, S. 137 und S. 143). Angesichts der breiteren theoretischen
Fundierung und der höheren empirischen Zugänglichkeit des Konzepts der
beruflichen Handlungskompetenz (vgl. BECK 2001, S. 143) findet das Konzept
der Schlüsselqualifikationen im Rahmen dieser Arbeit keine weitere Berücksichtigung. Zudem fügt sich der Begriff der beruflichen Handlungskompetenz aufgrund der Berücksichtigung des Wechselprozesses zwischen Individuum und
Umwelt und der Betonung des Individuums im Sinne von Fähigkeit und Bereitschaft in den der Untersuchung zugrunde liegenden Entwicklungsrahmen von
BRONFENBRENNER (vgl. Kapitel 2.1).

3.2.2   Dimensionen beruflicher Handlungskompetenz

Um berufliche Handlungskompetenz zu strukturieren und ihre Operationalisierung und empirische Erfassung zu ermöglichen, wird sie in Dimensionen unterteilt. Diese Unterteilung erweist sich auch als sinnvoll zur Analyse von Bildungsmaßnahmen und zur Entwicklung didaktischer Konzepte, um einzelne
Kompetenzdimensionen spezifisch fördern zu können.

Am häufigsten finden sich in der Literatur Modelle, bei denen berufliche Handlungskompetenz in drei Dimensionen unterteilt wird. Allerdings unterscheiden
sich die Modelle hinsichtlich der genannten Dimensionen. Am verbreitetsten ist
die Differenzierung in Sach-[16], Sozial- und Methodenkompetenz[17] sowie in
Anlehnung an ROTH (vgl. 1971, S. 180) und den DEUTSCHEN BILDUNGS-
RAT (vgl. 1974, S. 49f.) in Sach-, Sozial- und Selbstkompetenz[18]. Teilweise

---

[16] Häufig wird Sachkompetenz auch als Fachkompetenz bezeichnet. Da Fachkompetenz als
      Teilelement der Sachkompetenz verstanden werden kann (vgl. BADER 1991, S. 443), indem bei-
      spielsweise Kenntnisse in Form der Spezialisierung auf ein konkretes Fach erschlossen werden,
      muss sie nicht separat genannt werden.

[17] Vgl. exemplarisch FAIX 1994, S. 202; OTT 1997, S. 187; KMK 1997, S. 14; ESSER 1997,
      S. 109ff.; LENZEN 1998, S. 41ff.; FREY 2002, S. 142.

[18] Vgl. exemplarisch JUNGKUNZ 1995, S. 59ff.; FRIEDE 1996, S. 7ff. Synonym oder sehr ähnlich
      wie Selbstkompetenz werden Begriffe wie Personalkompetenz (vgl. KMK 2000, S. 9), individuel-
      le Kompetenz (MEYER-DOHM 1991, S. 23), Humankompetenz (vgl. BADER/RUHLAND 1993,
      S. 233) oder personale Kompetenz (vgl. SONNTAG/SCHAPER 1999, S. 221) verwendet. Fehlt
      Selbstkompetenz als separate Dimension, so wird diese meist unter die Sozialkompetenz subsu-
      miert (vgl. zum Beispiel WOLLERT 1990, S. 401).

erfolgt auch eine Differenzierung in vier Kompetenzen, wobei üblicherweise zwischen Sach-, Methoden-, Sozial- und Selbstkompetenz unterschieden wird.[19] Dieser Arbeit werden Sach-, Sozial- und Selbstkompetenz als Dimensionen beruflicher Handlungskompetenz zugrundegelegt. In ihnen drückt sich die Beziehung zwischen (Lern-)Gegenstand (Sachkompetenz), Gesellschaft (Sozialkompetenz) und Individuum (Selbstkompetenz) aus. Eine separate Selbstkompetenz betont, dass der Mensch nicht nur in sozialer Integration, sondern auch als Individuum ernst zu nehmen ist (vgl. BADER 1990, S. 10). „Eine separate Methodenkompetenz ist handlungstheoretisch Unsinn" (LISOP 1998, S. 49), da ihr nur in Verbindung mit den anderen Dimensionen Bedeutung zukommt.

Berufliche **Sachkompetenz** ist die Fähigkeit und Bereitschaft, berufliche Aufgaben- und Problemstellungen selbständig, sachgerecht und unter Beachtung bindender Normen und Vorschriften sowie methodengeleitet zu bearbeiten und das Ergebnis fachlich zu beurteilen (vgl. BADER 1989, S. 75). Um dies zu ermöglichen erfordert Sachkompetenz deklaratives Wissen in Form von fachlichem Grundlagenwissen, Spezialwissen sowie interdisziplinärem Wissen, ebenso wie Fremdsprachen- und EDV-Kenntnisse. Neben Faktenwissen gehört zur Sachkompetenz auch Wissen über komplexe Zusammenhänge. Gleichzeitig geht Sachkompetenz weit über Kenntnisse im Sinne von deklarativem Wissen hinaus. Sie beinhaltet auch die Fähigkeit prozedural, das heißt in einer Folge von Handlungen, Fachwissen zu kombinieren, zu ergänzen und fachübergreifend zu verknüpfen (vgl. MANDL/FRIEDRICH/HRON 1994, S. 173). Darüber hinaus gehören Abstraktions- sowie Problemlösungs- und Entscheidungsfähigkeit und die Fähigkeit zu analytischem Denken zur Sachkompetenz. Damit ist eine sachkompetente Person in der Lage, Abläufe selbständig zu planen, durchzuführen und zu kontrollieren sowie strukturiert zu arbeiten.

Berufliche **Sozialkompetenz** ist die Fähigkeit und Bereitschaft, sich mit anderen Personen rational und zielgerichtet auseinander zu setzen und sich gruppen- und beziehungsbewusst zu verhalten (vgl. BADER 1989, S. 75 sowie vertiefend FRIEDE 1994; SCHULER/BARTHELME 1995, S. 79ff.; EVERS/RUSH/BERDROW 1998, S. 5; EULER/REEMTSMA-THEIS 1999; DUMPERT 2001, S. 12ff.). Zwischen beruflicher Sachkompetenz und Selbstkompetenz ist Sozialkompetenz als vermittelndes Glied darauf ausgerichtet, die Balance zwischen individuellen Bedürfnissen und gesellschaftlichen Anforderungen herzustellen (vgl. JUNGKUNZ 1995, S. 63). Dabei sind nach Untersuchungen von SIEGER-

---

[19]   Vgl. exemplarisch BROMMER 1992, S. 46ff. und S.70; CZYCHOLL 1999, S. 217; WOLFF 1999; S. 5; KNAUF 2001, S. 47; WEISS 2002, S. 75.

HANUS (vgl. 2001, S. 70ff. und S. 285f.; ebenso KARKOSCHKA 1998, S. 27ff.) im kaufmännischen Bereich mindestens zwei Komponenten zu unterscheiden:

1. **berufliche Kooperationskompetenz** ist die Fähigkeit und Bereitschaft, sich in eine Gruppe einzuordnen und gemeinsam zielorientiert zu arbeiten. SIEGER-HANUS (vgl. 2001, S. 70) bezieht diese Komponente auf das Innenverhältnis unter Mitarbeitern der gleichen Unternehmung. Hierzu gehören schwerpunktmäßig Integrations- und Teamfähigkeit.

2. **berufliche Verhandlungskompetenz** ist die Fähigkeit und Bereitschaft zur konsensorientierten Koordination von eigenen und fremden Zielen. Hierzu gehören insbesondere auf das Außenverhältnis bezogene Aspekte wie sicheres Auftreten und verkäuferische Fähigkeiten.

Zudem gibt es Fähigkeiten, die sich keiner der beiden Komponenten dominant zuordnen lassen. Beispielsweise sind Kommunikations- und Konfliktfähigkeit sowie Einfühlungsvermögen gleichermaßen im Innen- als auch im Außerverhältnis erforderlich. Eine weitere Unterscheidung kann zwischen eher „weichen" Merkmalen wie Integrations-, Team- und Kommunikationsfähigkeit sowie Einfühlungsvermögen auf der einen Seite und eher „harten" Merkmalen wie verkäuferischen Fähigkeiten und sicherem Auftreten sowie Durchsetzungs- und Konfliktfähigkeit auf der anderen Seiten getroffen werden.

Da soziale Fähigkeiten zunächst nur für spezifische Situationen erworben werden und sich nicht ohne Weiteres auf andere Situationen übertragen lassen (vgl. GREIF 1987, S. 312), ist wichtig, dass eine Person fähig und bereit ist, sich unterschiedlichen Gegebenheiten anzupassen und situationsübergreifend von den eigenen Kompetenzen Gebrauch zu machen.

Berufliche **Selbstkompetenz** ist die Fähigkeit und Bereitschaft, sich selbst im Rahmen einer Arbeitsaufgabe oder Arbeitsgruppe zu entwickeln sowie eigene Begabung, Motivation und Leistungsbereitschaft zu entfalten (vgl. BADER 1989, S. 75 und WILSDORF 1991, S. 42). Bei der Selbstkompetenz stehen Aspekte der Persönlichkeit des Individuums im Mittelpunkt. Dazu gehören Flexibilität und Zielstrebigkeit, Belastbarkeit, Eigeninitiative sowie Selbständigkeit und Verantwortungsbewusstsein. Selbstkompetenz beinhaltet auch die Bereitschaft zu lebenslangem Lernen. Darüber hinaus kommt in der Selbstkompetenz zum Ausdruck, inwiefern Studierende zur Bildung einer fundierten eigenen Meinung und konstruktiver Kritik fähig sind und ob sie Sachverhalte kritisch hinterfragen. Ergänzend werden der Selbstkompetenz häufig Persönlichkeitsmerkmale wie Engagement, Stressstabilität, Frustrationstoleranz oder auch Selbstbewusstsein zugeordnet.

Auch wenn sich mit Sach-, Sozial- und Selbstkompetenz drei Dimensionen mit charakteristischen Merkmalen unterscheiden lassen, können diese nicht exakt voneinander abgegrenzt werden (vgl. BADER 1990, S. 11). Werden die in der Definition von Sachkompetenz genannten „Aufgaben und Problemstellungen" bei beratungsintensiven Berufen nicht nur auf Gegenstände, sondern überdies auf andere Personen bezogen, überschneiden sich Sach- und Sozialkompetenz. Zum Beispiel können „verkäuferische Fähigkeiten" bei Bankkaufleuten entsprechend der Definition von Sachkompetenz als fachliche Kompetenz verstanden werden und daher der Sachkompetenz zugeordnet werden. Da meines Erachtens aber der Aspekt der Interaktion im Vordergrund steht, erfolgt im Rahmen dieser Untersuchung eine Zuordnung zur Sozialkompetenz.

Auch bei Merkmalen der Selbstkompetenz ist eine exakte Abgrenzung zur Sach- und Sozialkompetenz aufgrund von Überschneidungen teilweise unmöglich. So verweist die Fähigkeit, konstruktiv Kritik zu üben auch auf den zwischenmenschlichen Bereich und kann je nach Arbeitsaufgabe auch eine fachliche Kompetenz sein (beispielsweise bei Ausbildern). Dennoch soll die Kritikfähigkeit der Selbstkompetenz zugeordnet werden, da einerseits Kritikfähigkeit den Aspekt der Selbstkritik beinhaltet und andererseits, um auch in der Beziehung zu anderen Menschen und Sachen die Rolle des kritik- und urteilsfähigen Individuums hervorzuheben.

Über Sach-, Sozial- und Selbstkompetenz hinaus findet sich sowohl in wissenschaftlichen und als auch in nicht-wissenschaftlichen Veröffentlichungen eine fast beliebig fortsetzbare Reihe weiterer Dimensionen. BADER (vgl. 2000a, S. 39f.) nennt als weitere Kompetenzen Methodenkompetenz, Lernkompetenz und kommunikative Kompetenz. Diese möchte er aber keineswegs als eigenständige Kompetenzen verstanden wissen, sondern als integralen Bestandteil von Sach-, Sozial- und Selbstkompetenz (vgl. BADER 2000b, S. 211 sowie BADER/MÜLLER 2002, S. 178). Er verwendet dafür die Bezeichnung Akzentuierung. BADER ist insofern recht zu geben, als alle drei Akzentuierungen erforderlich sind, damit Sach-, Sozial- und Selbstkompetenz wirksam werden können. Beispielsweise ist fachliches Wissen allein nutzlos. Erforderlich sind sowohl Methoden, um das Wissen anwenden zu können (Methodenkompetenz), die Fähigkeit es anderen Menschen weiterzugeben (kommunikative Kompetenz) als auch die Fähigkeit, das Wissen lebens- und arbeitsbegleitend auf dem aktuellen Stand zu halten (Lernkompetenz). Anders als BADER können diese Akzentuierungen meines Erachtens dominant jeweils einer Kompetenz zugeordnet werden. Methodenkompetenz kann dominant der Sachkompetenz zugeordnet werden, kommunikative Kompetenz der Sozialkompetenz und die Lernkompetenz der Selbstkompetenz. Gerade dadurch, dass Sach-, Sozial- und Selbstkompetenz auf die jeweils anderen Kompetenzen angewiesen sind, wird deutlich, dass berufliche Handlungskompetenz aller drei Dimensionen bedarf. Die Sachkompetenz ist beispielsweise im Hinblick auf die Weiterentwicklung des Wissens auf die Selbstkompetenz ebenso angewiesen wie in Beziehung zur Umwelt auf die Sozialkompetenz.

Zu den weiteren genannten Kompetenzen gehören unter anderem Sprachkompetenz (vgl. BLK 2000, S. 3), konzeptionelle Kompetenz (vgl. BEITNER 1993, S. 320), Mitwirkungskompetenz (vgl. HARDENACKE 1997, S. 38), unternehmerische Kompetenz (vgl. MARGGRAF 1994, S. 296), ökologische Kompetenz (vgl. AFF/GROHMANN/KÖGLER 1991, S. 7) sowie interkulturelle Kompetenz (vgl. GAUGLER 1994b, S. 5f). Aufgrund der Entwicklung im Bereich der Informationstechnik ist Medienkompetenz zum „Zauberwort" (STANG 1996, S. 147, vgl. auch VERSTEGE 2002, S. 89) geworden. Diese Kompetenzen lassen sich entweder dominant Sach-, Sozial- oder Selbstkompetenz zuordnen oder sie sind Bestandteil aller drei Kompetenzen. Zum Beispiel lässt sich Medienkompetenz (vgl. DEWE/SANDER 1996, S. 137; BAACKE 1996, S. 120; STEIG 2000, S. 30; MANDL/SCHNURER 2001) in

- Sachkompetenz, beispielsweise Wissen, um Medien bedienen zu können,

- Sozialkompetenz, beispielsweise die Fähigkeit, Medien in die eigene Kommunikation zu integrieren, und

- Selbstkompetenz, beispielsweise die Fähigkeit zum reflexiven Umgang mit den Medien,

unterteilen.

Eine Ergänzung von Sach-, Sozial- und Selbstkompetenz um Medienkompetenz als weitere Kompetenz ist daher weder erforderlich noch zielführend. Das gleiche gilt für die Vielzahl anderer Kompetenzen.

Auch wenn die Diskussion über die Ausdifferenzierung von beruflicher Handlungskompetenz bis heute nicht abgeschlossen ist, stellt meiner Ansicht nach die Trias von Sach-, Sozial- und Selbstkompetenz aufgrund ihrer Korrespondenz mit Gegenstand, Gesellschaft und Individuum eine angemessene und ausgewogene Differenzierung dar und liegt daher dieser Arbeit zu Grunde.

3.2.3   Beziehung der Dimensionen zur beruflichen Handlungskompetenz

Aufbauend auf die Frage nach den einzelnen Dimensionen beruflicher Handlungskompetenz und ihren Inhalten ist zu prüfen, in welchem Verhältnis die Dimensionen zur beruflichen Handlungskompetenz stehen.

Sehr verbreitet ist die grafische Veranschaulichung von beruflicher Handlungskompetenz im Kontext von drei sich überschneidenden Kreisen (vgl. Abbildung 5). Bei dieser Darstellung ist zu unterscheiden, ob berufliche Handlungskompetenz die Schnitt- oder Vereinigungsmenge der drei Kreise darstellt.

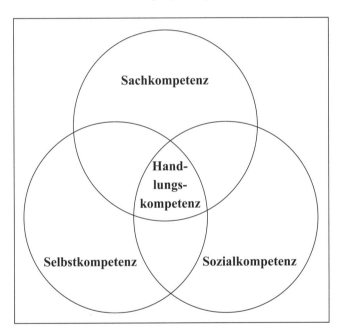

Abbildung 5:   Grafische Darstellung beruflicher Handlungskompetenz (vgl. exemplarisch MEYER-DOHM 1991, S. 23; BUTSCH u.a. 1991, S. 41; FAIX/LAIER 1996, S. 37)

Stellt berufliche Handlungskompetenz nur die Schnittmenge dar, so verweist das darauf, dass berufliche Handlungskompetenz integrativ das Vorhandensein von Sach-, Sozial- und Selbstkompetenz voraussetzt. Gleichzeitig sagt eine grafische Darstellung als Schnittmenge auch aus, dass es Bereiche der einzelnen Kompetenzen gibt, die keinen Beitrag zur beruflichen Handlungskompetenz leisten. Meines Erachtens ist es aber so, dass alle Fähigkeiten einer Person innerhalb von

Sach-, Sozial- und Selbstkompetenz in Abhängigkeit von der konkreten Situation einen Beitrag zur beruflichen Handlungskompetenz leisten können. Demnach gibt es entgegen der grafischen Darstellung als Schnittmenge keine Bereiche, die sich zu Sach-, Sozial- und Selbstkompetenz und gleichzeitig nicht zur beruflichen Handlungskompetenz zählen lassen.

Stellt berufliche Handlungskompetenz hingegen die Vereinigungsmenge der drei Kreise dar, so bringt dies zum Ausdruck, dass alle Kenntnisse, Fertigkeiten und Fähigkeiten von Sach-, Sozial- und Selbstkompetenz einen Beitrag zur beruflichen Handlungskompetenz leisten können. Gleichzeitig erweckt eine solche grafische Darstellung den Eindruck, eine Person könne auch beim Fehlen von einer oder gar von zwei Dimensionen handlungskompetent sein. Von Ausnahmefällen abgesehen ist dies nicht zutreffend.

Vielmehr leisten einerseits alle Bereiche von Sach-, Sozial- und Selbstkompetenz einen Beitrag zur beruflichen Handlungskompetenz, andererseits sind sie integrativ auf die anderen Kompetenzen angewiesen. Weder die Darstellung von beruflicher Handlungskompetenz als Schnittmenge noch als Vereinigungsmenge der drei Kompetenzen (Kreise) wird diesem Sachverhalt grafisch gerecht.

Im Gegensatz zur Darstellung mit sich überschneidenden Kreisen und der damit verbundenen Problematik wird berufliche Handlungskompetenz in Abbildung 6 grafisch als Kreis dargestellt, der die Dimensionen Sach-, Sozial- und Selbstkompetenz umfasst. Die Dimensionen werden nur mit gestrichelten Linien abgegrenzt, um zu verdeutlichen, dass sie in einem dynamischen Wechselverhältnis stehen, gegenseitig aufeinander angewiesen sind und fließende Übergänge bestehen (vgl. FREY 1999, S. 31).

Abbildung 6:   *Berufliche Handlungskompetenz als vernetzte Kompetenzdimensionen*

Im Folgenden wird die Bedeutung von beruflicher Handlungskompetenz, ihren Dimensionen und einzelnen Merkmalen für das betriebswirtschaftliche Studium aus Sicht von Unternehmungen, Studierenden und Professoren analysiert.

3.3   Berufliche Handlungskompetenz als Studienziel aus Sicht von Unternehmungen

3.3.1   Veränderte Unternehmungsumwelt- und Unternehmungsfaktoren als Determinanten für die Anforderungen an Universitätsabsolventen

3.3.1.1   Veränderungen in der globalen Unternehmungsumwelt

Unternehmungen sind offene Systeme und stehen in enger Wechselbeziehung zu den sie umgebenden Umwelten. Zu den relevanten Umwelten gehören für Unternehmungen auf Makrosystemebene beispielsweise die Gesellschaftsstruktur und die Wirtschaftsordnung und auf Exosystemebene das Bildungssystem (vgl. hierzu Kapitel 2.1).

Je nach Umweltsystem gehen dabei mehr oder weniger starke Anforderungen an Unternehmungen aus. Zwar stellen auch Unternehmungen selbst Anforderungen an andere Umweltsysteme, sie können ihre Umwelten in der Regel jedoch nicht oder nur in geringem Maße zielorientiert beeinflussen (vgl. LEIMER 1990, S. 22). Um zukunftsfähig zu sein und ihre Ziele zu erreichen, sind Unternehmungen daher gezwungen, sich mit ihrer Umwelt weiterzuentwickeln und sich in der Regel an ihre Umwelt anzupassen.

Damit stellen die Umweltentwicklungen eine entscheidende Determinante für die Anforderungen von Unternehmungen an ihre Fach- und Führungskräfte[20] dar. Um die Anforderungen an betriebswirtschaftliche Universitätsabsolventen theoretisch fundiert ableiten zu können, werden im Folgenden zunächst zentrale Umwelt- und daraus folgend Unternehmungsentwicklungen charakterisiert.

Auch wenn sich eine Vielzahl globaler, branchenübergreifender Trends identifizieren lassen, können diese zu fünf wesentlichen Entwicklungen gebündelt werden (vgl. ACHTENHAGEN 1995, S. 156ff.; SCHLAFFKE 1998, S. 187ff.; WIEDMANN 1999, S. 44ff.; PICOT/REICHWALD/WIGAND 2001, S. 2ff.):[21]

---

[20] Auch wenn im Folgenden teilweise von *Mitarbeitern* von Unternehmungen und nicht nur von *Fach- und Führungskräften* gesprochen wird, beziehen sich die Ausführungen auf die Anforderungen an Fach- und Führungskräfte.

[21] Vgl. ergänzend zu den Entwicklungen der Rahmenbedingungen im Bankenmarkt WITTE 1996, S. 27; VON STEIN/GRUBER 1999a, S. 3ff.; DUBS 1999a, S. 446ff.; SIEBERTZ 1999, S. 21ff. und SAUTER 1994, S. 82ff.

1. Technische Innovationen

Technische Innovationen führen zu tiefgreifenden Veränderungen in ganz unterschiedlichen Bereichen. Beispiele hierfür sind die Mikroelektronik und der Fortschritt in der Informations- und Kommunikationstechnik. Technische Innovationen ermöglichen die Automatisierung von Routinetätigkeiten und eröffnen neue Formen der Unternehmungsorganisation und der Dezentralisation von Tätigkeiten.

2. Internationalisierung der Wirtschaft

Auf Basis technischer Innovationen in der Informations- und Kommunikationstechnik und der zunehmenden internationalen Integration von Märkten wird der wirtschaftliche Wettbewerb verstärkt auf europäischer und globaler Ebene ausgetragen. Er ist geprägt von weltweit operierenden Unternehmungen und neuen Formen der Steuerung und Kooperation von komplexen Organisationen. Die Internationalisierung der Wirtschaft und der entscheidend durch sie bedingte verschärfte globale Wettbewerb führt in zahlreichen Branchen zu kürzeren Produktentwicklungs- und Produktlebenszyklen.

3. Dienstleistungsorientierung

Der Schwerpunkt der Beschäftigung verlagerte sich in den vergangenen Jahrzehnten vom primären (Landwirtschaft) und sekundären (Sachgüter) zum tertiären Sektor (Dienstleistungen). Dieser Trend wird sich in naher Zukunft fortsetzen. Hierbei können zwei gleichgerichtete Entwicklungen beobachtet werden: zum einen gewinnen Dienstleistungen als originäres Produkt an Bedeutung, zum anderen kommt auch bei klassischen Sachgütern, zum Beispiel bei Automobilen, den produktbegleitenden Dienstleistungen ein zunehmend größeres Gewicht zu.

4. Gesellschaftlicher Wertewandel

Den gesellschaftlichen Wertewandel hin zur Ausdifferenzierung von Wertemustern und Lebensstilen haben Unternehmungen in zweierlei Hinsicht zu berücksichtigen: Zum einen im Hinblick auf das Kundenverhalten, zum anderen im Hinblick auf ihre Mitarbeiter. Beispielsweise sind Kunden aufgrund eines im Durchschnitt erhöhten Bildungsstandes zunehmend besser informiert und kritischer. Gleichzeitig ändert sich aufgrund einer verbesserten Einkommens- und Vermögenssituation die Nachfragestruktur in Verbindung mit höheren Ansprüchen. Zudem sinkt vielfach die Kunden- und Leistungsbindung und die Kunden vermeiden die Abhängigkeit von nur einem Anbieter. Die Wertepluralisierung verursacht auch die Individualisierung der Kundenbedürfnisse.

5. Demografischer Wandel

Der demografische Wandel führt in zahlreichen Staaten zu einer anhaltenden und einschneidenden Alterung der Bevölkerung. Diesen Wandel müssen Unternehmungen im Hinblick auf die veränderte Altersstruktur ihrer Kunden und potenziellen Mitarbeiter berücksichtigen.

3.3.1.2　Veränderungen in der direkten Unternehmungsumwelt

Aus den veränderten globalen Rahmenbedingungen folgen branchenabhängig Veränderungen in der direkten Unternehmungsumwelt. Ausgangspunkt der Überlegungen zu den Veränderungen ist die Analyse der Branchenstruktur, für die nach PORTER (vgl. 1999a, S. 33ff.) fünf Wettbewerbskräfte konstituierend sind (vgl. Abbildung 7).

Wettbewerbskräfte sind nach PORTER das Ausmaß der Rivalität unter den bestehenden Unternehmungen, die Bedrohung durch Ersatzprodukte und neue Konkurrenten sowie die Verhandlungsstärke von Lieferanten und Kunden. Mit Hilfe dieser Betrachtung können die Wettbewerbssituation beurteilt und die damit verbundenen Anforderungen an Fach- und Führungskräfte erkannt werden. Auf alle fünf Wettbewerbsfaktoren haben die globalen Umweltentwicklungen Auswirkungen. Dies soll an dieser Stelle exemplarisch am Bankenmarkt für die Auswirkungen neuer Entwicklungen in der Informations- und Kommunikationstechnik verdeutlicht werden. Ihnen kommt für die Marktdynamik entscheidende Bedeutung zu.

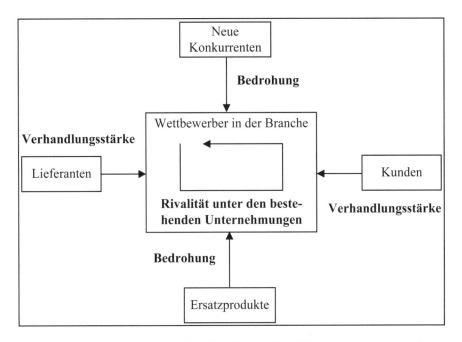

Abbildung 7:   *Wettbewerbskräfte-Modell nach PORTER*
                   (vgl. PORTER 1999a, S. 34)

Wettbewerb unter den bestehenden Kreditinstituten

Bei einer abnehmenden Anzahl an Kreditinstituten (vor allem durch Fusionen bei Genossenschaftsbanken) hat sich der Wettbewerb unter den bestehenden Anbietern in den vergangenen Jahren verstärkt. Werden Produkte, wie etwa bei den Online-Brokern, praktisch austauschbar, sinkt die Kundenbindung. Weiter geschwächt wird die Kundenbindung dadurch, dass persönliche Kontakte zu Bankmitarbeitern durch den Einsatz von Technik abnehmen. Gleichzeitig ist es aufgrund der leichten Imitierbarkeit von Bankprodukten allgemein und auch mit Hilfe des Internets schwierig, produktbezogene Wettbewerbsvorteile zu generieren.

Neue Konkurrenten und Finanzinnovationen

Eine weitere Gefahr geht, wie in der Vergangenheit deutlich vor Augen geführt, von neuen Konkurrenten und Finanzinnovationen (Ersatzprodukten) aus. So erleichtert das Internet den Markteintritt, da ein neuer Wettbewerber nicht zum Aufbau einer flächendeckenden Vertriebsorganisation gezwungen ist. Vielmehr ist ein (erfolgreicher) Markteintritt, wie bei den Online-Brokern geschehen, auch mit vergleichsweise wenig Kapital möglich.

E-Banking betrifft primär die Abwicklung von Finanzgeschäften. Dennoch eröffnet es auch die Möglichkeit zu innovativen Bankleistungen. Insbesondere der Individualisierung bislang standardisierter Leistungen wird künftig zur Erhöhung von Kundenzufriedenheit und Kundenbindung große Bedeutung zukommen.

Verhandlungsstärke der Kunden und Lieferanten

Neben die genannten Faktoren tritt die Verhandlungsstärke der Kunden. Das Internet erhöht für versierte Nutzer die Produkt- und Preistransparenz und damit die Vergleichbarkeit der Angebote erheblich. In wenigen Minuten und bequem von zuhause aus, zudem ohne in persönlichen Kontakt mit Mitarbeitern von Banken und Sparkassen zu treten, können sich Kunden über Bankprodukte und Konditionen im Internet informieren. Gegebenenfalls können sie das optimale Angebot direkt online auswählen und den Vertrag abschließen. In Verbindung mit zunehmender Preissensibilität und Wechselbereitschaft der Kunden bedeutet dies für die einzelne Bank, dass sich ihre Produkte stärker als in der Vergangenheit an den vergleichbaren Produkten der Konkurrenten messen lassen müssen.

Banken und Sparkassen sind grundsätzlich weniger von Zulieferern abhängig als andere Wirtschaftszweige. Daher kommt der Verhandlungsstärke von Lieferanten gegenüber der von Kunden nur eine untergeordnete Bedeutung zu. Ein Beispiel für den Zukauf sind nicht selbst erstellte Komplementärprodukte wie etwa Versicherungsangebote.

3.3.1.3   Veränderungen in Unternehmungen

Der Wandel der globalen und direkten Unternehmungsumwelt wirkt sich auf alle im 7-S-Modell veranschaulichten Unternehmungsbereiche aus (vgl. Abbildung 8).

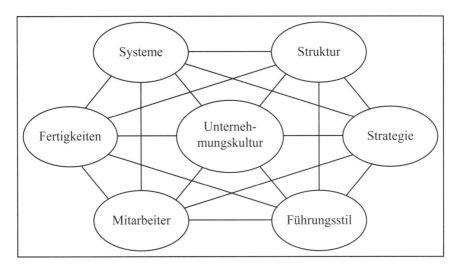

Abbildung 8:   *7-S-Modell nach McKINSEY*[22]
(vgl. PETERS/WATERMAN 1982, S. 10 sowie zur zentralen Rolle des Mitarbeiters im Unternehmungsgefüge GROSSE-OETRINGHAUS 1993, S. 272f.)

Vor dem Hintergrund veränderter Gegebenheiten in der Unternehmungsumwelt werden streng hierarchische Ordnungen und Entscheidungswege, feste Organisationsformen, starr geordnete Arbeitsplätze und die strikte Trennung von dispositiver und ausführender Arbeit zu einem Hemmnis für Anpassungsfähigkeit von Unternehmungen. Die hohe Marktdynamik und der zunehmende Rationalisierungs- und Produktivitätsdruck verlangen nach flexibler Produktion mit gleichzeitig hohem Automatisierungs- und Technisierungsgrad und begünstigen eine geringe Produktionstiefe. Die Internationalisierung führt zu zunehmend dezentral organisierten Unternehmungen und erfordert eine neue Unternehmungskultur sowie die Überwindung von Abteilungs- und Bereichsdenken. Hinzu kommt, dass die Leitungssysteme an die veränderten Anforderungen angepasst werden müssen.

Gleichzeitig verändern sich innerhalb von Unternehmungen die Wechselbeziehungen zwischen den im 7-S-Modell genannten Elementen. Über die Einflüsse

---

[22]   Die Bezeichnung 7-S-Modell geht darauf zurück, dass im Englischen alle sieben Unternehmungsbereiche (structure, strategy, systems, skills, staff, style, shared values) mit „s" beginnen.

von außen hinaus sind daher unternehmungsintern die Zusammenhänge der unterschiedlichen Bereiche zu berücksichtigen. Dies gilt ganz besonders für Veränderungen mit Auswirkungen auf den Personalbereich. Vor dem Hintergrund der veränderten Umwelt- und Unternehmungsbedingungen sind Fach- und Führungskräfte branchenübergreifend zunehmend wichtiger, um strategische Vorteile zu erlangen und diese langfristig zu verteidigen.

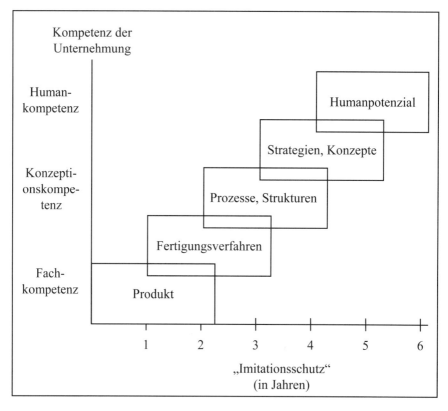

Abbildung 9:   Humankompetenz als strategischer Wettbewerbsvorteil (vgl. BEUTEL/FISCHER 1995, S. 59)

Abbildung 9 verdeutlicht, dass fachliche Kompetenzen von Unternehmungen im Sinne von Produkteigenschaften und Fertigungsverfahren nur einen kurzzeitigen

Imitationsschutz bieten. Hingegen ermöglicht die Humankompetenz von Unternehmungen und somit das Humanpotenzial der Fach- und Führungskräfte einen langfristigen Schutz vor Nachahmung und damit strategische Wettbewerbsvorteile.[23] Damit werden die Fach- und Führungskräfte zur Schlüsselressource. Ganz besonders gilt dies angesichts homogener und abstrakter Produkte, leichter Imitierbarkeit von Produktinnovationen und der Vertrauensempfindlichkeit der angebotenen Leistung für Kreditinstitute. „Die Bank steht und fällt mit der Qualität ihres Humankapitals" (VON STEIN 2000, S. 27).

3.3.2 Anforderungen an Universitätsabsolventen

Aus den im vorangegangenen Kapitel 3.3.1 charakterisierten Umwelt- und Unternehmungsentwicklungen und der hohen Bedeutung des Faktors Personal resultieren andersartige und höhere Anforderungen an Universitätsabsolventen als in der Vergangenheit.[24] Anhand von Sach-, Sozial- und Selbstkompetenz als den zentralen Dimensionen von beruflicher Handlungskompetenz werden diese Anforderungen im Kontext der Umwelt- und Unternehmungsentwicklungen im Folgenden analysiert.

Anforderungen an die Sachkompetenz

Entwicklungen in der Informations- und Kommunikationstechnik ermöglichen es, an beinahe jede Art von Information in kürzester Zeit zu kommen. Gleichzeitig sinkt die Halbwertszeit von fachlichem Wissen als Folge des beschleunigten Wandels der betrieblichen Umwelt und des raschen Wissenszuwachses stetig (vgl. BECK 1995, S. 26). Vor diesem Hintergrund ist zu klären, welches Gewicht der Aneignung von Fachwissen nach Meinung von Unternehmungen im Rahmen des Universitätsstudiums zukommen sollte.

---

[23] Gleichzeitig ist aber zu berücksichtigen, dass die Beweglichkeit des Humanpotenzials relativ hoch ist. Während beispielsweise bei Produkten oder Fertigungsverfahren ein Besitz möglich ist, können Mitarbeiter und damit das Humanpotenzial die Unternehmung verlassen.

[24] Im Hinblick auf die Anforderungshöhe kommen unhängig von den konkreten Ausprägungen zwei Effekte zum Tragen: Zum einen wächst das Gewicht von Berufen mit hohen Kompetenzanforderungen (Berufsstruktureffekt), zum anderen findet auch in den einzelnen Berufen eine Umschichtung zu Arbeitsplätzen mit höheren Kompetenzanforderungen (Kompetenzstruktureffekt) statt (vgl. DFG 1990, S. 40f. sowie KRAUTWURST 2000, S. 2f.). Gleichzeitig nehmen in einigen Bereichen auch die reinen Ausführungstätigkeiten zu. Da die vorliegende Untersuchung die Anforderungen an Universitätsabsolventen analysiert, werden Tätigkeiten mit niedrigen Kompetenzanforderungen nicht näher betrachtet. Zu den Beschäftigungsperspektiven im Finanzsektor vgl. grundlegend GERKE u.a. 2001.

Auch wenn Fachwissen zunehmend schneller veraltet, konnte die These von seiner Entwertung durch die Qualifikationsforschung nicht bestätigt werden (vgl. REETZ 1990, S. 27). Vielmehr bleiben fundierte fachliche Kenntnisse ein unverzichtbarer Bestandteil der Ausbildung. Ihre Verfügbarkeit ist erforderlich, um sich neues Wissen zu erschließen und beruflich handlungsfähig zu sein. Beispielsweise erwarten die Bankkunden gerade als Konsequenz der ständigen Produktinnovationen und schnellen Veränderungen der gesetzlichen Rahmenbedingungen eine fachkundige Beratung. Informierte und fachkundige Fach- und Führungskräfte stellen damit die Basis für eine kundenorientierte Dienstleistungserstellung und die Bindung von Kunden dar. Gleichzeitig sind Fachkenntnisse grundlegende Voraussetzung für fundierte Managemententscheidungen.

Allerdings ist isoliertes Faktenwissen und die Beherrschung einzelner Fertigkeiten nicht mehr ausreichend, um den Anforderungen der modernen Arbeitswelt zu genügen. Infolge des raschen Wandels der Rahmenbedingungen ist weniger ein unbegrenzter Wissensvorrat erforderlich, als vielmehr die Kompetenz, mit Informationen und Wissen intelligent umzugehen und fachliches Wissen situationsadäquat einzusetzen (vgl. FRACKMANN 2001, S. 217). Zunehmend komplexere Umwelt- und Unternehmungsbedingungen mit zahlreichen offensichtlichen und verdeckten Vernetzungen erfordern die Befähigung zum Erkennen und Lösen ganz unterschiedlicher Probleme. Um sachgerechte Entscheidungen treffen zu können, sind mehr als in der Vergangenheit analytisches und bereichsübergreifendes Denkvermögen, eine theoretisch fundierte Problemsicht sowie die Vertrautheit mit wissenschaftlichen Arbeitstechniken erforderlich.

Da Unternehmungen zunehmend global handeln, sind für Universitätsabsolventen als angehende Fach- und Führungskräfte Sprachkenntnisse eine unverzichtbare Anforderung. Als Folge der raschen technischen Innovationen und ihrer Bedeutung im Arbeitsprozess setzen Unternehmungen meist EDV-Kenntnisse voraus. In Abhängigkeit von der Bedeutung der Informations- und Kommunikationstechnik für die Wettbewerbsfähigkeit einer Unternehmung ist über die eigene Nutzung hinaus ein umfassendes Verständnis der daraus erwachsenden Konsequenzen unerlässlich.

Befragungen von Unternehmungen und Absolventen bestätigen die gleichbleibend hohe Bedeutung fachlicher Kompetenzen. Die Bedeutung der fachlichen Kompetenzen zeigt sich auch in der Wichtigkeit der Vertiefungsrichtung und damit des fachlichen Schwerpunkts bei Einstellungsentscheidungen (vgl. KONEGEN-GRENIER 1996, S. 118f.). Gleichzeitig lassen die Befragungen auch erkennen, dass Universitätsabsolventen den Anforderungen an fachliche Kenntnisse in hohem Maße gerecht werden (vgl. beispielsweise KELLERMANN 2000,

S. 176; HOLTKAMP/KOLLER/MINKS 2000, S. 47 und S. 126f. und bezüglich
Kreditinstituten BEISHEIM 1997, S. 680).

Mindestens ebenso wichtig wie fachliche Kompetenz erscheinen methodische
Fähigkeiten als zweite Säule der Sachkompetenz. Bei einer Absolventenbefragung der UNIVERSITÄT HOHENHEIM (vgl. 2000, S. 11) gaben 80 % der
Befragten an, dass die im Studium erworbene Fähigkeit zu systematischem
Denken, Arbeiten und Entscheiden sehr nützlich für ihre Berufstätigkeit ist, 20 %
halten sie für nützlich. Für weniger nützlich oder nutzlos wurde sie von keinem
der Befragten eingestuft.

Anforderungen an die Sozialkompetenz

Häufige Produktinnovationen, komplexe Finanzkonstrukte, gut informierte
Kunden und international arbeitende Unternehmungen erfordern nicht nur eine
hohe Sachkompetenz. Vielmehr stellen sie gleichzeitig hohe Anforderungen an
die Sozialkompetenz von Fach- und Führungskräften auf allen Hierarchieebenen
sowohl innerhalb von Unternehmungen als auch im Außenverhältnis. Fachkräfte
brauchen Sozialkompetenz beim Umgang mit Kunden und für die Zusammenarbeit in Teams. Führungskräfte benötigen zudem Sozialkompetenz, um ihre
Mitarbeiter und Teams zu führen und zu motivieren.

Im Außenverhältnis verlangen anspruchsvolle Kunden mit individuellen Bedürfnissen angesichts des verschärften Wettbewerbs eine optimale Betreuung. Dies
erfordert auf Seiten der Fach- und Führungskräfte ein hohes Maß an Einfühlungsvermögen, mündlicher und schriftlicher Kommunikationsfähigkeit, sicherem Auftreten und verkäuferischen Fähigkeiten. Gerade bei Kreditinstituten sind
diese Fähigkeiten im Zeitalter von E-Banking ein wichtiger Faktor, um langfristi-
ge Kundenbeziehungen sowie Wechselbarrieren aufzubauen und so einen für den
Unternehmungserfolg wesentlichen preislichen Gestaltungsspielraum zu schaffen. Dies gilt in besonderem Maße für das Segment der gehobenen Privatkunden
sowie der Geschäftskunden.

Im Innenverhältnis stellen die modifizierten Arbeitsprozesse neue Anforderungen
an die Interaktionsgestaltung zwischen den Organisationsmitgliedern. So bedingt
die Arbeit in flexiblen und teilweise nur noch virtuellen Organisationen mit
flachen Hierarchien und ohne starre Abteilungsgrenzen von Fach- und Führungskräften die situationsangemessene Nutzung und Beherrschung ganz unterschiedlicher Kommunikationsformen, die über das persönliche Gespräch hinausgehen.
Unabhängig vom Kommunikationsmedium müssen Fach- und Führungskräfte

verbal und nonverbal die Fähigkeit besitzen, Sachverhalte so auszudrücken, dass sie von anderen verstanden werden.

Modulare Organisationen, Netzwerke und die unterschiedlichsten Formen der Unternehmungskooperation erhöhen den Umfang von Team- und Projektarbeit und verstärken durch zunehmende Dezentralisierung die Partizipation von Fach- und Führungskräften an Entscheidungen. Zahlreiche Aufgaben und Probleme werden aufgrund der gestiegenen Komplexität an Teams delegiert und damit die Komplexität und der Zeitdruck auf mehrere Personen verteilt. Entsprechend hoch sind die Anforderungen an die Teamfähigkeit von Fach- und Führungskräften. Diese müssen die Experten anderer Fachgebiete verstehen und deren Meinungen bei eigenen Entscheidungen berücksichtigen. Hierbei sind Sach- und Sozialkompetenz eng verzahnt.

Globale Unternehmungen setzen bei Fach- und Führungskräften die Fähigkeit voraus, mit Personen zusammen zu arbeiten, zu denen kein persönlicher Kontakt besteht. Dies erfordert auch aufgrund kultureller Unterschiede ein größeres Maß an Kommunikations-, Integrations- und Konfliktfähigkeit sowie an Einfühlungsvermögen als das bei herkömmlicher Zusammenarbeit der Fall ist. Wichtig ist, dass Fach- und Führungskräfte über ihren eigenen Kulturkreis hinaus die Fähigkeit besitzen, sich mit Gesprächspartnern angemessen zu verständigen. Dazu gehört, dass sie die Verhaltensweisen von Kollegen und Kunden aus anderen Kulturkreisen verstehen und sich in anderen Wertsystemen sicher bewegen können.

Die hohe Bedeutung der sozialen Kompetenz wird von empirischen Untersuchungen unterstrichen. Beispielsweise kommt eine Untersuchung der CSC PLOENZKE AG (vgl. 2000, S. 54) zu dem Ergebnis, dass mit der Teamfähigkeit sowie der Fähigkeit zur Kommunikation und zum Auftreten drei Komponenten der Sozialkompetenz die wichtigsten Einstellungskriterien für Unternehmungen sind (vgl. ergänzend auch BANKHOFER/HILBERT 1995, S. 1427ff.).

Die Untersuchung von BEISHEIM (vgl. 1997, S. 680) stützt, bezogen auf Kreditinstitute, die Ergebnisse der Studie der CSC PLOENZKE AG. Sie lässt außerdem bei allen untersuchten Komponenten der sozialen Kompetenz einen hohen Handlungsbedarf erkennen. Während beispielsweise Team-, Kommunikations- und Konfliktfähigkeit für Banken sehr wichtig sind, werden sie bei Hochschulabsolventen nur in befriedigendem Umfang wahrgenommen.

Die hohe Bedeutung sozialer Kompetenz wird durch die Analyse von Stellenanzeigen unterstrichen. Als wichtige Komponenten werden Team- und Kommunikationsfähigkeit sowie Durchsetzungsvermögen in jeweils über 50 % der Stellenanzeigen für Hochschulabsolventen verlangt (vgl. DIETZEN 1999, S. 37).[25] Besondere Bedeutung kommt den drei genannten Kompetenzen im Branchenvergleich in der Bankwirtschaft zu (vgl. DIETZEN 1999, S. 39f.). Auch die Verfahren der internen Leistungsbeurteilung deuten auf die Wichtigkeit von Sozialkompetenz hin. Neben fachlichen Kriterien dienen regelmäßig Aspekte der Sozialkompetenz wie Qualität der Zusammenarbeit mit Kollegen oder das Verhalten gegenüber Kunden als Leistungsindikatoren (vgl. WOTTRENG 1999, S. 12f.; MENTZEL 2001, S. 70). Damit fließen sie häufig auch in die Entlohnung mit ein und sie haben Einfluss auf die interne Personalplanung.

Anforderungen an die Selbstkompetenz

Die wachsende Internationalisierung der Wirtschaft und die kontinuierliche Neugestaltung von Unternehmungen führt nicht nur zu höheren Anforderungen an die Sozialkompetenz, sondern bedingt auch höhere Anforderungen an die Selbstkompetenz von Fach- und Führungskräften.

Der Wegfall mittlerer Hierarchieebenen hat die Verlagerung von Entscheidungsbefugnissen an untere Hierarchieebenen zur Folge. Damit wächst die Verantwortung der Fach- und Führungskräfte, die zunehmend mehr Entscheidungen selbst treffen müssen. Gleichzeitig führt der Wegfall von Hierarchieebenen zu einer größeren Leitungsspanne bei Vorgesetzten und einem entsprechend größeren Verantwortungsbereich. Die Folge sind auf der einen Seite Führungskräfte, die sich überfordert fühlen, und auf der anderen Seite allein gelassene Mitarbeiter. Entsprechend stark sind die Anforderungen an die Persönlichkeit und besonders an die Belastbarkeit der Mitarbeiter gestiegen. Verstärkt wird diese Entwicklung noch durch den raschen Wandel in den Strukturen der Unternehmungen und damit auch der eigenen Aufgaben. Auch dieser führt zu hohen psychischen Belastungen.

Die veränderten Organisationsformen mit größerer Entscheidungsbefugnis bei einzelnen Fach- und Führungskräften erlauben nicht nur ein höheres Maß an Mitgestaltung und Verantwortung, sondern erfordern es. Anders als in der Vergangenheit werden starre Regelungen mit klaren inhaltlichen Arbeitsanweisungen und angepasste Mitarbeiter, die nur Anordnungen ausführen, der hohen

---

[25] Allerdings ist bei der Analyse von Stellenanzeigen zu berücksichtigen, dass diese auch den Zweck der Außendarstellung von Unternehmungen haben. Gegenüber potenziellen Bewerbern verfolgen sie nicht nur das Ziel der Information über die Anforderungen der Stelle, sondern dienen auch dazu, sich positiv von Mitbewerbern um Arbeitskräfte abzusetzen.

Dynamik der Unternehmungsumwelt nicht gerecht. Vielmehr sind Unternehmungen darauf angewiesen, dass Fach- und Führungskräfte auf Basis von Zielvorgaben weitgehend selbständig und verantwortungsbewusst arbeiten. Unternehmungen können nur erfolgreich sein, wenn zumindest einige Mitarbeiter gegebene Zustände kritisch überdenken und sich permanent für Verbesserungen einsetzen.

Universitätsabsolventen müssen über ihr Studium hinaus die Bereitschaft zum berufsbegleitenden Lernen besitzen. Die Bedeutung der Lernbereitschaft ergibt sich aus der Tatsache, dass das einmal erworbene Wissen infolge der raschen Veränderungen von Unternehmungsumwelt und Unternehmungen immer weniger für das ganze Berufsleben ausreichend ist. Erforderlich ist daher die Fähigkeit und Bereitschaft, sich fortwährend neue Kenntnisse und Fähigkeiten anzueignen. Dazu bedarf es der Selbstverantwortung der Fach- und Führungskräfte. Für Unternehmungen wird die Lernbereitschaft der Mitarbeiter auch insofern wichtiger, weil sich als Konsequenz der demografischen Entwicklung zum einen die Lebensarbeitszeit verlängert (und Mitarbeiter daher länger in der Unternehmung verbleiben) und zum anderen die Zahl der jungen Nachwuchskräfte aufgrund geburtenschwacher Jahrgänge sinkt.

Der rasche Wandel von Unternehmungsumwelt und Unternehmungen bedingt zudem höhere Anforderungen an die Mobilität und Flexibilität von Mitarbeitern. Berufliche Biographien unterliegen beispielsweise häufigeren Stellenwechseln als früher und Berufsbilder werden zunehmend instabil.

Die Selbstkompetenz umfasst aus Sicht von Unternehmungen Eigenschaften, die besonders von Fach- und Führungskräften erwartet werden. Entsprechend hohe Erwartungen richten die Unternehmungen bei diesen Eigenschaften an Universitätsabsolventen (vgl. HEINZEL 1997, S. 202). Gleichzeitig belegen Befragungen von Personalverantwortlichen und Absolventenverlaufsstudien immer wieder, dass die Defizite von betriebswirtschaftlichen Hochschulabsolventen nach Ansicht von Unternehmungen und Berufstätigen vor allem im Bereich der Selbstkompetenz (und der Sozialkompetenz) und nicht im fachlichen Bereich liegen (vgl. exemplarisch HEINZEL 1997). Während bei der Diplomnote als primär fachlichem Anforderungskriterium die Abweichung zwischen Bedeutung und Ist-Ausprägung 0,57 Punkte beträgt (zu Grunde liegt eine 7-Punkte-Skala), beträgt die Abweichung bei der Teamfähigkeit als Merkmal der Sozialkompetenz 1,32 Punkte und bei Selbständigkeit und Verantwortungsbewusstsein als Merkmalen der Selbstkompetenz jeweils über 1,40 Punkte (vgl. HEINZEL 1997, S. 355).

Berufliche Handlungskompetenz als Anforderung von Unternehmungen

Bei einer größeren Anzahl von Mitarbeitern als in der Vergangenheit bedingen die veränderten Anforderungen über primär tüchtigkeitsbezogene fachliche Kompetenz hinaus mündigkeitsbezogene überfachliche Kompetenzen. Trotz der weiterhin hohen Bedeutung von Fachwissen verliert seine Aneignung demzufolge nach Ansicht von Unternehmungen und insbesondere von Banken und Sparkassen im Verhältnis zur Aneignung anderer Kompetenzen an Bedeutung (vgl. VON STEIN/GRUBER 1999b, S. 718; BEISHEIM 1997, S. 680; WISSENSCHAFTSRAT 2000, S. 16f.). Vor diesem Hintergrund sehen es Unternehmungen als Aufgabe der Universität an, den Studierenden die Aneignung ganzheitlicher beruflicher Handlungskompetenz zu ermöglichen. Diese soll den Universitätsabsolventen ermöglichen, ein breites Aufgabenspektrum selbständig und verantwortungsbewusst zu bewältigen.

Auch wenn im Einzelnen Unterschiede in den Anforderungen von Unternehmungen allgemein und von Kreditinstituten im speziellen an betriebswirtschaftliche Universitätsabsolventen bestehen, kann meines Erachtens doch von strukturell vergleichbaren Ansprüchen ausgegangen werden. Die branchenspezifische Analyse der Anforderungen von Unternehmungen zeigt, dass Kreditinstitute in ihren Anforderungen vor allem an die sozialen und personalen Kompetenzen der Universitätsabsolventen nur wenig vom Mittelwert aller untersuchten Branchen abweichen (vgl. HEINZEL 1997, S. 216ff.). Darüber hinaus spricht auch die Betrachtung der branchenübergreifenden Trends und der sich daraus ergebenden Veränderung von Unternehmungsfaktoren (vgl. Kapitel 3.3.1) für vergleichbare Anforderungen von Kreditinstituten und anderen Unternehmungen an die berufliche Handlungskompetenz von betriebswirtschaftlichen Universitätsabsolventen.

3.4   Berufliche Handlungskompetenz als individuelles Studienziel

3.4.1   Bedeutung beruflicher Handlungskompetenz für Studierende

Häufig wird zwischen den extern gestellten Anforderungen an Berufstätige und den individuellen Bildungsbedürfnissen ein großer Widerspruch gesehen. Dabei wird übersehen, dass in den individuellen Bildungsbedürfnissen auf so vielfältige und nachhaltige Weise gesellschaftliche, ökonomische und betriebliche Anforderungen zur Geltung kommen, dass eine pädagogisch-idealistische Kontrastierung zwischen sozioökonomischen Anforderungen einerseits und individuellen Bildungsbedürfnissen andererseits unrealistisch ist (vgl. HEID 1998, S. 45).

Vielmehr erwartet die überwiegende Zahl der Studierenden vom betriebswirt-
schaftlichen Universitätsstudium eine qualitativ hochwertige Ausbildung für
Fach- und Führungstätigkeiten in Unternehmungen (vgl. Kapitel 2.5; BLK 1995,
S. 94). Berufliche Handlungskompetenz dient aus Sicht Studierender dazu, ihre
Chancen am Arbeitsmarkt zu erhöhen.

Außerdem besitzen betriebswirtschaftliche Universitätsstudenten ein hohes Maß
an Karrierebewusstsein (vgl. BARGEL 2000b, S. 16). Ziel des betriebswirtschaftlichen Studiums ist in diesem Fall, ihnen den Zugang zu Managementposi-
tionen zu eröffnen. Gleichzeitig stellt der Beruf für sie einen wichtigen, wenn
nicht gar zentralen Teil ihres Lebens dar und das zeitliche Engagement für den
Beruf geht oftmals über eine 35-40 Stunden Woche hinaus. Berufliche Handlungskompetenz eröffnet ihnen damit die Möglichkeit zur persönlichen Lebens-
entfaltung und zur Selbstverwirklichung.

Die Wichtigkeit beruflicher Handlungskompetenz als Studienziel aus Sicht von
Studierenden ergibt sich folglich in wesentlichen Teilen aus den im vorherigen
Kapitel 3.3 analysierten Anforderungen von Unternehmungen.

Trotz der in wesentlichen Teilen extern bestimmten Bedeutung beruflicher
Handlungskompetenz für Studierende kann auf die Sichtweise der Studierenden
nicht verzichtet werden. So kommt den Einstellungen und Beurteilungen der
Studierenden unabhängig davon, ob sie „richtig" oder „falsch" sind, entscheidende Bedeutung für Lernen und Handeln zu.

3.4.2   Bedeutung der individuellen Wahrnehmung beruflicher
Handlungskompetenz durch Studierende

Studierende entwickeln sich in individueller Auseinandersetzung mit der Umwelt. Die Wahrnehmung beruflicher Handlungskompetenz durch Studierende
setzt sich daher aus zwei Komponenten zusammen: Der Wahrnehmung der
eigenen Kompetenzen (Selbstwahrnehmung[26]) einerseits und der Wahrnehmung
der Anforderungen der Umwelt (insbesondere von Unternehmungen) an die
berufliche Handlungskompetenz andererseits. Die Wahrnehmung beider Aspekte
ist wichtig, da sie Auswirkungen auf die Gestaltung der eigenen Entwicklungs-
prozesse hat und handlungsleitend ist.

---

[26]   Unter Selbstwahrnehmung werden Auffassungen einer Person über sich selbst verstanden.
Gleichbedeutend mit Selbstwahrnehmung werden häufig auch die Begriffe Selbstkonzept, Selbst-
bild, Selbsteinschätzung, Selbstwirksamkeit, Selbstmodell oder auch Selbstschemata verwendet.
Für diese Untersuchung ist eine begriffliche Unterscheidung der selbst in pädagogisch-
psychologischen Untersuchungen oft undifferenziert verwendeten Begriffe nicht erforderlich.

Besondere Beachtung verdient die Selbstwahrnehmung der Studierenden, da sich die Studierenden selbst differenzierter wahrnehmen als dies für Außenstehende möglich ist. Während bei der Fremdwahrnehmung häufig ein Aspekt andere überstrahlt, findet diese Überstrahlung bei der Selbstwahrnehmung in geringerem Umfang statt (vgl. DONAT 1991, S. 139). Außerdem sind bestimmte Aspekte der Persönlichkeit schwer oder gar nicht beobachtbar und daher nur als Selbstwahrnehmung erfassbar (vgl. RIEMANN 1997, S. 29). Damit bietet die Selbstwahrnehmung beruflicher Handlungskompetenz durch Studierende andersartige Ansatzpunkte als die Wahrnehmung beruflicher Handlungskompetenz durch Unternehmungen und Professoren.

Zudem können Studierende wesentlich differenzierter als Unternehmungen und Professoren auch die Entwicklungsbedingungen beruflicher Handlungskompetenz beurteilen. Unternehmungen können aus eigener Erfahrung vor allem das Ergebnis des Studiums (das heißt die berufliche Handlungskompetenz der Universitätsabsolventen) beurteilen. Professoren können über das Studienergebnis hinaus zwar auch die universitären Rahmenbedingungen im Allgemeinen beurteilen, nicht aber die spezifischen Rahmenbedingungen des einzelnen Studierenden und auch nicht dessen persönliches Umfeld.

Die Erfassung der beruflichen Handlungskompetenz aus Sicht der Studierenden ist außerdem wichtig, weil der Selbstwahrnehmung beruflicher Handlungskompetenz aus zwei Gründen hohes Gewicht für die berufliche Leistungsfähigkeit zukommt:

1. Selbst- und Fremdwahrnehmung[27] sind nicht unabhängig voneinander.

Die Selbstwahrnehmung von Personen stellt kein Abbild der Realität dar, sondern ist das Ergebnis von individuellen Konstruktionsprozessen. Auch wenn Selbst- und Fremdwahrnehmung daher nicht deckungsgleich sind, bestätigen empirische Untersuchungen immer wieder den Zusammenhang der beiden Wahrnehmungen (vgl. beispielhaft zum Zusammenhang von Selbst- und Fremdwahrnehmung bei Schülern ARTELT/DEMMRICH/BAUMERT 2001, S. 286f. und STANAT/ KUNTER 2001, S. 304; bei Berufschülern JUNGKUNZ 1995, S. 165; bei Studierenden SPIES u.a. 1998, S. 47).

---

[27] Unter Fremdwahrnehmung wird im Rahmen dieser Arbeit die Wahrnehmung der beruflichen Handlungskompetenz Studierender durch Unternehmungen und Professoren verstanden. Um begriffliche Klarheit zu gewährleisten, wird bei der Wahrnehmung der externen Anforderungen von Unternehmungen durch Studierende nicht von Fremdwahrnehmung gesprochen, obwohl es sich auch hierbei um eine Fremdwahrnehmung handelt.

Wie hoch die gemessenen Zusammenhänge zwischen Selbst- und Fremdwahrnehmung sind, hängt stark von den Umständen der Befragung ab. Hohe Korrelationen von Selbst- und Fremdwahrnehmung sind vor allem dann zu erwarten, wenn die Befragung anonym ist und sich für die Befragten keine Konsequenzen daraus ergeben. Bei Forschungsprojekten ist daher, im Gegensatz beispielsweise zu Befragungen im Rahmen von Einstellungsverfahren, mit geringen Verfälschungstendenzen und guten Befragungsergebnissen zu rechnen. Angesichts des vertretbaren Aufwands (vgl. RIEMANN 1997, S. 29) ist die Ermittlung der Selbstwahrnehmung naheliegend.

2. Die Selbstwahrnehmung ist in hohem Maße handlungsleitend.

Das Bild, das der einzelne von sich selbst hat, ist sowohl hinsichtlich situativer Anforderungen als auch im Hinblick auf die Bewältigung ganzer Lebensabschnitte ein zentraler Bestimmungsfaktor für sein Handeln. Auch wenn kein Zusammenhang zwischen Selbst- und Fremdwahrnehmung bestehen würde, käme der Selbstwahrnehmung daher große Bedeutung zu. Sie übt unabhängig von der Richtigkeit einen wichtigen Einfluss sowohl auf das allgemeine Verhalten von Individuen aus als auch auf ihr berufliches Leistungsverhalten und die berufliche Entwicklung (vgl. ZOGLOWEK 1995, S. 62). Darüber hinaus übt die Einschätzung der eigenen Stärken entscheidenden Einfluss auf die Wahl des bevorzugten beruflichen Tätigkeitsfeldes aus.

Wenn ein Studierender davon überzeugt ist, eine schwierige Aufgaben aufgrund eigener Fähigkeiten erfolgreich lösen zu können, wird er sich mehr zutrauen, sich stärker anstrengen, weniger leistungshemmende Versagensängste empfinden und schließlich mehr leisten als Personen mit niedrigerer Selbstwahrnehmung eigener Fähigkeiten (vgl. SCHWADORF 2003, S. 140). Selbst wenn der Studierende scheitert, hat er neue Erfahrungen sammeln können. Ist er hingegen davon überzeugt, eine Handlung übersteige die eigenen Kompetenzen, so wird er die Handlung entweder überhaupt nicht ausführen oder sich von vornherein weniger anstrengen, da er nur eine geringe Erfolgswahrscheinlichkeit sieht. Die Wahrnehmung eigener Kompetenzen ist damit in hohem Maße handlungsleitend und beeinflusst das Ergebnis entsprechend positiv oder negativ.[28]

---

[28] Allerdings kann es auch Situationen geben, in denen eine geringere Selbstwahrnehmung eigener Kompetenzen zu besseren Ergebnissen führt (vgl. hierzu SCHWADORF 2003, S. 139). Dies kann dann der Fall sein, wenn sich Studierende mit niedriger Selbstwahrnehmung eigener Fähigkeiten bei einfachen Aufgaben stark anstrengen und konzentriert und gewissenhaft arbeiten. Studierende mit hoher Selbstwahrnehmung eigener Fähigkeiten können sich bei solchen Aufgaben hingegen unterfordert fühlen und erbringen kein optimales Handlungsergebnis.

Richtungsweisend für die Bedeutung der Selbstwahrnehmung von beruflicher Handlungskompetenz durch Studierende ist eine Untersuchung von STIEF. STIEF (vgl. 2001, S. 48) stellt fest, dass drei Monate nach Studienabschluss die Selbstwahrnehmung der Absolventen besser als die Studiendauer oder die Studienabschlussnote zwischen erwerbslosen und erwerbstätigen Personen differenzierte.

STIEF konnte in ihrer Längsschnittstudie zudem nachweisen, dass der objektive berufliche Erfolg[29] über einen Zeitraum von zwei Jahren nicht nur, was nicht weiter erstaunlich ist, von der tatsächlichen Kompetenz abhängt, sondern auch von der subjektiven Einschätzung der eigenen Kompetenz. Bei objektiv gleicher Kompetenz waren Personen mit positiver Selbsteinschätzung beruflich signifikant erfolgreicher als Vergleichspersonen mit niedriger ausgeprägter Selbsteinschätzung (vgl. STIEF 2001, S. 105ff.).

Außerdem kann auch nicht auf die Wahrnehmung künftiger beruflicher Anforderungen durch Studierende verzichtet werden, selbst wenn die Unternehmungen die beruflichen Anforderungen objektiv besser beurteilen können. Für Verhalten und Entwicklung von Studierenden ist bedeutsam, wie sie die Umwelt wahrnehmen und nicht nur, wie sie in der „objektiven" Wirklichkeit tatsächlich ist (vgl. BRONFENBRENNER 1979, S. 4). Entscheidend dafür, ob Studierende zum Beispiel die Notwendigkeit sehen, ihre Fremdsprachenkenntnisse weiter zu entwickeln, ist nicht der tatsächliche Bedarf der Unternehmungen, sondern der von den Studierenden wahrgenommene Bedarf.

3.4.3 Wahrnehmung beruflicher Handlungskompetenz durch Studierende

Die Wahrnehmung beruflicher Handlungskompetenz durch Studierende ist geprägt durch die Interaktion mit ihrer Umwelt beziehungsweise anderen Personen (vgl. auch Kapitel 2.1 sowie BRONFENBRENNER 1979). Dabei kann wie im vorangegangenen Kapitel 3.4.2 zwischen der Selbstwahrnehmung beruflicher Handlungskompetenz sowie der Wahrnehmung extern gestellter Anforderungen an die berufliche Handlungskompetenz unterschieden werden.

Die Wahrnehmung der extern gestellten Anforderungen an die berufliche Handlungskompetenz von betriebswirtschaftlichen Universitätsabsolventen erfolgt

---

[29] STIEF (vgl. 2001, S. 65) zieht zur Messung des objektiven Berufserfolges beispielsweise das Einkommen heran und überprüft, ob die Person erwerbstätig und die Stelle ausbildungsadäquat ist.

beispielsweise durch Gespräche mit in der Wirtschaft Tätigen sowie durch Freunde, Verwandte und Kommilitonen. Informationsquellen sind auch Professoren, Bewerbermessen sowie Stellenanzeigen in Zeitungen und Zeitschriften. Nicht zuletzt bieten Praktika und damit das eigene Erleben den Studierenden die Chance, sich ein Bild von den Anforderungen der beruflichen Realität zu machen.

Als Informationsquellen zur Selbstwahrnehmung stehen einer Person und damit auch Studierenden fünf Möglichkeiten zur Verfügung (vgl. FILIPP 1993, S. 132ff. sowie JUNGKUNZ 1995, S. 69ff. und SCHWADORF 2003, S. 146ff.):

1. Direkte Prädikatenzuweisung durch andere Personen

In diesem Fall erhält eine Person Informationen über sich durch unmittelbare sprachliche Äußerungen anderer Personen. Eine wichtige direkte Prädikatenzuweisung sind bei Studierenden während des Universitätsstudiums die Leistungsbeurteilungen durch Professoren. Neben dieser institutionalisierten Rückmeldung treten direkte Prädikatenzuweisungen im Alltag auf. Bei Studierenden können das beispielsweise direkte Zuweisungen von Eigenschaften wie fleißig, intelligent oder begabt durch Kommilitonen sein. Die Rückmeldung erfolgt hierbei meist im Hinblick auf konkrete Situationen in Form von Lob oder Kritik. Nach Prüfung der Zuweisungen übernimmt der Studierende diese in sein Selbstkonzept oder lehnt sie ab.

2. Indirekte Prädikatenzuweisung durch andere Personen

In diesem Fall bringt eine Person ihre Einschätzung einer anderen Person nicht direkt zum Ausdruck, sondern es wird auf eigene Fähigkeiten aus den Handlungen einer anderen Person geschlossen. Es erfolgt also eine Interpretation des nonverbalen und paraverbalen Verhaltens anderer Personen. Entscheidend ist damit nicht, was der Sender tatsächlich beabsichtigt, sondern wie die Signale vom Empfänger interpretiert werden. Studierende können zum Beispiel auf die eigene soziale Kompetenz aus der Art und Weise ihrer Kommunikation mit Kommilitonen schließen. Verläuft die Kommunikation offen und partnerschaftlich, so spricht dies für eigene soziale Kompetenz. Werden sie bei schwierigen Aufgaben um Hilfe gebeten, werden sie sich als fachlich und sozial kompetent erleben.

3. Komparative Prädikaten-Selbstzuweisung

Bei dieser Form erhält eine Person Informationen über sich durch den intersubjektiven Vergleich von Merkmalsausprägungen der eigenen Person mit denen anderer Personen. Bei Studierenden erfolgt eine komparative Prädikaten-Selbstzuweisung beispielsweise durch den Vergleich der eigenen Noten mit denen von Kommilitonen. Das Ergebnis des Vergleichs hängt davon ab, ob sich ein Studierender mit seinen Freunden, dem Durchschnitt der Studierenden oder den besten Studierenden vergleicht.

4. Reflexive Prädikaten-Selbstzuweisung

Hierbei macht sich das nach Informationen suchende Subjekt (Person) gleichzeitig zum Objekt der Betrachtung. Die Person gewinnt also Informationen aus der Selbstbeobachtung der eigenen Handlungen und zieht Rückschlüsse auf die eigenen Fähigkeiten und Eigenschaften. Beispielsweise kann ein Studierender sein eigenes Verhalten in einer Lerngruppe kritisch reflektieren und daraus auf seine Team- oder Kommunikationsfähigkeit schließen.

5. Ideationale Prädikaten-Selbstzuweisung

Bei dieser Form der Prädikaten-Selbstzuweisung erfolgt die Selbstwahrnehmung durch Vergleich der eigenen Person mit dem Idealselbst. Dieses Idealselbst beinhaltet beispielsweise Vorstellungen über den weiteren Studienverlauf, zukünftige Fähigkeiten und die eigene berufliche Karriere. Je nach individuellem Anspruchsniveau wird sich eine Person bei objektiv gleicher Leistung kompetenter oder weniger kompetent einschätzen. Setzt sich ein Studierender im Hinblick auf die Noten zu hohe Ziele, die er aufgrund seiner kognitiven Fähigkeiten nicht erreichen kann, so kann sich das negativ auf sein Selbstkonzept auswirken.

Die Selbstwahrnehmung allgemein, ebenso wie die Selbstwahrnehmung beruflicher Handlungskompetenz von Studierenden, ist damit entscheidend von ihrem Umfeld geprägt. Die Wahrnehmung und Beurteilung der eigenen Kompetenzen erfolgt sowohl über die direkte und indirekte Prädikaten-Zuweisung durch andere Personen als auch durch die Prädikaten-Selbstzuweisung. Dabei ist die jeweilige Bezugsgruppe von großer Relevanz.

Bei objektiv gleicher Leistungsfähigkeit fällt die relative Leistung (im Vergleich zum Durchschnitt) in einer Gruppe mit hoher Leistungsfähigkeit schlechter aus und dementsprechend wird die komparative Prädikaten-Selbstzuweisung negativ

sein. Zudem orientiert sich gewöhnlich auch die direkte und indirekte Prädikatenzuweisung an der Bezugsgruppe und fällt bei einer starken beziehungsweise
schwachen Bezugsgruppe entsprechend negativ beziehungsweise positiv aus. Bei
objektiv gleicher Leistungsfähigkeit nimmt der Studierende seine berufliche
Handlungskompetenz in einer leistungsschwächeren Bezugsgruppe als höher
wahr.

Zusammenfassend kann festgehalten werden, dass Studierenden unterschiedliche
Quellen der Selbstwahrnehmung beruflicher Handlungskompetenz zur Verfügung stehen. Diese bieten ihnen die Möglichkeit, ein differenziertes Bild eigener
Fähigkeiten zu entwickeln. Das hierbei entwickelte Selbstkonzept eigener Fähigkeiten hat, auch wenn es keineswegs deckungsgleich ist, einen Bezug zu ihrer
tatsächlichen beruflichen Handlungskompetenz. Zudem wirkt die Selbstwahrnehmung auch unabhängig vom Realitätsbezug handlungsleitend und beeinflusst
die Realität. Als Konsequenz dieser Effekte hat die Selbstwahrnehmung beruflicher Fähigkeiten „einen außerordentlich stabilen Effekt auf den objektiven
[beruflichen] Erfolg" (STIEF 2001, S. 117). Die studentische Selbstwahrnehmung beruflicher Handlungskompetenz ist daher in Verbindung mit der Wahrnehmung der beruflichen Anforderungen ein wichtiges Element des Gesamtbil-
des von Studienerfolg aus Sicht von Studierenden.

3.5   Berufliche Handlungskompetenz als Studienziel aus Sicht von Professoren

Nachdem in den vorangegangenen Kapiteln berufliche Handlungskompetenz als
Studienziel aus Sicht von Unternehmungen und Studierenden betrachtet wurde,
stehen in diesem Kapitel die Professoren[30] als Anbieter der Ausbildungsleistung
im Mittelpunkt. Ihnen kommt entscheidende Bedeutung für das Ausbildungsan-
gebot zu. Zum einen ist der einzelne Professor für die Lehre in seinem Fachgebiet
verantwortlich und gegenüber seinen Mitarbeitern weisungsbefugt, zum anderen
sind die Professoren als Gruppe maßgeblich an der Leitung der Universität
beteiligt (vgl. Kapitel 2.3).

---

[30]   Hierbei wird ganz bewusst von der Sichtweise der Professoren gesprochen und nicht der Sichtweise der Universitäten, da zum System Universität nicht nur die Professoren sondern auch die
ebenfalls befragten Studierenden sowie die Leitungspersonen zählen.

Die Universität und damit die Professoren haben einen gesellschaftlichen Bildungsauftrag.[31] Als Interessenvertreter des gesellschaftlichen Bildungsauftrages (vgl. HANSEN/HENNIG-THURAU/LANGER 2000, S. 25) sind Professoren an die Vorgaben des Hochschulrahmengesetzes gebunden.[32] Dieses hebt die berufsvorbereitende Funktion des Studiums hervor (vgl. Kapitel 2.5) und fordert eine marktorientierte Gestaltung des Studienangebots und damit eine Orientierung an den Interessen von Unternehmungen und Studierenden. Allerdings handelt es sich bei den Vorgaben des Hochschulrahmengesetzes um sehr allgemeine Grundsätze, die einen weiten Interpretationsspielraum bieten.

So verfügen Professoren gemäß dem Grundrecht der Freiheit von Forschung und Lehre sowohl in den Inhalten als auch in der Form der Gestaltung ihrer Lehre über viel Autonomie. Dies gilt sowohl im Hinblick auf Vorgaben von Ministerien als auch in Bezug auf die Erwartungen von Unternehmungen und Studierenden. Gestärkt wird die Unabhängigkeit der Professoren in Deutschland dadurch, dass sie, anders als zum Beispiel in den USA, weitgehend unabhängig von der Bewertung ihrer Ausbildungsleistung durch die Nachfrager bezahlt werden.

Da Professoren weitgehend weisungsunabhängig sind, kommt ihren Einstellungen und Ansichten handlungsleitende Bedeutung für die Gestaltung des Lehrprogramms zu. Im Hinblick auf berufliche Handlungskompetenz bedeutet das, dass Professoren nur dann bewusst Sach-, Sozial- und Selbstkompetenz in ihrem Lehrprogramm berücksichtigen werden, wenn sie persönlich von deren Bedeutung überzeugt sind und die Entwicklung dieser Kompetenzen als Aufgabe der Universität sehen.

Trotz der veränderten Anforderungen an Fach- und Führungskräfte dominieren bislang fachliche Inhalte in den meisten Studienplänen (vgl. hierzu beispielhaft UNIVERSITÄT HOHENHEIM 2002 sowie VON STEIN/TRAUTWEIN 2002b). Doch gibt es in den letzten Jahren auch von Seiten der Lehrenden an Universitäten verstärkte Kritik an der oftmals realitätsfernen Gestaltung der universitären Lernumwelten.

So fordern zwei Drittel der von BOLTEN/SAUERMANN/HANSER (vgl. 1997, S. 31) in einer empirischen Erhebung befragten Marketingprofessoren, dass die Anforderungen der Praxis stärker als in der Vergangenheit in der Lehre zu

---

[31] Der Ausbildung an Universitäten kommt für die Gesellschaft besonders unter ökonomischen Gesichtspunkten große Bedeutung zu, da Universitäten für Berufsfelder ausbilden, in denen Humankapital hohes Gewicht als Produktionsfaktor zukommt (vgl. zur Bedeutung von Humankapital für die Wettbewerbsfähigkeit Deutschlands beispielsweise PORTER 1999b, S. 390f.).

[32] Darüber hinaus sind sie auch an die Vorgaben des jeweiligen Landeshochschulgesetzes gebunden.

berücksichtigen seien. Auf breiterer empirischer Basis werden diese Ergebnisse durch die Erhebung von FRÖBÖSE (vgl. 1996, S. 132f.) bestätigt. Danach sind nur 22 % der befragten Professoren nicht oder nur in geringem Umfang bereit, Abstriche bei Sach- und Faktenwissen zugunsten der Förderung von fachübergreifenden Kompetenzen zu machen. Die Mehrheit der Professoren sieht Handlungsbedarf im Hinblick auf eine ganzheitlichere Gestaltung der Lehr-Lern-Arrangements.

Allerdings würde eine ganzheitliche Förderung beruflicher Handlungskompetenz in vielen Fällen eine grundlegende Neugestaltung des Lehrprogramms erfordern. Gleichzeitig beanspruchen auf Studierende zentrierte Lehr-Lern-Formen, bei denen der Schwerpunkt nicht mehr primär auf der Fachkompetenz liegt, oftmals eine intensivere Betreuung von Studierenden und damit mehr zeitliche und finanzielle Ressourcen. So verwundert nicht, dass in der Untersuchung von FRÖBÖSE (vgl. 1996, S. 136) die überwiegende Zahl der befragten Professoren fehlende Ressourcen als Ursache für die unzureichende Förderung von überfachlichen Kompetenzen angab.[33]

Im Hinblick auf die zeitlichen Ressourcen besteht für Professoren vor allem ein Interessenkonflikt zwischen Forschung und Lehre. Angesichts der Tatsache, dass die Anerkennung eines Professors sowohl in finanzieller als auch ideeller Weise von seinen Leistungen in der Lehre weitgehend losgelöst ist, besteht die Gefahr, dass dieser zeitliche Konflikt zu Lasten der Lehre gelöst wird (vgl. WITTE 1999, S. 23 sowie LASKE 1994, S. 182). Dies ist auch insofern wahrscheinlich, weil die Reputationsmaximierung als Hauptziel im Zielsystem von Universitätsprofessoren gilt (vgl. WITTE 1999, S. 23) und Reputation fast ausschließlich durch Leistungen in der Forschung gewonnen wird.

3.6 Fazit zur beruflichen Handlungskompetenz

Berufliche Handlungskompetenz setzt sich bei ganzheitlicher Betrachtung aus den Teilkompetenzen Sach-, Sozial- und Selbstkompetenz zusammen. Während in der Vergangenheit der Sachkompetenz eine besondere Rolle zugekommen ist, führen Veränderungen in der Arbeitswelt zu höheren Anforderungen vor allem an die Sozial- und Selbstkompetenz von Fach- und Führungskräften. Die Tätig-

---

[33] Offen bleibt dennoch die Frage, ob es in der Mehrzahl der Fälle tatsächlich die fehlenden Ressourcen oder nicht vielmehr das zu geringe Interesse an der Lehre sind, die die ganzheitliche Förderung beruflicher Handlungskompetenz verhindern.

keitsprofile qualifizierter Mitarbeiter erfordern, dass Universitätsabsolventen über Sach-, Sozial- und Selbstkompetenz verfügen.

Der hohen Bedeutung beruflicher Sachkompetenz entsprechend, wurde früher häufig ein Widerspruch zwischen dem Bildungsinteresse des Individuums einerseits sowie den Ansprüchen der Gesellschaft und der Arbeitgeber andererseits gesehen. Ganz anders könnte sich die Situation darstellen, wenn sowohl aus Sicht von Unternehmungen als auch aus Sicht von Studierenden die fachlichen Inhalte nur noch eine Komponente des Studienerfolgs sind. Dann könnte eine ganzheitlich auf Sach-, Sozial- und Selbstkompetenz ausgerichtete Ausbildung an Universitäten sowohl bei Studierenden als auch bei Unternehmungen an Akzeptanz gewinnen. Gleichzeitig hängt die Realisation entsprechender Veränderungen in der Studiengestaltung entscheidend von der Sichtweise der Professoren ab.

Um ein differenziertes Bild beruflicher Handlungskompetenz als Studienziel zu erhalten, sind die Perspektiven von Studierenden, Unternehmungen und Professoren zu berücksichtigen. Nur so ist es möglich zu überprüfen, ob mit beruflicher Handlungskompetenz tatsächlich ein gemeinsames Studienziel vorhanden ist und die drei wesentlichen Anspruchsgruppen des betriebswirtschaftlichen Studiums das gleiche Verständnis von beruflicher Handlungskompetenz haben.

Abbildung 10 verdeutlicht zusammenfassend den integrativen Charakter beruflicher Handlungskompetenz in Verbindung mit einzelnen Merkmalen der drei Dimensionen Sach-, Sozial- und Selbstkompetenz. Diese Merkmale dienen als Grundlage der Befragung von Studierenden, Unternehmungen und Professoren.

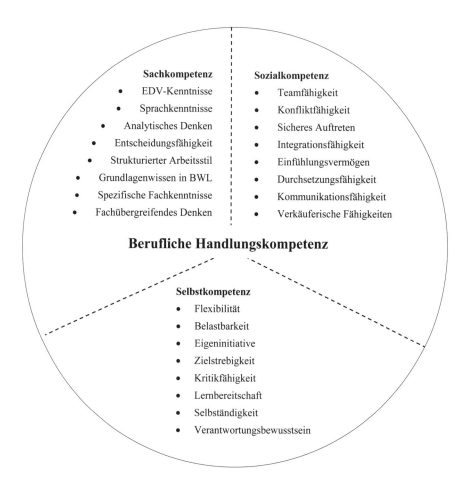

Abbildung 10: Berufliche Handlungskompetenz als vernetzte Kompetenzdimensionen mit Einzelmerkmalen

Als Basis für die Weiterentwicklung des betriebswirtschaftlichen Studiums ergeben sich fünf Leitfragen für die empirische Analyse beruflicher Handlungskompetenz:

Leitfrage 1:	Welche Bedeutung haben Sach-, Sozial- und Selbstkompetenz sowie ihre jeweiligen Einzelmerkmale?
Leitfrage 2:	Wie werden Sach-, Sozial- und Selbstkompetenz sowie berufliche Handlungskompetenz betriebswirtschaftlicher Universitätsabsolventen und ihre jeweiligen Einzelmerkmale beurteilt?
Leitfrage 3:	Ist es gerechtfertigt, berufliche Handlungskompetenz als integrative Verbindung von Sach-, Sozial- und Selbstkompetenz zu betrachten?
Leitfrage 4:	Welche Einzelmerkmale der Kompetenzen von betriebswirtschaftlichen Universitätsabsolventen sind entscheidend für die Ausprägung beruflicher Handlungskompetenz sowie die Wichtigkeit und Ausprägung ihrer Dimensionen?
Leitfrage 5:	Bei welchen Kompetenzen und Einzelmerkmalen besteht Handlungsbedarf für die Weiterentwicklung des betriebswirtschaftlichen Studiums?

Diese Leitfragen werden der ganzheitlichen Betrachtungsweise entsprechend aus Sicht von

1. Studierenden,

2. Unternehmungen und

3. Professoren

beantwortet.

Bevor die Leitfragen zur empirischen Analyse beruflicher Handlungskompetenz beantwortet werden, werden im folgenden Kapitel 4 Überlegungen zu den Einflussfaktoren auf die Entwicklung beruflicher Handlungskompetenz angestellt.

4   Theoretische Überlegungen zu den Einflussfaktoren auf die Entwicklung beruflicher Handlungskompetenz

4.1   Vorbemerkungen zu den Einflussfaktoren

Im Rahmen dieses Kapitels werden theoretische Überlegungen zu den Einflussfaktoren auf die Entwicklung beruflicher Handlungskompetenz angestellt. Die Überlegungen stützen sich dabei auf die Ergebnisse inhaltlich verwandter empirischer Untersuchungen. Eine Annäherung ist von zwei Seiten möglich. Zum einen existieren zahlreiche Untersuchungen zur Ausbildung an Hochschulen allgemein. Häufig konzentrieren sich diese auf Aspekte des Studienerfolgs im Sinne von Diplomnote und Studiendauer sowie den Studienabbruch (vgl. beispielhaft LEWIN 1999; SCHRÖDER-GRONOSTAY 1999; HEUBLEIN u.a. 2002). Bei diesen Untersuchungen sind die Ergebnisse im Hinblick auf den Erwerb beruflicher Handlungskompetenz als Studienziel zu analysieren und relevante Einflussfaktoren zu identifizieren.

Zum anderen gibt es meist berufs- und wirtschaftspädagogisch geprägte Untersuchungen, die sich mit der Entwicklung beruflicher Handlungskompetenz an (kaufmännischen) Schulen beschäftigen (vgl. beispielhaft KIENZLER/WINZ 2002; SCHWADORF 2003). Bei diesen gilt es, die Übertragbarkeit der Ergebnisse auf den Hochschulbereich kritisch zu reflektieren.

Die Strukturierung der Einflussfaktoren orientiert sich an dem in Kapitel 2.1 vorgestellten Entwicklungsrahmen Studierender. Dieser ermöglicht eine systematische Analyse der für den Erwerb beruflicher Handlungskompetenz relevanten Personen- und Umweltfaktoren. Unterschieden werden vier Bereiche: Zunächst werden Faktoren der Person (Kapitel 4.2) und des privaten Lebensbereichs (Kapitel 4.3) betrachtet. Anschließend erfolgt die Analyse von studienbezogenen Faktoren (Kapitel 4.4) und zuletzt von berufsbezogenen Faktoren (Kapitel 4.5). Eine eindeutige Zuordnung der Faktoren zu einem der vier Bereiche ist dabei nicht in jedem Fall möglich. So werden die Beziehungen zu Kommilitonen, da diese häufig nicht nur studienbezogenen Charakter haben, gemeinsam mit den Beziehungen zu anderen Freunden als Faktoren des privaten Lebensbereichs betrachtet. Praktika werden als dominant berufsbezogene Faktoren aufgefasst, auch wenn sie teilweise vom Studienplan vorgeschrieben und insofern gleichzeitig studienbezogene Faktoren sind. Einen abschließenden Überblick bietet die Zusammenfassung mit dem theoretischen Modell zu den Einflussfaktoren (Kapitel 4.6).

4.2   Faktoren der Person

Unter Faktoren der Person werden im Rahmen dieser Arbeit relativ dauerhafte Eigenschaften eines Menschen verstanden, welche ihn von anderen Menschen unterscheiden (vgl. GUILFORD 1974, S. 6f.; HERRMANN 1987, S. 25; vgl. auch ALLPORT 1970, S. 22ff.). Zur Person des Studierenden gehören Faktoren wie Geschlecht, Nationalität, soziale Herkunft, Geschwisterzahl und Alter. Hinzu kommen kognitive Faktoren, wie sie in (Test-)Intelligenz, Schulabschluss und Schulnoten zum Ausdruck kommen. Nicht zuletzt gehören auch kognitiv-evaluative Faktoren, wie Kompetenz- und Kontrollüberzeugungen, und die „Big-Five" der Persönlichkeit (siehe unten) als nicht-kognitive Merkmale zur Person.

In zahlreichen Untersuchungen kommt der „Intelligenz" eine wichtige, wenn nicht die zentrale Bedeutung für die Erklärung von Bildungserfolg zu (vgl. beispielhaft ASENDORPF 1999, S. 171). Intelligenz bezeichnet eine latente Eigenschaft einer Person, die jedoch nicht direkt beobachtbar ist, sondern nur in intelligenztypischem Verhalten zum Ausdruck kommt (vgl. BROCKE 1995, S. 226). Insofern kann unter Intelligenz nur das verstanden werden, was ein Intelligenztest misst (vgl. SCHÖN-GAEDIKE 1978, S. 17f.). Entsprechend wird meist von (Test-)Intelligenz gesprochen. Damit wird angesichts des Fehlens eines allgemein anerkannten Verständnisses von Intelligenz die Modellabhängigkeit des Konstrukts ausgedrückt.

Da eine Erhebung der (Test-)Intelligenz im Rahmen dieser Untersuchung nicht praktikabel ist[34], wird statt dessen die **Abiturgesamtnote**[35] als Ausdruck von

---

[34]   So erfordert beispielsweise der Intelligenztest von HORN (vgl. 1969) (Prüfsystem für Schul- und Bildungsberatung) allein für die Durchführung der Aufgaben circa 40 Minuten (vgl. zu den Zeitvorgaben HORN 1969, S. 10ff.). Hinzu kommt die Zeit für das Vorlesen der Aufgabenstellungen. Im maximal möglichen Zeitrahmen der Gesamtbefragung von insgesamt 20 Minuten (vgl. Kapitel 5.1.1) ist auch eine nur ausschnittsweise Durchführung nicht möglich.

[35]   Die Berechtigung zum Universitätsstudium ist in der Regel das Abitur (vgl. LEWIN/HEUB-LEIN/SOMMER 2000, S. 3). Auch wenn es möglich ist, die Zugangsberechtigung zum Universitätsstudium beispielsweise über ein Fachhochschulstudium zu erwerben, wird im Rahmen dieser Arbeit nicht zwischen den Zugangswegen differenziert und der Begriff *Abitur* im Sinne von *Berechtigung zum Universitätsstudium* verstanden.

Intelligenz erhoben (vgl. BARON-BOLDT 1989, S. 89). Empirische Untersuchungen bestätigen immer wieder den Zusammenhang von Abiturgesamtnote und Studienerfolg im Sinne der Diplomnote (vgl. exemplarisch BRINKMANN 1967, S. 323ff.; KURZ/FISCHER/WAGNER 1995, S. 345) und sehen die Abiturgesamtnote als besten Einzelprädiktor für Studienerfolg (vgl. dazu die Metaanalyse von BARON-BOLDT 1989, S. 89f.). Die Abiturgesamtnote hat dabei eine höhere prognostische Validität als Einzelfachnoten (vgl. SCHULER 2001, S. 502).

Außerdem führen gute Abiturnoten zu einer kürzeren Fachstudiendauer (vgl. HÖRSCHGEN u.a. 1993, S. 60; DANIEL 1996, S. 109). Als primär kognitiver Faktor[36] könnte sich die Abiturgesamtnote insbesondere auf die Aneignung von Sachkompetenz auswirken. Da Intelligenz allgemein Lernprozesse beeinflusst, könnte die Abiturgesamtnote als Ausdruck von Intelligenz auch den Erwerb von beruflicher Sozial- und Selbstkompetenz positiv beeinflussen.

Ein kognitiv-evaluativer Einflussfaktor könnten **Kontrollüberzeugungen** sein. Personen mit innengeleiteten (internalen) Kontrollüberzeugungen erwarten, dass sie selbst Ereignisse beeinflussen können und sehen die Ursachen für ein Ereignis im eigenen Handeln. Personen mit außengeleiteter (externaler) Orientierung sehen Ereignisse hingegen als Schicksal oder Zufall, auf die sie keinen oder nur wenig Einfluss ausüben können (vgl. MIELKE 1996, S. 185; SADER/WEBER 1996, S. 88ff.). Untersuchungen zeigen, dass Personen mit internalen Kontrollüberzeugungen bessere Schulnoten erreichen und, wenngleich weniger eindeutig und nicht signifikant, auch im Studium erfolgreicher sind (vgl. AMELANG/ BARTUSSEK 2001, S. 514). Während Personen mit externalen Kontrollüberzeugungen dazu tendieren, Zwang auszuüben, gehen Personen mit internalen Kontrollüberzeugungen stärker auf ihre Gesprächspartner ein (vgl. KRAMPEN 1982, S. 168).

Entsprechend könnten sich internale Kontrollüberzeugungen positiv auf die berufliche Sach- und Sozialkompetenz auswirken. KRAMPEN (1991) ergänzt die Kontrollüberzeugungen um die Kompetenzüberzeugung und führt diese in seinem Fragebogen zur Selbstwirksamkeitsüberzeugung zusammen.[37] SIEGER-HANUS konnte empirisch nachweisen, dass Kompetenz- und Kontrollüberzeu-

---

[36] Darüber hinaus kommen in der Abiturgesamtnote auch Bezugsgruppeneffekte und Aspekte der Motivation und Persönlichkeit im engeren Sinne zum Ausdruck.

[37] Dabei ist zu beachten, dass ein hohes Ausmaß an Selbstwirksamkeitserwartungen nicht uneingeschränkt positiv und eine geringe Ausprägung nicht immer negativ sind. So gehen Extremausprägungen der Internalität mit Realitätsverlust und Selbstüberschätzung einher (vgl. hierzu KRAMPEN/HEIL 1995, S. 300).

gungen ein wichtiger Einflussfaktor auf die Entwicklung von beruflicher Sozialkompetenz in der kaufmännischen Erstausbildung sind (vgl. 2001, S. 230). Noch stärker könnte der Zusammenhang zur beruflichen Sachkompetenz ausfallen. Dies erscheint insofern nicht verwunderlich, da KRAMPEN (vgl. 1991) im Rahmen der Kompetenz- und Kontrollüberzeugungen explizit das Selbstkonzept eigener Fähigkeiten erfasst.[38] Der enge Zusammenhang zum Selbstkonzept eigener beruflicher Fähigkeiten ist daher naheliegend. Wegen der Möglichkeit, hiermit ein Artefakt zu messen, wird im Rahmen dieser Untersuchung auf die Erfassung der Kompetenz- und Kontrollüberzeugungen verzichtet.[39]

Als nicht-kognitiven Einflussfaktoren kommt Persönlichkeitsmerkmalen im engeren Sinne (vgl. PAWLIK 1976, S. 363) in der Psychologie große Bedeutung zu. Nach COSTA/McCRAE (vgl. 1992) können fünf Faktoren unterschieden werden, die als **„Big-Five" Faktoren der Persönlichkeit** bezeichnet werden (vgl. auch im Folgenden BORKENAU/OSTENDORF 1993, S. 27f. sowie ergänzend BORKENAU/OSTENDORF 1989 und 1991; OSTENDORF 1990 und 1991; BARTUSSEK 1995; ASENDORPF 1999, S. 127ff.; AMELANG/BARTUSSEK 2001, S. 364ff.):

- **Neurotizismus.** Dieser Persönlichkeitsfaktor drückt die Belastbarkeit einer Person aus. Neurotische Personen sind emotional labiler und weniger in der Lage, ihre Bedürfnisse zu kontrollieren. Personen mit niedriger Ausprägung sind ausgeglichener und geraten in Stresssituationen nicht so schnell aus der Fassung.

- **Extraversion.** Extravertierte Menschen fühlen sich in Gruppen wohl. Sie sind selbstsicher, aktiv und gesprächig. Introvertierte Menschen sind hingegen eher zurückhaltend und haben den Wunsch, allein zu sein.

- **Offenheit für Erfahrungen.** Personen mit einer hohen Ausprägung dieses Persönlichkeitsmerkmals sind wissbegierig und experimentierfreudig, ver

---

[38] So beinhaltet der Fragebogen zu Kompetenz- und Kontrollüberzeugungen beispielsweise Items wie „Auch in schwierigen Situationen fallen mir immer viele Handlungsalternativen ein" oder „Für die Lösung von Problemen fallen mir immer viele Möglichkeiten ein" (vgl. KRAMPEN 1991, S. 46; BORNMANN/DANIEL 2000, S. 395). Diese Items können fast gleichlautend auf den beruflichen Bereich übertragen werden „Auch in schwierigen *beruflichen* Situationen fallen mir immer viele Handlungsalternativen ein" beziehungsweise „Für die Lösung von *beruflichen* Problemen fallen mir immer viele Möglichkeiten ein". Sie eignen sich damit auch zur Erfassung von beruflicher Sachkompetenz. Übereinstimmende Antworten sind aufgrund der großen Ähnlichkeit somit sehr wahrscheinlich, aber nicht aussagefähig.

[39] Hinzu kommt, dass der Fragebogen zu Kompetenz- und Kontrollüberzeugungen selbst in seiner Kurzform noch 20 Items umfasst und entsprechend viel Zeit zur Beantwortung beansprucht (vgl. BORNMANN/DANIEL 2000, S. 394).

halten sich häufig unkonventionell und erproben neue Handlungsweisen. Personen mit niedriger Ausprägung bevorzugen dagegen konventionelles Verhalten und ziehen Bewährtes Neuem vor.

- **Verträglichkeit.** Wie Extraversion bezieht sich Verträglichkeit primär auf interpersonelles Verhalten. Personen mit hoher Ausprägung neigen zu zwischenmenschlichem Vertrauen, zu kooperativem und nachgiebigem Verhalten und sind harmoniebedürftig. Hingegen sind Personen mit niedriger Ausprägung eher egozentrisch, mehr kompetitiv als kooperativ und misstrauisch gegenüber den Absichten anderer Menschen.

- **Gewissenhaftigkeit.** Gewissenhafte Menschen sind zielstrebig, systematisch, zuverlässig und genau. Bei geringer Ausprägung dieses Faktors sind Personen eher nachlässig, gleichgültig und unbeständig.

Neben Intelligenz werden die „Big-Five" oder vergleichbare Persönlichkeitsfaktoren (vgl. zum Beispiel FAHRENBERG/HAMPEL/SELG 2001) in Untersuchungen immer wieder zur Erklärung von Studien- und Berufserfolg herangezogen (vgl. beispielsweise TROST 1975, S. 58ff.). Im Gegensatz zu Untersuchungen, die Studienerfolg im Sinne von Diplomnoten erfassen, werden in der vorliegenden Untersuchung mit beruflicher Sozialkompetenz und Selbstkompetenz Kompetenzen erfasst, die allgemeinen Persönlichkeitsmerkmalen, wie sie in den „Big-Five" zum Ausdruck kommen, nahe stehen.

So liegt der Zusammenhang vom „Big-Five" Persönlichkeitsmerkmal Gewissenhaftigkeit und beruflicher Gewissenhaftigkeit als Teilaspekt der beruflichen Selbstkompetenz nahe.[40] Beim Persönlichkeitsmerkmal Extraversion, aber auch im Hinblick auf Verträglichkeit und Neurotizismus, ist der Zusammenhang zur beruflichen Sozialkompetenz naheliegend (vgl. hierzu Untersuchungsergebnisse von SIEGER-HANUS 2001, S. 230 und ergänzend RIEMANN/ALLGÖWER 1993, S. 160ff.). Vergleichbar der Skala zu Kompetenz- und Kontrollüberzeugungen könnten mit den „Big-Five"-Faktoren möglicherweise hohe Aufklärungsraten erzeugt werden. Allerdings besteht auch hier die Gefahr, ein Artefakt zu messen, so dass der praktische Wert gering wäre. Da der Fragebogen zur Erfassung dieser Persönlichkeitseigenschaften zudem 60 Items umfasst und damit über

---

[40] Dementsprechend könnten Items des Fragebogens zur Erfassung der „Big-Five" mit relativ geringen Variationen auch zur Erfassung beruflicher Handlungskompetenz genutzt werden. Dies gilt beispielsweise für Items wie „Wenn ich eine Verpflichtung eingehe, so kann man sich auf mich bestimmt verlassen.", „Ich bekomme häufiger Streit mit meiner Familie und meinen Kollegen." oder „Ich versuche, stets rücksichtsvoll und sensibel zu handeln." (vgl. BORKENAU/OSTENDORF 1993, o.S. Fragebogen). Entsprechende Items sind beispielsweise „Verantwortungsbewusstsein" oder „Einfühlungsvermögen".

den organisatorischen Rahmen der Untersuchung hinausgeht, wird auf ihre Erhebung verzichtet.

Während Schüler einer Klasse im Hinblick auf das Alter meist relativ homogen sind, unterscheiden sich Studierende im **Lebensalter**. Beispielsweise führen Wehr- oder Zivildienst, eine vorangegangene Ausbildung oder ein Studienfachwechsel zu einer Differenzierung. Entsprechend der mit dem Lebensalter verbundenen unterschiedlichen zeitlichen Lebenserfahrung könnten auch Sach-, Sozial- und Selbstkompetenz variieren. Es ist denkbar, dass sich ältere Studierende, aufgrund ihres zumindest zeitlich größeren Erfahrungshintergrundes, sachlich, sozial und persönlich schon weiter entwickelt haben als ihre jüngeren Kommilitonen. Dementsprechend finden sich in Untersuchungen immer wieder Zusammenhänge zwischen Lebensalter und Personenvariablen (vgl. TRAUTNER 2002, S. 32).

Ein weiterer Einflussfaktor könnte das **Geschlecht** sein. Neben tatsächlichen biologischen Unterschieden führen Unterschiede in der Sozialisation zur Herausbildung einer geschlechtsspezifischen Identität. Nach MERZ (vgl. 1979, S. 9; vgl. auch GOFFMAN 1994, S. 105ff. und BILDEN 1998, S. 279ff.) bestimmt zwar die Natur, ob wir männlich oder weiblich sind, die Kultur legt jedoch fest, was es bedeutet, männlich oder weiblich zu sein. Während für handwerkliche Tätigkeiten, wie sie in früherer Zeit üblich waren, die biologischen Geschlechtsunterschiede eine wesentliche Rolle spielen können, kommt diesen für die Bewältigung der meisten Aufgaben in unserer heutigen Gesellschaft keine nennenswerte Bedeutung mehr zu.

Dennoch spielt das Geschlecht auch heute noch eine wichtige Rolle. So wird die Interaktion zwischen Menschen stark von ritualisierten Geschlechtsidentitäten beeinflusst (vgl. KOTTHOFF 1994, S. 174). Untersuchungen zeigen, dass Männer eher dominant, individualistisch und selbständig sind. Hingegen sind Frauen eher einfühlsam und verständnisvoll und versuchen, eigene Interessen ohne Verletzung anderer durchzusetzen (vgl. hierzu BROVERMAN u.a. 1972, S. 75; DEGENHARDT 1978, S. 25ff.; EAGLY 1987, S. 89ff.; GLOGER-TIPPELT 1996, S. 234ff.; GIESEN 2000, S. 561ff.). Darüber hinaus gibt es geschlechtsspezifische Unterschiede im Hinblick auf berufliche Wertorientierungen. Während für männliche Auszubildende Aufstiegs- und Verdienstmöglichkeiten wichtig sind, legen weibliche Auszubildende mehr Wert auf soziale Kontaktmöglichkeiten (vgl. JUNGKUNZ 1995, S. 80f.).

Die insgesamt stärkere Orientierung von Frauen an anderen Personen könnte dazu führen, dass berufliche Sozialkompetenz bei Studentinnen stärker ausgeprägt ist als bei männlichen Studierenden. Im Hinblick auf berufliche Sachkompetenz und Selbstkompetenz ist es hingegen schwieriger, begründete Vermutungen aufzustellen. Anders als Schülerinnen (vgl. JUNGKUNZ 1995, S. 81) zeigen Studentinnen nach einer Untersuchung von HÖRSCHGEN u.a. (vgl. 1993, S. 69) keine besseren fachlichen Leistungen als ihre männlichen Kommilitonen.

Die PISA-Untersuchung hat **Nationalität** und **Migrationshintergrund**[41] in den Mittelpunkt der Diskussion um die Verbesserung der Schulen in Deutschland gerückt. Der Migrationshintergrund übt großen Einfluss auf die Bildungsbeteiligung von Jugendlichen aus (vgl. BAUMERT/SCHÜMER 2001, S. 373). Zudem könnten sich Nationalität und Migrationshintergrund etwa aufgrund unterschiedlicher Sprachkompetenz oder Sozialisationsmuster auf die berufliche Handlungskompetenz auswirken. Im Gegensatz zur schulischen Untersuchungsgruppe gibt es allerdings einen entscheidenden Unterschied: Während im Rahmen der PISA-Studie ein ganzer Altersjahrgang untersucht wurde, stellt das Erreichen der Zugangsberechtigung zur Universität sowie die Entscheidung zum Studium eine deutliche Selektion und damit Homogenisierung dar.[42] Ein Einfluss auf den Erwerb beruflicher Handlungskompetenz ist aus diesem Grund nicht zu erwarten. Auf eine Erfassung von Nationalität und Migrationshintergrund wird daher in dieser Untersuchung verzichtet.

Eine wichtige Rolle für die Entwicklung Jugendlicher kommt der **sozialen Herkunft** zu. Häufig wird zwischen Unter-, Mittel- und Oberschicht unterschieden, wobei diese wiederum unterteilt werden (vgl. beispielsweise SCHEUCH/DAHEIM 1970, S. 65 ff.). Wesentliche Kriterien für die Einordnung stellen bei Jugendlichen und Studierenden der Bildungsabschluss und Beruf der Eltern dar (vgl. hierzu differenziert Anhang 2). Auch wenn die Übergänge zwischen den Schichten unabhängig von den verwendeten Kriterien fließend sind und eine Zuordnung nicht immer eindeutig möglich ist (vgl. GEISSLER 1994a, S. 26; LUKESCH 1998, S. 410), kann auf eine Kategorisierung nicht verzichtet werden. Nur so ist möglich, Auswirkungen schichtspezifischer Sozialisationsprozesse zu erfassen und zu analysieren.

---

[41] Der Migrationshintergrund der Familie wird im Rahmen der PISA-Studie durch den Geburtsort der Eltern erfasst, da eine Erfassung über die Nationalität nicht hinreichend ist (vgl. BAUMERT/SCHÜMER 2001, S. 340f.). In die Gruppe der Kinder mit Migrationshintergrund fallen damit auch Aussiedlerkinder deutscher Nationalität, deren Eltern häufig noch in den Staaten des ehemaligen Ostblocks geboren wurden. Bei diesen bestehen oftmals größere sprachliche und kulturelle Barrieren als bei schon lange in Deutschland lebenden Ausländern.

[42] Beispielsweise verlangt das Erreichen der Hochschulreife sowohl das Beherrschen der deutschen Sprache als auch eine kulturelle Anpassung. So kann SIEGER-HANUS (vgl. 2001) selbst bei im Gegensatz zu Studierenden an Universitäten eher heterogen zusammengesetzten kaufmännischen Auszubildenden keinen Einfluss der Nationalität auf die berufliche Sozialkompetenz feststellen.

Jede soziale Schicht hat charakteristische Merkmale. So fördert die mittel- und oberschichtspezifische Sozialisation beispielsweise die Entwicklung autonomer, ehrgeiziger und verantwortungsvoller Persönlichkeiten sowie Rollenflexibilität (vgl. AUSUBEL 1979, S. 319f.; SPETH 1999, S. 45). Demgegenüber führt die unterschichtspezifische Sozialisation tendenziell zu Konformitätsdenken, Rollenfixiertheit und der Bereitschaft, sich Gegebenheiten anzupassen. Die offenere Rollenstruktur und weniger starr festgelegte Normen und Verhaltensmuster vergrößern in Mittelschichtfamilien individuell gestaltbare Handlungsspielräume (vgl. GEISSLER 1994b, S. 137).

Die soziale Herkunft prägt überdies in starkem Maße die verbalen Fähigkeiten. BERNSTEIN (vgl. 1965, S. 150ff.; ergänzend BERNSTEIN/HENDERSON 1975, S. 35ff.) unterscheidet zwischen dem restringierten Sprachcode der Unterschicht und dem elaborierten Sprachcode von Mittel- und Oberschicht. Diese Unterschiede in den Sprachformen haben nicht nur erheblichen Einfluss auf Lernprozesse, sondern sie wirken sich auch auf die Sozialbeziehungen aus (vgl. OEVERMANN 1977, S. 331ff. und 1980, S. 309ff.; GEISSLER 1994b, S. 136ff.). Ein elaborierter Sprachcode ermöglicht einen höheren Grad an Rollendistanz und eine individuellere Ausgestaltung von Sozialbeziehungen als dies ein restringierter Sprachcode erlaubt.

Aufgrund dieser schichtspezifischen Sozialisationsprozesse verwundert nicht, dass der sozialen Herkunft sowohl im Hinblick auf die schulische Leistungsfähigkeit (vgl. hierzu BAUMERT/SCHÜMER 2001, S. 355ff.) als auch auf den Hochschulzugang große Bedeutung zukommt. Studierende aus den eher bildungsfernen unteren sozialen Schichten sind an Hochschulen deutlich unterrepräsentiert (vgl. BATHKE/SCHREIBER/SOMMER 2000).[43] Die Unterschiede in der Sozialisation könnten sich auch auf den Erwerb von beruflicher Handlungskompetenz im Rahmen des Universitätsstudiums auswirken. Die offenere Rollenstruktur und die größere Autonomie der Mittel- und Oberschicht könnten sich positiv auf berufliche Sozialkompetenz und Selbstkompetenz auswirken. Allerdings stellt der Erwerb der Hochschulzugangsberechtigung und die Aufnahme eines Universitätsstudiums[44] im Hinblick auf die soziale Herkunft (entsprechend Nationalität und Migrationshintergrund) einen wesentlichen Filter und damit

[43] Eine Selektion findet dabei in zweifacher Hinsicht statt. Zum einen erwerben weniger Arbeiterkinder das Abitur. Zum anderen entscheiden sie sich selbst nach Erreichen des Abiturs auch bei guten Noten eher gegen das Studium (vgl. HUBER 1998, S. 424f. sowie ergänzend WOLTER 1999, S. 18).

[44] Hier findet eine weitere Selektion statt, da Kinder aus den unteren sozialen Schichten tendenziell eher an Fachhochschulen studieren (vgl. BARGEL/RAMM/MULTRUS 2001, S. 46f.).

Homogenisierung dar. Dennoch unterscheiden sich auch Studierende (also nach vorangegangener Selektion) je nach sozialer Herkunft zum Beispiel im Hinblick auf ihr studienbegleitendes Erwerbsverhalten oder die Häufigkeit, ein Auslandsstudium zu absolvieren (vgl. BARGEL/RAMM/MULTRUS 2001, S. 48). Auf die Erfassung der sozialen Herkunft wird daher nicht verzichtet.

Einfluss auf die Entwicklung beruflicher Handlungskompetenz und vor allem den Erwerb beruflicher Sozialkompetenz könnte auch die **Anzahl der Geschwister** haben. Kinder mit Geschwistern könnten gegenüber Einzelkindern früher und stärker die Möglichkeit zur Interaktion gehabt und diese geübt haben. Allerdings konnte SIEGER-HANUS (vgl. 2001, S. 230) in der Selbstwahrnehmung der befragten Auszubildenden keine Wirkungen der Geschwisterzahl im Hinblick auf die berufliche Sozialkompetenz feststellen.

4.3   Faktoren des privaten Lebensbereichs

Lernen findet immer weniger nur im Bildungssystem statt. Vielmehr kommt es zunehmend zu einer Entgrenzung des Bildungssystems (vgl. MAYER 1999, S. 78). Dies gilt nicht nur, aber in besonderem Maße, für den Erwerb beruflicher Handlungskompetenz als ganzheitlichem Bildungsziel. Denkbar ist, dass auch Faktoren des privaten Lebensbereichs einen Beitrag insbesondere zur Aneignung von beruflicher Sozial- und Selbstkompetenz leisten. Aspekte des privaten Lebensbereichs Studierender werden in unterschiedlicher Form immer wieder erhoben. So fragen SIMEANER/RÖHL/BARGEL (vgl. 2001, S. 267ff.) beispielsweise nach Familienstand, Kinderzahl und Kontakten zu Freunden und Bekannten und SCHNITZER/ISSERSTEDT/MIDDENDORFF (vgl. 2001, S. 449ff.) erheben Wohnsituation, Familienstand und Angaben zu Kindern. Untersuchungen, die eine Verbindung dieser Aspekte zum Erwerb beruflicher Handlungskompetenz herstellen, fehlen allerdings. Die nachfolgenden Überlegungen beruhen daher vorwiegend auf Annahmen über mögliche Zusammenhänge.

Die private Lebenssituation von Studierenden wird stark durch die **Wohnverhältnisse** und die mit Studienbeginn häufig verbundenen Veränderungen beeinflusst (vgl. zur Wohnsituation ausführlich SCHNITZER/ISSERSTEDT/MIDDENDORFF 2001, S. 341ff. und zu Veränderungen GRIESBACH u.a. 1995, S. 241f.). An Studierende, die nicht mehr bei ihren Eltern wohnen, werden andersartige Anforderungen gestellt, als an noch zuhause wohnende Studierende. Es ist vorstellbar, dass sich selbständiges Wohnen in einem höheren Verantwortungsbewusstsein und stärker ausgeprägter Selbständigkeit niederschlägt. Dies könnte sich auch auf die Einstellung zur Arbeit und Wahrnehmung von Aufgaben im beruflichen Bereich übertragen.

Außerdem verlangt das Leben im Wohnheim oder in einer Wohngemeinschaft die Abstimmung mit den Mitbewohnern unter anderem im Hinblick auf gemeinsam zu erledigende Tätigkeiten und gegebenenfalls die Konfliktbewältigung. Zudem könnte das Leben in Wohnheim oder Wohngemeinschaft stärker als der Verbleib in der gewohnten elterlichen Wohnung oder einer eigenen Wohnung sozialverträgliches Verhalten fördern, weil es dazu erzieht, bei eigenen Entscheidungen auch die Interessen der Mitbewohner zu berücksichtigen. Insofern ist vorstellbar, dass sich Wohnheim und Wohngemeinschaft positiv auf die Entwicklung beruflicher Sozialkompetenz auswirken. Andererseits könnten sich die mit dem gemeinschaftlichen Wohnen verbundenen Ablenkungen negativ auf die fachliche Weiterentwicklung und damit die berufliche Sachkompetenz auswirken.

Ebenso ist denkbar, dass sich **ehrenamtliches Engagement,** beispielsweise die aktive Mitarbeit in der Jugendarbeit von Kirchen und Vereinen, positiv auf Sach-, Sozial- und Selbstkompetenz auswirkt. Die Leitung von Gruppen oder Freizeiten verlangt und übt die Fähigkeit zur Motivation und Führung anderer (Sozialkompetenz). Außerdem sind Konflikte in unterschiedlicher Form eine ständige Erscheinung in Gruppen. Dem Leiter einer Gruppe kommt besondere Verantwortung bei der Konfliktbewältigung in der Gruppe zu, da ihn Konflikte in zweifacher Hinsicht betreffen: Zum einen ist er selbst Konfliktpartei und muss mitunter beispielsweise Jugendschutzbestimmungen gegenüber Gruppenteilnehmern durchsetzen. Zum anderen muss er gegebenenfalls Konflikte zwischen den Teilnehmern schlichten. Gerade bei Jugendgruppen übernehmen Gruppenleiter viel Verantwortung, die auch zur Weiterentwicklung von Selbstkompetenz beitragen könnte.

Über Sozial- und Selbstkompetenz hinaus könnte sich ehrenamtliches Engagement auf die Methodenkompetenz als Teilkomponente der Sachkompetenz auswirken. So erfordert die Leitung und Organisation von Gruppen oder Freizeiten nicht nur die Kompetenz zur Führung und Motivation, sondern auch die Fähigkeit zur systematischen Planung. Ebenso wie anderes soziales oder gesellschaftliches Engagement fördert und fordert die Mitwirkung in studentischen

Organisationen[45] gruppenorientiertes Handeln und verlangt kritisches Denken und Urteilsfähigkeit.

Ein weiterer Faktor, der die Entwicklung beruflicher Handlungskompetenz begünstigen könnte, ist die **soziale Eingebundenheit**. Längsschnittuntersuchungen zeigen, dass die stabile soziale Einbindung in den Kommilitonenkreis von erheblicher Bedeutung für die erfolgreiche Bewältigung der Studienanforderungen ist (vgl. GOLD 1988, S. 124ff. und S. 193f.; SCHNABEL 2001, S. 496 sowie ergänzend PORTELE/HUBER 1995, S. 103f. und VON SALISCH 2000). Die empirischen Ergebnisse bestätigen, dass sozial nicht integrierte Studierende wesentlich häufiger ihr Studium abbrechen. Vor allem auf die berufliche Sozialkompetenz könnten sich die Beziehungen zum sozialen Umfeld positiv auswirken, da Personen mit einem ausgeprägten Beziehungsnetz mehr Möglichkeiten haben, sich durch Interaktion weiterzuentwickeln.

4.4 Studienbezogene Faktoren

Von besonderem Interesse für Universitäten ist die Kenntnis der studienbezogenen Faktoren. Während sich Faktoren der Person und des privaten Lebensbereichs weitgehend dem Einfluss der Universität entziehen, ermöglichen studienbezogene Faktoren zumindest teilweise eine Gestaltung durch die Universität. Ihre Kenntnis erlaubt damit eine gezielte Verbesserung der Qualität der universitären Ausbildung. Zu den studienbezogenen Einflussfaktoren gehören **Faktoren der Universität** ebenso wie **individuelle studienbezogene Faktoren**.

Die **Faktoren der Universität** lassen sich nach DECKER/WEGMANN (vgl. auch im Folgenden 1997, S. 2 und S. 43ff.) in drei Bereiche unterteilen:[46]

• Rahmenbedingungen

• Lehrstühle

• Lehrveranstaltungen.

---

[45] Das Engagement in studentischen Gruppen könnte auch den studienbezogenen Faktoren zugeordnet werden. Da das Engagement in studentischen Gruppen ähnliche Charakteristika aufweist wie anderes soziales oder gesellschaftliches Engagement und freiwillig in der Freizeit ausgeübt wird, wird es den Faktoren des privaten Lebensbereichs zugeordnet.

[46] Alternative Einteilungen lassen sich im Kern auf die drei Bereiche von DECKER/WEGMANN zurückführen. Vgl. beispielsweise SPIES u.a. 1998, S. 37 (10 Hauptmerkmale des Studiums), MÜLLER-BÖLING 1999a, S. 351ff. (Entscheidungsmodell zur Studienortwahl) und BARGEL 1996, S. 54 (Grundelemente der Studienqualität).

Die Qualität der drei Bereiche und ihr Zusammenspiel bestimmen die Qualität des Studienangebots.

Zu den **Rahmenbedingungen** gehören zunächst die Studien- und Prüfungsordnung.[47] Im Hinblick etwa auf die Studiendauer wird ihnen ein wichtiger Einfluss zugemessen (vgl. TEICHLER/SCHOMBURG 1991, S. 31ff.; BARGEL 1996, S. 65). Im wesentlichen wird zwischen Studien- und Prüfungsordnungen unterschieden, bei denen die Hauptstudiumsprüfungen am Ende des Studiums liegen und solchen, bei denen die Prüfungen studienbegleitend stattfinden. Die Entwicklung geht hin zu studienbegleitenden Prüfungen. Allerdings ändert allein die Umstellung auf studienbegleitende Prüfungen an den Studien- und Prüfungsinhalten nichts. Der Schwerpunkt der Prüfungsinhalte liegt unabhängig von der Prüfungsordnung weiterhin auf fachlichen Aspekten. Nur in wenigen Fällen fließen weitere Kompetenzen gezielt in Studienpläne und Prüfungsordnungen und somit auch in die Leistungsbewertung ein (vgl. dazu beispielhaft UNIVERSITÄT HOHENHEIM 2002; UNIVERSITÄT TÜBINGEN 2002).[48] Auch wenn Studien- und Prüfungsordnungen grundsätzlich einen wichtigen Einfluss auf das Lernverhalten von Studierenden ausüben, sind vor diesem Hintergrund derzeit keine differenzierenden Impulse für den Erwerb von beruflicher Handlungskompetenz zu erwarten.

Ein Aspekt der Rahmenbedingungen sind außerdem die in den Studienordnungen vorgesehenen Wahlfächer. Durch diese ändert sich allerdings nur der fachliche Schwerpunkt, nicht jedoch die im Rahmen dieser Untersuchung auf allgemeinerer Ebene von fachlichen Inhalten unabhängig erfasste Sachkompetenz. Auch Auswirkungen der Wahlmöglichkeiten auf Sozial- und Selbstkompetenz sind nicht ersichtlich.

Zu den Rahmenbedingungen gehört auch die Koordination der Lehrveranstaltungen, also beispielsweise die Frage, inwiefern es zu Überschneidungen kommt, die zu Verzögerungen führen können. Ein weiterer Punkt sind die Öffnungszeiten sowie die Ausstattung von Bibliotheken oder PC-Räumen. Außerdem interessiert die Ausstattung der Universität im Hinblick auf das Raumgebot und die Servicequalität der Verwaltung. Auch bei diesen spezifischen Aspekten der Rahmenbedingungen ist ein Zusammenhang zur Entwicklung von beruflicher Sach-, Sozial-

---

[47] DECKER/WEGMANN (vgl. 1997, S. 48) ist zuzustimmen, wenn sie Studien- und Prüfungsordnung unter primär formalen Aspekten den Rahmenbedingungen zuordnen. Unter materialem Aspekt ist meines Erachtens eine Zuordnung zu den Lehrstühlen angemessen, da diese entscheidend für die inhaltliche Ausgestaltung sowohl des Studienangebots als auch der Prüfungen sind.

[48] Dies ist beispielsweise der Fall, wenn Leistungspunkte über Fallstudien erworben werden können und Sozialkompetenz mit in die Bewertung einfließt.

und Selbstkompetenz kaum zu erkennen. Insofern ist nicht davon auszugehen, dass Rahmenbedingungen bestimmend sind für den Erwerb von beruflicher Handlungskompetenz. Auf eine Erfassung wird daher bei der Befragung verzichtet.

In die Bewertung der **Lehrstühle** fließen nach DECKER/WEGMANN (vgl. auch im Folgenden 1997, S. 57ff.) der Service, die Informationspolitik, das Studienangebot und die Praxisorientierung ein. Zum Service eines Lehrstuhls zählen Erreichbarkeit, Hilfsbereitschaft und Zuverlässigkeit der Lehrstuhlmitarbeiter ebenso wie die Bearbeitungsgeschwindigkeit von Klausuren. Wichtig ist die Informationspolitik des Lehrstuhls. Hier interessiert, wie aktuell die Informationen sind und welcher Aufwand für die Studierenden erforderlich ist, um an Informationen zu gelangen. Ein weiterer Aspekt der Informationspolitik ist, wie transparent der Lehrstuhl Anforderungen gestaltet und ob beispielsweise eine Beratung im Hinblick auf Praktika oder Auslandsstudienprogramme angeboten wird.

Sehr wichtig ist das Studienangebot (vgl. WESTERMANN u.a. 1998, S. 157). Es beinhaltet einerseits Lehrveranstaltungen (zum Beispiel Vorlesungen und Seminare) und andererseits Zusatzveranstaltungen (zum Beispiel Rhetorik- und Präsentationstrainings). Im Mittelpunkt des Studienangebots stehen die Lehrveranstaltungen, während die Zusatzveranstaltungen zumindest nach derzeit herrschender Meinung nicht zum (fachwissenschaftlichen) Kern des Studiums an Universitäten gehören. Neben der Attraktivität des Studienangebots sind die Wahlmöglichkeiten bedeutsam.

Wichtig ist für Studierende das Angebot und die Betreuungsqualität bei Seminar- und Diplomarbeiten. Daneben könnte ein wesentlicher Einflussfaktor für die Beurteilung von Lehrstühlen sein, wie realitätsorientiert diese ausgerichtet sind. Zur Realitätsorientierung gehören Aspekte wie die Vermittlung von Praktika, das Angebot von Exkursionen und die Einbeziehung von Praktikern in Lehrveranstaltungen aber auch der Realitätsbezug von Seminar- und Diplomarbeiten. Bei der Realitätsorientierung sehen Studierende erhebliche Schwächen bei den Lehrstühlen (vgl. DECKER/WEGMANN 1997, S. 63).

Auf berufliche Handlungskompetenz könnte sich die Lehrstuhlqualität in ganz unterschiedlicher Form auswirken. Denkbar ist, dass die Realitätsorientierung die Beurteilungsfähigkeit der Studierenden erhöht und sich positiv auf Fachinteresse und Studienmotivation auswirkt (vgl. zu möglichen Auswirkungen von Realitätsbezug ausführlich Kapitel 4.5). Zusatzveranstaltungen wie Führungs-, Kommunikations- und Sensitivitätstrainings könnten zur Weiterentwicklung von Sozial- und Selbstkompetenz beitragen.

Der dritte Bereich des universitären Umfeldes sind die **Lehrveranstaltungen**. Hierbei werden drei Aspekte unterschieden: Dozent, Durchführung und Inhalt (vgl. DECKER/WEGMANN 1997, S. 65). Mit dieser Einteilung korrespondieren die aus interaktionspsychologischer Perspektive für Lehrveranstaltungen relevanten Merkmale Beziehung (Dozent), Vermittlung (Durchführung) und Inhalt (Inhalt) (vgl. PIONTKOWSKI 1982, S. 150). Vernachlässigt wird allerdings, dass zu diesen Aspekten der Zielaspekt hinzutreten muss. Eine gute Veranstaltung lebt davon, dass Lehrmethode und Medien im Rahmen der Durchführung durch den Dozenten zu den Zielen und Inhalten passen. Zum Beispiel sollten die eingesetzten Medien den Zielen und Inhalten der Veranstaltung entsprechen und nicht als Selbstzweck dienen (vgl. zur Hochschuldidaktik und didaktischen Modellen exemplarisch SCHULZ 1979 und 1999; BLANKERTZ 1986; HUBER 1995; VON CUBE 1999; KLAFKI 1999; KNOLL 2001 und JANK/MEYER 2002).

Ganz zentral sind die persönliche und didaktische Eignung des Dozenten (vgl. auch HANSEN/HENNIG-THURAU/WOCHNOWSKI 1997, S. 383ff.). Hierzu gehört, ob die Lehrenden fähig sind, einen persönlichen Bezug zu den Studierenden aufzubauen und ob sie Kritik aufnehmen und gegebenenfalls auch bereit sind, ihr Lehrprogramm anzupassen (vgl. SPIES u.a. 1998, S. 47). Neben didaktischen Fähigkeiten bedarf es beim Dozenten einer angemessenen Vorbereitung auf die Lehrveranstaltung, die neben den fachlichen Inhalten auch die Rahmenbedingungen ausreichend berücksichtigt.

Wesentlich für das Gelingen einer Lehrveranstaltung ist, dass die Inhalte in ihrer Komplexität den kognitiven Fähigkeiten der Studierenden entsprechend gelehrt werden. Dazu gehört, dass der Stoff fesselnd und mit Bezug zum Vorverständnis der Hörer strukturiert präsentiert wird, die Arbeitsunterlagen geeignet sind und der Dozent sich vergewissert, dass der behandelte Stoff auch verstanden wird (vgl. zu den didaktischen Prinzipien und ihrer Einhaltung in Lehrveranstaltungen SIMEANER/RÖHL/BARGEL 2001, S. 114). Da Lernen die Eigenaktivität der Studierenden voraussetzt, hängt der Lernerfolg davon ab, inwiefern es dem Lehrenden gelingt, ein motivierendes Lernumfeld zu gestalten und die Studierenden aktiv in die Veranstaltung einzubeziehen.

Inhaltlich ist zunächst die Bedeutsamkeit des Lernstoffes entscheidend. Wichtig ist aber auch, dass die Stoffmenge angemessen ist und die Studierenden den Realitätsbezug wahrnehmen.

Lehrveranstaltungen sind der wohl wichtigste Berührungspunkt von Lehrenden und Studierenden. Daher könnte die Qualität der Lehre einen wichtigen Beitrag zum Erwerb beruflicher Handlungskompetenz leisten. So stellt GREIMEL (vgl.

2002, S. 219) bei ihrer Analyse des Standes der Evaluationsforschung fest, dass sich in der Regel ein positiver Zusammenhang zwischen der Beurteilung der Lehrenden und dem Lernerfolg der Lernenden feststellen lässt. Besonders wichtig erscheinen Lehrveranstaltungen für die Förderung fachlicher Kompetenzen (vgl. BARGEL 1996, S. 66). Handlungsorientierte Lehr-Lern-Formen könnten in besonderem Maße die Aneignung von Urteilsfähigkeit und methodischen Fähigkeiten begünstigen. Außerdem könnten sie die Entwicklung von Sozialkompetenz positiv beeinflussen, da handlungsorientierte Aktionsformen häufig Gruppenarbeit bedingen. Sie ermöglichen den Studierenden, sach- und aufgabenbezogen zu interagieren. Damit werden Handlungsweisen gefordert und gefördert, die mit beruflichem Handeln korrespondieren. Ein weiterer Beitrag zur Entwicklung von Sozialkompetenz kann dadurch geleistet werden, dass Gruppenprozesse bewusst kritisch reflektiert und analysiert werden. Je nach Gestaltung können Lehrveranstaltungen auch einen Beitrag zum Erwerb beispielsweise von Kritikfähigkeit und Eigeninitiative und damit zur Selbstkompetenz leisten.

Da das Ziel dieser Untersuchung die globale Betrachtung von beruflicher Handlungskompetenz als Studienziel ist (und nicht die Evaluation einzelner Lehrveranstaltungen), wird die Lehrqualität (Analoges gilt für die Qualität der Lehrstühle) nur auf aggregierter Ebene erfasst. Einzelne Aspekte von Lehrveranstaltungen werden nicht untersucht. Auch wenn sowohl bei der Evaluation einzelner Lehrveranstaltungen als auch im Hinblick auf die Lehrveranstaltungsqualität insgesamt verzerrende Faktoren[49] existieren, kann studentische Veranstaltungskritik insgesamt als zutreffend bejaht werden (vgl. EL HAGE 1996a, S. 42 und 1996b, S. 36ff.; DANIEL 1998, S. 21f. und 2000b, S. 279f.; ENGEL 2000, S. 139f.; RINDERMANN 2001b, S. 71ff. und 2002, S. 371 sowie ergänzend RINDERMANN 1997, 1998, 1999 und 2001a.). Über die Lehrveranstaltungsevaluation hinaus deutet nach HORNBOSTEL die übereinstimmende Wahrnehmung von Indikatoren der Hochschulqualität durch Professoren und Studierende im Hinblick auf den Kontakt zwischen Lehrenden und Studierenden oder die Ausstattung mit Räumen und PCs auf „hohe Urteilskompetenz bei den Studierenden hin" (HORNBOSTEL 2001, S. 9).

Ein weiterer Einflussfaktor auf berufliche Handlungskompetenz könnte das **Sozialklima** an der Universität sein. Untersuchungen (vgl. LUKESCH 1998, S. 377; ZIELKE 1998, S. 395 und S. 401; SIEGER-HANUS 2001, S. 230 und S. 247) zeigen, dass sich das Sozialklima in der Schule beziehungsweise Klasse

---

[49] Dies können unter anderem räumliche Bedingungen sein, die (subjektive) Überforderung und das thematische Interesse Studierender ebenso wie ihr Alter und ihr Geschlecht (vgl. RINDERMANN/AMELANG 1994, S. 32f.; BARGEL/EL HAGE 2000, S. 215f.).

positiv auf Leistungsentwicklung und Sozialverhalten von Schülern auswirkt. Das Sozialklima charakterisiert die Beziehungen sowohl der Studierenden untereinander als auch zwischen Studierenden und Lehrenden. Damit beinhaltet das Sozialklima Aspekte, die den Rahmenbedingungen (zum Beispiel Hilfsbereitschaft von Bibliothekspersonal), den Lehrstühlen (zum Beispiel Betreuung durch Lehrstuhlmitarbeiter) sowie der Lehrqualität (unter anderem persönlicher Bezug zu Lehrenden) zugerechnet werden können. Die Beziehungen der Studierenden untereinander stehen in Verbindung mit der sozialen Eingebundenheit als Aspekt des privaten Lebensbereichs.

Eng verbunden mit dem Sozialklima sind Aspekte der **Studienzufriedenheit**.[50] Ähnlich wie im Bereich der beruflichen Arbeit liegt es nach Ansicht von APENBURG (vgl. 1980, S. 2) nahe, auch beim Studium Zufriedenheit als zentrale Größe des Geschehens zu betrachten.[51] Wichtige Faktoren für die Ausprägung von Zufriedenheit im Studium sind unter anderem persönliche Freiheit, Inhalte der Lehrveranstaltungen, Qualität der wissenschaftlichen Ausbildung, soziale Kontaktmöglichkeiten am Studienplatz, Lehrverhalten der Professoren, Berufsbezogenheit des Lehrangebots und didaktische Organisation der Lehrveranstaltungen (vgl. APENBURG 1980, S. 27).

Sowohl Studienzufriedenheit als auch Sozialklima sind damit Indikatoren für die Qualität von Studienbedingungen und bringen vor allem Aspekte der Lehrstühle und Lehrveranstaltungen zum Ausdruck. Dementsprechend werden sie im Rahmen dieser Untersuchung nicht separat erfasst, sondern im Kontext der unterschiedlichen studienbezogenen Einflussfaktoren.

Der Einflussfaktor **Universität** bildet ein Bindeglied zwischen den Faktoren der Universität und den individuellen studienbezogenen Aspekten. Im Einflussfaktor Universität könnten Aspekte zum Ausdruck kommen, die bei den anderen Faktoren der Universität (Lehrstühle und Lehrveranstaltungen) nicht erfasst wurden. Gleichzeitig kommen in der Wahl der Universität individuelle Präferenzen zum Ausdruck. Genießt eine Universität das Image einer praxisorientierten Ausbil-

---

[50] So bildet beispielsweise MÜLLER (vgl. 1996, S. 72) Sozial- beziehungsweise Unterrichtsklima an Berufsschulen unter anderem durch die Subskalen „Zufriedenheit mit dem Unterricht" und „Zufriedenheit der Schüler mit der Lehrkraft" ab.

[51] Zur Studienzufriedenheit vgl. ergänzend auch WESTERMANN u.a. 1996 und 1998; SPIES u.a. 1996 und 1998; HEISE u.a. 1997 und 1999. Zur kritischen Auseinandersetzung mit Zufriedenheit und ihrer Bedeutung vgl. JUNGKUNZ 1996. Auch wenn sich die Untersuchung auf die Zufriedenheit von Auszubildenden mit ihrer Berufsausbildung bezieht, gelten wesentliche Aspekte meines Erachtens analog für das Universitätsstudium. So darf die Zufriedenheit Studierender nicht unreflektiert als Studienziel verstanden werden, gleichzeitig ist Unzufriedenheit auch an Universitäten ein Indikator für Qualitätsmängel.

dung, so könnten sich davon Studierende angesprochen fühlen, die auf diesen Aspekt besonderen Wert legen.[52] Ergebnissen von Absolventenstudien zufolge (vgl. SCHOMBURG/TEICHLER 1998, S. 167) sind für den beruflichen Erfolg weniger die besuchte Hochschule, als vielmehr individuelle Studienbedingungen verantwortlich. Bei Ökonomen ist bei Kontrolle der individuellen Studienvoraussetzungen kein signifikanter Effekt der besuchten Hochschule auf den beruflichen Erfolg feststellbar (vgl. SCHOMBURG/TEICHLER 1998, S. 164).

Dominant zu den **individuellen studienbezogenen Faktoren** zählt die Gestaltung des Studienablaufs, der Zeitaufwand eines Studierenden für das Studium und das Studieninteresse.[53] So kann ein Studierender sein Studium vollständig an einer Universität absolvieren oder die Universität wechseln. Möglich sind sowohl ein Wechsel im Inland als auch ein Studium im Ausland. Von einem solchen Wechsel der Universität können zahlreiche Impulse ausgehen, die insbesondere die Aneignung von Sozial- und Selbstkompetenz begünstigen. Beispielsweise erfordert ein Universitätswechsel von Studierenden, sich einen neuen studienbezogenen Freundeskreis aufzubauen und sich in vorgeprägte Gruppen einzufügen.

Bei einem **Auslandsstudium** ist erforderlich, sich mit den kulturellen Eigenarten sowie Lebens- und Arbeitsweisen des Gastlandes vertraut zu machen (vgl. VON SYDOW/STASCHEN/TÖBBE 1999, S. 17 sowie auch im Folgenden MÜSSIG-TRAPP/SCHNITZER 1997, S. 27f.). Darüber hinaus hat der studienbezogene Auslandsaufenthalt nach Ansicht von 79 % der Befragten ihre Selbständigkeit/Unabhängigkeit sowie Kommunikationsfähigkeit verbessert. Im Sinne der Sachkompetenz dient ein Auslandsstudium auch zum Erwerb beziehungsweise zur Festigung der Kenntnisse einer anderen Sprache.

Ein weiterer Einflussfaktor könnte der wöchentliche **Zeitaufwand** für das Studium sein. In ihm kommt zum Ausdruck, welche zeitlichen Prioritäten ein Studierender setzt. So könnte ein hoher Zeitaufwand für zielstrebiges Studieren mit dem Interesse nach rascher Qualifizierung sprechen. Unter der Prämisse, dass das Studium an Universitäten die Aneignung von beruflicher Handlungskompetenz fordert und fördert, sollte ein hoher Zeitaufwand auch zu hoher beruflicher Handlungskompetenz führen. Der Zeitaufwand für das Studium beträgt bei Studierenden an Universitäten circa 34 Stunden je Woche (vgl. SCHNABEL

---

[52]   Zu den Motiven der Hochschulwahl vgl. HEUBLEIN/SOMMER 2002, S. 12ff. und HEINE 2002, S. 6. Die Untersuchungen zeigen, dass studienfernen Motiven und vor allem der Nähe zum Heimatort eine erhebliche, wenn nicht gar entscheidende Rolle zukommt.

[53]   Alternativ könnten individuelle studienbezogene Faktoren (vor allem das Studieninteresse) den Faktoren der Person zugeordnet werden. Da sie im Gegensatz zu den anderen Faktoren der Person jedoch in Beziehung zum Studium stehen, werden sie den studienbezogenen Faktoren zugeordnet.

2001, S. 496). Dabei entfällt etwa 50 % auf den Besuch von Lehrveranstaltungen, die anderen 50 % werden für das Selbststudium genutzt. Dies verdeutlicht, dass im Gegensatz zum schulischen Lernen das Lernen außerhalb der Universität nicht nur unterstützende Funktion hat, sondern ein wichtiger Bestandteil des Studiums ist.

Neben dem Zeitaufwand ist denkbar, dass das **Fachsemester**, in dem sich der Studierende zum Zeitpunkt der Befragung befindet, Einfluss auf seine berufliche Handlungskompetenz ausübt. Studierende, die sich in einem höheren Fachsemester befinden, könnten insbesondere fachkompetenter sein als Studierende niedrigerer Fachsemester. Andererseits könnte eine höheres Fachsemester tendenziell auch aussagen, dass der Studierende den Anforderungen in der vom Studienplan vorgesehenen Zeit nicht in vollem Umfang genügen konnte. Durch die Erhöhung der Variabilität des Studienplans im Zusammenhang mit der Einführung von Leistungspunktesystemen kann jedoch aus einem höheren (im Rahmen der Regelstudienzeit liegenden) Fachsemester nicht auf einen verzögerten Studienablauf geschlossen werden, da die Studierenden die Abfolge von Leistungen im Hauptstudium weitgehend frei bestimmen können.

Ein weiterer Einflussfaktor auf den Erwerb von Sach-, Sozial- und Selbstkompetenz könnte das **fachspezifische Studieninteresse** sein (vgl. SCHIEFELE u.a. 1993; SCHIEFELE u.a. 1992 sowie zur Interessenentwicklung LEWALTER u.a. 1998). So zeigt eine Metaanalyse, dass Interesse und Schulnoten durchschnittlich mit .30 korrelieren (vgl. SCHIEFELE/KRAPP/SCHREYER 1993, S. 120). Das Studieninteresse steht in Verbindung mit weiteren Aspekten des Studiums, wie Studienfachwahl, Studienfachwechsel, Studienzufriedenheit und Studienabbruch (vgl. WINTELER/SIERWALD/SCHIEFELE 1988, S. 228; HEUBLEIN 1999, S. 45). HEISE u.a. (vgl. 1997, S. 123 und S. 127) weisen in einer Untersuchung nach, dass das fachspezifische Interesse einen wesentlichen Beitrag zur Erklärung der Studienzufriedenheit leistet. Hohes fachspezifisches Studieninteresse könnte dazu führen, dass sich Studierende intrinsisch motivierter und effektiver mit Studieninhalten auseinander setzen (vgl. WINTELER/SIERWALD/SCHIEFELE 1988, S. 227ff.; SCHIEFELE/URHAHNE 2000, S. 186). Damit könnte das fachspezifische Studieninteresse vor allem einen Beitrag zur Entwicklung von beruflicher Sachkompetenz leisten.

4.5　Berufsbezogene Faktoren

Berufsbezogene Einflussfaktoren beziehen sich auf Erfahrungen, die Studierende im Beschäftigungssystem sammeln. Dies können Praktika sein, ebenso wie studienbegleitende Nebentätigkeiten, eine vorangegangene Ausbildung oder Wehr- und Zivildienst. Die Verbindung von Studium und beruflicher Praxis kann bei Studierenden Realitätsbewusstsein und Berufsfeldorientierung stärken, Studienwahlentscheidungen bestätigen und damit die Motivation und das Interesse am Studium positiv beeinflussen. Es ist vorstellbar, dass der Realitätsbezug sowohl direkt durch das Lernen am Arbeitsplatz als auch indirekt über eine gesteigerte Studienmotivation zur Weiterentwicklung von beruflicher Sach-, Sozial- und Selbstkompetenz beiträgt.

Naheliegend ist, dass berufliche Tätigkeiten die **berufliche Sachkompetenz** stärken. Berufliche Tätigkeiten ermöglichen den Studierenden, einen Einblick in betriebliche Prozesse zu gewinnen und sich neues Wissen anzueignen. Die Kenntnis der beruflichen Realität bietet die Möglichkeit, im Studium erworbenem Wissen konkrete Bedeutung und Handlungsrelevanz zu geben und damit den Lerntransfer zu steigern (vgl. ZIMMERMANN 1994, S. 87ff.).

In welchem Verhältnis fachliches Lernen und Arbeiten stehen und welchen Beitrag die berufliche Tätigkeit zur Weiterentwicklung beruflicher Handlungskompetenz leistet, hängt von der Art der Tätigkeit ab. Während bei einer studienbegleitenden dauerhaften Tätigkeit, die primär der Studienfinanzierung dient, gewöhnlich Arbeitsprozesse im Mittelpunkt stehen, kommt Lernprozessen im Rahmen eines Praktikums meist größere Bedeutung zu.

Außerdem können von beruflichen Tätigkeiten verschiedenartige Anregungen für die Aneignung von **beruflicher Sozialkompetenz** ausgehen. Während Studierende an Universitäten nur relativ selten, etwa im Rahmen von Seminaren, aktiv auftreten müssen, gehört bei vielen Tätigkeiten etwa im Bankbereich das Auftreten gegenüber Kunden zum Alltag. Auch im Rahmen von Tätigkeiten mit wenig oder keinem Kundenkontakt wird von Studierenden erwartet, dass sie die Ergebnisse ihrer Tätigkeit einer oder mehreren Personen präsentieren. Dieses über die alltägliche Kommunikation hinausgehende Auftreten gegenüber einer Gruppe oder Person könnte einen Beitrag zur Aneignung von Kommunikationsfähigkeit leisten.

Vergleichbar verhält es sich im Hinblick auf die Teamfähigkeit als weiterer Komponente der Sozialkompetenz. Der Erwerb von Teamfähigkeit findet an Universitäten vor allem implizit aber nicht, oder nur selten, explizit, zum Beispiel durch die bewusste Reflexion von Gruppenprozessen, statt. Demgegenüber verlangt die Arbeit in Unternehmungen, unabhängig ob als Berufsausbildung, Praktikum oder Nebentätigkeit, häufig die Zusammenarbeit in Gruppen oder Teams. Dabei erfordert eine berufliche Tätigkeit meist die Einordnung in eine vorstrukturierte und vorgeprägte Gruppe während etwa Lerngruppen an Universitäten meist auf Basis gegenseitiger Sympathie entstehen und sich oft eben so schnell wieder auflösen, wie sie entstanden sind.

Hinzu kommt, dass die Zusammenarbeit in Betrieben einen wichtigen Faktor für den unternehmerischen Erfolg darstellt. Ihrer Bedeutung entsprechend stellt die Team- und Kooperationsfähigkeit häufig explizit ein Kriterium der Leistungsbeurteilung dar (vgl. exemplarisch PUTZMEISTER AG 2002). Im Gegensatz zur Ausbildung an Universitäten, bei der Sozialkompetenz ein untergeordnetes Beurteilungskriterium ist, besteht damit im betrieblichen Umfeld für Studierende ein verstärkter Anreiz zum Ausbau ihrer Sozialkompetenz.

Berufsbezogene Tätigkeiten sollten auch die **berufliche Selbstkompetenz** von Studierenden stärken. Zunehmend komplexe Unternehmungsstrukturen verlangen nicht nur ein höheres Maß an Selbstkompetenz, sondern fördern diese auch durch die veränderten Anforderungen. Ein dementsprechendes Umfeld könnte die Aneignung von Kritikfähigkeit unterstützen und Studierende über die konkrete betriebliche Situation hinaus zu kritischer Reflexion anregen.

Die berufliche Selbstkompetenz könnte außerdem dadurch gestärkt werden, dass Unternehmungen ihr Beurteilungssystem zunehmend systematisieren und so gestalten, dass es die persönliche Weiterentwicklung der Mitarbeiter fördert. Während an Universitäten, wie im Bildungssystem allgemein, Fremdurteile der Lehrenden maßgeblich sind, wird in betrieblichen Beurteilungsgesprächen neben der Fremdbeurteilung häufig die Selbstbeurteilung erfasst. In Gesprächen werden Gemeinsamkeiten und Unterschiede in der Beurteilung analysiert und Entwicklungsperspektiven erörtert. Dies fordert und fördert die kritische Reflexion eigenen Verhaltens. Zudem ermöglichen Kompetenzerlebnisse im Rahmen beruflicher Tätigkeiten die Stärkung des Selbstbewusstseins.

Über die allgemeinen Zusammenhänge zwischen berufsbezogenen Tätigkeiten und Sach-, Sozial- und Selbstkompetenz hinaus werden im Folgenden die unterschiedlichen Arten der berufsbezogenen Tätigkeiten auf ihre spezifischen Bedingungen zur Aneignung von beruflicher Handlungskompetenz hin analysiert.

In Kreditinstituten sehen viele die Ausbildung zum Bankkaufmann mit anschließendem betriebswirtschaftlichen Studium als „Königsweg" zum beruflichen Erfolg. Mit einer **Berufsausbildung** werden verschiedene positive Aspekte verbunden. Aus berufswahltheoretischer Perspektive ist anzunehmen, dass Studierende mit einer Berufsausbildung gegenüber Studierenden ohne Berufsausbildung differenziertere und realistischere Berufskonzepte entwickelt haben (vgl. MÜLLER 1983, S. 159ff. sowie auch im Folgenden WILD/ZIMMERMANN 1995, S. 2f.). Diese ermöglichen ihnen, eigene Fähigkeiten besser einzuschätzen und ihre Berufswahlsicherheit und Studienmotivation zu erhöhen.

Die Verbindung von theoretischer und praktischer Auseinandersetzung mit ganz unterschiedlichen Aspekten eines Berufsfeldes bietet ihnen die Möglichkeit zur Entwicklung von fachlichem Interesse (vgl. zu motivationalen Entwicklungen in der kaufmännischen Erstausbildung WILD/KRAPP 1996). Entsprechend ist bei thematischer Verzahnung ein höheres Studieninteresse zu erwarten (vgl. BACKES-GELLNER/SADOWSKI 1996, S. 130). Dies könnte in Verbindung mit größerem fachlichen Vorwissen dazu führen, dass Studierende mit Berufsausbildung eher tiefenorientierte Lernstrategien einsetzen und sich qualitativ anspruchsvoller mit Studieninhalten auseinandersetzen (vgl. vertiefend SCHIEFELE/WILD/WINTELER 1995).

Die Einblicke in die berufliche Realität sollten überdies die Möglichkeit zum Aufbau von kognitiven Strukturen bieten, in der konkrete Erfahrungen und theoretisches Wissen ein differenziertes Netzwerk bilden. Andererseits ist denkbar, dass Studierende mit Berufsausbildung (beispielsweise wenn sie das Studium zur Steigerung ihrer Karrierechancen aufnehmen) eher extrinsisch motiviert sind und sich ihr Interesse auf die unmittelbare Verwertbarkeit von Studieninhalten richtet. Dies könnte zu einer qualitativ weniger anspruchsvollen und unkritischen Auseinandersetzung mit Studieninhalten führen (vgl. SCHIEFELE/SCHREYER 1994, S. 10).

Empirische Ergebnisse (vgl. WILD/ZIMMERMANN 1995, S. 8ff., insbesondere S. 13) der Befragung von Studierenden der Betriebswirtschaftslehre bestätigen positive Auswirkungen einer Berufsausbildung in wesentlichen Punkten: Studierende mit abgeschlossener Berufsausbildung fühlen sich in ihrer Studienfachwahl sicherer, ihr Studieninteresse ist tendenziell höher und sie erzielen in zentralen Grundstudiumsklausuren bessere Noten (vgl. ergänzend VON HARNIER/ SCHNEIDER-AMOS 1992, S. 44). DANIEL (vgl. 1995, S. 174) stellt beim Studiengang Betriebswirtschaftslehre der Universität Mannheim fest, dass Studierende mit abgeschlossener kaufmännischer Berufsausbildung signifikant kürzer studieren. Eine Berufsausbildung könnte daher einen Beitrag zur (schnelleren) Aneignung beruflicher Sachkompetenz leisten. Außerdem hat eine Berufsausbildung aus Sicht der Studierenden einen hohen Nutzen für die eigene Persönlichkeitsentwicklung (vgl. WILD/ZIMMERMANN 1995, S. 13).

Praktika bieten die Möglichkeit, in einem begrenzten zeitlichen Rahmen und mit begrenztem Risiko einer Fehlentscheidung, einzelne Berufsfelder kennen zu lernen. Anders als bei einer beruflichen Ausbildung findet bei Praktika in der Regel nur eingeschränkt organisiertes Lernen, beispielsweise in Form von innerbetrieblichem Unterricht oder Schulungen, statt. Wesentlich wichtiger erscheint das informelle Lernen. Ein Praktikum erlaubt den Studierenden, konkretere Vorstellungen über die persönliche Berufsperspektive zu gewinnen und dadurch auch das weitere Studium motivierter anzugehen (vgl. LEWIN u.a. 2000, S. 82ff.). Es ermöglicht Studierenden nicht nur den Erwerb von berufspraktischen Fähigkeiten, sondern auch, neues (theoretisches) Wissen stärker mit Erfahrungen in Verbindung zu bringen, so dass dieses eine größere Bedeutsamkeit und Lebendigkeit gewinnt (vgl. BAUMGARDT 1979, S. 37). Praktika bieten Studierenden die Möglichkeit, eigene Stärken und Schwächen im berufspraktischen Umfeld kennen zu lernen.

Allerdings kann es zwischen den Praktika große Unterschiede geben. Ein Praktikum kann darin bestehen, nach kurzer Einarbeitung weitgehend Routinetätigkeiten auszuführen oder aber weitgehend selbstverantwortlich ein Projekt abzuwickeln. Entsprechend unterschiedlich sind die Anforderungen, die zum Beispiel an die Eigenständigkeit, Flexibilität und Kommunikationsfähigkeit eines Praktikanten gestellt werden.

Einen zusätzlichen Beitrag zur Aneignung beruflicher Handlungskompetenz könnte ein Praktikum im Ausland leisten. Es bedeutet gegenüber einem Inlandspraktikum gewöhnlich einen noch stärkeren Wechsel des Umfeldes und, so lange sie den Praktikanten nicht überfordern, entsprechend stärkere entwicklungsförderliche Impulse. Ein Auslandspraktikum bedeutet vergleichbar einem Auslandsstudium einen starken Wandel im sozialen Bezugsfeld, da es von wenigen Ausnahmen abgesehen die Auseinandersetzung mit einer anderen Kultur und Sprache erfordert. HÖRSCHGEN u.a. (vgl. 1993, S. 91) stellen in einer Untersuchung bei wirtschaftswissenschaftlichen Absolventen der Universität Hohenheim einen signifikanten positiven Zusammenhang zwischen absolvierten Praktika und subjektivem Berufserfolg fest. Es ist daher denkbar, dass sich Praktika, gleichgültig ob im Inland oder Ausland, auf alle drei Dimensionen beruflicher Handlungskompetenz positiv auswirken.

Im Gegensatz zu Praktika, die meist einen engen Zusammenhang zum Studienfach aufweisen, sind **Erwerbstätigkeiten** dadurch gekennzeichnet, dass der Gelderwerb ein wichtiges, wenn nicht das zentrale, Ziel ist (vgl. SCHRADER/ERETGE 1999, S. 120). Zu unterscheiden ist zwischen semesterbegleitenden Erwerbstätigkeiten und Erwerbstätigkeiten, die nur in der vorlesungsfreien Zeit ausgeübt werden. Vor allem semesterbegleitende Nebentätigkeiten können dazu führen, dass für den Besuch von Lehrveranstaltungen und die Aufarbeitung des Lernstoffs weniger Zeit als erforderlich zur Verfügung steht. Dies könnte entsprechende Rückwirkungen auf die Aneignung von Studieninhalten und damit vor allem auf das fachliche Wissen haben. Mindestens ebenso bedeutsam erscheint die Frage, wie eng die Erwerbstätigkeit mit den Studieninhalten verbunden ist. So beeinflusst eine zum Studienfach komplementäre Erwerbstätigkeit (beispielsweise als Werkstudent) mit hoher Wahrscheinlichkeit die berufliche Identitätsentwicklung positiv (vgl. SCHNABEL 2001, S. 497f.).

Sowohl der Wehrdienst als auch eine freiwillige längere Tätigkeit in der **Bundeswehr** erfordern in besonderem Maße die Einordnung in eine Gruppe und die Unterordnung eigener Interessen und Ziele unter die anderer Personen. Gleichzeitig könnte die Tätigkeit zur Reflexion von Führungsstrukturen und Gruppenprozessen anregen und das Bewusstsein für die Grenzen der Einordnung und Unterordnung in Gruppen schärfen.

Beim **Zivildienst** oder **freiwilligen sozialen Jahr** ist dagegen häufiger der direkte und konkrete Dienst am Mitmenschen ein zentraler Aspekt der Tätigkeit. Dieser erfordert häufig Empathie und die Auseinandersetzung mit Schicksalen anderer Menschen und kann zur Reflexion eigener Normen und Wertvorstellungen beitragen. In beiden Fällen könnten von der Tätigkeit positive Impulse auf den Erwerb von beruflicher Sozial- und Selbstkompetenz ausgehen. Ein Zusammenhang zur beruflichen Sachkompetenz ist hingegen bei den meisten Tätigkeiten nicht ersichtlich.

4.6   Zusammenfassung: Theoretisches Modell der Einflussfaktoren

Aus den vorangehenden Abschnitten ergibt sich theoretisch hergeleitet das Modell der Einflussfaktoren (vgl. Abbildung 11 sowie grundlegend zur Modellbildung GIGERENZER 1981). Auch wenn das Modell eine Kausalität nahe legt, ist die Wirkungsrichtung zumindest teilweise weder theoretisch noch im Folgenden empirisch eindeutig bestimmt. Vielmehr ist naheliegend, dass Wechselwirkungen bestehen. So könnte sich nicht nur das Absolvieren von Praktika positiv auf die Entwicklung von beruflicher Handlungskompetenz auswirken. Umgekehrt könnte auch vorhandene berufliche Handlungskompetenz dazu führen, dass Studierende eher eine Stelle als Praktikant erhalten.

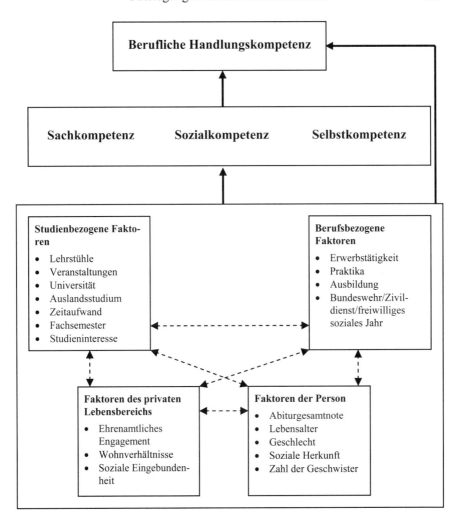

Abbildung 11: Theoretisches Modell der Einflussfaktoren

Aus der Perspektive aller drei Anspruchsgruppen werden die berufliche Handlungskompetenz und ihre Dimensionen Sach-, Sozial- und Selbstkompetenz wahrgenommen und beurteilt. Die Einflussfaktoren werden umfassend von den Studierenden selbst wahrgenommen und beurteilt. Unternehmungen und Professoren können hingegen insbesondere studien- und berufsbezogene Einflussfaktoren bewerten.

Ergänzend zu den Leitfragen 1-5 (vgl. Kapitel 3.6) ergibt sich aus den vorangegangenen Überlegungen eine weitere Leitfrage für die empirische Analyse beruflicher Handlungskompetenz:

Leitfrage 6:   Welche Faktoren der Person und des privaten Lebensbereichs sowie studien- und berufsbezogenen Faktoren tragen zur Entwicklung beruflicher Handlungskompetenz bei?

Über die Ermittlung von Einflussfaktoren auf die berufliche Handlungskompetenz hinaus würden es die erfassten Daten auch ermöglichen, die Zusammenhänge zwischen den Einflussfaktoren aufzuklären. Zum Beispiel könnte untersucht werden, ob das Geschlecht Auswirkungen auf den Zeitaufwand für das Studium hat oder sich die Abiturgesamtnote auf das Studieninteresse auswirkt. Da dies aber nicht Ziel der Untersuchung ist und zu einer Vielzahl eben solcher Beziehungen fundierte Veröffentlichungen vorliegen (vgl. beispielsweise SCHNITZER/ISSERSTEDT/MIDDENDORFF 2001), wird darauf verzichtet. Um die Beziehungen zwischen den Einflussfaktoren dennoch zu verdeutlichen, sind diese im Modell mit gestrichelten Linien veranschaulicht.

5   Empirische Analyse beruflicher Handlungskompetenz

5.1   Kennzeichnung der empirischen Analyse

5.1.1   Datenerhebung

Die Datenerhebung unterteilt sich in die Vor- und Haupterhebung, die jeweils mit Fragebogen durchgeführt wurden.

Die Vorerhebung fand im September und Oktober 2002 statt. Ziel dieser Erhebung war es, den Fragebogen vor seinem Einsatz in der Haupterhebung auf Vollständigkeit und Umfang, Übersichtlichkeit, Verständlichkeit und Motivation zur Bearbeitung zu überprüfen, um damit Reliabilität und Validität zu erhöhen (vgl. DECKER/WEGMANN 1997, S. 28).[54] Im Rahmen dieser Erhebung wurden 24 Studierende, 4 Mitarbeiter von Unternehmungen sowie 6 Lehrende an Universitäten (1 Professor und 5 wissenschaftliche Mitarbeiter) befragt. Da die Fragebogen für Unternehmungen und Professoren weitgehend mit dem ersten Teil des Fragebogens der Studierenden übereinstimmen (vgl. Anhang 3), war die Verständlichkeit der Fragebogen für Unternehmungen und Professoren auch bei nur 4 beziehungsweise 6 Befragten im Pretest gewährleistet.[55]

Die Datenerhebung im Rahmen der Hauptuntersuchung erfolgte zwischen Oktober und Dezember 2002. Befragt wurden 302 Studierende[56] bankwirtschaftlicher

---

[54]   Auch wenn sich beim Pretest keine Verständnisschwierigkeiten zeigten, bleibt gleichwohl zu beachten, dass bei Begriffen wie beispielsweise Teamfähigkeit, Eigeninitiative und Kommunikationsfähigkeit sowohl in der Fachliteratur als auch umgangsprachlich ein Interpretationsspielraum besteht. Da eine weitergehende Operationalisierung der Begriffe allerdings nur bei einer Differenzierung der Fragen für Studierende, Unternehmungen und Professoren möglich gewesen wäre, wurde darauf im Hinblick auf das Untersuchungsziel verzichtet. Zudem hätte sich der Zeitaufwand für die Beantwortung durch eine weitergehende Operationalisierung unverhältnismäßig erhöht.

[55]   Der hohe Rücklauf und die sehr niedrige Zahl nicht verwertbarer Fragebogen in der empirischen Hauptuntersuchung bestätigen die Verständlichkeit der Fragebogen.

[56]   Die Studierenden wurden im noch engeren Zeitraum vom 4. - 12. November 2002 befragt. Die Befragung wurde gezielt am Anfang des Semesters durchgeführt, um verzerrende Effekte durch jene Studierende zu vermeiden, die die Lehrveranstaltung zu einem späteren Zeitpunkt im Semester nicht mehr besuchen.

Vertiefungsrichtungen, 194 Mitarbeiter von Banken und Sparkassen[57] und 202 Professoren betriebswirtschaftlicher Studiengänge. Die Teilnahme an der Untersuchung war für alle Befragten freiwillig. Die Erhebung erfolgte anonym und die Daten wurden vertraulich ausgewertet. Die Beantwortung des Fragebogens erforderte bei Studierenden circa 20 Minuten, bei Unternehmungen und Professoren betrug die Bearbeitungszeit circa 10 Minuten.

Die Befragung der Studierenden fand im Rahmen von Lehrveranstaltungen des Hauptstudiums bankwirtschaftlicher Vertiefungsfächer statt (vgl. hierzu Kapitel 5.1.3). Die Befragung von Unternehmungen und Professoren erfolgte auf postalischem Wege. Diese Form der Erhebung bietet die Möglichkeit geografisch verstreute Kreditinstitute mit verhältnismäßig geringem Aufwand zu befragen. Zudem sind die Befragten bei der Beantwortung zeitlich unabhängig.

Besonderer Wert wurde bei der Befragung von Unternehmungen und Professoren auf das Anschreiben (vgl. Anhang 4) und das Begleitschreiben (vgl. Anhang 5) gelegt, da der erste Eindruck maßgeblichen Einfluss auf die Rücklaufquote ausübt (vgl. zu den Anforderungen an Anschreiben und Begleitschreiben beispielsweise BEREKOVEN/ECKERT/ELLENRIEDER 2001, S. 115ff.; DILLMAN 2000, S. 15f.). Diese waren wenn möglich persönlich adressiert[58], handschriftlich unterschrieben, enthielten einen mit Briefmarke frankierten Rückumschlag und in kurzer und verständlicher Form den Hinweis auf die Wichtigkeit der Befragung.[59] Der Versand erfolgte jeweils am Dienstag, so dass die Empfänger die Briefe am Mittwoch erhielten. Als Dank für ihre Teilnahme erhielten die Befragten auf Wunsch eine Kurzfassung der Ergebnisse.

Die Datenerhebung erfolgte mit standardisierten Fragebogen und weitgehend geschlossenen Fragen. Die überwiegende Zahl der Fragen wurde auf einer sechsstufigen Skala beantwortet.[60] Die Antwortkategorien reichten hierbei

---

[57]   Die Befragung der Mitarbeiter von Kreditinstituten erfolgte in Zusammenarbeit mit Frau Diplom-Handelslehrerin Simona Gommert.

[58]   Bei den Professoren wurden alle Briefe persönlich adressiert. Bei den Kreditinstituten war es nicht in allen Fällen möglich, die Namen von Mitarbeitern zu ermitteln. Hier wurden nach vorheriger Absprache teilweise mehrere Fragebogen an die Personalabteilung geschickt mit der Bitte, diese an die Fachabteilungen weiterzuleiten.

[59]   Um die Wichtigkeit der Befragung zu unterstreichen, wurde bei den Professoren nach Absprache mit dem Deutschen Hochschulverband folgender Satz aufgenommen: „Angesichts der Bedeutung, die dem Studium an Universitäten aus Sicht sowohl jedes einzelnen Studierenden als auch der Gesellschaft als ganzer zukommt, wird die Erhebung vom Deutschen Hochschulverband befürwortet.".

[60]   Die Verwendung einer Skala ohne Mitte wirkt dem Fehler der zentralen Tendenz entgegen.

beispielsweise von „trifft voll zu" bis „trifft weniger zu" oder von „sehr stark ausgeprägt" bis „weniger stark ausgeprägt". Am Ende des Fragebogens wurden die Befragten aufgefordert, Anregungen oder Kritik zu äußern.

Der eingesetzte Fragebogen (vgl. Anhang 3) basiert auf den in Kapitel 3 identifizierten Dimensionen beruflicher Handlungskompetenz und ihren Merkmalen sowie dem in Kapitel 4 entwickelten theoretischen Modell der Einflussfaktoren. Mit der Verwendung weitgehend identischer Fragen bei Studierenden, Unternehmungen und Professoren wurde auf eine noch zielgruppenspezifischere Fragestellung und somit auf differenziertere Ergebnisse zu jeder einzelnen Befragungsgruppe verzichtet (vgl. SCHLAFFKE 2002, S. 161).[61] Da die integrative Erfassung von Gemeinsamkeiten und Unterschieden in den Auffassungen dieser Anspruchsgruppen ein Hauptziel der Untersuchung ist, erscheint das gewählte Vorgehen dem Forschungsinteresse angemessen.[62] Damit in Kapitel 6 Optimierungspotenziale aufgezeigt werden können, wurden sowohl Wichtigkeit als auch Ausprägung einzelner Kompetenzen und Fähigkeiten erfasst.

Da kein geprüftes Testinventar für die Erfassung von beruflicher Handlungskompetenz bei Studierenden vorliegt, wurde der Fragebogen selbst entwickelt. Dies unterstreicht den überwiegend explorativen Charakter der vorliegenden Studie. Dem Fragebogen liegen Erfahrungen mit den bisherigen Befragungen des Lehrstuhls für Bankwirtschaft und Finanzdienstleistungen zugrunde. Darüber hinaus gingen Informationen aus Gesprächen mit Studierenden, in der Wirtschaft Tätigen und Professoren in die Fragebogenentwicklung mit ein. Um ein möglichst umfassendes Spektrum von Einflussfaktoren und Aspekten beruflicher Handlungskompetenz im Fragebogen abbilden zu können, wurden die eigenen Erfahrungen durch ein umfassendes Literaturstudium ergänzt und andere Untersuchungen für die Konzeption der Erhebung und Entwicklung der Items genutzt (vgl. unter anderem OHLSEN 1985; KROMREY 1993; DANIEL 1994; TARNAI 1994; BERG u.a. 1994; REISCHMANN 1996; DECKER/WEGMANN 1997; DAVITER/GASSNER 1999; MULTRUS 2001; WOLF/SPIEL/PELLERT 2001; SIMEANER/RÖHL/BARGEL 2001; SCHWADORF 2003). Außerdem wurden das der Befragung zugrunde liegende Modell und teilweise auch die

---

[61] Entsprechend der allgemeinen Frageformulierung weisen einige befragte Mitarbeiter von Unternehmungen darauf hin, dass man die Anforderungen spezifischer im Hinblick auf einzelne Tätigkeiten in Unternehmungen betrachten müsse. Außerdem schränken vier Professoren den Gültigkeitsumfang ihrer Antworten auf ihre eigenen Studierenden ein.

[62] Vgl. hierzu auch HEINZEL 1997, S. 175. Dieser weist darauf hin, dass die Erfassung von Durchschnittswerten (selbst bei seiner auf Unternehmungen beschränkten Befragung) zweckmäßig und ausreichend zur Erfassung von Defiziten in der Ausbildung von Studierenden ist.

konkreten Fragen beim 8. Internationalen Doktorandenseminar 2002 in Wien und in den Doktorandenkolloquien zur Bankwirtschaft und zur Berufs- und Wirtschaftspädagogik der Universität Hohenheim vorgestellt und diskutiert.

Einzig die Fragen zum fachspezifischen Studieninteresse beim Studierendenfragebogen wurden mit Hilfe eines vorhandenen Frageninventars erhoben. Der Fragebogen zum Studieninteresse (FSI) (vgl. SCHIEFELE u.a. 1993) stellt ein valides Instrument zur Messung des fachspezifischen Studieninteresses dar. Da sich der FSI in Faktorenanalysen als eindimensional erwiesen hat (vgl. SCHIEFELE u.a. 1993, S. 347) war für die vorliegende Untersuchung eine Auswahl von Items ausreichend.[63]

5.1.2   Auswertungsmethoden

Die Datenauswertung erfolgte mit Hilfe des Statistikprogramms SPSS (Statistical Package for the Social Sciences) in der Version 11.5.1 (vgl. auch im Folgenden BROSIUS 1998).[64]

Für die Auswertung wurde den Antworten der Befragten ein Zahlenwert zugeordnet. Dabei steht der Wert 1 bei der sechsstufigen Skala jeweils für eine positive, beziehungsweise zustimmende Beantwortung der Frage, der Wert 6 für eine negative, beziehungsweise ablehnende Beantwortung. Der Wert 1 bringt damit beispielsweise die positive Ausprägung von Sach-, Sozial- oder Selbstkompetenz zum Ausdruck.

Auf univariater Ebene wurden für die Items **Mittelwerte** (x) und **Standardabweichungen** (s) berechnet. Der arithmetische Mittelwert ist die Summe der beobachteten Einzelwerte dividiert durch die Anzahl der Beobachtungen (vgl. HÜTTNER/SCHWARTING 2002, S. 523) und ermöglicht es, beispielsweise die absolute Wichtigkeit einzelner Fähigkeiten zu bewerten. Die Standardabweichung gibt näherungsweise an, wie stark die beobachteten Werte einer Stichprobe

---

[63]   Zwar setzt sich der FSI aus den drei Komponenten gefühlsbezogene Valenzen, wertbezogene Valenzen und intrinsischer Charakter zusammen (vgl. SCHIEFELE u.a. 1993, S. 337), die drei Interessenkomponenten weisen aber in einer Untersuchung von SCHIEFELE u.a. (vgl. 1993, S. 343) Korrelationen von .80, .80 und .78 (p < .001, n = 298) auf.

[64]   Die Auswertungsmethoden und -inhalte orientieren sich streng an der Zielsetzung der Arbeit und den daraus abgeleiteten Leitfragen. So könnten beispielsweise über die durchgeführten konfirmatorischen Faktorenanalysen hinaus explorative Faktorenanalysen weitere Erkenntnisse über die Struktur der beruflichen Handlungskompetenz erbringen. Mit den Studierendendaten könnten zahlreiche weitere Auswertungen insbesondere zum Verhältnis der Einflussfaktoren untereinander durchgeführt werden.

im Durchschnitt vom Mittelwert der Stichprobe abweichen. Sie ermöglicht zu erkennen, wie einheitlich die Fragen beantwortet werden. Außerdem wurden **Mittelwertdifferenzen** (Δx) berechnet. Die Mittelwertdifferenzen zwischen Wichtigkeit und Ausprägung bei einzelnen Merkmalen von Sach-, Sozial- und Selbstkompetenz geben Auskunft, in welchem Ausmaß bei einzelnen Fähigkeiten Defizite und damit Handlungsbedarf gesehen werden.[65] Außerdem wird aus Mittelwertdifferenzen ersichtlich, ob zum Beispiel zwischen männlichen und weiblichen Studierenden oder Mitarbeitern von Personal- und Fachabteilungen Unterschiede in der Wahrnehmung beruflicher Handlungskompetenz bestehen. Mit Hilfe von **t-Tests** wurde festgestellt, ob Mittelwertunterschiede auf zufälligen Schwankungen oder auf systematischen Unterschieden beruhen. Dabei wurden sowohl t-Tests für unabhängige als auch t-Tests für gepaarte Stichproben durchgeführt.

Außerdem wurden einfaktorielle Mittelwertvergleiche (ANOVA) durchgeführt (vgl. BORTZ/DÖRING 1995, S. 629). Anders als beim t-Test können hiermit Mittelwertunterschiede von mehr als zwei Gruppen gleichzeitig miteinander verglichen werden. Damit ist möglich, die Mittelwerte von Studierenden, Unternehmungen und Professoren auf signifikante Unterschiede zu überprüfen.

Sowohl bei t-Test als auch bei ANOVA wird zwischen

- **signifikanten (*)** $1,0\,\% \;<\; p \;\leq\; 5,0\,\%,$

- **hoch signifikanten (**)** $0,1\,\% \;<\; p \;\leq\; 1,0\,\%$ und

- **höchst signifikanten (***)** $p \;\leq\; 0,1\,\%$

Mittelwertunterschieden differenziert. Mittelwertunterschiede im Bereich von $5,0\,\% < p \leq 10,0\,\%$ werden als tendenziell signifikant bezeichnet. Je kleiner p ist, desto geringer ist die Gefahr (Wahrscheinlichkeit), dass der statistisch festgestellte Zusammenhang tatsächlich nicht existiert.

---

[65] Dabei besteht bei der Interpretation einer hohen Wichtigkeit als hohe Anforderung eine methodische Unschärfe. Um diese Unschärfe zu beseitigen wäre es erforderlich gewesen, Studierende, Unternehmungen und Professoren über die Wichtigkeit und das Ist-Profil (Ist-Ausprägung) hinaus nach der Anforderung (Soll-Ausprägung/Soll-Profil) zu fragen. Diese Differenzierung wäre für die Befragten nur schwer nachvollziehbar gewesen. Da von einer starken Korrelation zwischen der Wichtigkeit eines Merkmals und der gewünschten Soll-Ausprägung auszugehen ist, wurde entsprechend der im Personalbereich üblichen Vorgehensweise auf die Erfassung der Soll-Ausprägung verzichtet (vgl. SCHIRCKS 1994, S. 163ff.; HEINZEL 1997, S. 254).

Auf der Grundlage des theoretischen Modells wurden mit Hilfe von **Faktoren-analysen** (Hauptkomponentenmethode, Abbruchkriterium: Eigenwert[66] < 1) Skalen gebildet. Bei der Faktorenanalyse nach der Hauptkomponentenmethode wird untersucht, ob sich einzelne Variablen zu Skalen, das heißt Gruppen von Variablen, zusammenfassen lassen (vgl. zur Faktorenanalyse BORTZ 1999, S. 495ff.; BACKHAUS u.a. 2000, S. 252ff.; HÜTTNER/SCHWARTING 2000). Dabei kann zwischen explorativer und konfirmatorischer Faktorenanalyse unterschieden werden. Bei der explorativen Faktorenanalyse werden die Faktoren selbst aus den empirischen Daten gewonnen. Demgegenüber werden mit Hilfe der konfirmatorischen Faktorenanalyse die *zuvor* entwickelten Thesen überprüft (vgl. HOMBURG/PFLESSER 2000). Um die Sichtweisen von Studierenden, Unternehmungen und Professoren auf Basis der theoretisch hergeleiteten Faktorenstruktur empirisch überprüfen zu können, wird im Rahmen dieser Arbeit vor allem von der konfirmatorischen Faktorenanalyse Gebrauch gemacht.

Für die Skalen wurden neben den Mittelwerten und Standardabweichungen die Reliabilitätskoeffizienten (CRONBACHs α) berechnet, um die interne Konsistenz zu überprüfen.[67] Die Skalen ermöglichen auf Ebene der Faktoren Aussagen zur Wichtigkeit von Sach-, Sozial- und Selbstkompetenz und deren Defiziten aus Sicht von Studierenden, Unternehmungen und Professoren.

Auf bivariater Ebene wurden **Korrelationen** berechnet. Korrelationsanalysen erlauben es, statistische Zusammenhänge zwischen ausgewählten Variablen oder Skalen zu erkennen. So kann zum Beispiel ermittelt werden, wie hoch die Zusammenhänge zwischen Sach-, Sozial- und Selbstkompetenz sind. Der Korrelationskoeffizient (r) gibt dabei Stärke und Richtung des linearen Zusammenhangs zwischen zwei Variablen an. Er kann Werte zwischen -1 und 1 annehmen. Ein Wert von r = 0 bedeutet, dass die Variablen oder Skalen statistisch unabhängig sind. Je mehr sich der Betrag des Korrelationskoeffizienten (|r|) an 1 annähert, desto stärker ist der Zusammenhang.

---

[66]   Der Eigenwert einer Variablen gibt an, welchen Teil der Gesamtvarianz eines Faktors eine Variable erklärt. Ist der durch eine Variable erklärte Varianzanteil eines Faktors kleiner als 1, also kleiner als die Varianz der (transformierten) Variablen selbst, so wird die Variable im Hinblick auf diesen Faktor für unbedeutend gehalten (vgl. BORTZ 1999, S. 504).

[67]   CRONBACHs α kann Werte von 0 bis 1 annehmen. Je höher der α-Wert ist, desto höher ist die interne Konsistenz einer Skala. α-Werte von über α = 0,8 gelten als verdienstvoll (meritorious), Werte von über α = 0,6 als mittelmäßig (mediocre), Werte von über α = 0,5 als kläglich (miserable) und Werte von unter α = 0,5 als nicht akzeptabel (unacceptable) (vgl. DZIUBAN/SHIRKEY 1974, S. 359).

Im Rahmen dieser Arbeit wird zwischen

- **schwachen** $|r| < .30,$
- **mittelstarken** $.30 \leq |r| < .50$ und
- **starken** $|r| \geq .50$

Zusammenhängen unterschieden.

Je nach **Signifikanzniveau** werden die Zusammenhänge als

- **signifikant (*)** $1{,}0 \% < p \leq 5{,}0 \%,$
- **hoch signifikant (**)** $0{,}1 \% < p \leq 1{,}0 \%$ oder
- **höchst signifikant (***)** $p \leq 0{,}1 \%$

bezeichnet.

Im Hinblick auf den Aussagegehalt für die zukünftige Gestaltung des Studiums kommt des Weiteren **Regressionsanalysen**[68] als multivariatem Analyseverfahren eine wichtige Bedeutung zu (vgl. SKIERA/ALBERS 2000). Regressionsanalysen ermöglichen es, die Beziehungen zwischen unabhängigen und abhängigen Variablen[69] aufzuklären. Dabei wird versucht, einen möglichst hohen Anteil der Varianz einer abhängigen Variablen durch unabhängige Variablen aufzuklären. Die aufgeklärte Varianz einer Variablen entspricht dem Anteil an der Varianz einer (abhängigen) Variablen, der durch die Kenntnis einer anderen (unabhängigen) Variablen bestimmt ist. Aufgeklärte Varianzanteile drücken damit den Zusammenhang zwischen Variablen quantitativ aus. Die Summe der aufgeklärten Varianzanteile wird durch das Bestimmtheitsmaß (R^2) angegeben. Darüber hinaus wird das adjustierte R^2 berechnet. Das adjustierte R^2 korrigiert Einflüsse des Stichprobenumfangs sowie der Anzahl der unabhängigen Variablen und ist in der Regel kleiner als das unkorrigierte R^2.

Regressionsanalysen erlauben es zu überprüfen, welche der drei Dimensionen Sach-, Sozial- und Selbstkompetenz nach Einschätzung von Studierenden, Unternehmungen und Professoren in welchem Umfang zu beruflicher Handlungskompetenz beitragen. Zudem kann überprüft werden, in welchem Umfang beispielsweise studien- und personenbezogene Einflussfaktoren berufliche Hand-

---

[68] Zum Vorgehen bei den Regressionsanalysen vgl. JUNGKUNZ 1995, S. 111f. Die Regressionsanalysen erfolgen auf 5 % Signifikanzniveau. Sie basieren auf dem PEARSONschen Korrelationskoeffizienten. Dieser setzt intervallskalierte Skalen voraus. Um die Auswertung durchführen zu können, werden tatsächlich nur ordinalskalierte Variablen und Skalen als intervallskaliert betrachtet.

[69] Gleiches gilt auch für eine Skala an Stelle einer Variablen.

lungskompetenz beeinflussen. Trotz ihrer großen Aussagefähigkeit werden multivariate Analyseverfahren und damit auch Regressionsanalysen in Deutschland, anders als in den USA, nur selten angewendet (vgl. TEICHLER 2000, S. 13).

5.1.3   Stichprobenbeschreibung

Die Gesamtstichprobe setzt sich aus den drei Teilstichproben Studierende, Unternehmungen und Professoren zusammen.

1. Studierende

Insgesamt konnten die Fragebogen von 299 Studierenden an fünf Universitäten ausgewertet werden.[70] Diese verteilen sich wie folgt:

Universität[71]	Eichstätt-Ingol-stadt	Hohen-heim	Mün-chen	Pots-dam	Tübin-gen	gesamt
Anzahl	100	24	52	57	66	299
Fachsemester[72]	6,4	5,9	6,4	7,4	6,8	6,6
Alter[73]	23,5	23,7	24,3	23,8	24,7	24,0
Männlich in %	80,0	58,0	78,4	62,5	55,4	69,3

Tabelle 1:   *Verteilung der befragten Studierenden nach Universität*

Die für die Befragung ausgewählte Stichprobe ist für bankwirtschaftliche Studierende nicht repräsentativ. Allerdings relativiert die Befragung von Studierenden

---

[70]   Bei drei von insgesamt 302 Fragebogen war eine Auswertung nicht möglich, da die Fragen nicht oder offensichtlich nicht ernsthaft beantwortet wurden. Die Quote von 99 % auswertbarer Fragebogen spricht für die Ernsthaftigkeit, mit der die Studierenden die Fragen beantwortet haben.

[71]   Die Befragung fand in den Vertiefungsveranstaltungen folgender Lehrstühle und Seminare statt: Universität Eichstätt-Ingolstadt: Lehrstuhl für Finanzierung und Bankbetriebslehre, Universität Hohenheim: Lehrstuhl für Bankwirtschaft und Finanzdienstleistungen, Ludwigs-Maximilians-Universität München: Seminar für Bankwirtschaft, Universität Potsdam: Lehrstuhl für Finanzierung und Banken, Universität Tübingen: Lehrstuhl für Bankwirtschaft.

[72]   Arithmetisches Mittel.

[73]   Arithmetisches Mittel.

von insgesamt fünf Universitäten universitätsspezifische Faktoren. Im Rahmen dieser primär explorativen Studie erscheint das Vorgehen angemessen.[74]

2. Unternehmungen

Die Auswahl der befragten Unternehmungen und Mitarbeiter geschah nach den Kriterien Größe des Kreditinstituts und Abteilungszugehörigkeit.

Befragt wurden insgesamt 194 Mitarbeiter der nach ihrer Bilanzsumme 100 größten Banken und Sparkassen sowie der Bundesbank (vgl. Anhang 6).[75] Innerhalb der Kreditinstitute wurden Mitarbeiter befragt, die sich entweder als Mitarbeiter von Personalabteilungen mit der Einstellung und Personalentwicklung von Universitätsabsolventen beschäftigen oder als Gruppen-, Abteilungs- oder Bereichsleiter Führungskräfte von Universitätsabsolventen sind.[76]

Die Rücklaufquote[77] bei den Unternehmungen beträgt über 60 % und ist damit außergewöhnlich hoch.[78] Eine Erklärung für den hohen Rücklauf in der vorliegenden Untersuchung könnten der mit möglichst großem Abstand zu üblichen Ferienterminen sowie zum Jahresabschluss gewählte Zeitpunkt in Verbindung mit der relativ kurzen Bearbeitungsdauer des Fragebogens sein. Aber auch die

---

[74] So beruhen zahlreiche wissenschaftliche Untersuchungen zu unterschiedlichen studienbezogenen Fragestellungen auf der Befragung von Studierenden nur einer Universität (vgl. beispielsweise HÖRSCHGEN u.a. 1993; HÖPPEL 1993; DECKER/WEGMANN 1997; HEISE u.a. 1999). Selbst die Studierendenbefragung des BMBF ist keine repräsentative Befragung (vgl. BARGEL/RAMM/MULTRUS 2001).

[75] Das Konzentrationsprinzip und damit beispielsweise die Befragung der 100 größten Unternehmungen liegt vielen empirischen Studien zugrunde (vgl. HEINZEL 1997, S. 178). Da kleinere Kreditinstitute häufig kaum oder gar keine Universitätsabsolventen beschäftigen, ist die Beschränkung auf die 100 größten Kreditinstitute sachlich geboten.

[76] Dementsprechend wurden Führungskräfte von Abteilungen befragt, in denen viele Universitätsabsolventen beschäftigt sind. Dazu zählen beispielsweise die Abteilungen Controlling, Corporate Finance, Rechnungswesen, Handelsfinanzierung, Marketing und die Vorstandssekretariate.

[77] Die Rücklaufquote bezieht sich auf den verwertbaren Rücklauf. Über die beantworteten 118 Fragebogen hinaus wurden vier Fragebogen leer zurückgesandt. Zur zeitlichen Verteilung des Rücklaufs vgl. Anhang 8.

[78] So erreichte HEINZEL (vgl. 1997, S. 176) bei der Befragung von Personalverantwortlichen trotz telefonischer Nachfassaktion einen Rücklauf von nur 19,3 %. Der Rücklauf bei der schriftlichen Befragung österreichischer Banken durch BEISHEIM (vgl. 1997, S. 677) lag bei 7,9 %. Bei der von SCHLAFFKE (vgl. 2002, S. 161f.) durchgeführten Befragung von Personal- und Ausbildungsverantwortlichen zum Thema Schulleistungen und Berufsanforderungen betrug die Rücklaufquote 24 %. Nach KAMENZ (vgl. 2001, S. 83f.) liegen die Rücklaufquoten bei schriftlichen Befragungen allgemein in Abhängigkeit von der Zielgruppe und dem Befragungsgegenstand meist nur zwischen 10 und 20 %.

Gestaltung von Anschreiben und Begleitschreiben und das thematische Interesse der befragten Mitarbeiter könnten einen Beitrag geleistet haben. Aufgrund der hohen Rücklaufquote wurde auf eine Nachfassaktion verzichtet.

Um den Rücklauf über den quantitativen Aspekt hinaus qualitativ zu validieren, wurde bezüglich der Verteilung nach Abteilungen und Bankengruppe eine qualitative Rücklaufanalyse durchgeführt (vgl. Tabelle 2 und 3). Dabei wird analysiert, inwiefern strukturbestimmende Merkmale der Antwortenden mit denen der insgesamt Befragten übereinstimmen, so dass es möglich ist, Verzerrungen im Antwortverhalten zu erkennen.

Abteilung	Personalabt.	Fachabt.	gesamt
Verschickte Fragebogen absolut	86	108	194
Rücklauf absolut[79]	56	61	118
Rücklauf in %	65,1	56,5	60,8

Tabelle 2:   Rücklauf nach Abteilungszugehörigkeit der befragten Mitarbeiter

Bankengruppe	privat	öff.-rechtl.	sonstige[80]	gesamt
Verschickte Fragebogen absolut	97	85	12	194
Rücklauf absolut	61	47	10	118
Rücklauf in %	62,9	55,3	83,3	60,8

Tabelle 3:   Rücklauf nach Bankengruppe der befragten Mitarbeiter

Die qualitative Rücklaufanalyse zeigt, dass die Mitarbeiter unabhängig von ihrer Zugehörigkeit zu unterschiedlichen Abteilungen oder Bankengruppen mit jeweils deutlich über 50 % geantwortet haben. Auch qualitativ ist der Rücklauf sehr zufriedenstellend.

---

[79] Bei einem Fragebogen ist aufgrund fehlender Angaben keine Zuordnung zu Personal- oder Fachabteilung möglich.

[80] Sonstige beinhaltet sowohl die angeschriebenen Genossenschaftsbanken als auch die Bundesbank. Da der Anteil der Genossenschaftsbanken an den 100 größten deutschen Banken sehr gering ist (vgl. Anhang 6), sind sie in der Stichprobe nur schwach repräsentiert und werden bei der Auswertung mit der Bundesbank zusammengefasst.

3. Professoren

Die Befragung der Professoren basiert auf der Übersicht aller Universitäten in Deutschland mit betriebswirtschaftlichen Studiengängen von STAUFENBIEL/ STEPHAN (vgl. 1998, S. 217ff.).[81] Auf Basis dieser Übersicht wurde durch Internetrecherche eine Liste mit 519 Professoren der Betriebswirtschaftslehre erstellt. Von diesen wurden 202 Professoren ausgewählt, die Bankwirtschaft vertreten oder Fächer, die von Studierenden oftmals in Verbindung mit Bankwirtschaft als Vertiefungsfächer gewählt werden.[82]

Fachgebiet	Bank[83]	andere[84]	gesamt
Verschickte Fragebogen absolut	62	140	202
Rücklauf absolut[85]	34	67	102
Rücklauf in %	54,8	47,9	50,5

Tabelle 4:   Rücklauf nach Fachgebiet der befragten Professoren

Auch bei den befragten Professoren ist der Rücklauf mit über 50 % unerwartet hoch (vgl. Tabelle 4). So erreichte das Institut der deutschen Wirtschaft (vgl. KONEGEN-GRENIER 2002, S. 73) bei seiner Befragung von Professoren zu Studierfähigkeit und Hochschulzugang eine Rücklaufquote von nur 11,95 %.[86] Aufgrund der hohen Rücklaufquote bei der vorliegenden Untersuchung wurde auch bei den Professoren auf eine Nachfassaktion verzichtet. Die etwas höhere

---

[81]   Inzwischen liegt eine neue Übersicht vor (vgl. STAUFENBIEL/HEIMBURGER/FRIEDEN-BERGER 2002, S. 147ff.). Diese weicht von der verwendeten Übersicht nur unwesentlich ab.

[82]   Eine Übersicht über die angeschriebenen Professoren mit vertretenem Fach und Universität sowie der Fachgebietszuordnung befindet sich in Anhang 7. Zur zeitlichen Verteilung des Rücklaufs vgl. Anhang 8.

[83]   Hierzu werden (entsprechend der Befragung der Studierenden) Lehrstühle für Banken, Bank- und Kreditwirtschaft, Finanzen und Finanzierung gerechnet.

[84]   Dazu gehören insbesondere die Fachgebiete Organisation, Personal, Controlling, Marketing, Rechnungslegung und Unternehmungsführung.

[85]   Bei einem Fragenbogen war keine Zuordnung zum Lehrstuhl möglich. Über die verwertbaren 102 Fragebogen hinaus wurden drei Fragebogen leer zurückgesandt, ein weiterer Fragebogen kam für die Auswertung zu spät.

[86]   Als Ursache vermutet KONEGEN-GRENIER (vgl. 2002, S. 73f.) eine hohe zeitliche Belastung der Professoren und ein geringes Interesse, sich an Umfragen zu beteiligen. Diese Vermutung wird durch die vorliegende Untersuchung nicht bestätigt.

Rücklaufquote bei den Professoren der bank- und finanzwirtschaftlichen Fachgebiete ist insofern nicht überraschend, als die Befragung vom Lehrstuhl für Bankwirtschaft und Finanzdienstleistungen ausging und sich Vertreter entsprechender
Fachgebiete davon stärker angesprochen fühlen. Die dennoch geringen Unterschiede beim Rücklauf sprechen auch bei den Professoren für geringe Verzerrungen im Antwortverhalten und damit für eine qualitativ hohe Güte des Rücklaufs.

Die statistische Prüfung anhand von t-Tests zeigt außerdem auch im inhaltlichen
Antwortverhalten kaum signifikante Unterschiede. Im weiteren Verlauf der
Auswertung wird daher auf eine Differenzierung nach Fachgebieten verzichtet.
Angesichts der Auswahl von insgesamt 202 Professoren zentraler betriebswirtschaftlicher Fachgebiete legen die geringen Unterschiede im Antwortverhalten
der Befragten nahe, dass die Ergebnisse zumindest näherungsweise für betriebswirtschaftliche Professoren insgesamt Gültigkeit besitzen.

In den folgenden Kapiteln 5.2 bis 5.4 werden die Ergebnisse auf Basis der Leitfragen (vgl. Kapitel 3.6 und Kapitel 4.6) zunächst getrennt nach Studierenden,
Unternehmungen und Professoren charakterisiert und analysiert.

5.2   Die Sichtweise von Studierenden

5.2.1   Ergebnisse zur Sach-, Sozial- und Selbstkompetenz

Entsprechend dem theoretischen Modell werden Sach-, Sozial- und Selbstkompetenz unterschieden. Bei jeder Dimension werden zunächst Wichtigkeit, Ausprägung und Defizite betrachtet und dann die regressionsanalytischen Zusammenhänge untersucht.

Tabelle 5 bietet einen Überblick über die Sachkompetenz und ihre Einzelmerkmale.

Sachkompetenz	Wichtigkeit		Ausprägung		Defizit
	x	s	x	s	Δx
Grundlagenwissen in BWL	2,20	1,04	2,78	0,94	0,58***
Spezifische Fachkenntnisse	2,24	0,98	3,15	1,15	0,91***
Sprachkenntnisse	1,94	0,99	2,94	1,19	1,00***
EDV-Kenntnisse	2,06	0,99	3,03	1,18	0,97***
Strukturierter Arbeitsstil	1,99	0,92	2,69	1,06	0,70***
Entscheidungsfähigkeit	1,73	0,79	2,78	1,06	1,05***
Analytisches Denken	1,85	0,87	2,54	0,91	0,69***
Fachübergreifendes Denken	1,95	0,93	2,79	1,07	0,84***
Gesamtskala (α = .71)[87]	**2,00[88]**	**0,51**	**2,84**	**0,62**	**0,84***

(Die linke Spalte enthält zudem die vertikale Beschriftung **Merkmal**.)

Tabelle 5: Sachkompetenz aus Sicht von Studierenden

Besondere Bedeutung messen Studierende den methodischen Fähigkeiten zu.[89] Mit Mittelwerten zwischen x = 1,73 und x = 1,99 liegen sie vor den fachlichen Kenntnissen mit Mittelwerten von x = 2,20 (Grundlagenwissen in BWL) und x = 2,24 (spezifische Fachkenntnisse). Erstaunlich hoch schätzen die Studierenden außerdem die Bedeutung der Sprachkenntnisse ein (x = 1,94). Bei der Ausprägung der Merkmale fällt der mit x = 3,15 schlechte Wert der spezifischen Fachkenntnisse auf. Dies könnte daran liegen, dass sich die Studierenden teilweise noch am Beginn des Hauptstudiums und ihrer Vertiefungsfächer befinden.

---

[87] Der α-Wert bezieht sich stets auf die Ausprägung (und nicht auf die Wichtigkeit) der Gesamtskala, da die tatsächliche Ausprägung im weiteren Verlauf der Analyse die Basis für Korrelationsanalysen ist. Auf Basis einer Faktorenanalyse könnten teilweise Unterskalen zur Sach-, Sozial- und Selbstkompetenz gebildet werden. Da die α-Werte bei den auf Basis explorativer Faktorenanalysen gebildeten Unterskalen meist deutlich unter denen der Gesamtskala liegen und somit eine niedrigere Güte aufweisen, wird die theoretisch hergeleitete Struktur beibehalten. Darüber hinaus würden unterschiedliche Unterskalen die Vergleichbarkeit der Ergebnisse von Studierenden, Unternehmungen und Professoren einschränken.

[88] Aufgrund von Rundungen und fehlenden Einzelwerten kann der Mittelwert von Wichtigkeit und Ausprägung der Gesamtskalen geringfügig vom Mittelwert der Einzelmerkmale abweichen.

[89] Zu den methodischen Fähigkeiten innerhalb der Sachkompetenz gehören der strukturierte Arbeitsstil, die Entscheidungsfähigkeit sowie das analytische und fachübergreifende Denken. Als fachliche Kenntnisse werden das Grundlagenwissen in BWL und die spezifischen Fachkenntnisse bezeichnet. Sprach- und EDV-Kenntnisse werden keiner der beiden Gruppen zugeordnet.

Hingegen sehen sich die Studierenden beim Grundlagenwissen in BWL ($\Delta x = 0,58$) gut auf ihre beruflichen Aufgaben vorbereitet. Defizite nehmen die Studierenden besonders bei ihrer Entscheidungsfähigkeit ($\Delta x = 1,05$) und ihren Sprachkenntnissen ($\Delta x = 1,00$) wahr.

Auskunft darüber, von welchen Einzelmerkmalen die Wahrnehmung der Sachkompetenz abhängig ist, gibt Tabelle 6.

Sachkompetenz[90]		Aufgeklärte Varianzanteile in %
Merkmal[91]	Grundlagenwissen in BWL	13,2
	Spezifische Fachkenntnisse	10,3
	Analytisches Denken	6,6
	Fachübergreifendes Denken	5,6
$\Sigma = R^2$ (Adjustiertes R^2)		**35,7**[92] (34,8)

Tabelle 6:   *Aufgeklärte Varianzanteile der Sachkompetenz aus Sicht von Studierenden*

Aus Sicht der Studierenden tragen fachliche Kenntnisse entscheidend zur Aufklärung der Ausprägung von Sachkompetenz bei. Darüber hinaus leisten analytisches und fachübergreifendes Denken einen Beitrag. Sowohl EDV- und Sprachkenntnisse als auch die Entscheidungsfähigkeit und der strukturierte Arbeitsstil tragen nicht zur Aufklärung bei. Das Ergebnis bestätigt damit eindrucksvoll die Dominanz fachlicher Kenntnisse in der universitären Ausbildung nach Einschätzung der Studierenden. Ein Studierender nimmt sich dann als sachkompetent wahr, wenn er sich auch als fachlich kompetent sieht.

---

[90] Abhängige Variable bei den Regressionsanalysen ist jeweils die Ausprägung der separat erfassten Sach-, Sozial- und Selbstkompetenz (vgl. Anhang 3, Frage 4). Die Verwendung der durch die Einzelitems gebildeten Skala scheidet aus, da eine Skala durch ihre Einzelitems stets zu 100 % aufgeklärt wird.

[91] In die Regressionsanalysen zur Sach-, Sozial- und Selbstkompetenz gehen grundsätzlich alle acht Merkmale (Ausprägungen) der entsprechenden Dimension ein. In die Regressionsanalysen zur beruflichen Handlungskompetenz gehen alle 24 Merkmale (Ausprägungen) von Sach-, Sozial- und Selbstkompetenz ein. Aufgeführt werden auch im Folgenden jeweils nur die Merkmale, die einen Beitrag zur Aufklärung leisten.

[92] Um rundungsbedingte Abweichungen zu vermeiden, wird R^2 stets als Summe der einzelnen Varianzaufklärungen ausgewiesen. Das ausgewiesene R^2 weicht damit gegebenenfalls positiv oder negativ um maximal eine Nachkommastelle vom tatsächlichen Ergebnis ab.

Die Ergebnisse zur Sozialkompetenz und ihren Merkmalen verdeutlicht Tabelle 7.

Sozialkompetenz	Wichtigkeit		Ausprägung		Defizit
	x	s	x	s	Δx
Verkäuferische Fähigkeit	2,79	1,12	3,44	1,24	0,65***
Kommunikationsfähigkeit	1,54	0,68	2,50	0,99	0,96***
Sicheres Auftreten	1,62	0,71	2,72	1,02	1,10***
Integrationsfähigkeit	1,98	0,86	2,52	0,96	0,54***
Einfühlungsvermögen	2,58	1,00	2,59	1,10	0,01
Durchsetzungsfähigkeit	1,94	0,76	2,76	0,98	0,82***
Konfliktfähigkeit	2,02	0,93	2,80	1,10	0,78***
Teamfähigkeit	1,68	082	2,30	1,05	0,62***
Gesamtskala (α = .82)	**2,02**	**0,53**	**2,70**	**0,71**	**0,68***

Tabelle 7:   Sozialkompetenz aus Sicht von Studierenden

Besonders hoch schätzen die Studierenden die Wichtigkeit von Kommunikations- (x = 1,54) und Teamfähigkeit (x = 1,68) ein. Dies zeigt, dass die Studierenden offensichtlich die mit den Veränderungen beispielsweise in der Unternehmungsorganisation einhergehende steigende Bedeutung dieser Kompetenzen erkannt haben. Als überdurchschnittlich wichtig beurteilen die Studierenden außerdem sicheres Auftreten (x = 1,62). Ganz im Gegensatz dazu nehmen die Studierenden die Wichtigkeit der verkäuferischen Fähigkeiten (x = 2,79) klar unterdurchschnittlich wahr. Die Ursache dafür könnte sein, dass die Studierenden sicheres Auftreten vor allem auf den internen Kontakt mit Kollegen beziehen, während für sie bei den verkäuferischen Fähigkeiten der Kontakt mit Kunden im Mittelpunkt steht. Auffallend ist das sehr geringe Defizit beim Einfühlungsvermögen mit Δx = 0,01. Einfühlungsvermögen wird von den Studierenden einerseits als relativ unbedeutend gesehen, andererseits bewerten sie ihre Fähigkeiten diesbezüglich relativ gut. Defizite sehen Studierende vor allem beim sicheren Auftreten.

Sozialkompetenz	Aufgeklärte Varianzanteile in %
Verkäuferische Fähigkeiten	7,0
Kommunikationsfähigkeit	12,4
Sicheres Auftreten	5,0
Integrationsfähigkeit	11,4
Einfühlungsvermögen	11,6
$\Sigma = R^2$ (Adjustiertes R^2)	**47,4** (46,4)

Tabelle 8:   *Aufgeklärte Varianzanteile der Sozialkompetenz aus Sicht von Studierenden*

Die Ausprägung der Sozialkompetenz kann zu 47,4 % aufgeklärt werden (vgl. Tabelle 8). Entscheidend für die Wahrnehmung sozialer Kompetenz sind aus studentischer Sicht „weiche" Faktoren wie Integrations- und Kommunikationsfähigkeit sowie Einfühlungsvermögen (vgl. Kapitel 3.2.2). Die eher „harten" Merkmale wie verkäuferische Fähigkeiten und sicheres Auftreten tragen deutlich schwächer zur Aufklärung bei. Sozialkompetenz wird demnach sehr stark mit „sozial" im Sinne von einfühlendem, kommunikativem Verhalten in Verbindung gebracht. Sozialkompetenz beinhaltet auch empirisch sowohl Aspekte der Kooperations- als auch der Verhandlungskompetenz.

Tabelle 9 verdeutlicht die Ergebnisse zur Selbstkompetenz und ihren Merkmalen. Bei Mittelwerten von x = 1,74 bis x = 2,09 werden alle Einzelmerkmale als wichtig eingeschätzt. Auch relativ zu den Merkmalen der Sach- und Sozialkompetenz wird ihre Bedeutung als hoch bewertet. Darüber hinaus sehen die Studierenden bei der Selbstkompetenz auch klare Stärken. Entsprechend gering fällt die Mittelwertdifferenz der Gesamtskala mit Δx = 0,52 aus (gegenüber Δx = 0,84 bei der Sachkompetenz und Δx = 0,68 bei der Sozialkompetenz).

Am positivsten bewerten die Studierenden ihr Verantwortungsbewusstsein (x = 2,10, Δx = 0,34). Hingegen sehen sie bei ihrer Kritikfähigkeit (x = 2,74, Δx = 0,65) sowie bei der Eigeninitiative (x = 2,58, Δx = 0,71) im Vergleich zu den anderen Merkmalen größere Defizite.

| Selbstkompetenz | Wichtigkeit | | Ausprägung | | Defizit |
	x	s	x	s	Δx
Belastbarkeit	1,80	0,72	2,30	0,91	0,50***
Eigeninitiative	1,87	0,76	2,58	1,01	0,71***
Lernbereitschaft	1,76	0,73	2,25	1,02	0,49***
Flexibilität	1,74	0,81	2,38	1,00	0,64***
Kritikfähigkeit	2,09	0,96	2,74	1,07	0,65***
Verantwortungsbewussts.	1,76	0,79	2,10	1,00	0,34***
Selbständigkeit	1,77	0,85	2,25	1,01	0,48***
Zielstrebigkeit	1,89	0,86	2,30	1,01	0,41***
Gesamtskala (α = .80)	**1,84**	**0,54**	**2,36**	**0,65**	**0,52***

Tabelle 9:   Selbstkompetenz aus Sicht von Studierenden

Die Selbstkompetenz kann durch ihre Merkmale zu 34 % aufgeklärt werden (vgl. Tabelle 10). Entscheidende Bedeutung kommt der Eigeninitiative zu. Gleichzeitig sehen die Studierenden bei diesem Merkmal auch die größten Defizite (Δx = 0,71). Dementsprechend wichtig ist es zu überlegen, welche Möglichkeiten im Rahmen des betriebswirtschaftlichen Studiums bestehen, die Eigeninitiative der Studierenden zu stärken. Mit unter 7% Varianzaufklärung tragen die anderen Merkmale eher schwach oder gar nicht zur Erklärung der Selbstkompetenz bei.

Selbstkompetenz	Aufgeklärte Varianzanteile in %
Belastbarkeit	6,7
Eigeninitiative	13,1
Flexibilität	4,5
Kritikfähigkeit	4,5
Verantwortungsbewusstsein	5,2
Σ = R² (Adjustiertes R²)	**34,0 (32,8)**

Tabelle 10:   Aufgeklärte Varianzanteile der Selbstkompetenz aus Sicht von Studierenden

Die α-Werte zwischen α = 0,71 und α = 0,82 sprechen für die gute Qualität der Skalen Sach-, Sozial- und Selbstkompetenz. Mit Mittelwerten von x = 2,00 und x = 2,02 bei der Wichtigkeit sowie x = 2,84 und x = 2,70 bei der Ausprägung werden Sach- und Sozialkompetenz von den Studierenden hinsichtlich Wichtigkeit und Ausprägung vergleichbar wahrgenommen. Hingegen kommt der Selbstkompetenz mit x = 1,84 eine größere Wichtigkeit zu und die eigenen Fähigkeiten werden mit x = 2,36 positiver bewertet. Defizite sehen Studierende am stärksten bei der Sachkompetenz. Vor diesem Hintergrund ist nicht erstaunlich, dass nach Ansicht der Studierenden der Schwerpunkt der Ausbildung an Universitäten auf der Sachkompetenz liegen sollte (x = 2,62), auch wenn sie eine leichte Verschiebung der Gewichte zur Sozial- und Selbstkompetenz begrüßen würden (vgl. Anhang 9-1).

Über die Wichtigkeit und Ausprägung der Dimensionen Sach-, Sozial- und Selbstkompetenz hinaus interessiert das Verhältnis der Dimensionen zueinander (vgl. Anhang 9-1). Die mit r > .50 durchgehend starken Korrelationen zeigen die enge Verbindung von Sach-, Sozial- und Selbstkompetenz auf. Die drei Dimensionen liegen also in der Wahrnehmung der Studierenden nicht getrennt vor, sondern stehen in enger Wechselwirkung zueinander.

5.2.2   Ergebnisse zur beruflichen Handlungskompetenz

Nachdem im vorangehenden Kapitel 5.2.1 die Ergebnisse zu den einzelnen Dimensionen beruflicher Handlungskompetenz analysiert wurden, ist die Wahrnehmung der beruflichen Handlungskompetenz insgesamt (vgl. Anhang 3, Frage 5) Gegenstand dieses Kapitels.

Tabelle 11 zeigt, wie die einzelnen Merkmale beruflicher Handlungskompetenz durch Studierende eingeschätzt werden. Besonders positiv sehen die Studierenden ihre Leistungsbereitschaft (x = 2,09) und ihre Fähigkeit, sich schnell auf neue Situationen einstellen zu können (x = 2,14). Trotzdem fühlen sie sich in der Mehrzahl nur eingeschränkt gut auf die künftigen Aufgaben vorbereitet (x = 3,26) und fühlen sich unsicher, ob sie den beruflichen Anforderungen gewachsen sind (x = 2,81). Demzufolge wird aus studentischer Sicht die Notwendigkeit für Veränderungen gesehen und die Bereitschaft an diesen mitzuwirken sollte gegeben sein (wenngleich die Erfahrung Lehrender hier oftmals dagegen spricht).

Berufliche Handlungskompetenz	x	s
Auf meine künftigen Aufgaben bin ich gut vorbereitet.	3,26	0,98
Alles in allem ist meine Leistungsfähigkeit groß.	2,43	0,82
Ich werde keine Schwierigkeiten haben, den beruflichen Anforderungen gerecht zu werden.	2,81	0,97
Ich kann mich schnell auf neue Situationen einstellen.	2,14	0,92
Ich bin in der Lage, auch komplexe Problemstellungen erfolgreich zu bewältigen.	2,46	0,89
Ich bin in hohem Maße leistungsbereit.	2,09	0,92
Meine Fähigkeiten erlauben es mir, vielseitige Aufgabenstellungen erfolgreich zu bewältigen.	2,45	0,88
Gesamtskala ($\alpha = .79$)	**2,52**	**0,61**

Tabelle 11:   Berufliche Handlungskompetenz aus Sicht von Studierenden

Ebenso wie die Dimensionen untereinander korreliert auch die Einschätzung der beruflichen Handlungskompetenz mit jeder Dimension mit mindestens $r = .50$ (vgl. Anhang 9-1). Die Studierenden sehen demnach einen engen Zusammenhang zwischen den drei Dimensionen Sach-, Sozial- und Selbstkompetenz und beruflicher Handlungskompetenz. Die schwächste Korrelation besteht zwischen der Sozialkompetenz und beruflicher Handlungskompetenz.

Dieser etwas schwächere Zusammenhang gegenüber den anderen Dimensionen wird durch die Regressionsanalyse bestätigt (vgl. Tabelle 12). Besondere Bedeutung für die Wahrnehmung beruflicher Handlungskompetenz kommt mit fast 30 % Varianzaufklärung den Merkmalen der Selbstkompetenz zu. Die Merkmale der Sachkompetenz tragen zu immerhin etwas über 13 % zur Aufklärung bei, während es bei der Sozialkompetenz nur gut 9 % sind. Als handlungskompetent sehen sich Studierende vor allem dann, wenn sie sich auch als selbstkompetent wahrnehmen.

Berufliche Handlungskompetenz		Aufgeklärte Varianzanteile in %
Merkmal	Grundlagenwissen in BWL (Sachkompetenz)	6,1
	Analytisches Denken (Sachkompetenz)	7,2
	Sicheres Auftreten (Sozialkompetenz)	9,1
	Belastbarkeit (Selbstkompetenz)	5,0
	Eigeninitiative (Selbstkompetenz)	6,9
	Lernbereitschaft (Selbstkompetenz)	5,3
	Flexibilität (Selbstkompetenz)	7,6
	Selbständigkeit (Selbstkompetenz)	4,0
	$\Sigma = R^2$ (Adjustiertes R^2)	**51,2** (49,8)

Tabelle 12:   Aufgeklärte Varianzanteile der beruflichen Handlungskompetenz aus Sicht von Studierenden

Eine Überprüfung der Selbstwahrnehmung beruflicher Handlungskompetenz mit der Vordiplomnote als Außenkriterium ergibt einen signifikanten Zusammenhang mit r = .14*. Dies bestätigt die Verbindung von Selbst- und Fremdwahrnehmung. Der nur schwache Zusammenhang ist nicht überraschend, da die Noten nur einen Teilaspekt beruflicher Handlungskompetenz erfassen.

5.2.3   Ergebnisse zur Studienqualität und zu den Einflussfaktoren

Die Auswertung der Daten zur Studienqualität und den Einflussfaktoren erfolgt entsprechend der Struktur des theoretischen Modells (vgl. Kapitel 4). Demnach werden zunächst die Faktoren der Person und des privaten Lebensbereichs betrachtet und anschließend die studien- und berufsbezogenen Faktoren. Darauf aufbauend werden bereichsübergreifende Überlegungen angestellt.

1. Faktoren der Person

Die Faktoren der Person unterteilen sich in Abiturgesamtnote, Lebensalter, Geschlecht, soziale Herkunft und die Anzahl der Geschwister. Die Auswertung ergibt, dass weder das Lebensalter noch die Anzahl der Geschwister signifikante Zusammenhänge zu den Kompetenzen aufweisen. Damit bestätigt sich in Bezug auf den Erwerb von beruflicher Handlungskompetenz die Unabhängigkeit von Entwicklungsprozessen vom Lebensalter (vgl. Kapitel 4.2). Im Hinblick auf die Wirkung der Geschwisterzahl können die Ergebnisse von SIEGER-HANUS zur Sozialkompetenz (vgl. Kapitel 4.2) auf Basis aller drei Dimensionen bestätigt und ergänzt werden. Die soziale Herkunft, die Abiturgesamtnote sowie das Geschlecht weisen eher schwache Zusammenhänge zur beruflichen Handlungskompetenz und ihren Dimensionen auf.

54 % der befragten Studierenden entstammen der oberen Mittelschicht und Oberschicht, 30 % der unteren und mittleren Mittelschicht sowie 12 % der Unterschicht (zur Bildung des Schichtindex vgl. Anhang 2). Bei 4 % der Befragten lassen die Angaben keine Zuordnung zu. Sowohl bei Sozial- und Selbstkompetenz als auch bei der beruflichen Handlungskompetenz insgesamt weisen die Ergebnisse auf ein tendenziell höheres Niveau bei Studierenden der oberen Mittelschicht und Oberschicht hin. Ein signifikanter Zusammenhang ($r = .15^{**}$) kann allerdings nur bei der Sachkompetenz ermittelt werden. Eine Analyse der Einzelmerkmale bestätigt schichtspezifische Differenzierungen. Die beiden stärksten Korrelationen weist die soziale Herkunft mit den Sprachkenntnissen ($r = .21^{***}$) und der Kommunikationsfähigkeit ($r = .16^{**}$) auf. Beides sind Merkmale, die in engem Zusammenhang mit den Sprachformen als wichtigem Charakteristikum sozialer Schichten stehen (vgl. Kapitel 4.2).

Die Auswertung der Abiturgesamtnote weist auf eine tendenziell höhere Ausprägung der beruflichen Handlungskompetenz und Sachkompetenz bei besserer Abiturgesamtnote hin. Signifikant positiver bewerten Studierende in Abhängigkeit von ihrer Abiturgesamtnote nur ihre Selbstkompetenz ($r = .14^{*}$). Der Grund für diesen positiven Zusammenhang ist meines Erachtens vor allem darin zu sehen, dass sich eine stark ausgeprägte Selbstkompetenz (beispielsweise eine hohe Lernbereitschaft und Zielstrebigkeit) positiv auf die Abiturgesamtnote auswirkt. Während die Abiturgesamtnote als bester Prädiktor für Studienerfolg im Sinne der Diplomnote gelten kann (vgl. Kapitel 4.2), ist sie zur Prognose der beruflichen Handlungskompetenz weitgehend ungeeignet. Damit stellt sich auch die Frage nach der Eignung der Abiturgesamtnote als Auswahlkriterium für die Zulassung zum Studium.

Mit einer Korrelation von r = .47*** zwischen Abiturgesamtnote und Vordiplomnote bestätigt die vorliegende Untersuchung hingegen die Qualität der Abiturgesamtnote als Prädiktor von Studienerfolg im Sinne von Noten. Die Korrelation (r = .21**) mit der Dauer bis zum Erreichen des Vordiploms bestätigt zudem die Qualität der Abiturgesamtnote als Prädiktor für die Studiendauer.

Das Geschlecht hat keine signifikanten Auswirkungen auf die Ausprägung von Sach-, Sozial- und Selbstkompetenz, wirkt sich aber signifikant auf die Einschätzung der beruflichen Handlungskompetenz aus. So beurteilen (männliche) Studenten bei einem Mittelwert von x = 2,47 ihre berufliche Handlungskompetenz signifikant besser als Studentinnen (x = 2,66, Δx = 0,19*). Im Hinblick auf die Einzelmerkmale zeigt sich, dass Studentinnen nach eigener Einschätzung über ein höheres Maß an Einfühlungsvermögen (x = 2,27 gegenüber x = 2,72, Δx = 0,45**) und Lernbereitschaft (x = 1,95 gegenüber x = 2,40, Δx = 0,45***) verfügen. Demgegenüber sind Studenten der Ansicht, dass sie durchsetzungsfähiger sind (x = 2,66 gegenüber x = 2,98, Δx = 0,32*) und bessere verkäuferische Fähigkeiten besitzen (x = 3,30 gegenüber x = 3,78, Δx = 0,48**). Damit bestätigt die Untersuchung, dass typische Geschlechtsidentitäten (vgl. Kapitel 4.2) Einfluss auf die selbsteingeschätzte Ausprägung von Merkmalen beruflicher Handlungskompetenz ausüben.

2. Faktoren des privaten Lebensbereichs

Als Faktoren des privaten Lebensbereichs werden das ehrenamtliche Engagement, die Wohnverhältnisse und die soziale Eingebundenheit betrachtet.

Die Wohnverhältnisse lassen auf Basis eines einfaktoriellen Mittelwertvergleichs keine statistisch signifikanten Zusammenhänge mit der Ausprägung von Sach-, Sozial- und Selbstkompetenz erkennen. Daher kann die These, dass sich Wohnformen, die ein tendenziell höheres Maß an Kommunikation und Kooperation mit Gleichaltrigen erfordern, positiv auf die Sozialkompetenz auswirken, nicht bestätigt werden (vgl. Kapitel 4.3).

Privater Lebensbereich		Soziale Einge-bundenheit[93]	Ehrenamtliches Engagement[94]
Kompetenz	Sachkompetenz	.15**	n.s.
	Sozialkompetenz	.20**	.13*
	Selbstkompetenz	.12*	n.s.
	Berufliche Handlungskompetenz	.16**	n.s.

Tabelle 13:   Zusammenhänge zwischen Faktoren des privaten Lebensbereichs und der Ausprägung der Kompetenzen

Positive Beziehungen zur beruflichen Handlungskompetenz und allen drei Dimensionen zeigt hingegen die soziale Eingebundenheit (vgl. Tabelle 13). In besonderem Maße gilt dies mit einer (immer noch schwachen) Korrelation von r = .20 für die Sozialkompetenz. Damit bestätigt die Untersuchung die Bedeutung der sozialen Eingebundenheit. Diese ist nicht nur für die Erfüllung von Studienanforderungen allgemein wichtig (vgl. Kapitel 4.3), sondern auch für den Erwerb von beruflicher Handlungskompetenz.

Die Ergebnisse bestätigen den (allerdings schwachen) Zusammenhang von Sozialkompetenz und ehrenamtlichem Engagement. Damit zeigt die Untersuchung, dass ehrenamtliches Engagement in Bewerbungsverfahren als Indikator sozialer Kompetenz genutzt werden kann. Es darf aber nicht überschätzt werden. Ein theoretisch ebenfalls begründbarer positiver Zusammenhang von ehrenamtlichem Engagement und Sach- und Selbstkompetenz lässt sich nicht nachweisen.

3. Studienbezogene Faktoren

Wesentlich stärkere Verbindungen zur beruflichen Handlungskompetenz und ihren Dimensionen als die Faktoren der Person und des privaten Lebensbereichs besitzen die studienbezogenen Faktoren. Bis auf die Universität weisen alle Faktoren signifikante Zusammenhänge mit Sach-, Sozial- und Selbstkompetenz oder beruflicher Handlungskompetenz auf. Welche Universität besucht wird ist demnach nicht nur für den beruflichen Erfolg unerheblich (vgl. Kapitel 4.4), sondern auch für den Kompetenzerwerb. Und auch ein Wechsel der Universität innerhalb Deutschlands hat, im Gegensatz zum Besuch einer ausländischen

---

[93]   Vgl. zu den Einzelmerkmalen Anhang 9-3.

[94]   Vgl. zu den Einzelmerkmalen Anhang 9-4.

Universität, keine signifikanten Auswirkungen auf die berufliche Handlungskompetenz.

Tabelle 14 bietet einen Überblick über die Bewertung der Lehrstühle.

Bewertung der Lehrstühle		x	s
	Die Mitarbeiter der Lehrstühle sind für mich gut erreichbar.	2,49	0,95
	Die Lehrstühle helfen mir dabei, mit Praktikern in Kontakt zu treten.	3,87	1,11
	Die Betreuung (z.b. bei Seminararbeiten, Prüfungsvorbereitung) finde ich sehr gut.	3,01	1,09
Merkmal	Bei Bedarf kann ich Fragen mit Professoren persönlich besprechen.	2,36	1,13
	Bei Interesse werden mir Klausurergebnisse erläutert.	2,98	1,42
	Das Studienangebot der Lehrstühle finde ich attraktiv.	2,82	1,05
	Das Studienangebot bietet mir eine gute Berufsvorbereitung.	3,13	1,12
	Benötigte Informationen sind für mich zugänglich.	2,57	1,03
	Die Informationen der Lehrstühle sind aktuell.	2,50	0,97
Gesamtskala ($\alpha = .83$)		2,85	0,72

Tabelle 14:   Bewertung der Lehrstühle durch Studierende

Insgesamt werden die Lehrstühle mit einem Mittelwert von x = 2,85 noch gut bis befriedigend bewertet. Positiv bewerten die Studierenden besonders die Erreichbarkeit von Professoren (x = 2,36) und Mitarbeitern (x = 2,49). Hingegen erhalten sie ihrer Meinung nach von den Lehrstühlen kaum Unterstützung, um mit Praktikern in Kontakt zu treten (x = 3,87). Und auch die Berufsvorbereitung als wichtiges Kriterium wird von den Studierenden mit x = 3,13 relativ schlecht bewertet.

Mit den Ergebnissen zur Qualität der Lehrstühle deckt sich, dass den Studierenden im Rahmen der Lehrveranstaltungen der Bezug zur beruflichen Realität oftmals unklar ist (x = 3,38) (vgl. Tabelle 15). Noch negativer fällt das Urteil im Hinblick auf die aktive Beteiligung an Lehrveranstaltungen aus. Bei einem Mittelwert von x = 3,72 wird nach ihrer Meinung die aktive Mitarbeit nicht oder nur in geringem Maße erwartet. Demzufolge hat sich bei den Lehrenden bislang die Erkenntnis nur begrenzt durchgesetzt, dass der Lernerfolg entscheidend von der aktiven Mitarbeit der Lernenden abhängt. Außerdem gelingt es den Professoren nicht, die Kritikfähigkeit der Studierenden zu fördern (x = 3,61). Wesentlich positiver fällt hingegen das Urteil über die Verständlichkeit der Erläuterungen (x = 2,76) aus und die Möglichkeit, Fragen zu stellen (x = 2,56). Dennoch ist vielen Studierenden das Lernziel eher unklar (x = 3,43).

Bewertung der Lehrveranstaltungen		x	s
	Schwierige Sachverhalte werden für mich verständlich erläutert.	2,76	0,91
	Der Zusammenhang mit der Praxis wird aufgezeigt.	3,27	0,95
	Die Beispiele der Dozenten fördern meinen Lernerfolg.	2,91	1,01
	Die Dozenten schaffen es, mich für das jeweilige Gebiet zu motivieren.	3,17	1,04
	Das Lernziel der Lehrveranstaltungen ist mir immer klar.	3,43	1,09
	Zu den Lehrveranstaltungen werden gute Skripte angeboten.	2,88	1,12
Merkmal	Die Dozenten vergewissern sich, dass der behandelte Stoff verstanden wurde.	3,60	1,20
	Fragen der Studierenden werden angemessen berücksichtigt.	2,56	0,92
	Der Bezug zur beruflichen Realität ist für mich klar.	3,38	1,15
	Die Dozenten stellen fachübergreifende Zusammenhänge her.	3,42	1,07
	Die Lehrveranstaltungen fördern meine Kritikfähigkeit.	3,61	1,22
	In Lehrveranstaltungen wird die aktive Mitarbeit der Studierenden erwartet.	3,72	1,28
	Die Dozenten integrieren aktuelle Beispiele in die Lehrveranstaltungen.	2,88	1,02
Gesamtskala (α = .88)		**3,20**	**0,69**

Tabelle 15:   Bewertung der Lehrveranstaltungen durch Studierende

Insgesamt bewerten die Studierenden die Lehrveranstaltungen und damit angesichts ihrer Dominanz vor allem die Vorlesungen mit einem Mittelwert von x = 3,20. Gleichzeitig sind sie bei einem Mittelwert von x = 2,20 (vgl. Anhang 9-5) von der hohen Bedeutung der Qualität der Lehrveranstaltungen für den Erwerb beruflicher Handlungskompetenz überzeugt. Folglich besteht nach Einschätzung der Studierenden erheblicher Handlungsbedarf. Dabei sollten sich die Professoren bei der Gestaltung des Lehrangebots insgesamt und der Lehrveranstaltungen im Besonderen nach Auffassung der Studierenden auf zwei Aspekte konzentrieren. Zum einen sollte der Realitätsbezug gestärkt werden und zum anderen sollten die Studierenden aktiver in die Lehrveranstaltungen einbezogen werden.

Das Misstrauen gegenüber der Ausbildung an Universitäten bringen die Studierenden auch damit zum Ausdruck, dass sie den Noten fast keine Aussagekraft im Hinblick auf die berufliche Leistungsfähigkeit zusprechen (x = 4,17) (vgl. Anhang 9-2). Außerdem schätzen sie die Aussagekraft der Studiendauer als eher niedrig ein (x = 3,56).

Die Analyse der Korrelationen verdeutlicht die Wichtigkeit der Qualität der Lehrveranstaltungen (vgl. Anhang 9-5). Je besser die Lehrveranstaltungen bewertet werden, desto stärker sind in der Wahrnehmung der Studierenden Sach-, Sozial- und Selbstkompetenz sowie berufliche Handlungskompetenz ausgeprägt. Die Bewertung der Lehrstühle weist im Verhältnis dazu durchweg schwächere Korrelationen auf. Demzufolge muss bei der Weiterentwicklung der Lernumwelten an Universitäten besonderes Gewicht auf die Gestaltung der Lehrveranstaltungen gelegt werden. Dies gilt umso mehr, als die Studierenden bei den Lehrveranstaltungen erhebliche Defizite sehen.

Im Ausland haben fast 30 % der insgesamt 299 Befragten studiert. Tabelle 16 zeigt, dass Studierende, die bereits im Ausland studiert haben, aus Sicht der Befragten über höhere Sach- und Selbstkompetenz sowie berufliche Handlungskompetenz verfügen.

Auslandsstudium		ja	nein	Δx
Kompetenz	Sachkompetenz	2,65	2,92	0,27**
	Sozialkompetenz	2,64	2,73	0,09
	Selbstkompetenz	2,16	2,44	0,28**
	Berufliche Handlungskompetenz	2,33	2,60	0,27***

Tabelle 16:   Ausprägung der Kompetenzen in Abhängigkeit vom Studium im Ausland

Die Betrachtung der Einzelmerkmale verdeutlicht spezifische Stärken (vgl. Anhang 9-7). Studierende mit Auslandsstudium besitzen der Befragung zufolge unter anderem ein höheres Maß an Belastbarkeit (Δx = 0,42), fachübergreifendem Denken (Δx = 0,36), Selbständigkeit (Δx = 0,32) sowie Verantwortungsbewusstsein (Δx = 0,31). Verständlicherweise verfügen Studierende mit Auslandsstudium über höchst signifikant bessere Sprachkenntnisse (Δx = 0,83). Entgegen der Vermutung, dass ein Auslandsstudium sich aufgrund der vielfältigen kulturellen und bezugsgruppenbezogenen Anregungen positiv auf die Sozialkompetenz auswirkt (vgl. Kapitel 4.4), sind zwischen Sozialkompetenz und Auslandsstudium keine signifikanten positiven Zusammenhänge feststellbar.

Tabelle 17 zeigt die Korrelationen von Zeitaufwand, Fachsemester und Studieninteresse mit Sach-, Sozial- und Selbstkompetenz sowie beruflicher Handlungskompetenz.

Studienbezogene Faktoren		Zeitaufwand[95]	Fachsemester[96]	Studieninteresse[97]
Kompetenz	Sachkompetenz	n.s.	.18**	.19**
	Sozialkompetenz	n.s.	n.s.	n.s.
	Selbstkompetenz	.27***	.13*	.25***
	Berufliche Handlungskompetenz	.19**	n.s.	.23***

Tabelle 17: *Zusammenhänge zwischen studienbezogenen Faktoren und Ausprägung der Kompetenzen*

Wie schon die vorangegangenen Aspekte der studienbezogenen Faktoren wirken sich auch der Zeitaufwand, das Fachsemester und das Studieninteresse nicht positiv auf die Sozialkompetenz aus. Die Entwicklung der Sozialkompetenz weist somit keine oder zumindest keine signifikanten Zusammenhänge mit den derzeitigen studienbezogenen Faktoren auf und wird durch das Lernumfeld Universität nicht nachhaltig beeinflusst. Dies ist bemerkenswert und verdeutlicht die Not-

---

[95] Das Vorzeichen wurde umgekehrt. Ein positiver Zusammenhang bedeutet, dass sich Studierende, die mehr Zeit für das Studium aufwenden, besser wahrnehmen.

[96] Das Vorzeichen wurde umgekehrt. Ein positiver Zusammenhang bedeutet, dass sich Studierende, die sich in einem höherem Fachsemester befinden, besser wahrnehmen.

[97] Vgl. zu den Einzelmerkmalen Anhang 9-10.

wendigkeit, die Gestaltung des Lehrprogramms im Hinblick auf die Aneignung von Sozialkompetenz zu überdenken.

Positiv auf die Sachkompetenz wirkt sich die Anzahl der Fachsemester und das Studieninteresse aus. Der Zusammenhang zwischen Fachsemester und Sachkompetenz erklärt sich vor allem aus der Korrelation von spezifischen Fachkenntnissen und höherem Fachsemester ($r = .20^{**}$). Hingegen wirkt sich ein höheres Fachsemester (bezogen auf Studierende im Hauptstudium) nicht positiv auf das Grundlagenwissen in BWL aus. Demgegenüber führt ein höheres Studieninteresse zu besserem Grundlagenwissen in BWL ($r = .19^{**}$). Das bessere Grundlagenwissen könnte meines Erachtens daraus resultieren, dass sich Studierende mit höherem Studieninteresse intrinsisch motivierter und damit nicht nur kurzfristig prüfungsorientiert mit Studieninhalten auseinandersetzen (vgl. Kapitel 4.4). Daher wird das im Grundstudium erworbene Wissen weniger schnell vergessen.

Alle drei Faktoren weisen signifikante Zusammenhänge zur Selbstkompetenz auf. Dies gilt insbesondere für den Zeitaufwand und das Studieninteresse. Eine Analyse der Einzelmerkmale der Selbstkompetenz macht die Ursachen dieser Zusammenhänge verständlich. Relativ betrachtet hohe Korrelationen mit dem Zeitaufwand weisen die Lernbereitschaft ($r = .28^{***}$), die Eigeninitiative ($r = .27^{***}$), die Selbständigkeit ($r = .26^{***}$) und die Zielstrebigkeit ($r = .23^{***}$) auf. Diese Merkmale legen nahe, dass sich weniger der Zeitaufwand für das Studium auf die Selbstkompetenz auswirkt, als vielmehr umgekehrt eine hohe Lernbereitschaft und Zielstrebigkeit einen hohen Zeitaufwand nach sich ziehen.

Das Studieninteresse weist signifikante Korrelationen zu gleich fünf Einzelmerkmalen der Selbstkompetenz auf. Zusammenhänge bestehen zur Lernbereitschaft ($r = .33^{***}$), zur Selbständigkeit ($r = .23^{***}$), zur Zielstrebigkeit ($r = .20^{***}$), zum Verantwortungsbewusstsein ($r = .18^{**}$) und zur Eigeninitiative ($r = .11^{*}$). Damit besteht eine durch ganz unterschiedliche Einzelmerkmale fundierte Verbindung zwischen Studieninteresse und Selbstkompetenz. Das Fachsemester weist keine signifikanten Korrelationen zu einem der Einzelmerkmale der Selbstkompetenz auf, so dass eine durch Einzelmerkmale gestützte Interpretation nicht möglich ist.

Über diese vielfältigen Zusammenhänge zur Selbstkompetenz hinaus verdeutlicht der Zusammenhang mit der beruflichen Handlungskompetenz die kompetenzübergreifende Wichtigkeit des Studieninteresses. Die Bedeutung des Studieninteresses geht damit über den erwarteten Zusammenhang mit der Sachkompetenz (vgl. Kapitel 4.4) hinaus.

4. Berufsbezogene Faktoren

Als berufsbezogene Faktoren werden die studienbegleitende Erwerbstätigkeit, die Praktika der Studierenden, die Berufsausbildung vor Studienbeginn und andere Tätigkeiten (insbesondere Wehrdienst und Zivildienst) betrachtet. Nur für die absolvierten Praktika lässt sich ein signifikanter Einfluss auf den Erwerb von beruflicher Handlungskompetenz ausmachen. Im Hinblick auf die studienbegleitende Erwerbstätigkeit erbringt der t-Test keine signifikanten Differenzen. Für die Berufsausbildung vor Studienbeginn sowie andere Tätigkeiten gilt gleiches jeweils für die einfaktoriellen Mittelwertvergleiche. Entgegen den berufswahltheoretischen Überlegungen lässt sich kein positiver Zusammenhang zwischen vorangegangener Berufsausbildung und höherem Studieninteresse feststellen (vgl. Kapitel 4.5). Damit bestätigt die statistische Prüfung die direkte Einschätzung der Studierenden, nach der einer Berufsausbildung bei einem Mittelwert von x = 3,69 (vgl. Anhang 9-6) keine nennenswerte Bedeutung für den Erwerb beruflicher Handlungskompetenz zukommt.[98]

Tabelle 18 verdeutlicht Kompetenzunterschiede zwischen Studierenden, die mindestens ein Praktikum absolviert haben und Studierenden ohne Praktika.

Praktika		ja	nein	Δx
Kompetenz	Sachkompetenz	2,77	2,99	0,22**
	Sozialkompetenz	2,66	2,82	0,16
	Selbstkompetenz	2,29	2,52	0,23**
	Berufliche Handlungskompetenz	2,44	2,73	0,29***

Tabelle 18:   Ausprägung der Kompetenzen in Abhängigkeit von absolvierten Praktika[99]

---

[98]   Ursache dafür könnte sein, dass die Anforderungen im Rahmen einer Berufsausbildung niedriger sind als im Rahmen von Praktika und geringere Lerneffekte bewirken. Gleichzeitig erlauben Praktika (im Gegensatz zu einer vorangegangen Berufsausbildung) Studierenden die Verzahnung und kritische Reflexion ihrer im Studium erworbenen theoretischen Kenntnisse mit der Unternehmungsrealität.

[99]   Von den 299 befragten Studierenden haben 205 schon ein Praktikum absolviert, 92 haben kein Praktikum gemacht, bei zwei Studierenden fehlt diese Angabe. Die durchschnittliche Dauer der absolvierten Praktika beträgt je Studierendem knapp sechs Monate.

Bei Sach- und Selbstkompetenz ebenso wie bei der beruflichen Handlungskompetenz nehmen sich Studierende mit Praktikumserfahrung hoch signifikant besser wahr als Studierende, die kein Praktikum absolviert haben. Nur bei der Sozialkompetenz ist der Mittelwertunterschied nicht signifikant, so dass keine statistisch gesicherte Aussage getroffen werden kann. Die Betrachtung der Einzelmerkmale (vgl. Anhang 9-8) zeigt, dass Praktika ein höheres Maß an strukturiertem Arbeiten, Selbständigkeit, Eigeninitiative und sicherem Auftreten bewirken. Gleichzeitig führen sie zu verbesserten Sprachkenntnissen. Dies ist vor allem auf die guten Sprachkenntnisse von Studierenden mit Auslandspraktika zurückzuführen (x = 2,47).

Zusätzlich wird die Wirkung der Dauer und Bewertung von Praktika untersucht (vgl. Tabelle 19).

Praktika		Merkmal	
		Dauer[100]	Bewertung[101]
Kompetenz	Sachkompetenz	.19**	.26***
	Sozialkompetenz	.22**	n.s.
	Selbstkompetenz	.15*	.26***
	Berufliche Handlungskompetenz	.14*	.35***

Tabelle 19:   Zusammenhang zwischen Dauer sowie Bewertung von Praktika und Kompetenzen

Hier zeigt sich, dass es bei den Studierenden, die schon ein Praktikum absolviert haben, deutliche Unterschiede gibt. In Abhängigkeit von der Dauer der Praktika werden alle Kompetenzbereiche positiver wahrgenommen. Zudem korrelieren Sach- und Selbstkompetenz sowie berufliche Handlungskompetenz höchst signifikant mit der Bewertung der Praktika. Die Gestaltung und der Verlauf der Praktika sind demnach wichtig für die Kompetenzentwicklung (vgl. Kapitel 4.5). Demgegenüber gehen von der Tatsache, ob das Praktikum im In- oder Ausland absolviert wird, keine signifikanten Wirkungen aus.

---

[100] Das Vorzeichen wurde umgekehrt. Ein positiver Zusammenhang bedeutet, dass eine längere Dauer der Praktika mit einer besseren Ausprägung der Kompetenzen einhergeht.

[101] Ein positiver Zusammenhang bedeutet, dass eine bessere Bewertung der Praktika mit einer besseren Ausprägung der Kompetenzen einhergeht.

Insgesamt bewerten die Studierenden ihre Praktika mit x = 2,19 ausgesprochen positiv (vgl. Anhang 9-9). Besonders positiv bewerten die Studierenden bei ihren Praktika, dass sie viele Aufgaben selbständig bearbeiten konnten (x = 1,87). Praktika kommt bei einem Mittelwert von x = 1,79 nach Meinung der Studierenden sehr große Bedeutung für den Erwerb beruflicher Handlungskompetenz zu (vgl. Anhang 9-6). Noch höher wird die Bedeutung mit x = 1,58 von Studierenden eingeschätzt, die bereits ein Praktikum absolviert haben (gegenüber x = 2,25 von Studierenden ohne Erfahrung mit Praktika (Δx = 0,67***)). Vor diesem Hintergrund verwundert nicht, dass sich die Studierenden von der Ausbildung an Universitäten insgesamt in weit höherem Maße als derzeit die Verbindung von Theorie und Praxis (x = 1,76) (vgl. Anhang 9-2) erhoffen.

Um zu überprüfen, inwiefern bestimmte Erwartungen an den Erwerb von Kompetenzen von den Berufsvorstellungen der Universitätsabsolventen abhängig sind, wurden die Studierenden nach ihren beruflichen Vorstellungen gefragt. Die Auswertung ergibt, dass unabhängig davon, ob die Studierenden im Anschluss an ihr Studium bei einer Bank arbeiten wollen oder nicht, die Anforderungen an Sach-, Sozial- und Selbstkompetenz nicht signifikant unterschiedlich wahrgenommen werden. Gleiches gilt auch unabhängig davon, ob die Studierenden eine Tätigkeit an der Universität anstreben oder nicht. Dies spricht für einen hohen Gültigkeitsumfang der Untersuchungsergebnisse.

Von einer studienbegleitenden Erwerbstätigkeit gehen im Gegensatz zu Praktika keine positiven Wirkungen auf den Erwerb von beruflicher Handlungskompetenz aus. Dies könnte darauf zurückzuführen sein, dass im Rahmen der Erwerbstätigkeit Arbeitsprozesse dominieren, während bei Praktika Lernprozesse einen höheren Stellenwert besitzen (vgl. Kapitel 4.5). Darüber hinaus sind mit zeitlich beschränkten Praktika, im Gegensatz zur dauerhaften Erwerbstätigkeit, häufigere entwicklungsförderliche Übergänge zwischen unterschiedlichen Umweltsystemen verbunden (vgl. Kapitel 2.1).

Bereichsübergreifende Analyse

Über die Betrachtung der einzelnen Bereiche hinaus wird, auf diesen aufbauend, bereichsübergreifend analysiert, welche Faktoren Einfluss auf den Erwerb beruflicher Handlungskompetenz ausüben (vgl. Tabelle 20).

Mit bis zu 19,5 % können die Kompetenzen durch die Einflussfaktoren eher schwach aufgeklärt werden. Im Hinblick auf die Optimierung des Leistungsangebots von Universitäten bieten sie trotzdem wichtige Erkenntnisse.

So bestätigt die bereichsübergreifende Regressionsanalyse, dass das bisherige Angebot der Universitäten keinen signifikanten Einfluss auf die Sozialkompetenz ausübt. Auswirkungen auf die Sozialkompetenz hat ausschließlich die soziale Eingebundenheit, die sich allerdings nur schwer von Seiten der Universität gestalten lässt.

Kompetenzen		Aufgeklärte Varianzanteile in %			
		Sachk.	Sozialk.	Selbstk.	Handlungsk.
Einflussfaktor[102]	Geschlecht[103]	1,4	-	-	2,5
	Soziale Eingebundenheit	2,5	4,0	-	-
	Bewertung der Lehrveranstaltungen	4,5	-	4,7	6,9
	Auslandsstudium	2,8	-	3,5	2,9
	Fachsemester	3,2	-	-	-
	Studieninteresse	-	-	4,2	3,3
	Praktika	-	-	-	3,9
	$\Sigma = R^2$ (Adjustiertes R^2)	14,4 (12,8)	4,0 (3,7)	12,4 (11,4)	19,5 (18,0)

Tabelle 20:   Aufgeklärte Varianzanteile der Kompetenzen durch Einflussfaktoren

Die jeweils größte Bedeutung für den Erwerb von Sach-, Selbst- und beruflicher Handlungskompetenz kommt der Bewertung der Lehrveranstaltungen zu. Damit relativiert die regressionsanalytische Analyse die Einschätzung der Studierenden (vgl. oben), wonach Praktika den größten Einfluss auf den Erwerb von beruflicher Handlungskompetenz haben. Die große Bedeutung der Lehrveranstaltungen verdeutlicht, dass sie die wichtigste Kontaktstelle von Lehrenden und Studierenden sind und zu Recht im Mittelpunkt der Ausbildung an Universitäten stehen (vgl. Kapitel 4.4). In Anbetracht der nur mäßigen Bewertung besteht hier nach Ansicht der Studierenden dringender Handlungsbedarf zur Optimierung der

---

[102] Über die genannten Einflussfaktoren hinaus sind die Abiturgesamtnote, die soziale Herkunft, das ehrenamtliche Engagement sowie die Bewertung der Lehrstühle in die Regressionsanalyse eingegangen. Diese tragen nicht zur Varianzaufklärung bei.

[103] Männliche Studierende schätzen ihre Kompetenz höher ein.

Lehrveranstaltungen. Anders gestaltete Lehrveranstaltungen könnten sich darüber hinaus positiv auf das Studieninteresse auswirken und auch dadurch die berufliche Handlungskompetenz stärken.

Angesichts des positiven Zusammenhangs zwischen einem absolvierten Auslandsstudium und Sach-, Selbst- sowie beruflicher Handlungskompetenz ist es wichtig zu prüfen, welche Möglichkeiten bestehen, Auslandsstudien stärker zu fördern. Gleiches gilt für die Förderung von Praktika.

Im Hinblick auf den Einfluss des Geschlechts unterstreicht die Regressionsanalyse, dass signifikante Zusammenhänge bestehen. Gegenüber anderen Faktoren sind diese aber zweitrangig. Dennoch geben die Ergebnisse Anlass dazu, über Möglichkeiten nachzudenken, die die Selbstwahrnehmung der Studentinnen stärken. Denn obwohl sie im Vordiplom bei einem Notenmittelwert von 2,50 (gegenüber 2,65 bei den Studenten) tendenziell bessere Ergebnisse erzielen, schätzen sie gerade ihre Sachkompetenz niedriger ein.

Nach den Wahrnehmungen der Studierenden wird im folgenden Kapitel 5.3 die Sichtweise der Unternehmungen betrachtet.

5.3   Die Sichtweise von Unternehmungen

5.3.1   Ergebnisse zur Sach-, Sozial- und Selbstkompetenz

Entsprechend dem theoretischen Modell werden auch bei den Unternehmungen Sach-, Sozial- und Selbstkompetenz unterschieden.

Tabelle 21 bietet einen Überblick über die Sachkompetenz und ihre Einzelmerkmale. Besondere Bedeutung für Unternehmungen kommt dem analytischen Denken ($x = 1,68$) und einem strukturierten Arbeitsstil ($x = 1,75$) der Absolventen zu. Ihnen folgen fachübergreifendes Denken ($x = 1,94$) und Entscheidungsfähigkeit ($x = 2,13$). Damit stufen Unternehmungen die vier der Methodenkompetenz zugeordneten Merkmale als wichtigste Fähigkeiten innerhalb der Sachkompetenz ein. Eine hohe Bedeutung besitzen mit Mittelwerten von $x = 2,16$ und $x = 2,34$ auch das Grundlagenwissen in BWL und fachspezifische Kenntnisse. Entgegen anderen Untersuchungen kommt trotz der zunehmenden Internationalisierung des Bankgeschäfts den Sprachkenntnissen ($x = 2,59$) bei Kreditinstituten eine zwar tendenziell hohe, aber doch eher untergeordnete Rolle zu. Zu beachten ist bei den Sprachkenntnissen, dass die durchschnittliche Abweichung vom Mittelwert mit $s = 1,34$ sehr hoch ist und dementsprechend je nach Arbeitsbereich sehr unterschiedliche Anforderungen bestehen.

Sachkompetenz	Wichtigkeit		Ausprägung		Defizit
	x	s	x	s	Δx
Grundlagenwissen in BWL	2,16	0,91	2,51	0,87	0,35**
Spezifische Fachkenntnisse	2,34	1,00	3,34	1,00	1,00***
Sprachkenntnisse	2,59	1,34	3,01	0,98	0,42***
EDV-Kenntnisse	2,36	0,79	2,76	0,95	0,40***
Strukturierter Arbeitsstil	1,75	0,67	3,13	0,85	1,38***
Entscheidungsfähigkeit	2,13	0,83	3,54	0,90	1,41***
Analytisches Denken	1,68	0,67	2,69	0,77	1,01***
Fachübergreifendes Denken	1,94	0,75	3,47	0,95	1,53***
Gesamtskala (α = .74)	2,12	0,44	3,06	0,54	0,94***

Tabelle 21:   Sachkompetenz aus Sicht von Unternehmungen

Die größten Defizite sehen die Banken und Sparkassen mit Δx > 1,00 bei den methodischen Fähigkeiten. Sehr unterschiedlich werden die Fähigkeiten und Defizite bei den fachlichen Kenntnissen eingeschätzt. Während Kreditinstitute das Grundlagenwissen mit x = 2,51 (Δx = 0,35) relativ gut bewerten, sehen sie bei einem Mittelwert von x = 3,34 (Δx = 1,00) erhebliche Defizite bei den spezifischen Fachkenntnissen. Nur relativ geringe Defizite werden bei den Sprachkenntnissen (Δx = 0,42) und den EDV-Kenntnissen (Δx = 0,40) wahrgenommen.

Auskunft darüber, von welchen Einzelmerkmalen die Wahrnehmung der Sachkompetenz abhängig ist, gibt Tabelle 22.

Sachkompetenz	Aufgeklärte Varianzanteile in %
Grundlagenwissen in BWL	12,0
Spezifische Fachkenntnisse	8,7
Strukturierter Arbeitsstil	15,0
Σ = R² (Adjustiertes R²)	35,7 (34,0)

Tabelle 22:   Aufgeklärte Varianzanteile der Sachkompetenz aus Sicht von Unternehmungen

Die Regressionsanalyse bestätigt die Ergebnisse der Mittelwertbetrachtung. Weder den EDV- noch den Sprachkenntnissen kommt besondere Bedeutung zu. Vielmehr tragen fachliche Kenntnisse entscheidend zur Aufklärung der Sachkompetenz bei. Bei den methodischen Fähigkeiten ist der strukturierte Arbeitsstil von entscheidender Bedeutung. Als sachkompetent nehmen Unternehmungen Personen wahr, die über die notwendigen fachlichen Kenntnisse verfügen und diese strukturiert arbeitend zur Geltung bringen können. Aufgrund der großen Defizite verdienen die unterschiedlichen Aspekte der Methodenkompetenz nach Auffassung von Kreditinstituten Beachtung im Hinblick auf die Optimierung des Studienangebots. Wegen seiner regressionsanalytischen Bedeutung gilt dies besonders für den strukturierten Arbeitsstil.

Die Ergebnisse zur Sozialkompetenz und ihren Merkmalen veranschaulicht Tabelle 23.

Sozialkompetenz		Wichtigkeit		Ausprägung		Defizit
		x	s	x	s	Δx
Merkmal	Verkäuferische Fähigkeit	2,62	1,29	3,88	0,90	1,26***
	Kommunikationsfähigkeit	1,51	0,57	2,84	0,76	1,33***
	Sicheres Auftreten	2,03	0,69	3,01	0,82	0,98***
	Integrationsfähigkeit	2,01	0,75	2,85	0,97	0,84***
	Einfühlungsvermögen	2,51	0,73	3,32	0,78	0,81***
	Durchsetzungsfähigkeit	2,32	0,69	3,25	0,75	0,93***
	Konfliktfähigkeit	2,12	0,82	3,53	0,82	1,41***
	Teamfähigkeit	1,60	0,71	2,65	0,86	1,05***
Gesamtskala (α = .77)		2,09	0,48	3,16	0,52	1,07***

Tabelle 23:   Sozialkompetenz aus Sicht von Unternehmungen

Mit deutlichem Abstand am wichtigsten sind Banken und Sparkassen Kommunikationsfähigkeit (x = 1,51) und Teamfähigkeit (x = 1,60). Angesichts der sich verändernden Unternehmungsumwelt- und Unternehmungsfaktoren (vgl. Kapitel 3.3.1) mit ihren höheren Anforderungen an die Zusammenarbeit der Mitarbeiter, überrascht dieses Ergebnis nicht. Die geringste Bedeutung (x = 2,62) und gleichzeitig auch die geringste Ausprägung (x = 3,88) sehen Unternehmungen bei den verkäuferischen Fähigkeiten. Allerdings ist die hohe Mittelwertabweichung (s = 1,29) zu beachten. Mehr als bei den anderen Fähigkeiten werden je nach Abteilung und Aufgabenbereich ganz unterschiedliche Anforderungen an die verkäuferischen Fähigkeiten gestellt. Dementsprechend sind die Universitäten gefordert, die verkäuferischen Fähigkeiten beispielsweise durch Wahlangebote entsprechend den individuellen Berufszielen zu fördern. Auffallend ist, dass die Unternehmungen bei der Konfliktfähigkeit (Δx = 1,41) große Defizite sehen.

Tabelle 24 gibt Auskunft darüber, von welchen Einzelmerkmalen die Wahrnehmung der Sozialkompetenz abhängig ist.

Sozialkompetenz		Aufgeklärte Varianzanteile in %
Merkmal	Kommunikationsfähigkeit	9,8
	Integrationsfähigkeit	16,3
	Einfühlungsvermögen	17,3
	$\Sigma = R^2$ (Adjustiertes R^2)	**43,4** (41,7)

Tabelle 24:   Aufgeklärte Varianzanteile der Sozialkompetenz aus Sicht von Unternehmungen

Sozialkompetenz wird von Unternehmungen dominant mit „weichen" Eigenschaften wie Teamfähigkeit, Einfühlungsvermögen und Integrationsfähigkeit in Verbindung gebracht. Der Schwerpunkt bei der Förderung der Sozialkompetenz sollte daher auf den „weichen" Eigenschaften liegen.

Tabelle 25 verdeutlicht die Ergebnisse zur Selbstkompetenz und ihren Merkmalen. Bei einem Mittelwert von x = 1,87 werden die Merkmale mit relativ geringen Abweichungen als wichtig eingeschätzt. Die hohe Bedeutung der Merkmale der Selbstkompetenz bestätigt, dass die Unternehmungen aufgrund der veränderten Organisationsformen auf Mitarbeiter mit Eigeninitiative (x = 1,68) angewiesen sind, die Verantwortung (x = 1,86) übernehmen (vgl. Kapitel 3.3.2). Die Beurteilung der Wichtigkeit der Lernbereitschaft mit x = 1,64 verdeutlicht außerdem, dass die Unternehmungen die aus den veränderten Unternehmungsumwelt- und Unternehmungsfaktoren resultierende Notwendigkeit lebensbegleitenden Lernens erkannt haben.

Selbstkompetenz		Wichtigkeit		Ausprägung		Defizit
		x	s	x	s	Δx
Merkmal	Belastbarkeit	1,88	0,69	2,77	0,77	0,89***
	Eigeninitiative	1,68	0,69	2,89	0,87	1,21***
	Lernbereitschaft	1,64	0,68	2,08	0,70	0,44***
	Flexibilität	1,75	0,64	2,72	0,89	0,97***
	Kritikfähigkeit	2,09	0,65	3,13	0,93	1,04***
	Verantwortungsbewussts.	1,86	0,71	2,85	0,82	0,99***
	Selbständigkeit	1,94	0,77	2,96	0,91	1,02***
	Zielstrebigkeit	2,12	0,79	2,71	0,84	0,59***
Gesamtskala (α = .74)		**1,87**	**0,47**	**2,76**	**0,50**	**0,89*****

Tabelle 25: Selbstkompetenz aus Sicht von Unternehmungen

Ebenso wie bei der Wichtigkeit fallen auch bei der Ausprägung der Merkmale die Differenzen relativ gering aus. Größere Abweichungen vom Mittelwert der Gesamtskala (x = 2,76) weist in positiver Richtung nur die Lernbereitschaft (x = 2,08) auf und in negativer Richtung die Kritikfähigkeit (x = 3,13). Entsprechend gering fällt das Defizit bei der Lernbereitschaft (Δx = 0,44) aus. Vor allem hinsichtlich der Eigeninitiative (Δx = 1,21) aber auch der Kritikfähigkeit (Δx = 1,04) sowie der Selbständigkeit (Δx = 1,02) besteht dagegen Handlungsbedarf.

Selbstkompetenz		Aufgeklärte Varianzanteile in %
Merkmal	Belastbarkeit	8,2
	Eigeninitiative	7,2
	Lernbereitschaft	7,4
	Verantwortungsbewusstsein	17,7
	Selbständigkeit	12,2
Σ = R² (Adjustiertes R²)		**52,7** (50,4)

Tabelle 26: Aufgeklärte Varianzanteile der Selbstkompetenz aus Sicht von Unternehmungen

Mit 52,7 % kann die Ausprägung der Selbstkompetenz in hohem Maße aufgeklärt werden (vgl. Tabelle 26). Universitätsabsolventen werden von den Unternehmungen dann als selbstkompetent wahrgenommen, wenn sie ihre Aufgaben verantwortungsbewusst selbständig lösen. Angesichts der bei beiden Merkmalen bestehenden überdurchschnittlichen Defizite ist ihre Beseitigung stärker als in der Vergangenheit zu fördern.

Aufbauend auf der Betrachtung von Sach-, Sozial- und Selbstkompetenz aus Sicht von Kreditinstituten insgesamt, sollen nachfolgend Unterschiede differenziert nach Fach- und Personalabteilungen sowie der Zugehörigkeit zu unterschiedlichen Banksektoren analysiert werden.

Auffallend ist, dass Fachabteilungen signifikant niedrigere Anforderungen an die Sozialkompetenz (x = 1,93 gegenüber x = 1,54, Δx = 0,39**) und Selbstkompetenz (x = 2,02 gegenüber x = 1,63, Δx = 0,39**) stellen als Personalabteilungen (vgl. Anhang 10-1). Hingegen sind die Unterschiede in der Einschätzung der Wichtigkeit der Sachkompetenz eher gering. Während Fachabteilungen Sach-, Sozial- und Selbstkompetenz als annährend gleich wichtig einstufen, kommt der Sachkompetenz für Personalabteilungen eine leicht untergeordnete Bedeutung zu. Gleichzeitig nehmen Fachabteilungen die Sachkompetenz der Universitätsabsolventen signifikant schlechter wahr als Personalabteilungen (Ausprägung x = 3,00 gegenüber x = 2,73, Δx = 0,27*). Der Grund hierfür könnte darin liegen, dass fachliche Schwierigkeiten erst im Verlauf der Tätigkeit auftauchen, während sie für die Personalabteilung zum Bewerbungszeitpunkt aufgrund der vorliegenden Zertifikate und Zeugnisse nicht ersichtlich sind.

In der unterschiedlichen Wahrnehmung von Wichtigkeit und Ausprägung deutet sich an, dass die sachliche Kompetenz in der betrieblichen Realität wichtiger ist, als dies den Personalabteilungen bewusst ist. Die Ergebnisse bestätigen, dass fachliche Kompetenz, insbesondere nach Meinung der Fachabteilungen, die Basis ist, damit sich Sozial- und Selbstkompetenz entfalten können. Von einer Entwertung des Fachwissens kann vor diesem Hintergrund keineswegs gesprochen werden (vgl. Kapitel 3.3.2).

Die Unterschiede zwischen privaten und öffentlich-rechtlichen Kreditinstituten in der Wahrnehmung der Absolventen und der Einschätzung der Bedeutung einzelner Fähigkeiten sind insgesamt eher gering (vgl. hierzu Anhang 10-2). Allerdings fällt auf, dass die Ausprägung der Fähigkeiten der Universitätsabsolventen in der Tendenz von den öffentlich-rechtlichen Kreditinstituten besser eingeschätzt wird als von den privaten Kreditinstituten. Die Wichtigkeit von Fähigkeiten wird hingegen von den privaten Kreditinstituten eher höher eingeschätzt. Besonders auffallend ist der Unterschied bei den verkäuferischen Fähigkeiten. Hier stellen private Kreditinstitute (x = 2,27) wesentlich höhere Anforderungen als öffentlich-rechtliche Kreditinstitute (x = 3,06, Δx = 0,79**).

Die Analyse der Zusammenhänge zwischen Sach-, Sozial- und Selbstkompetenz verdeutlicht die enge Verbindung der drei Dimensionen (vgl. Anhang 10-3). Sach-, Sozial- und Selbstkompetenz liegen also in der Wahrnehmung der Unternehmungen nicht getrennt vor, sondern werden tendenziell als Einheit wahrgenommen.

5.3.2   Ergebnisse zur beruflichen Handlungskompetenz

Tabelle 27 zeigt die Einschätzung einzelner Aspekte beruflicher Handlungskompetenz durch Unternehmungen im Überblick.

Berufliche Handlungskompetenz	x	s
Auf ihre Aufgaben sind Universitätsabsolventen gut vorbereitet.	3,31	0,78
Alles in allem ist die Leistungsfähigkeit der Absolventen groß.	2,59	0,73
Universitätsabsolventen haben keine Schwierigkeiten, den beruflichen Anforderungen gerecht zu werden.	3,15	0,83
Universitätsabsolventen können sich schnell auf neue Situationen einstellen.	2,66	0,81
Universitätsabsolventen sind in der Lage, auch komplexe Problemstellungen erfolgreich zu bewältigen.	2,61	0,80
Universitätsabsolventen sind in hohem Maße leistungsbereit.	2,37	0,76
Ihre Fähigkeiten erlauben es Universitätsabsolventen, vielseitige Aufgabenstellungen erfolgreich zu bewältigen.	2,56	0,80
Gesamtskala (α = .82)	**2,75**	**0,55**

Tabelle 27:   Berufliche Handlungskompetenz aus Sicht von Unternehmungen

Stärken erkennen die Unternehmungen vor allem bei der Leistungsbereitschaft (x = 2,37) der Universitätsabsolventen sowie bei ihrer Fähigkeit, vielseitige Aufgabenstellungen erfolgreich zu bewältigen (x = 2,56). Hingegen beurteilen die Unternehmungen die Fähigkeit der Universitätsabsolventen, den beruflichen

Anforderungen gerecht zu werden (x = 3,15) eher skeptisch. Mit x = 2,75 fällt die Bewertung der beruflichen Handlungskompetenz insgesamt noch gut bis befriedigend aus.

Die Analyse der Korrelationen verdeutlicht, dass jede einzelne Dimension auch einen zumindest mittelstarken Zusammenhang zur beruflichen Handlungskompetenz aufweist (vgl. Anhang 10-3). Auffallend ist allerdings die mit r = .61 starke Korrelation von Selbstkompetenz und beruflicher Handlungskompetenz. In der Wahrnehmung der Unternehmungen sind demnach Universitätsabsolventen vor allem dann handlungskompetent, wenn sie auch selbstkompetent sind.

Berufliche Handlungskompetenz		Aufgeklärte Varianzanteile in %
Merkmal	Kommunikationsfähigkeit (Sozialkompetenz)	5,7
	Belastbarkeit (Selbstkompetenz)	12,2
	Lernbereitschaft (Selbstkompetenz)	8,8
	Flexibilität (Selbstkompetenz)	8,4
	Kritikfähigkeit (Selbstkompetenz)	8,5
$\Sigma = R^2$ (Adjustiertes R^2)		**43,6** (40,9)

Tabelle 28:   Aufgeklärte Varianzanteile der beruflichen Handlungskompetenz aus Sicht von Unternehmungen

Diese Vermutung wird durch die Regressionsanalyse bestätigt (vgl. Tabelle 28). Danach kann die berufliche Handlungskompetenz zu immerhin 43,6 % fast ausschließlich durch Merkmale der Selbstkompetenz aufgeklärt werden. Demgegenüber spielen Sach- und Sozialkompetenz eine untergeordnete Rolle für die Wahrnehmung beruflicher Handlungskompetenz bei Universitätsabsolventen.

5.3.3   Ergebnisse zur Studienqualität und zu den Einflussfaktoren

Nur die wenigsten der befragten Unternehmungen sind der Auffassung, dass die Universitäten die Studierenden optimal auf die beruflichen Anforderungen vorbereiten (x = 3,81) (vgl. Anhang 10-4). Diese Einschätzung wird durch den niedrigen Aussagegehalt der Diplomnote aus Sicht von Unternehmungen bestätigt. Bei einem Mittelwert von x = 3,61 gibt sie für die wenigsten Befragten zuverlässig Auskunft über die Leistungsfähigkeit von Universitätsabsolventen. Wesentlich größer, wenngleich noch immer nicht gut, ist der Aussagewert einer kurzen Studiendauer für die berufliche Leistungsfähigkeit (x = 2,77). Vor diesem Hintergrund überrascht, dass die Diplomnote noch immer ein wichtiges Kriterium für die Einladung zu Vorstellungsgesprächen ist, das oftmals höher als die Studiendauer gewertet wird.

Tendenziell sollte der Schwerpunkt der Ausbildung an Universitäten nach Meinung der Kreditinstitute weiterhin auf der Sachkompetenz liegen (x = 3,06). Gleichzeitig erwarten sie in stärkerem Maße als bislang die Förderung von Sozialkompetenz (x = 2,08) und Selbstkompetenz (x = 2,27). Eines zeigt die Erhebung ohne Einschränkung: Die Unternehmungen erwarten vom Studium weitaus stärker als in der Vergangenheit die Verbindung von Theorie und Praxis (x = 1,65). Hier besteht demnach nach Meinung der Unternehmungen ein großer Handlungsbedarf.

Das hohe Gewicht des Praxisbezugs wird dadurch unterstrichen, dass Praktika mit x = 1,64 entscheidende Bedeutung für den Erwerb beruflicher Handlungskompetenz haben (vgl. Anhang 10-5). Dieses Ergebnis wird durch eine Befragung der Personalverantwortlichen der 250 größten deutschen Unternehmungen unterstrichen. Danach teilen 81 % der Befragten die Einschätzung, dass Praktika sehr wichtig für den Berufseinstieg sind (vgl. MAYERHÖFER 2003, S. 89). Nur 12 % sind dieser Ansicht im Hinblick auf ein schnelles Studium (vgl. MAYERHÖFER 2003, S. 89).

Eine Berufsausbildung vor dem Studium erscheint den Unternehmungen bei einem Mittelwert von x = 2,66 weniger gut zum Kompetenzerwerb geeignet als Praktika (vgl. Anhang 10-5). Als wichtig erachten die befragten Mitarbeiter darüber hinaus die Qualität der Lehrveranstaltungen (x = 2,36) sowie die Betreuung der Studierenden (x = 2,56). Dass Praktika als wichtiger für den Erwerb von beruflicher Handlungskompetenz eingestuft werden als die Qualität der Lehrveranstaltungen ist beachtenswert und relativiert aus Sicht der Unternehmungen die Bedeutung der Lehrveranstaltungen.

Ehrenamtliches Engagement spielt nach Meinung der Kreditinstitute für den Kompetenzerwerb von Universitätsabsolventen eine klar untergeordnete Rolle (x = 3,32). Dies steht im Widerspruch zu seiner von Personalverantwortlichen beispielsweise bei Bewerbermessen gern hervorgehobenen großen Bedeutung für Einstellungsentscheidungen. Die Vermutung liegt nahe, dass die positive Würdigung des ehrenamtlichen Engagements eher der Imagewerbung der Unternehmung dient und weniger ein tatsächliches Auswahlkriterium ist.

Die Kommentare der Befragten am Ende des Fragebogens bestätigen die Ergebnisse der geschlossenen Fragen. Zwar sehen die Befragten Fachkenntnisse als wichtig an, stärker als in der Vergangenheit sollte den Studierenden aber die Möglichkeit geboten werden, den Zusammenhang zwischen Theorie und Realität zu erfahren.

Nach den Sichtweisen der Studierenden und Unternehmungen werden im Folgenden die Einschätzungen der Professoren charakterisiert und analysiert.

5.4   Die Sichtweise von Professoren

5.4.1   Ergebnisse zur Sach-, Sozial- und Selbstkompetenz

Auch bei den Professoren wird entsprechend dem theoretischen Modell zwischen den Dimensionen Sach-, Sozial- und Selbstkompetenz unterschieden. Tabelle 29 bietet einleitend einen Überblick über die Einschätzung der Sachkompetenz und ihrer Einzelmerkmale durch die Professoren.

Sachkompetenz		Wichtigkeit		Ausprägung		Defizit
		x	s	x	s	Δx
Merkmal	Grundlagenwissen in BWL	1,66	0,88	3,22	1,06	1,56***
	Spezifische Fachkenntnisse	2,66	1,17	2,86	0,99	0,20
	Sprachkenntnisse	1,93	0,79	3,24	0,99	1,31***
	EDV-Kenntnisse	2,14	0,90	2,75	1,02	0,61***
	Strukturierter Arbeitsstil	1,68	0,80	3,69	0,92	2,01***
	Entscheidungsfähigkeit	1,71	0,73	3,56	0,85	1,85***
	Analytisches Denken	1,44	0,65	3,44	0,96	2,00***
	Fachübergreifendes Denken	1,88	0,98	4,16	1,04	2,28***
Gesamtskala (α = .67)		**1,89**	**0,47**	**3,37**	**0,56**	**1,48***

Tabelle 29:   Sachkompetenz aus Sicht von Professoren

Auffallend ist zunächst die hohe Bedeutung, die Professoren der Sachkompetenz zumessen (x = 1,89). Verantwortlich dafür sind mit dem strukturierten Arbeitsstil, der Entscheidungsfähigkeit sowie dem analytischen und fachübergreifenden

Denken vier Merkmale, die der Methodenkompetenz zuzurechnen sind. Darüber hinaus kommt dem Grundlagenwissen in BWL (x = 1,66) große Wichtigkeit zu. Bemerkenswert ist, dass die Professoren den Sprachkenntnissen (x = 1,93) eine wesentlich höhere Wichtigkeit beimessen als den spezifischen Fachkenntnissen (x = 2,66). Dieser Sachverhalt spiegelt sich in der derzeitigen Ausbildung an Universitäten nicht wider, bei der Sprachkenntnisse kaum von Bedeutung sind.

Ganz anders sieht das Bild bei den Ausprägungen aus. Mit Werten zwischen x = 3,44 und x = 4,16 werden alle vier Komponenten der Methodenkompetenz sehr schlecht beurteilt. Entsprechend groß sind auch die Defizite (Δx > 1,80) Gleichzeitig sehen die Professoren auch beim Grundlagenwissen in BWL erhebliche Defizite (x = 3,22, Δx = 1,56). Wesentlich besser schätzen die Lehrenden hingegen die spezifischen Fachkenntnisse (x = 2,86, Δx = 0,20) und die EDV-Kenntnisse (x = 2,75, Δx = 0,61) ein.

Welche Bedeutung die Einzelmerkmale für die Wahrnehmung der Sachkompetenz haben, ist aus Tabelle 30 ersichtlich.

Sachkompetenz		Aufgeklärte Varianzanteile in %
Merkmal	Grundlagenwissen in BWL	8,0
	Spezifische Fachkenntnisse	14,6
	EDV-Kenntnisse	5,4
	Strukturierter Arbeitsstil	8,4
	Analytisches Denken	9,9
	$\Sigma = R^2$ (Adjustiertes R^2)	**46,3** (43,5)

Tabelle 30:   Aufgeklärte Varianzanteile der Sachkompetenz aus Sicht von Professoren

Auch wenn die Defizite der Universitätsabsolventen vor allem im Bereich der Methodenkompetenz gesehen werden, kommt den fachlichen Merkmalen entscheidende Bedeutung für die Wahrnehmung der Sachkompetenz zu. Mit strukturiertem Arbeitsstil und analytischem Denken tragen die methodischen Fähigkeiten und weniger stark die EDV-Kenntnisse zur Sachkompetenz bei. Sowohl die Sprachkenntnisse als auch die Entscheidungsfähigkeit und das fachübergreifende Denken tragen nicht dazu bei, dass Universitätsabsolventen als sachkompetent wahrgenommen werden. Der Grund hierfür könnte sein, dass Professoren die Sprachkenntnisse aber auch die Entscheidungsfähigkeit weniger direkt erleben

als insbesondere die fachlichen Kenntnisse sowie die Fähigkeit zu analytischem Denken.
Tabelle 31 verdeutlicht die Ergebnisse zur Sozialkompetenz und ihren Merkmalen.

Sozialkompetenz		Wichtigkeit		Ausprägung		Defizit
		x	s	x	s	Δx
	Verkäuferische Fähigkeit	3,20	1,09	3,67	1,10	0,47**
	Kommunikationsfähigkeit	1,57	0,71	3,32	0,98	1,75***
	Sicheres Auftreten	2,08	0,83	3,28	0,91	1,20***
Merkmal	Integrationsfähigkeit	2,10	0,87	3,51	0,87	1,41***
	Einfühlungsvermögen	2,49	0,98	3,61	0,81	1,12***
	Durchsetzungsfähigkeit	2,25	0,81	3,30	0,93	1,05***
	Konfliktfähigkeit	1,91	0,80	3,69	1,01	1,78***
	Teamfähigkeit	1,67	0,74	3,35	0,91	1,68***
Gesamtskala (α = .79)		**2,16**	**0,54**	**3,47**	**0,60**	**1,31***

Tabelle 31:   Sozialkompetenz aus Sicht von Professoren

Am wichtigsten stufen die befragten Professoren Kommunikationsfähigkeit (x = 1,57), Teamfähigkeit (x = 1,67) sowie Konfliktfähigkeit (x = 1,91) ein. Die mit Abstand geringste Bedeutung kommt aus ihrer Sicht den verkäuferischen Fähigkeiten (x = 3,20) zu. Wesentlich ausgewogener ist das Bild bei der Ausprägung der Merkmale. Alle Mittelwerte liegen hier zwischen x = 3,28 und x = 3,69. Dementsprechend sehen die Professoren vor allem bei solchen Merkmalen erhebliche Defizite, welche sie als besonders wichtig einstufen. So beträgt der Mittelwertunterschied bei der Konfliktfähigkeit Δx = 1,78, bei der Kommunikationsfähigkeit Δx = 1,75 und bei der Teamfähigkeit Δx = 1,68.

Tabelle 32 gibt Auskunft darüber, von welchen Einzelmerkmalen die Wahrnehmung der Sozialkompetenz abhängig ist. Zur Aufklärung der Sozialkompetenz tragen drei Merkmale bei, die den „weichen" Faktoren zugeordnet werden können (vgl. Kapitel 3.2.2). Die „harten" Merkmale, wie beispielsweise verkäuferische Fähigkeiten, sicheres Auftreten und Konfliktfähigkeit, tragen nicht zur Aufklärung bei. Sozialkompetent sind demnach in den Augen der Professoren diejenigen, die sich in ein Team integrieren können und die Fähigkeit zur Kommunikation mit Kollegen und Kunden besitzen. Da die Professoren bei allen drei Merkmalen überdurchschnittliche Defizite bei den Studierenden sehen, sollte die Bereitschaft zur stärkeren Förderung dieser Merkmale im Rahmen des betriebswirtschaftlichen Studiums bestehen.

Sozialkompetenz		Aufgeklärte Varianzanteile in %
Merkmal	Kommunikationsfähigkeit	20,6
	Integrationsfähigkeit	16,7
	Teamfähigkeit	11,2
	$\Sigma = R^2$ (Adjustiertes R^2)	**48,5** (46,8)

Tabelle 32:   Aufgeklärte Varianzanteile der Sozialkompetenz aus Sicht von Professoren

Die Ergebnisse zur Selbstkompetenz und ihren Merkmalen veranschaulicht Tabelle 33.

Selbstkompetenz		Wichtigkeit		Ausprägung		Defizit
		x	s	x	s	Δx
Merkmal	Belastbarkeit	1,83	0,73	3,21	1,13	1,38***
	Eigeninitiative	1,69	0,78	3,60	1,12	1,91***
	Lernbereitschaft	1,65	0,73	2,92	0,92	1,27***
	Flexibilität	1,95	0,84	3,24	1,07	1,29***
	Kritikfähigkeit	2,14	0,89	3,69	1,01	1,55***
	Verantwortungsbewussts.	1,81	0,90	3,44	0,90	1,63***
	Selbständigkeit	1,87	0,87	3,61	1,14	1,74***
	Zielstrebigkeit	1,94	0,79	3,02	1,03	1,08***
Gesamtskala (α = .83)		**1,86**	**0,58**	**3,34**	**0,71**	**1,48***

Tabelle 33:   Selbstkompetenz aus Sicht von Professoren

Bei einem Mittelwert von x = 1,86 werden die Merkmale mit relativ geringen Abweichungen als wichtig eingeschätzt. Nur die Kritikfähigkeit wird mit x = 2,14 von den Professoren gegenüber den anderen Merkmalen relativ gesehen als unwichtig eingestuft. Aufgrund dieser Einschätzung überrascht nicht, dass die Studierenden der Ansicht sind, dass die Lehrveranstaltungen nur wenig zur Förderung ihrer Kritikfähigkeit beitragen und sowohl Studierende als auch Unternehmungen bei der Kritikfähigkeit überdurchschnittliche Defizite sehen. Etwas größer als bei der Bedeutung sind die Differenzen bei der Ausprägung. Am positivsten bewerten die Professoren die Lernbereitschaft (x = 2,92) und die Zielstrebigkeit (x = 3,02) der Universitätsabsolventen. Mit x = 3,69 wird die Kritikfähigkeit am schlechtesten bewertet. Die größten Defizite sehen die Professoren bei der Eigeninitiative (Δx = 1,91) und Selbständigkeit (Δx = 1,74).

Selbstkompetenz	Aufgeklärte Varianzanteile in %
Merkmal Eigeninitiative	21,3
Lernbereitschaft	12,5
Selbständigkeit	12,1
$\Sigma = R^2$ (Adjustiertes R^2)	**45,9** (44,2)

Tabelle 34:   Aufgeklärte Varianzanteile der Selbstkompetenz aus Sicht von Professoren

Wie schon bei der Sozialkompetenz tragen aus Sicht der Professoren nur drei Merkmale zur Aufklärung der Ausprägung der Selbstkompetenz bei (vgl. Tabelle 34). Diese fällt mit 45,9 % relativ hoch aus. Entsprechend hoch ist der Erklärungswert der einzelnen Merkmale. Mit über 10 % Varianzaufklärung spielen nach Einschätzung der Professoren Lernbereitschaft, Selbständigkeit und insbesondere die Eigeninitiative die zentrale Rolle für die Selbstkompetenz. Angesichts der vor allem bei Eigeninitiative und Selbständigkeit wahrgenommenen Defizite sollte die Bereitschaft zur Weiterentwicklung der Lernumwelten von Seiten der Professoren gegeben sein.

Vergleicht man die Wichtigkeit von Sach-, Sozial- und Selbstkompetenz miteinander, so nehmen die befragten Professoren Sach- (x = 1,89) und Selbstkompetenz (x = 1,86) fast identisch wahr. Demgegenüber wird der Sozialkompetenz (x = 2,16) eine geringere Bedeutung zugemessen. Bei den Defiziten schneidet die Sozialkompetenz (Δx = 1,31) etwas besser ab als Sach- und Selbstkompetenz mit jeweils Δx = 1,48. Sowohl die Wahrnehmung der Defizite als auch die Wahrnehmung der Wichtigkeit spricht aus Sicht der Professoren für eine stärkere Förderung vor allem von Sach- und Selbstkompetenz.

Trotz der unterschiedlichen Wahrnehmung verdeutlicht die Analyse der Zusammenhänge zwischen Sach-, Sozial- und Selbstkompetenz (vgl. Anhang 11-1) auch in der Wahrnehmung der Professoren die enge Verbindung der drei Dimensionen.

5.4.2 Ergebnisse zur beruflichen Handlungskompetenz

Tabelle 35 bietet einen Überblick über die Beurteilung einzelner Aspekte beruflicher Handlungskompetenz durch Professoren.

Berufliche Handlungskompetenz		x	s
	Auf ihre Aufgaben sind Universitätsabsolventen gut vorbereitet.	3,07	0,90
	Alles in allem ist die Leistungsfähigkeit der Absolventen groß.	2,63	0,85
	Universitätsabsolventen haben keine Schwierigkeiten, den beruflichen Anforderungen gerecht zu werden.	3,13	0,99
Merkmal	Universitätsabsolventen können sich schnell auf neue Situationen einstellen.	2,74	0,99
	Universitätsabsolventen sind in der Lage, auch komplexe Problemstellungen erfolgreich zu bewältigen.	2,68	1,15
	Universitätsabsolventen sind in hohem Maße leistungsbereit.	2,65	1,01
	Ihre Fähigkeiten erlauben es Universitätsabsolventen, vielseitige Aufgabenstellungen erfolgreich zu bewältigen.	2,52	0,92
Gesamtskala ($\alpha = .89$)		2,77	0,75

Tabelle 35:   Berufliche Handlungskompetenz aus Sicht von Professoren

Insgesamt beurteilen die Professoren die berufliche Handlungskompetenz der Universitätsabsolventen mit x = 2,77. Der hohe α-Wert von .89 spricht für die Güte der Skala. Besonders positiv schätzen die Professoren die Fähigkeit der Universitätsabsolventen ein, vielseitige Aufgabenstellungen erfolgreich zu bewältigen (x = 2,52). Gleichzeitig sind die Professoren allerdings nicht der

Ansicht, dass die Studierenden keine Schwierigkeiten haben werden, den beruflichen Anforderungen gerecht zu werden (x = 3,13).
Die Korrelationsanalyse führt zu einem interessanten Ergebnis. Während Sach-
und Selbstkompetenz eine starke Verbindung zur beruflichen Handlungskompetenz aufweisen, korrelieren Sozialkompetenz und berufliche Handlungskompetenz deutlich schwächer (vgl. Anhang 11-1).

Berufliche Handlungskompetenz		Aufgeklärte Varianzanteile in %
Merkmal	Spezifische Fachkenntnisse (Sachkompetenz)	8,2
	Analytisches Denken (Sachkompetenz)	12,7
	Eigeninitiative (Selbstkompetenz)	13,8
	Selbständigkeit (Selbstkompetenz)	10,6
$\Sigma = R^2$ (Adjustiertes R^2)		**45,3** (43,0)

*Tabelle 36:   Aufgeklärte Varianzanteile der beruflichen Handlungskompetenz
aus Sicht von Professoren*

Dieses Ergebnis der Korrelationsanalyse wird durch die Regressionsanalyse
bestätigt (vgl. Tabelle 36). Zur Aufklärung der beruflichen Handlungskompetenz
mit 45,3 % tragen Merkmale der Sozialkompetenz nicht bei. Vielmehr verteilt
sich die Aufklärung relativ gleichgewichtig auf Sach- und Selbstkompetenz. Die
entscheidende Rolle bei der Sachkompetenz spielen mit den spezifischen Fachkenntnissen und dem analytischen Denken zwei von den Professoren gut wahr-
nehmbare Merkmale. Darüber hinaus leisten die Eigeninitiative und Selbständigkeit einen wichtigen Beitrag zur Aufklärung beruflicher Handlungskompetenz.
Da diese auch wesentlich zur Aufklärung der Selbstkompetenz beitragen, kommt
ihnen offensichtlich in der Wahrnehmung der Professoren ein hohes Gewicht zu.

5.4.3   Ergebnisse zur Studienqualität und zu den Einflussfaktoren

Die Befragungsergebnisse zur Vorbereitung der Universitätsabsolventen auf die
berufliche Realität weisen nach Einschätzung der Professoren auf erhebliche
Defizite hin (vgl. Anhang 11-2). Bei einem unterhalb der Skalenmitte liegenden
Mittelwert von x = 3,65 sind die Professoren mehrheitlich davon überzeugt, dass
die Studierenden von Universitäten keineswegs optimal auf die beruflichen

Anforderungen vorbereitet werden. Dieses Misstrauen gegenüber der eigenen Ausbildungsqualität bestätigt sich darin, dass Diplomnoten nur einen sehr begrenzten Aussagewert für die berufliche Leistungsfähigkeit haben (x = 3,31). Als wesentlich besser, wenngleich immer noch nicht als gut, stufen die Professoren den Aussagegehalt der Studiendauer für die berufliche Leistungsfähigkeit ein (x = 2,78). Angesichts dieser eindeutigen Ergebnisse im Hinblick auf die berufliche Handlungskompetenz erstaunt, dass Professoren einer Untersuchung von KONEGEN-GRENIER (vgl. 2002, S. 128) zufolge Examensnoten als wichtigeres Kriterium für Studienerfolg betrachten als die Studiendauer.

Stärker als bislang sollten nach Meinung der Hochschullehrer Selbstkompetenz (x = 2,57) und vor allem Sozialkompetenz (x = 2,32) gefördert werden. Im Gegensatz dazu sehen sie die Förderung der Sachkompetenz bei einem Mittelwert von x = 3,03 eher als ausreichend an. Dieses Ergebnis ist insofern überraschend, weil die Professoren bei der Sozialkompetenz, im Verhältnis zur Sach- und Selbstkompetenz, die geringsten Defizite bei den Universitätsabsolventen sehen (vgl. Kapitel 5.4.1). Mit klarer Mehrheit sind sie der Auffassung, dass der Schwerpunkt der Ausbildung auf der Sachkompetenz (x = 2,68) liegen sollte. Gleichzeitig fordern die befragten Professoren, dass Theorie und Praxis stärker als bislang verbunden werden sollten (x = 2,59), ohne dass dies in der Vergangenheit auf breiter Basis Veränderungen nach sich gezogen hat (vgl. Kapitel 3.5).

Der große Wert des Praxisbezugs für Studierende wird dadurch bestätigt, dass Professoren Praktika während des Studiums unter allen genannten Aspekten die höchste Bedeutung für den Erwerb beruflicher Handlungskompetenz zuschreiben (x = 1,95) (vgl. Anhang 11-3). Fast ebenso hoch ist nach ihrer Einschätzung mit x = 2,03 der Einfluss der Qualität der Lehrveranstaltungen. Mit einem Mittelwert von x = 2,07 trägt aus Sicht der Professoren ein Auslandsstudium erheblich zur Weiterentwicklung Studierender bei. Zudem wird die Betreuungsqualität durch die Lehrstühle als wichtig erachtet (x = 2,32). Deutlich niedriger stufen Professoren die Bedeutung von ehrenamtlichem Engagement (x = 2,86) ein. Bei einem Mittelwert von x = 3,71 spielt eine Berufsausbildung vor dem Studium nach Meinung der Professoren eine untergeordnete Rolle für den Erwerb beruflicher Handlungskompetenz. Auf diese sollte zugunsten von Praktika verzichtet werden.

Aufbauend auf der getrennten Analyse der Sichtweisen von Studierenden, Unternehmungen und Professoren werden diese im Folgenden gegenübergestellt und vor allem der Handlungsbedarf für die Ausbildung an Universitäten aufgezeigt.

5.5   Vergleich der Sichtweisen von Studierenden, Unternehmungen und Professoren[104]

5.5.1   Ergebnisse zur Sach-, Sozial- und Selbstkompetenz

Besonders hohe Aussagefähigkeit für das Erkennen von Handlungsbedarf kommt der Analyse der Defizite zu. Die Defizite verbinden die Aussagen zu Wichtigkeit und Ausprägung von Merkmalen und stehen im Mittelpunkt der nachfolgenden Betrachtung. Ergänzend werden die Wichtigkeit und Ausprägung an sich betrachtet. Für die Weiterentwicklung des betriebswirtschaftlichen Studiums kommt strukturellen Charakteristika in den Einschätzungen von Studierenden, Unternehmungen und Professoren grundlegende Bedeutung zu.

Im Hinblick auf die Sachkompetenz ist aus Sicht aller drei Anspruchsgruppen festzustellen, dass die methodischen Fähigkeiten eine größere Bedeutung haben als die fachlichen Kenntnisse. Gleichzeitig werden bei den methodischen Fähigkeiten eindeutig (Unternehmungen und Professoren) beziehungsweise tendenziell (Studierende) die größeren Defizite gesehen (vgl. Anhang 12-1). Bei den fachlichen Kenntnissen erscheint allen Befragten darüber hinaus das Grundlagenwissen in BWL wichtiger als die spezifischen Fachkenntnisse. Ganz unterschiedlich werden hingegen die Defizite bei den fachlichen Kenntnissen wahrgenommen. Während Professoren die Defizite eindeutig beim Grundlagenwissen sehen, liegen sie für Studierende und Unternehmungen vor allem beim spezifischen Fachwissen. Dagegen sind es bei den Sprachkenntnissen die Studierenden und Professoren, die die Defizite wesentlich höher einschätzen als die Unternehmungen.

Die Ergebnisse verdeutlichen die Notwendigkeit, die methodischen Fähigkeiten im Rahmen des Studiums stärker als bislang zu berücksichtigen. Als Folge der von allen Beteiligten strukturell identisch wahrgenommenen Defizite, sollte die Bereitschaft zu Veränderungen vorhanden sein.

Keine eindeutigen Handlungsempfehlungen lassen sich dagegen aus den Ergebnissen zu den fachlichen Kenntnissen ableiten, da sich Studierende, Unternehmungen und Professoren in ihren Einschätzung teilweise deutlich unterscheiden. Allerdings deuten die vor allem von den Unternehmungen wahrgenommenen Defizite bei den spezifischen Fachkenntnissen ($\Delta x = 1,00$) Optimierungsbedarf

---

[104]   Vgl. zur Wichtigkeit und Ausprägung von Sach-, Sozial- und Selbstkompetenz und ihrer Merkmale sowie zu den Ergebnissen der Korrelations- und Regressionsanalysen Kapitel 5.2 bis Kapitel 5.4.

an. Offen bleibt bei der Befragung, ob die Defizite mehr den Umfang oder die Inhalte der spezifischen Fachkenntnisse betreffen. Naheliegend ist, dass die Defizite vor allem bei den Inhalten liegen. Dafür, dass die Defizite weniger den Umfang als die Inhalten betreffen, spricht die positive Beurteilung der spezifischen Fachkenntnisse durch die Professoren bei einem Defizit von nur $\Delta x = 0{,}20$. So könnte die sehr unterschiedliche Wahrnehmung der Defizite daraus resultieren, dass die Studierenden bei dem, was an Universitäten gelehrt wird, tatsächlich kaum Defizite aufweisen. Gleichzeitig offenbaren sich bei den in der Realität erforderlichen Kenntnissen für die Unternehmungen allerdings erhebliche Kenntnislücken.

Angesichts der nach Einschätzung von Unternehmungen eher geringen Defizite bei den Sprachkenntnissen sollten diese nicht stärker als in der Vergangenheit für alle Studierenden verbindlich in den Mittelpunkt der Ausbildung gestellt werden. Da sich die Anforderungen an die Sprachkenntnisse stark unterscheiden (vgl. Kapitel 5.3.1), sollte den Studierenden die Möglichkeit eröffnet werden, ihre Sprachkompetenz je nach individuell angestrebter beruflicher Aufgabe weiter zu entwickeln. Die relativ zu anderen Merkmalen eher geringen Defizite bei den EDV-Kenntnissen machen deutlich, dass die Universitätsabsolventen bei diesem Merkmal insgesamt den Anforderungen gerecht werden. Auch hier besteht keine dringende Handlungsnotwendigkeit.

Die Ergebnisse der Regressionsanalysen bestätigen die eher geringe Bedeutung von Sprach- und EDV-Kenntnissen. Sie machen deutlich, dass das Grundlagenwissen in BWL und die fachspezifischen Kenntnissen nach Auffassung aller drei Anspruchsgruppen einen mindestens ebenso großen Einfluss auf die Sachkompetenz haben wie die methodischen Fähigkeiten. Die empirische Analyse widerlegt damit klar die These von der Entwertung fachlichen Wissens.

Auch bei der Sozialkompetenz lassen sich strukturelle Gemeinsamkeiten in den Sichtweisen erkennen. Entscheidende Bedeutung haben gleichermaßen nach Meinung von Studierenden, Unternehmungen und Professoren Kommunikations- und Teamfähigkeit. So sind Kommunikations- und Teamfähigkeit bei den Unternehmungen und Professoren die zwei wichtigsten Merkmale, bei den Studierenden das wichtigste und drittwichtigste Merkmal. Gleichzeitig sehen vor allem Unternehmungen und Professoren bei diesen Merkmalen erhebliche Defizite (vgl. Anhang 12-2) und auch nach Meinung der Studierenden bestehen hier, wenngleich weniger ausgeprägt, Defizite. Damit verfestigt sich die theoretisch und aus vorangegangenen Untersuchungen gewonnene Erkenntnis, dass veränderte Unternehmungsumwelt- und Unternehmungsfaktoren, wie beispielsweise die Einführung neuer Organisationsformen, hohe Anforderungen an Team- und Kommunikationsfähigkeit stellen. Im Hinblick sowohl auf die derzeitigen als auch die künftig zu erwartenden Anforderungen ist die stärkere Förderung von Team- und Kommunikationsfähigkeit im Rahmen des Universitätsstudiums daher geboten.

Auch über Team- und Kommunikationsfähigkeit hinaus nehmen Studierende, Unternehmungen und Professoren die Anforderungen tendenziell vergleichbar wahr. Deutliche Differenzen bestehen allerdings bei der Wahrnehmung der Ausprägung und dementsprechend bei den Defiziten. Auffällig ist das relativ hohe Defizit und der entsprechende Handlungsbedarf, den alle drei Gruppen bei der Konfliktfähigkeit sehen. Ganz anders sieht es dagegen bei den verkäuferischen Fähigkeiten aus. Hier nehmen die Unternehmungen erhebliche Defizite wahr ($\Delta x = 1,26$), während die Professoren bei diesem Merkmal die geringsten Defizite ($\Delta x = 0,47$) aller Merkmale der Sozialkompetenz sehen. Demzufolge sind die Voraussetzungen für eine stärkere Förderung an Universitäten trotz des vorhandenen Bedarfs eher ungünstig.

Die Regressionsanalyse verdeutlicht die strukturell hohe Bedeutung der „weichen" Merkmale der Sozialkompetenz, wie beispielsweise von Kommunikations- und Integrationsfähigkeit. Ihnen kommt nach Einschätzung aller befragten Anspruchsgruppen weitaus stärkeres Gewicht für die Aufklärung der Sozialkompetenz zu als den „harten" Merkmalen, wie zum Beispiel Durchsetzungs- und Konfliktfähigkeit. Demzufolge sollte nicht nur der Team- und Kommunikationsfähigkeit, sondern den „weichen" Merkmalen insgesamt besonderes Gewicht bei der Gestaltung der Lernumwelten beim betriebswirtschaftlichen Studium zukommen.

Die größten Unterschiede zwischen der Selbstwahrnehmung der Studierenden und den Fremdwahrnehmungen durch Unternehmungen und Professoren bestehen bei der Selbstkompetenz (vgl. Anhang 12-3). Während Studierende ihre Defizite mit $\Delta x = 0,52$ im Verhältnis zur Sach- und Sozialkompetenz relativ niedrig einschätzen, sehen Unternehmungen mit $\Delta x = 0,89$ und Professoren mit $\Delta x = 1,48$ erheblichen Handlungsbedarf. Auch hier ergeben sich die Differenzen nicht so sehr aus der unterschiedlichen Wahrnehmung der Wichtigkeit als vielmehr der Ausprägung.

Die Lernbereitschaft beurteilen Studierende, Unternehmungen und Professoren gleichermaßen als unerlässliches Merkmal der Selbstkompetenz. Dies verdeutlicht, dass alle drei Anspruchsgruppen die gestiegenen Anforderungen an die Lernbereitschaft der Universitätsabsolventen erkannt haben. Gleichzeitig stufen alle drei Gruppen und insbesondere die Unternehmungen die Defizite relativ gesehen als gering ein, so dass die Universitätsabsolventen den Anforderungen an die Lernbereitschaft tendenziell gerecht werden. Zudem wird die Zielstrebigkeit relativ positiv beurteilt. Dabei ist allerdings zu beachten, dass die Defizite nach Ansicht der Professoren wesentlich höher ausfallen als nach Meinung von Studierenden und Unternehmungen.

Überdurchschnittlich großen Handlungsbedarf sehen Studierende, Unternehmungen und Professoren im Hinblick auf die Kritikfähigkeit. Dies wird verständlich, wenn man bedenkt, dass die Lehrveranstaltungen nach Einschätzung der Studierenden die Kritikfähigkeit kaum fördern (vgl. Kapitel 5.2.3). Hier ist zu prüfen, welche Möglichkeiten die Vorlesungen und alternative Lehr-Lern-Arrangements bieten, um den Studierenden in verstärktem Maße die Aneignung von Kritikfähigkeit zu ermöglichen.

Hohe Defizite sehen alle drei Anspruchsgruppen bei der Eigeninitiative. Auch dieses Defizit lässt sich zumindest teilweise den derzeitigen Lernumwelten an Universitäten zuschreiben, die in nur geringem Umfang die Eigenaktivität der Studierenden fördern (vgl. Kapitel 5.2.3). Da die Eigeninitiative gleichzeitig nach Auffassung von Studierenden, Unternehmungen und Professoren teils erheblich zur Aufklärung der Selbstkompetenz beiträgt, ist dringend geboten, die Lernumwelten an Universitäten so zu gestalten, dass sie einen stärkeren Beitrag zur Förderung der Eigeninitiative leisten.

Ergänzend zur getrennten Analyse von Sach-, Sozial- und Selbstkompetenz ermöglicht die vergleichende Betrachtung der Dimensionen neue Erkenntnisse. Bei allen drei Dimensionen sehen die Studierenden die geringsten und die Professoren die größten Defizite. Während die geringeren Defizite in der Wahrnehmung der Studierenden nicht überraschen, erstaunt, dass die Professoren signifikant größere Defizite als die Unternehmungen sehen. Der Grund für den Unterschied liegt darin, dass die Professoren die tatsächlichen Kompetenzen der Universitätsabsolventen wesentlich schlechter einschätzen als die Unternehmungen. Bei der Wichtigkeit stimmen sie tendenziell mit den Unternehmungen überein. Die Analyse der Defizite lässt demnach aus Sicht der Professoren einen erheblichen Handlungsbedarf erkennen.[105] Da die Wahrnehmung von Defiziten eine wichtige Voraussetzung für Veränderungen ist, bestehen unter diesem Gesichtspunkt zahlreiche Ansatzpunkte.

---

[105] Dabei ist zu berücksichtigen, dass die Wahrnehmung eines Defizits nicht zwingend gleichbedeutend ist mit der Wahrnehmung von Handlungsbedarf. Hinzu kommen muss, dass die Förderung aus Sicht der Professoren als Aufgabe der Universität begriffen wird. Da Professoren die stärkere Förderung nicht nur von Sach-, sondern auch von Sozial- und Selbstkompetenz als Aufgabe der Universitäten sehen (vgl. Kapitel 5.4.3), ist dies zwar nicht für jedes Einzelmerkmal, aber doch für die Kompetenzen als Ganzes gewährleistet.

Anders als es (kompetenz-)theoretisch nicht fundierte Befragungen immer wieder nahe legen (vgl. Kapitel 3.3 bis Kapitel 3.5), liegen die Defizite keineswegs einseitig bei der Sozial- und Selbstkompetenz. Vielmehr sehen Studierende selbst ihre größten Defizite bei der Sachkompetenz, Unternehmungen bei der Sozial- kompetenz und Professoren gleichermaßen bei der Sach- und Selbstkompetenz.

Die insgesamt hohe Aufklärung von Sach-, Sozial- und Selbstkompetenz spricht für die Güte der gewählten Merkmale, die offensichtlich wesentliche Eigenschaf- ten von Sach-, Sozial- und Selbstkompetenz erklären können. Sie bieten eine fundierte Basis für die Weiterentwicklung des betriebswirtschaftlichen Studiums an Universitäten.

Die vergleichende Analyse verdeutlicht, dass jede Gruppe spezifische Wahrneh- mungsmuster besitzt. So tragen nach Einschätzung jeder Gruppe jeweils tenden- ziell diejenigen Merkmale besonders stark zur Aufklärung der Kompetenzen bei, die sie gut wahrnehmen können und eine hohe Relevanz besitzen. Angesichts der Tatsache, dass alle drei Gruppen zur Optimierung der betriebswirtschaftlichen Ausbildung an Universitäten aufeinander angewiesen sind, ist die Kenntnis der Betrachtungsweise der jeweils anderen Gruppen unerlässlich. Dies verdeutlicht die Wichtigkeit einer multiperspektivischen Betrachtung des betriebswirtschaftli- chen Studiums, die ihre Erkenntnisse aus der integrativen Verknüpfung der Sichtweisen gewinnt.

5.5.2   Ergebnisse zur beruflichen Handlungskompetenz

Im Gegensatz zu den Einzelmerkmalen von Sach-, Sozial- und Selbstkompetenz zeigen sich bei den Merkmalen beruflicher Handlungskompetenz erstaunlich geringe Unterschiede in den Einschätzungen von Studierenden, Unternehmungen und Professoren (vgl. Anhang 12-4). Insbesondere fällt die große Übereinstim- mung in der Betrachtung der Unternehmungen und Professoren auf, die sich nur beim Aspekt der Leistungsbereitschaft signifikant unterscheiden. Bei Mittelwer- ten zwischen x = 2,52 (Studierende) und x = 2,77 (Professoren) wird die berufli- che Handlungskompetenz gut bis befriedigend beurteilt.

Die Korrelationsanalyse zeigt bei Studierenden, Unternehmungen und Professo- ren, dass signifikante Zusammenhänge von beruflicher Handlungskompetenz mit Sach-, Sozial- und Selbstkompetenz bestehen. Damit unterstreicht die Korrelati- onsanalyse, dass berufliche Handlungskompetenz als integrative Verbindung von Sach-, Sozial- und Selbstkompetenz anzusehen ist (vgl. Kapitel 3.6). In der Wahrnehmung aller drei Gruppen bestehen die höchsten Korrelationen zwischen beruflicher Handlungskompetenz und Selbstkompetenz.

Die Ergebnisse der Korrelationsanalyse werden durch die Regressionsanalysen weitgehend bestätigt. Aus Sicht von Studierenden, Unternehmungen und Professoren hat die Selbstkompetenz den größten Anteil an der Varianzaufklärung. Darüber hinaus tragen nach Ansicht der Studierenden sowohl Merkmale von Sach- als auch Sozialkompetenz zur Varianzaufklärung bei. Hingegen fehlen bei den Unternehmungen Merkmale der Sachkompetenz und bei den Professoren Merkmale der Sozialkompetenz. Während bei den Professoren das Fehlen von Merkmalen der Sozialkompetenz insofern nicht überraschend ist, weil sie diese im Gegensatz zu Merkmalen der Sach- und Selbstkompetenz weniger differenziert wahrnehmen können, überrascht das Fehlen von Merkmalen der Sachkompetenz bei den Unternehmungen. Eine Erklärung hierfür ist aus den Untersuchungsdaten nicht ersichtlich.

Auf Basis der Korrelations- und Regressionsanalyse leisten alle drei Dimensionen einen Beitrag zum Erwerb beruflicher Handlungskompetenz. Den stärksten Beitrag leistet nach Auffassung von Studierenden, Unternehmungen und Professoren die Selbstkompetenz. Daher ist besonders bei der Selbstkompetenz zu prüfen, ob und in welchem Umfang sie durch die Ausbildung an Universitäten gefördert werden kann.

5.5.3   Ergebnisse zur Studienqualität und zu den Einflussfaktoren

Während die Ergebnisse zu den Kompetenzen vor allem ersichtlich machen, bei welchen Kompetenzen Optimierungsbedarf besteht, geben die Ergebnisse zur Studienqualität und den Einflussfaktoren Auskunft darüber, welche Möglichkeiten zur Optimierung bestehen.

Tabelle 37 verdeutlicht, dass bei der Vorbereitung von Studierenden auf die berufliche Realität durch Universitäten große Optimierungspotenziale gesehen werden. So bereiten die Universitäten nach Meinung von Studierenden, Unternehmungen und Professoren bei Mittelwerten von x = 3,65 bis x = 4,07 die Studierenden nur mäßig auf die berufliche Realität vor. Dieses Ergebnis wird noch dadurch unterstrichen, dass die an Universitäten vergebenen Diplomnoten mit Werten von x = 3,31 bis x = 4,17 eine eher geringe Aussagefähigkeit im Hinblick auf die berufliche Leistungsfähigkeit haben. Die Befragung bestätigt damit den zweifelhaften Charakter von Diplomnoten als Kriterium für Studienerfolg nach Einschätzung der drei wesentlichen Anspruchsgruppen des betriebswirtschaftlichen Studiums (vgl. Kapitel 2.5).

Vorbereitung durch Universitäten auf die berufliche Realität	Mittelwert			Signifikanz[106]
	Stud.	Unt.	Prof.	
Optimale Vorbereitung	4,07	3,81	3,65	S*P
Stärker Sachkompetenz fördern	3,00	2,99	3,03	ns
Stärker Sozialkompetenz fördern	2,40	2,08	2,32	S*U
Stärker Selbstkompetenz fördern	2,38	2,27	2,57	ns
Schwerpunkt Sachkompetenz	2,62	3,06	2,68	S*U, U*P
Theorie und Praxis	1,76	1,65	2,59	S*P, U*P
Aussagefähigkeit Diplomnote	4,17	3,61	3,31	S*U, S*P
Aussagefähigkeit Studiendauer	3,56	2,77	2,78	S*U, S*P

Tabelle 37: Vorbereitung durch Universitäten auf die berufliche Realität aus Sicht von Studierenden, Unternehmungen und Professoren im Vergleich

Des Weiteren sind sich die Anspruchsgruppen mit nur sehr geringen Unterschieden darin einig, dass relativ betrachtet Sozial- und Selbstkompetenz stärker als in der Vergangenheit gefördert werden sollten. Der Schwerpunkt der Ausbildung sollte nach Auffassung der Befragten auch zukünftig auf der Sachkompetenz liegen. Besonders deutlich vertreten Studierende und Professoren diese Ansicht. Unternehmungen erwarten signifikant stärker als Studierende und Professoren eine gleichgewichtige Förderung aller Kompetenzen. Der häufig geäußerten Vermutung, den Unternehmungen komme es zum Nachteil des Individuums einseitig auf sachliche Kompetenz an, während soziale und personale Kompetenzen zweitrangig seien, muss daher widersprochen werden.

In weit höherem Maße als derzeit erwarten Studierende, Unternehmungen und etwas schwächer auch die Professoren, dass Theorie und Praxis beim betriebswirtschaftlichen Studium verzahnt werden. Diese Forderung erklärt sich daraus, dass dem Praxisbezug des Studiums, wiederum nach Meinung vor allem der Studierenden und Unternehmungen, sehr große Bedeutung für den Erwerb beruflicher Handlungskompetenz zukommt (vgl. Tabelle 38). Aber auch die Professoren halten den Praxisbezug bei einem Mittelwert von x = 2,59 für wich-

---

[106] Dabei bedeutet S*U, dass die sich die Defizite aus Sicht von Studierenden und Unternehmungen signifikant unterscheiden. Bei S*P sind es Studierende und Professoren und bei U*P sind es Unternehmungen und Professoren, die sich in ihrer Wahrnehmung signifikant unterscheiden.

tig. Zur Optimierung des Ausbildungsangebots ist demzufolge zu prüfen, welche Möglichkeiten bestehen, den Praxisbezug zu stärken.

Erwerb von beruflicher Hand-lungskompetenz	Mittelwert			Signifikanz
	Stud.	Unt.	Prof.	
Praktika während des Studiums	1,79	1,64	1,95	U*P
Berufsausbildung	3,69	2,66	3,71	S*U, U*P
Qualität der Lehrveranstaltungen	2,20	2,36	2,03	U*P
Betreuungsqualität	2,53	2,56	2,32	n.s.
Praxisbezug des Studiums	1,92	1,66	2,59	S*U, S*P, U*P
Auslandsstudium	2,76	2,68	2,07	S*P, U*P
Ehrenamtliches Engagement	3,59	3,32	2,86	S*P, U*P

Tabelle 38:   Bedeutung unterschiedlicher Merkmale für den Erwerb von beruflicher Handlungskompetenz aus Sicht von Studierenden, Unternehmungen und Professoren im Vergleich

Eine Möglichkeit (wenngleich keineswegs die einzige) zur Stärkung des Praxisbezugs sind studienbegleitende Praktika. Ihnen kommt nach Meinung aller Beteiligten die höchste Bedeutung für den Erwerb von beruflicher Handlungskompetenz zu. Diese Ansicht wird durch die umfassende Analyse des Zusammenhangs absolvierter Praktika und beruflicher Handlungskompetenz untermauert (vgl. Kapitel 5.2.3). In Anbetracht der Tatsache, dass die überwiegende Zahl der Studierenden Praktika absolviert und die Qualität der Praktika einen signifikanten Einfluss auf die Kompetenzentwicklung ausübt (vgl. Kapitel 5.2.3), ist zu prüfen, ob und in welcher Form die Universitäten Einfluss auf die Qualität der Praktika nehmen können.

Übereinstimmend betonen Studierende, Unternehmungen und Professoren die hohe Bedeutung der Lehrveranstaltungen (vgl. Kapitel 4.4) für den Erwerb beruflicher Handlungskompetenz. Anders als bei den Praktika schätzen hier die Professoren die Bedeutung etwas höher ein als die Unternehmungen. Die Wichtigkeit der Lehrveranstaltungsqualität für den Erwerb beruflicher Handlungskompetenz wird durch die multivariate Analyse unterstrichen (vgl. Kapitel 5.2.3). Gleichzeitig entspricht die Qualität der Lehrveranstaltungen nach Auffassung der Studierenden keineswegs ihrer Bedeutung (vgl. Kapitel 5.2.3). Defizite bestehen vor allem im Hinblick auf die aktive Integration der Studierenden und den Realitätsbezug.

Anders als vielfach vermutet stellt eine Berufsausbildung vor dem Studium keineswegs länger den „Königsweg" zum beruflichen Erfolg dar. Vor allem aus Sicht von Studierenden (x = 3,69) und Professoren (x = 3,71) trägt sie im Vergleich zu anderen Möglichkeiten kaum zum Erwerb beruflicher Handlungskompetenz bei. Auch wenn im Vergleich dazu die befragten Unternehmungen die Bedeutung einer Berufsausbildung vor dem Studium mit x = 2,66 wesentlich höher einschätzen, sind auch ihrer Ansicht nach insbesondere Praktika wichtiger. Wegen der gegenüber Praktika außerdem längeren zeitlichen Dauer einer Berufsausbildung sind Praktika die eindeutig bessere Möglichkeit zur Aneignung von Sach-, Sozial- und Selbstkompetenz. Diese Einschätzung wird durch die statistische Analyse der Daten (vgl. Kapitel 5.2.3) untermauert. Sie verdeutlicht, dass eine Berufsausbildung, anders als aus berufswahltheoretischer Perspektive erwartet (vgl. Kapitel 4.4), keinen signifikanten positiven Einfluss auf die Ausprägung beruflicher Handlungskompetenz ausübt.

Mit einem Mittelwert von x = 2,07 kommt einem Auslandsstudium nur nach Ansicht der Professoren eine wichtige Bedeutung für den Erwerb von beruflicher Handlungskompetenz zu. Nach Meinung von Studierenden und Unternehmungen sind die positiven Wirkungen dagegen relativ zu anderen Faktoren zweitrangig. Die Regressionsanalyse (vgl. Kapitel 5.2.3) zeigt, dass der positive Zusammenhang von Auslandsstudium und beruflicher Handlungskompetenz von den Studierenden selbst und den Unternehmungen unterschätzt wird.

Eine zumindest relativ gesehen untergeordnete Rolle für den Erwerb von beruflicher Handlungskompetenz spielt nach Meinung von Studierenden, Unternehmungen und Professoren das ehrenamtliche Engagement.

Betrachtet man die Ergebnisse im Überblick, so ist festzustellen, dass nach Auffassung von Studierenden, Unternehmungen und Professoren dem Praxisbezug des Studiums und der Qualität der Lehrveranstaltungen besondere Bedeutung für den Erwerb von beruflicher Handlungskompetenz zukommt. Gleichzeitig zeigt die multivariate Analyse der Studienverläufe der befragten Studierenden (vgl. Kapitel 5.2.3), dass sich diese Faktoren vor allem auf Sach- und Selbstkompetenz auswirken. Die Sozialkompetenz wird von der derzeitigen Form des Studiums hingegen kaum beeinflusst. Gleichzeitig wird ihre Förderung als wichtig angesehen. Angesichts der bislang sehr eingeschränkten Nutzung unterschiedlicher Veranstaltungsformen (vgl. Anhang 9-11) sind diese hinsichtlich ihrer Möglichkeiten zur Förderung von Sozialkompetenz zu prüfen und gegebenenfalls in das Lehrangebot zu integrieren.

5.6   Fazit zur empirischen Analyse beruflicher Handlungskompetenz

Nachdem die empirischen Daten in den vorangegangen Kapiteln 5.2 bis 5.5 auf Basis der Leitfragen (vgl. Kapitel 3.6 und Kapitel 4.6) detailliert analysiert wurden, werden die Leitfragen nachfolgend zusammenfassend beantwortet.

Auf der Ebene der Kompetenzen kann festgestellt werden, dass nach Auffassung aller drei befragten Anspruchsgruppen Sach-, Sozial- und Selbstkompetenz bei Mittelwerten von 1,84 bis 2,16 (bei etwas höherer Gewichtung der Selbstkompetenz) eine vergleichbare Wichtigkeit zukommt (Leitfrage 1). Demgegenüber unterscheiden sich die Ansichten der Befragten hinsichtlich der Ausprägung von Sach-, Sozial- und Selbstkompetenz deutlich. Besonders auffällig ist, dass die Professoren bei allen drei Dimensionen eine geringere Ausprägung und größere Defizite als Studierende und Unternehmungen sehen (Leitfrage 2). In Anbetracht der Tatsache, dass die Professoren entscheidend für das Leistungsangebot an Universitäten verantwortlich sind, sollten die Einschätzungen der Professoren Anreize zur (Neu-)Gestaltung des Leistungsangebots bieten.

Des Weiteren bestätigt die empirische Analyse den integrativen Charakter beruflicher Handlungskompetenz (Leitfrage 3). Sach-, Sozial- und Selbstkompetenz stehen sowohl untereinander als auch zur beruflichen Handlungskompetenz in engem Zusammenhang. Dementsprechend wichtig ist die integrative Förderung der Kompetenzen.

Besondere Bedeutung für die Ausprägung beruflicher Handlungskompetenz kommt den Einzelmerkmalen der Selbstkompetenz zu (Leitfrage 4). Gleichzeitig kann aus Sicht von Studierenden, Unternehmungen und Professoren festgestellt werden, dass sich die Gewichtung der Kompetenzen im Rahmen des Universitätsstudiums hin zur Sozial- und Selbstkompetenz bewegen sollte, so dass die drei Kompetenzen ausgewogener als derzeit gefördert werden (Leitfrage 5). Allerdings sollte der Schwerpunkt des Studiums nach Einschätzung aller Beteiligten weiterhin auf der Sachkompetenz liegen.

Wesentliche Bedeutung für die Entwicklung beruflicher Handlungskompetenz haben Praktika und die Qualität der Lehrveranstaltungen (Leitfrage 6). Zudem machen die Befragungsergebnisse deutlich, dass die Lernumwelten an Universitäten vor allem realitätsnäher zu gestalten sind und den Studierenden größere Chancen zur Eigenaktivität bieten sollten.

Die empirische Analyse zeigt, dass die wesentlichen Anspruchsgruppen des betriebswirtschaftlichen Studiums in zentralen Punkten übereinstimmen. Außerdem verdeutlicht die Untersuchung, dass es den Universitäten bislang nur unzureichend gelungen ist, den veränderten Anforderungen an die Ausbildung von Universitätsabsolventen gerecht zu werden.

Auch wenn der Fokus der Analyse auf dem betriebswirtschaftlichen Studium mit dem Schwerpunkt Bankwirtschaft liegt, lassen die Ergebnisse die Vermutung zu, dass die Analyse im Kern sowohl im Hinblick auf die Studierenden (vgl. Kapitel 5.2.3) als auch die Unternehmungen (vgl. Kapitel 3.3.2) sowie die Professoren (vgl. Kapitel 5.1.3) für das betriebswirtschaftliche Studium insgesamt Gültigkeit besitzt.

Welche Konsequenzen sich aus den Ergebnissen der empirischen Analyse für die zukünftige Gestaltung des betriebswirtschaftlichen Studiums ergeben wird im folgenden Kapitel 6 anhand von zwei (weiteren) Leitfragen analysiert:

Leitfrage 7:   Welche Möglichkeiten und Grenzen weisen unterschiedliche Lehrveranstaltungsformen zur Förderung des Erwerbs von Sach-, Sozial- und Selbstkompetenz auf?

Leitfrage 8:   Welchen Beitrag kann das die Lehrveranstaltungen ergänzende Dienstleistungsangebot zum Kompetenzerwerb Studierender leisten?

6 Konsequenzen für die Gestaltung des betriebswirtschaftlichen Studiums

6.1 Vorbemerkungen zu den Konsequenzen

Die Ergebnisse sowohl der theoretischen Überlegungen (Kapitel 2 bis Kapitel 4) als auch der empirischen Analyse (Kapitel 5) verdeutlichen, dass aus Sicht von Studierenden, Unternehmungen und Professoren ein erheblicher Gestaltungsbedarf beim betriebswirtschaftlichen Studium besteht. Im Folgenden werden daher Konsequenzen für die kompetenzorientierte Weiterentwicklung der Lernumwelten an Universitäten aufgezeigt.

Ausgangspunkt der Analyse ist die Betrachtung grundlegender Konzepte zur Gestaltung der Lernumwelten (Kapitel 6.2). Hierbei erfolgt eine kritische Auseinandersetzung mit der traditionellen und konstruktivistischen Lehr-Lern-Philosophie im Hinblick darauf, welchen Beitrag sie zur Aneignung von beruflicher Handlungskompetenz leisten können. Aufbauend auf diesen Überlegungen wird das Leitkonzept der Problemorientierung charakterisiert und es werden richtungsweisende Gestaltungsprinzipien für entwicklungsförderliche Lernumwelten abgeleitet. In Verbindung mit den Ergebnissen der vorangegangenen Kapitel machen die Gestaltungsprinzipien deutlich, welche Möglichkeiten und Grenzen unterschiedliche Lernumwelten für die Förderung von Sach-, Sozial- und Selbstkompetenz besitzen.

Im Mittelpunkt der Analyse der Lernumwelten stehen die Lehrveranstaltungen als wichtigste Kontaktstelle von Lehrenden und Studierenden (Kapitel 6.3; Leitfrage 7). Angesichts der zentralen Bedeutung von Vorlesungen und Seminaren im derzeitigen Leistungsangebot von Universitäten werden diese zuerst betrachtet. Im Anschluss daran werden Fallstudie, Planspiel und Projekt untersucht, von denen angenommen wird, dass sie in besonderer Weise den integrativen Erwerb von Sach-, Sozial- und Selbstkompetenz ermöglichen. Außerdem wird das E-Learning einer separaten Analyse unterzogen, da es von vielen als Lehr- und Lernform der Zukunft angesehen wird. Diese Lehrveranstaltungsformen werden jeweils zunächst kurz charakterisiert. Anschließend wird anhand der Einzelmerkmale von Sach-, Sozial- und Selbstkompetenz sowie den Ergebnissen der empirischen Untersuchung und den richtungsweisenden Gestaltungsprinzipien analysiert, welchen Beitrag das jeweilige Lehr-Lern-Arrangement zur Aneignung von beruflicher Handlungskompetenz leistet. Darauf aufbauend werden in einer kritischen Würdigung Perspektiven für den künftigen Einsatz des Lehr-Lern-Arrangements und seiner Gestaltung aufgezeigt. Über die Lehrveranstaltungen hinaus wird analysiert, welchen Beitrag das sie ergänzende Dienstleistungsangebot zum Erwerb von beruflicher Handlungskompetenz durch Studierende leisten kann (Kapitel 6.4; Leitfrage 8). Eine zentrale Komponente des Dienstleistungsangebots sind Prüfungen und insbesondere ihre didaktische Ausgestaltung. Darüber hinaus bieten Zusatzveranstaltungen sowie die Betreuung der Studierenden Möglichkeiten, den Erwerb von Sach-, Sozial- und Selbstkompetenz zu unterstützen. Ein Fazit (Kapitel 6.5) schließt die Betrachtung der Konsequenzen ab.

6.2   Grundlegendes zur Gestaltung der Lernumwelten

6.2.1   Die traditionelle Lehr-Lern-Philosophie

Die traditionelle Lehr-Lern-Philosophie ist durch eine systematische Planung der Unterweisung, angeleitetes Lernen, einen frontalen Vorlesungsstil, strenge Fächergrenzen und die strikte Lernerfolgskontrolle gekennzeichnet (vgl. auch im Folgenden REINMANN-ROTHMEIER/MANDL 2001, S. 605ff. und MANDL 2001, S. 38f.). Den Mittelpunkt des Lehr-Lern-Prozesses bildet das Prinzip der Instruktion. Dabei konzentriert sich die klassische Lehr-Lern-Philosophie auf die Frage, wie die Lernenden am besten anzuleiten, in ihren Lernprozessen zu steuern und Lernerfolge zu kontrollieren sind. Ziel des Lehrens ist die möglichst optimale Weitergabe von didaktisch aufbereitetem Wissen vom Lehrenden zum Lernenden. Dementsprechend kommt dem Lehrenden die aktive Rolle zu, während der Lernende eine weitgehend rezeptive Position einnimmt.

Effizient ist diese Lehrform im Hinblick darauf, umfangreiches und komplexes Faktenwissen so abzuhandeln, dass sich der Lernende eindeutige, unmittelbar verwertbare Qualifikationen in kurzer Zeit aneignen kann. Dieser Lehr-Lern-Philosophie entsprechen bei Unternehmungen feste Organisationsstrukturen mit klaren, wenig veränderlichen Qualifikationsanforderungen an den einzelnen Mitarbeiter (vgl. DUBS 1998, S. 14).

Hingegen ist die traditionelle Lehr-Lern-Philosophie aufgrund ihrer Ausrichtung auf das individuelle Lernen (vgl. DUBS 1998, S. 14) weitgehend ungeeignet, einen Beitrag zur Aneignung von Team- und Kommunikationsfähigkeit, sicherem Auftreten und anderen Komponenten der Sozialkompetenz zu leisten. Durch ihre Ausrichtung auf die Aktivität des Lehrenden bietet diese Lehr-Lern-Philosophie kaum Anregungen zur Stärkung von Selbständigkeit, Eigeninitiative, Flexibilität und Verantwortungsbewusstsein. Die passive Rolle des Lernenden verhindert die Entwicklung der Fähigkeit zu eigenverantwortlichem Lernen, so dass die Bereitschaft zum lebensbegleitenden Lernen nicht zum Tragen kommen kann. Auch zur Aneignung von Selbstkompetenz ist die traditionelle Lehr-Lern-Philosophie deshalb weitgehend ungeeignet.

Während sich die Anforderungen der Unternehmungen an Universitätsabsolventen grundlegend verändert haben, dominiert die traditionelle Lehr-Lern-Philosophie weiterhin das Geschehen beim betriebswirtschaftlichen Studium (vgl. ARNOLD/SCHÜSSLER 1998, S. 49ff.). Damit fördern die Universitäten vorwiegend den Erwerb von trägem Wissen, das sich nicht oder nur schwer auf konkrete Anwendungssituationen übertragen lässt. Zudem vernachlässigen sie, dass Kompetenzentwicklung mehr ist als die Übertragung von Wissen vom Lehrenden zum Lernenden.

6.2.2   Die konstruktivistische Lehr-Lern-Philosophie

Den Gegenpol zur traditionellen Lehr-Lern-Philosophie bildet die konstruktivistische Lehr-Lern-Philosophie. Diese betont die aktiv-konstruktivistische Eigenaktivität der Lernenden und stellt dem Prinzip der Instruktion das Prinzip der Konstruktion entgegen (vgl. REINMANN-ROTHMEIER/MANDL 2001, S. 614ff.). Entscheidende Bedeutung kommt dabei nicht den Lehrprozessen, sondern vielmehr den Lernprozessen zu. Aufgabe der Lehrenden ist es, die Lernumwelten so zu gestalten, dass sie eigenständiges Lernen von Studierenden ermöglichen. Damit entwickeln sich die Lehrenden zum Begleiter von Lernprozessen (vgl. HENSCHEL 2001, S. 146; DUBS 1995, S. 571). So angeleitet schaffen sich die Studierenden eigene Vorstellungen von der Realität. Die konstruktivistische Lehr-Lern-Philosophie akzeptiert, dass nicht eine Wahrheit existiert, sondern dass vielmehr unterschiedliche kontextgebundene Sichtweisen der Realität möglich sind (vgl. KYBURZ-GRABER/HÖGGER/WYRSCH 2000, S. 16).

Kompetenzlernen basiert auf der konstruktivistischen Lehr-Lern-Philosophie (vgl. HENSCHEL 2001, S. 144). Konstruktivistisches Lernen ermöglicht den Studierenden den Erwerb sowohl von Grundlagenwissen als auch von fachspezifischen Kenntnissen. Allerdings bleibt offen, bis zu welchem Grad dieses weitgehend selbst konstruierte Wissen in Einklang mit den Wahrnehmungen der Umwelt steht. Inwiefern die Freiheiten beim Kompetenzerwerb beispielsweise analytisches Denken und einen strukturierten Arbeitsstil stärken, scheint von den individuellen kognitiven Voraussetzungen des Lernenden abzuhängen.

Der Abschied von der frontalen instruktionalen Wissensvermittlung und der Übergang zu eigenständigem und oftmals in Gruppen organisiertem Lernen bietet vielfältige Möglichkeiten zur Entwicklung sozialer und personaler Kompetenzen. So erfordert das Lernen in Gruppen die Fähigkeit, auf die Mitstudierenden einzugehen, sich einzubringen und gleichzeitig eigene Vorstellungen und Interessen zu verfolgen. Konstruktivistisches Lernen setzt Eigeninitiative und Selbständigkeit sowie Verantwortungsbewusstsein und Lernbereitschaft voraus und fördert diese.

Damit wird die konstruktivistische Lehr-Lern-Philosophie den Entwicklungen von Unternehmungsumwelt- und Unternehmungsfaktoren (vgl. Kapitel 3.3.1) und den daraus resultierenden Anforderungen an Universitätsabsolventen gerecht. Beispielsweise entspricht die eigenverantwortliche und ungelenkte Wissenskonstruktion in Lerngruppen den Anforderungen, die autonome Arbeitsgruppen an die selbständige Gestaltung von Arbeitsprozessen in Kooperation mit Kollegen stellen.

Inzwischen ist weitgehend anerkannt, dass es sich beim Lernen um einen konstruktiven Prozess handelt (vgl. KYBURZ-GRABER/HÖGGER/WYRSCH 2000, S. 17). Auch wenn die konstruktivistische Lehr-Lern-Philosophie damit entscheidende Anregungen für die Weiterentwicklung der Lehre an Universitäten bietet, muss sie ebenso wie die traditionelle Lehr-Lern-Philosophie in ihrem Geltungsumfang relativiert werden. So besteht beim konstruktivistischen Lernen aufgrund der fehlenden Anleitung die Gefahr, dass nur diejenigen Studierenden, die bereits über gute Lernvoraussetzungen und insbesondere hohes Vorwissen verfügen,   von   solchen   Lernumwelten   profitieren   (vgl.   GRU-BER/MANDL/RENKL 2000, S. 152f.). Hingegen werden leistungsschwache Studierende von solchen Lernumwelten überfordert. Außerdem lässt sich nicht jede Erkenntnis als ausschließlich individuelle Konstruktionsleistung interpretieren (vgl. REINMANN-ROTHMEIER/MANDL 2001, S. 623). Konstruktivistisches Lernen erfordert viel Zeit und rein konstruktivistische Lernumwelten führen zu wenig ausgereiften Wissensstrukturen und behindern damit weiteres Lernen (vgl. DUBS 1998, S. 27 und 1999b, S. 247).

6.2.3   Die Problemorientierung als Leitkonzept

Angesichts der aufgezeigten Defizite ist weder die traditionelle noch die konstruktivistische Lehr-Lern-Philosophie als alleinige Grundlage für die Gestaltung der Lernumwelten beim betriebswirtschaftlichen Studium geeignet. Vielmehr sind die Vorteile der traditionellen Lehr-Lern-Philosophie mit dem Machbaren der konstruktivistischen Lehr-Lern-Philosophie zusammen zu führen, um die Aneignung von beruflicher Handlungskompetenz optimal zu fördern.

Das Leitkonzept der Problemorientierung verbindet Elemente der traditionellen Lehr-Lern-Philosophie mit Elementen der konstruktivistischen Lehr-Lern-Philosophie bei der Gestaltung der Lernumgebungen. Weder übernehmen die Studierenden die ihnen vorgegebenen Sachverhalte ohne eigene Interpretation, noch konstruieren sie ihr Wissen unabhängig von der Umwelt. Vielmehr entwickeln sich die Studierenden in einem Prozess der gegenseitigen Anpassung von Person und Umwelt. Damit entsprechen die Annahmen des Konzepts der Problemorientierung den Grundannahmen des Modells der menschlichen Entwicklung nach BRONFENBRENNER (vgl. Kapitel 2.1).

Dem Konzept der Problemorientierung liegt eine gemäßigt konstruktivistische Sichtweise zu Grunde. Konstitutives Element der Problemorientierung ist, die Studierenden mit Problemen zu konfrontieren, bei denen ihre bisherigen Routinen nicht ausreichen, um zum Ziel zu gelangen. Problemorientierung bedeutet folglich, Lehrveranstaltungen so zu gestalten, dass die Studierenden lernen, mit Problemen umzugehen. Damit sollen sie in die Lage versetzt werden, das erworbene Wissen auf künftige Probleme anzuwenden. Wissen darf demzufolge nicht träge sein. Vielmehr muss der Lernende den Nutzen des erworbenen Wissens für reale Herausforderungen kennen und verstehen (vgl. MANDL 2001, S. 41).

Für Lehrende heißt das, dass sie aktiv-konstruktive und selbstgesteuerte Lernprozesse anregen sollen, ohne auf die Unterstützung der Lernenden durch Instruktionen zu verzichten (vgl. REINMANN-ROTHMEIER/MANDL 2001, S. 645, WINTELER 2002a, S. 43). Problemorientierte Lehre baut gegenüber der traditionellen Lehr-Lern-Philosophie die Fremdsteuerung durch die Lehrenden zugunsten der Selbststeuerung durch den Lernenden ab. Im Gegensatz zur konstruktivistischen Lehr-Lern-Philosophie überlässt sie den Lernenden jedoch nicht sich selbst.

Welche Konsequenzen das Konzept der Problemorientierung für die Gestaltung der Lernumwelten beim betriebswirtschaftlichen Studium hat und welche Möglichkeiten sich für den Kompetenzerwerb ergeben, zeigen die richtungsweisenden Gestaltungsprinzipien auf.

6.2.4   Richtungsweisende Gestaltungsprinzipien

Aus dem Leitkonzept der Problemorientierung lassen sich vier richtungsweisende Gestaltungsprinzipien ableiten, welche gewährleisten, dass die Lernumwelten dem Konzept der Problemorientierung genügen (vgl. im Folgenden MANDL 2001, S. 41f. sowie ergänzend VOLPERT 1989):

1. Authentische Kontexte

Authentizität der Lernkontexte bedeutet, dass die Lernumwelten nicht losgelöst von der Wirklichkeit sind, sondern das Sammeln realitätsnaher Lernerfahrungen ermöglichen. Folglich sollten die Lernumwelten so gestaltet werden, dass sie den Umgang mit realen Problemen und Situationen bewirken. Dadurch erleichtern authentische Lehr-Lern-Arrangements den Transfer des Gelernten auf Praxisprobleme (vgl. Kapitel 3.2.1) und wirken motivationsfördernd. Authentische Kontexte ermöglichen damit eine von allen drei befragten Anspruchsgruppen geforderte stärkere Realitätsorientierung der betriebswirtschaftlichen Ausbildung.

Beim betriebswirtschaftlichen Studium an Universitäten können authentische Kontexte durch den Einbezug von Realphänomenen und Praktikern aus Unternehmungen in Lehrveranstaltungen ermöglicht werden. Ebenso werden authentische Kontexte dadurch geschaffen, dass Studierende im Gegensatz zur frontalunterrichtlichen Lehrform in forschungsbezogene Dialoge eingebunden und ihre Erkenntnis- und Denkprozesse angeregt, gefördert und begleitet werden (vgl. ARNOLD/SCHÜSSLER 1998, S. 57).

2. Multiple Kontexte

Bei ausschließlich authentischen Kontexten besteht die Gefahr, dass situativ erworbene Kenntnisse auf die Lernkontexte beschränkt bleiben. Daher sind Lernumwelten so zu gestalten, dass spezifische Inhalte in verschiedenen Situationen angewendet werden und die Studierenden unterschiedliche Erfahrungen sammeln können. Außerdem sollten die Kontexte so gestaltet sein, dass unterschiedliche (multiple) Sichtweisen Berücksichtigung finden. Damit fördern multiple Kontexte den dynamischen und flexiblen Umgang mit dem Gelernten und unterstützen die Transferfähigkeit.

Dementsprechend sollten die Lernumwelten beim betriebswirtschaftlichen Studium variiert werden statt immer wieder identische Übungen zu wiederholen. Dabei sind die Veränderungen der Lernumwelten an den Entwicklungsstand und die Entwicklungsmöglichkeiten der Lernenden anzupassen.

3. Soziale Kontexte

Auch wenn Lernen zunächst ein individueller Entwicklungsprozess ist, kommt sozialen Prozessen eine wichtige Funktion zu. Lernumwelten sollten so gestaltet werden, dass sie die Möglichkeit zu kooperativem Lernen und Problemlösen stärken. Da authentische Umwelten meist auf die soziale Interaktion angewiesen sind, erhöhen soziale Kontexte auch die Authentizität.

Für die Gestaltung des betriebswirtschaftlichen Studiums bedeutet dies, den Studierenden durch soziale Kontexte die Teilnahme an simulierten oder realen sozialen Prozessen zu ermöglichen (vgl. KYBURZ-GRABER/HÖGGER/ WYRSCH 2000, S. 18). Möglichkeiten hierzu bieten Planspiele, Partner- oder Gruppenarbeiten, die Förderung des Lernens in Arbeitskreisen, aber auch Kontakte zu Mitarbeitern von Unternehmungen.

4. Instruktionale Kontexte

Instruktion bedeutet, dass die Lehrenden den Lernprozess anleitend, unterstützend und beratend begleiten. Angesichts der negativen Konsequenzen, die sich aus rein konstruktivistischen Lehr-Lern-Arrangements ergeben, gewinnen Art und Umfang von Instruktionen großes Gewicht für die Aneignung von Sach-, Sozial- und Selbstkompetenz durch Studierende (vgl. Kapitel 6.2.2 und STARK u.a. 1995, S. 308). Beispielsweise gelingt es nur in Ausnahmefällen, dass sich Lernende in selbständiger Arbeit anhand von authentischen Problemstellungen eigene Lern- und Denkstrategien aneignen (vgl. DUBS 1998, S. 29). In besonderem Maße trifft dies auf komplexe Denkstrategien zu, bei denen es anfänglich der kognitiv herausfordernden Anleitung durch Lehrende bedarf (vgl. DUBS 1998, S. 29). Demnach können authentische, multiple und soziale Lernkontexte ihre Wirkung nur in Verbindung mit einem angemessenen Maß an Instruktion entfalten. Dabei sind die Instruktionen so zu wählen, dass die Probleme für die Studierenden weder mit den verfügbaren Routinen lösbar sind, noch sie überfordern.

Vor diesem Hintergrund ist es die Aufgabe der Lehrenden, sich einerseits stärker als in der Vergangenheit zurückzunehmen und den Studierenden in den Mittelpunkt des Lernprozesses zu stellen, andererseits aber auch zu erkennen, wo, wann und in welchem Umfang die Notwendigkeit zu Hilfestellungen besteht. Dies kann beispielsweise bedeuten, dass Praktika nicht nur im Studienplan vorgeschrieben werden, sondern auch konstruktiv begleitet werden.

Lernumwelten, die diesen Gestaltungsprinzipien genügen, bieten Studierenden die Möglichkeit zur umfassenden Entwicklung beruflicher Handlungskompetenz. Sie tragen durch fachliche Inhalte und den Zwang, Entscheidungen zu treffen, sowie durch komplexe, fachübergreifende Situationen zum Erwerb von Sachkompetenz bei. Durch die Einbindung der Lehr-Lern-Arrangements in soziale Kontexte üben die Studierenden die Fähigkeit, sich in Gruppen zu integrieren, mit anderen zu kommunizieren und Konflikte auszutragen. Damit leistet die Abkehr vom rein instruktionalen Lehrkontext einen Beitrag zur Aneignung von Sozialkompetenz. Durch die dem Lernenden angemessene Zurücknahme der Instruktion unterstützen problemorientierte Lehr-Lern-Arrangements das selbstregulierte Lernen als wichtige Fähigkeit des lebensbegleitenden Lernens (vgl. MANDL/KRAUSE 2001, S. 17). Gleichzeitig tragen problemorientierte Lernumwelten zur Selbständigkeit bei und fördern die Eigeninitiative des Lernenden sowie die Übernahme von Verantwortung. Damit ermöglichen sie den Erwerb von Selbstkompetenz.

Um Sach-, Sozial- und Selbstkompetenz integrativ weiter zu entwickeln, sind die Lehr-Lern-Arrangements nach Möglichkeit so anzulegen, dass sie den vier Gestaltungsprinzipien gleichzeitig gerecht werden. Beispielsweise sollten bei Rhetorikübungen thematisch berufsspezifische Probleme genutzt werden, so dass sich die Studierenden neben rhetorischen Fähigkeiten auch fachliches Wissen aneignen können. Die damit geschaffene größere Authentizität erhöht außerdem die Wahrscheinlichkeit eines Transfers der in dieser Lernsituation erworbenen Kompetenz auf eine Situation im Berufsalltag.

Um die Transferfähigkeit zu stärken, ist bei der Gestaltung der Lehr-Lern-Arrangements über multiple Kontexte hinaus auf die angemessene Distanz zwischen Lern- und Anwendungssituation zu achten (vgl. EULER 1996, S. 198f.). Ist diese Distanz zu weit, besteht die Gefahr, dass sich der Lernende abstraktes Wissen und zusammenhanglose Erfahrungsstrukturen aneignet, die er in Anwendungssituationen nicht nutzen kann. Ist die Distanz hingegen zu gering, gefährdet das die Fähigkeit zum Transfer auf wechselnde Situationen. Sowohl die lernangemessene Distanz zwischen Lern- und Anwendungssituation als auch die Auswahl der Lehrmethode ist abhängig von den gesetzten Zielen sowie von den Eingangsvoraussetzungen der Teilnehmer im Hinblick auf ihre Vorkenntnisse, das Alter und die Motivation.

Die richtungsweisenden Gestaltungsprinzipien zeigen nochmals, dass das Leitkonzept der Problemorientierung mit dem Modell der menschlichen Entwicklung von BRONFENBRENNER harmoniert. So fordert und fördert Lernen in authentischen, multiplen und sozialen Kontexten in Verbindung mit einer gemäßigten Instruktion in vielfältiger Weise die Auseinandersetzung von Studierenden mit ganz unterschiedlichen Umwelten und bietet damit zahlreiche entwicklungsförderliche (Lern-)Impulse.

Welche Konsequenzen sich aus diesen Prinzipien für die kompetenzorientierte Gestaltung der Lehrveranstaltungen ergeben ist Gegenstand von Kapitel 6.3.

6.3 Gestaltung der Lehrveranstaltungen

6.3.1 Vorlesungen

Vorlesungen (vgl. grundlegend APEL 1999) und die eng mit ihnen verbundenen Übungen stellen seit den Anfängen der Universitäten den Kern des Lehrveranstaltungsangebots dar.

Charakterisierung

Vorlesungen ermöglichen es, eine große Zahl Studierender gleichzeitig zu unterweisen. Im Mittelpunkt der Vorlesungen steht die meist gegenstands- und dozentenzentrierte Darstellung von wissenschaftlichem Grund- und Vertiefungswissen. Vorlesungen bieten die Möglichkeit, den Studierenden einen systematischen und zusammenhängenden Einblick in (betriebswirtschaftliche) Themenbereiche zu geben und Verbindungen zu anderen Fachgebieten aufzuzeigen. Die zumeist linear-zielgerichtete Vorgehensweise der Dozenten erlaubt dabei nur eingeschränkt, von den Lehrwegen abzuweichen. Auch wenn das Ausmaß der Beteiligung der Studierenden von der Gestaltung der Vorlesung durch den einzelnen Lehrenden abhängt und sich von Dozent zu Dozent unterscheidet, werden die Studierenden derzeit, von Einzelfällen abgesehen, nur eingeschränkt aktiv eingebunden.

Im Gegensatz zu Vorlesungen finden Übungen meist in kleineren Gruppen statt. Übungen dienen der Vertiefung und Überprüfung von in Vorlesungen und im Selbststudium erworbenen Kenntnissen und setzen daher die vorangehende Auseinandersetzung mit dem Lehrstoff voraus. Sie sollen den Studierenden die Möglichkeit zur Anwendung ihres Wissens geben und erlauben es, methodische Fähigkeiten zu festigen. Darüber hinaus ermöglichen Übungen eine Kontrolle des eigenen Verständnisses des Stoffes und gestatten, Unklarheiten mit Lehrenden zu besprechen.

Analyse

Im Mittelpunkt von Vorlesungen und Übungen stehen bei ihrer derzeitigen Gestaltung instruktionale Kontexte, die das Kompetenzgefälle von Lehrenden und Lernenden unterstreichen. Lernen ist damit vorwiegend auf Zuhören, Mitdenken und Nachvollziehen sowie auf das anschließende Üben angewiesen. Die aktive Mitarbeit wird nur in geringem Umfang gefordert und gefördert (vgl. hierzu auch die Befragungsergebnisse in Kapitel 5.2.3). Dadurch bauen sich Studierende diejenige kognitive Struktur auf, die die Lehrenden der Vorlesung zugrunde legen.

Im Gegensatz zu instruktionalen Kontexten werden authentische, multiple und soziale Kontexte kaum verwirklicht. Dies hat grundlegende Konsequenzen für die Aneignung von Sach-, Sozial- und Selbstkompetenz in Vorlesungen und Übungen.

Vorlesungen ermöglichen es Lehrenden, Sachverhalte und Methoden effizient und strukturiert darzustellen. Im Verhältnis zu Lehrformen mit starker Beteiligung der Studierenden kann in der gleichen Zeit ungefähr die doppelte Stoffmenge bewältigt werden (vgl. BROMMER 1992, S. 116). Damit stellt die Vorlesung im Hinblick auf die Stoffmenge die zeitsparendste Möglichkeit des Lehrens dar (vgl. BROMMER 1992, S. 116). Übungen erlauben es, zielorientiert und effizient von Lehrenden angeleitet, meist in Vorlesungen erworbene Kenntnisse anzuwenden.

Demzufolge sind Vorlesungen und Übungen gut geeignet zum Erwerb von fachlichen Kenntnissen als wichtige Komponente der Sachkompetenz. Ganz besonders gilt dies für die Einführung in Problembereiche und den Erwerb von grundlegenden Kenntnissen. Die verhältnismäßig geringen Defizite beim Grundlagenwissen in BWL sowie den fachspezifischen Kenntnissen zeigen, dass dies insgesamt als gelungen angesehen werden kann. Dafür spricht auch, dass die befragten Studierenden mehrheitlich der Meinung sind, dass auch schwierige Sachverhalte verständlich dargestellt werden (vgl. Kapitel 5.2.3). Angesichts der größeren Wichtigkeit des Grundlagenwissens in BWL gegenüber den fachspezifischen Kenntnissen (vgl. Kapitel 5.5.1) sollte diesem besondere Aufmerksamkeit geschenkt werden.

Eine systematische Entwicklung von Zusammenhängen und die Anleitung zu einer integrativen Betrachtungsweise von Problemstellungen hilft den Studierenden, die Fähigkeit zu fachübergreifendem Denken zu erwerben. Indem Probleme analysiert werden und Möglichkeiten der Entscheidungsfindung vorgestellt und geübt werden, ermöglichen Vorlesungen und Übungen, analytisches Denken und Entscheidungsfähigkeit weiterzuentwickeln. Außerdem ist es möglich, den Lernenden auf kognitiver Ebene Informationen zur methodischen Herangehensweise an Problemstellungen oder zum strukturierten Arbeiten zu geben. Obwohl Vorlesungen und Übungen den Erwerb von methodischen Kompetenzen ermöglichen sollen, verdeutlichen die Untersuchungsergebnisse bei diesen erhebliche Defizite (vgl. Kapitel 5.5.1). Ursache hierfür könnte sein, dass die Aneignung methodischer Fähigkeiten von der aktiven Auseinandersetzung mit dem Lernstoff abhängig ist und daher die Lernwirksamkeit der Vorlesungen aufgrund der geringen Eigenaktivität eingeschränkt ist.

Der geringe Grad der Annäherung von Lernhandeln und beruflicher Arbeit durch das nur symbolisch repräsentierte Handeln bedingt eine große Distanz zwischen Lern- und Anwendungssituation. Außerdem führt die eher passive und rezeptive Form des Wissenserwerbs tendenziell zu trägem Wissen. Daher ist die Übertragbarkeit des Gelernten auf außeruniversitäre Situationen eingeschränkt. Die Aufnahme von Informationen wird dadurch erschwert, dass sich in Vorlesungen mit oftmals mehreren Hundert Studierenden eine fast zwangsläufig vorhandene Unruhe störend auf die Aufmerksamkeit auswirkt.

Sowohl in Vorlesungen als auch in Übungen sind soziale Kontexte bislang eine Ausnahme. Daher bieten sie kaum Möglichkeiten zum Erwerb sozialer Kompetenzen wie beispielsweise Kommunikations-, Konflikt- und Teamfähigkeit. Angesichts der meist großen Zahl Studierender wird auch die Fähigkeit zum sicheren Auftreten bestenfalls ansatzweise gefördert. Dies ist dann der Fall, wenn Studierende Fragen stellen oder in Übungen Ergebnisse präsentieren. Realistisch ist hingegen, den Studierenden in Vorlesungen und Übungen auf kognitiver Ebene den Erwerb von theoretischem Wissen zu Themen wie dem Konflikt- und Kommunikationsverhalten oder auch der Teamentwicklung zu ermöglichen. Dies kann aber nur der erste Schritt sein. Zur tatsächlichen sozialen Kompetenzentwicklung leistet ein solches Wissen kaum einen Beitrag. Die Befragung zeigt, dass die Lehrveranstaltungen in ihrer derzeitigen Form keinen Beitrag zur Aneignung von Sozialkompetenz leisten (vgl. Kapitel 5.2.3).

Auch im Hinblick auf die Selbstkompetenz der Studierenden sind positive Wirkungen von Vorlesungen und Übungen kaum zu erkennen. Zum Beispiel tragen sie nach Ansicht der Studierenden relativ wenig zur Förderung ihrer Kritikfähigkeit bei (vgl. Kapitel 5.2.3). Die dozentenzentrierte Lehrform in dominant instruktionalem Kontext lässt nur wenig Spielraum für die Eigeninitiative der Studierenden und selbständige konstruktive Prozesse. Vorlesungen und Übungen bieten den Studierenden zudem wenig Freiräume, selbst Verantwortung zu übernehmen. Die Studierenden sind weder für die Zusammenarbeit mit Kommilitonen im Rahmen von sozialen Kontexten selbst verantwortlich noch tragen sie in realen sachbezogenen Situationen Verantwortung, wie dies im Rahmen von authentischen Kontexten der Fall ist.

Die vorwiegend rezeptive unselbständige Form der Wissensaufnahme unterstützt eine konsumtive Haltung der Studierenden. Vorlesungen und Übungen tragen damit weder zur Entwicklung selbstgesteuerten Lernens noch zur Erhöhung der Lernbereitschaft bei. Ein weiteres Hindernis für eine eigenverantwortliche Gestaltung des Lernens und eine selbständige Zielorientierung ist, dass den Studierenden oftmals das Lernziel von Lehrveranstaltungen unklar ist (vgl. Kapitel 5.2.3). Vor diesem Hintergrund überrascht, dass die Bewertung der Lehrveranstaltungen und damit insbesondere die Bewertung von Vorlesungen und Übungen mit 4,7 % aufgeklärter Varianz einen wichtigen Beitrag zur Wahrnehmung der Selbstkompetenz durch Studierende leistet (vgl. Kapitel 5.3.3). Welche Faktoren der Vorlesungen und Übungen dazu beitragen, kann auf Basis der empirischen Erhebung nicht ermittelt werden.

Kritische Würdigung

Die vorangehenden Überlegungen zur Gestaltung von Vorlesungen und Übungen zeigen, dass diese nur Teilbereiche von beruflicher Handlungskompetenz fördern. Besonders effizient sind sie zur Förderung der Sachkompetenz und insbesondere der fachlichen Fähigkeiten. Da der Erwerb von Sachkompetenz nach Ansicht von Studierenden, Unternehmungen und Professoren auch künftig den Schwerpunkt des Studiums bilden muss (vgl. Kapitel 5.5.3), stellen Vorlesungen einen wichtigen Teil des Leistungsangebots von Universitäten dar. Gleichzeitig ermöglichen sie nicht oder nur begrenzt die Aneignung der zunehmend wichtigeren Sozial- und Selbstkompetenz und werden in der gegenwärtigen Form auch dem Anspruch nach Förderung der Sachkompetenz nur unzureichend gerecht.

Anders gestaltete Vorlesungen und Übungen könnten stärker als derzeit zur Aneignung von Sachkompetenz und auch (wenngleich eingeschränkt) von Sozial- und Selbstkompetenz beitragen. Im Gegensatz zur klassischen Durchführung, bei der die Studierenden weitgehend passiv sind, sollte wesentlich nachhaltiger die aktive Mitarbeit in verschiedenen Formen verlangt werden. Eine Möglichkeit dazu ist, dass die Studierenden durch kleinere Fallstudien oder literaturbasierte Fachdiskussionen konstruktiv an der Gestaltung der Vorlesungen mitwirken. Sowohl bei Vorlesungen als auch bei Übungen können Problemstellungen gemeinsam bearbeitet und Lösungswege in Kleingruppen diskutiert werden. Dadurch können die Studierenden das zuvor Gehörte in Gruppenarbeit vertiefen und festigen. Eine solche Lernorganisation ermöglicht nicht nur soziales Lernen, sondern bietet bei vorhandenem instruktionalem Kontext gleichzeitig die Möglichkeit zu eigenen konstruktiven Lernprozessen. Des Weiteren erlaubt sie im Gegensatz zu einer rein dozentenzentrierten Vorlesung eine Differenzierung unter anderem im Hinblick auf die Lernfortschrittsgeschwindigkeit. Damit ist es möglich, Unterschiede im Leistungsvermögen und der Lernmotivation der Studierenden zu berücksichtigen.

Um eine fachlich fundierte Diskussion zu ermöglichen, sollten sich die Studierenden zu den einzelnen Terminen anhand von (Kern-)Literaturangaben sowie einer problemorientierten Lernzielformulierung vorab den Lernstoff selbständig erarbeiten (vgl. APEL 1999, S. 75ff.). Der reine Wissenserwerb findet somit weitgehend in gelenkter Eigenarbeit zu Hause statt. Ziel der Lehrveranstaltung ist dann, den Lehrstoff strukturiert aufzuarbeiten, Verständnisschwierigkeiten zu beseitigen und Beurteilungsfähigkeit zu entwickeln. Das Lehrgespräch ermöglicht, in der Literatur fehlende Zusammenhänge zu erarbeiten. Das Lehrgespräch sollte außerdem dazu dienen, Lern- und Denkprozesse anzuregen und den Studierenden anleiten, abgelaufene Lern- und Denkprozesse bewusst zu reflektieren (vgl. DUBS 1998, S. 29).

Gleichzeitig ist wichtig, den in der Fachliteratur und in Vorlesungen (vgl. Kapitel 5.2.3) meist unzureichenden Realitätsbezug durch Integration von Realphänomenen herzustellen und damit die Authentizität zu erhöhen. Beispiele aus der Realität bieten sich zudem an, um die Studierenden mit problemorientierten Fragestellungen zu Eigenaktivität und kritischer Reflexion anzuregen. Durch die ganz unterschiedliche Anwendung des Gelernten (multiple Kontexte) unterstützen Beispiele aus der Realität den flexiblen Umgang mit Fachwissen und verbessern die Fähigkeit zum Transfer.

Vorlesungen, die die genannten Elemente enthalten, tragen zur Aneignung von Sach-, Sozial- und Selbstkompetenz bei und erlauben den Studierenden, ein strukturiertes und in der Realität anwendbares Gestaltungs- und Erschließungswissen aufzubauen (vgl. DUBS 1996, S. 319f.). Ein solches Wissen dient den Studierenden als Grundlage, Probleme zu erkennen und sich bedarfsorientiert neues Fachwissen anzueignen. Auf die nur darbietende Form von Vorlesungen und Übungen, die sich von Vorlesungen in der Methodik kaum unterscheiden, sollte verzichtet werden.

6.3.2   Seminare

Neben Vorlesungen sind Seminare fester Bestandteil der meisten Studienpläne betriebswirtschaftlicher Studiengänge und gehen häufig in die Diplomnote ein.

Charakterisierung

Ein Seminar dient der vertieften Auseinandersetzung mit spezifischen Inhalten und Methoden der Betriebswirtschaftslehre und insbesondere eines Vertiefungsfaches. Die Studierenden haben in Seminaren die Aufgabe, eine wissenschaftliche Problemstellung selbständig zu bearbeiten. Im Seminar selbst präsentieren die Studierenden die Ergebnisse ihrer Arbeit und begründen und verteidigen ihre Thesen in der Diskussion mit den anderen Seminarteilnehmern.

Je nach Gestaltung des Seminars wird zusätzlich zur Erstellung und Präsentation der Seminararbeit die Teilnahme an einer Eingangs- oder Endklausur verlangt. Seminare können sowohl wöchentlich als auch geblockt durchgeführt werden.

Analyse

Unter zeitlichem Aspekt steht meistens die Erstellung der Seminararbeiten durch die Studierenden im Mittelpunkt von Seminaren. Die vertiefte Beschäftigung mit einem Themenkomplex verlangt von Studierenden sowohl die Nutzung von vorhandenem Grundlagenwissen und von Fachkenntnissen als auch die ergänzende Aneignung fachspezifischer Kenntnisse. Besondere Bedeutung kommt dem Erwerb und der Anwendung einer wissenschaftlichen Arbeitsmethodik zu. Die Studierenden sind bei der Bearbeitung des Themas in ihrer Vorgehensweise weitgehend frei. Sie müssen entscheiden, wo sie den Schwerpunkt setzen und wie sie ihre Arbeit aufbauen und strukturieren.

Darüber hinaus gibt es unterschiedliche Möglichkeiten der Informationssuche. Die Studierenden haben die Freiheit bei der Auswahl der Literatur und müssen zur Recherche geeignete Hilfsmittel heranziehen. Außerdem müssen sie frühzeitig einzelne Phasen der Erstellung wie etwa die Literaturrecherche, das Schreiben und die erforderlichen Korrekturarbeiten planen, um den Abgabetermin einhalten zu können. Damit bieten Seminararbeiten zahlreiche Anregungen zur Weiterentwicklung des individuellen Arbeitsstils und der analytischen Fähigkeiten.

Je nach Problemstellung sind Seminararbeiten geeignet, das fachübergreifende Denken zu üben. Die Anfertigung der Arbeit führt bei manchen Studierenden zur erstmaligen vertieften Auseinandersetzung mit einem Textverarbeitungsprogramm. Damit stärken Seminare sowohl die fachlichen Kenntnisse als auch die methodischen Fähigkeiten und gegebenenfalls die EDV-Kenntnisse. Über die Sachkompetenz hinaus kann die Erstellung der Seminararbeit auch Impulse zur Weiterentwicklung der Selbständigkeit und Eigeninitiative geben (Selbstkompetenz).

Die Erstellung einer Seminararbeit erfordert und fördert Kompetenzen, die in der beruflichen Realität von Universitätsabsolventen gefordert werden. So stehen Fach- und Führungskräfte oftmals vor Problemen, die sowohl die eigenständige Beschaffung der benötigten Informationen als auch deren Verarbeitung und sachgerechte Aufbereitung verlangen. Damit stellen Seminararbeiten im Hinblick auf diesen beruflichen Kontext ein relativ authentisches Lehr-Lern-Arrangement dar. Seminare bieten in unterschiedlicher Form multiple Kontexte. Die Studierenden nutzen und erweitern ihre fachlichen Kenntnisse sowohl bei der Erstellung der Arbeit als auch später bei der Präsentation. Ihre methodischen Fähigkeiten sind bei der Literaturrecherche als auch bei der Literaturverwertung und der Seminararbeitserstellung erforderlich. Nicht zuletzt ist die Berücksichtigung und kritische Reflexion unterschiedlicher Sichtweisen ein wichtiges Beurteilungskriterium bei Seminararbeiten.

Damit bietet die Erstellung der Seminararbeit vielfältige Möglichkeiten, die von Studierenden, Unternehmungen und Professoren als stark defizitär eingestuften methodischen Fähigkeiten (vgl. Kapitel 5.5.1) anwendungsbezogen in authentischen und multiplen Kontexten weiterzuentwickeln. Instruktionale Kontexte sind gegeben, wenn die Studierenden ihren individuellen Vorkenntnissen entsprechend beraten und unterstützt werden.

Der zweite wesentliche Bestandteil von Seminaren sind die Seminarsitzungen. In diesem Rahmen präsentieren die Studierenden den anderen Seminarteilnehmern ihre Arbeit. In den anschließenden Diskussionen müssen sie sich Einwendungen und Rückfragen stellen. Dies erfordert die Fähigkeit Widerspruch aufzunehmen und die eigene Meinung zu vertreten. Die Studierenden üben an vorangehende Erfahrungen und Diskussionen anzuknüpfen und Fachgespräche strukturiert zu führen. Dies sind Fähigkeiten, die auch im Berufsleben erforderlich sind, beispielsweise bei der Präsentation eines Projektes vor Kunden oder vor Kollegen und Vorgesetzten. Zudem ermöglicht ihnen die Diskussion der anderen Themen, sich selbst einzubringen.

Durch die Präsentation der eigenen Ergebnisse und durch die Teilnahme an der Diskussion üben die Studierenden ihre Fähigkeit zum sicheren Auftreten. Die Fachdiskussionen erfordern, vorhandenes Wissen heranzuziehen und festigen kommunikative Fähigkeiten. Insgesamt dominieren bei der derzeitigen Gestaltung der Seminarsitzungen allerdings instruktionale Kontexte mit Studierenden als Vortragenden. Soziale, authentische und multiple Kontexte nehmen eine eher untergeordnete Rolle ein.

Im Rahmen der Seminarsitzungen setzen sich die Studierenden mit den Themenstellungen der anderen Seminarteilnehmer auseinander und können so fachliche Kenntnisse erwerben. Die Auseinandersetzung mit den anderen Seminarthemen kann durch Eingangs- oder Endklausuren verstärkt werden.

Je nach Teilbereich eines Seminars tragen Seminare damit in unterschiedlicher Form und Stärke zum Erwerb von Sach-, Sozial- und Selbstkompetenz bei. Weder die Erstellung der Seminararbeit noch die Teilnahme an Seminarsitzungen und Seminarklausuren fördern allerdings integrativ alle drei Dimensionen beruflicher Handlungskompetenz. Da die Erstellung der Seminararbeit den Großteil der Zeit in Anspruch nimmt, unterstützen Seminare vor allem den Erwerb fachlicher und methodischer Fähigkeiten. Die Sozialkompetenz und auch die Selbstkompetenz spielen eine eher geringere Rolle.

Kritische Würdigung

Bei der Erstellung ihrer Seminararbeiten werden die Studierenden häufig weitgehend sich selbst überlassen. Dies erscheint bis zu einem gewissen Grad auch sinnvoll und angemessen, um die Selbständigkeit und Eigeninitiative der Studierenden zu stärken. Gleichzeitig gehen dadurch auch Chancen verloren. Eine Möglichkeit zur Weiterentwicklung des individuellen Arbeitsstils besteht darin, im Rahmen des Seminars nicht nur die Seminararbeit als Produkt zu betrachten, sondern auch den Erstellungsprozess der Seminararbeit. Dies kann dadurch geschehen, dass sich die Studierenden in Kleingruppen mit einem Betreuer über die Arbeitsmethodik austauschen. Ein solcher Austausch erlaubt, das eigene Vorgehen kritisch zu reflektieren und Anregungen der anderen Seminarteilnehmer für künftige Arbeiten und die berufliche Realität aufzunehmen. Dieser Austausch kann sowohl den Erstellungsprozess begleiten als auch die Arbeitsmethodik im Nachhinein einer kritischen Prüfung unterziehen. Keinesfalls fehlen darf die Rückmeldung des Betreuers zum Ergebnis der Arbeit. Nur wenn die Studierenden wissen, wie die Bewertung zu Stande gekommen ist, können sie Fehler bei künftigen Arbeiten vermeiden und Stärken bewusst nutzen.

Studierende nutzen die EDV-technischen Möglichkeiten häufig unzureichend. Gleichzeitig sind sie im Anschluss an ein Seminar sensibilisiert und offen für Vorschläge, die die Erstellung künftiger Arbeiten erleichtern. Auch hier kann eine kritische Reflexion im Rahmen einer Gruppendiskussion wichtige Anregungen für den zukünftigen EDV-Einsatz bieten.

Falls die Seminarsitzungen durch Referate dominiert werden, besteht wie bei klassischen Vorlesungen die Gefahr, dass vorwiegend träges Wissen entsteht. Angesichts der Tatsache, dass die Referate von didaktisch eher ungeübten und fachlich weniger entwickelten Studierenden gehalten werden, ist bei Seminaren gegenüber Vorlesungen von geringeren Lerneffekten auszugehen.

Damit Seminarsitzungen stärker als derzeit die Aneignung von Sach-, Sozial- und Selbstkompetenz erlauben, sollten nach Möglichkeit über den instruktionalen Kontext hinaus soziale, multiple und authentische Kontexte geschaffen werden. Dies kann nur gelingen, wenn die (frontale) Präsentation der Seminararbeiten nicht mehr den Mittelpunkt von Seminaren bildet. Wichtig ist, alle Seminarteilnehmer aktiv in Seminare einzubinden. Beispielsweise können die Studierenden zunächst in kleinen Gruppen die Problemstellung einer Seminararbeit diskutieren und dann in großer Runde die Ergebnisse austauschen. Einen anderen Weg zur aktiven Integration der Seminarteilnehmer stellen (kurze) Gruppenarbeiten zu unterschiedlichen Themenkomplexen mit realitätsnahen Fragestellungen dar.

Besonders Seminare in geblockter Form bieten sich für eine gemeinsame Durchführung mit Unternehmungen an. Hierbei können Mitarbeiter aus Unternehmungen an der Fachdiskussion mitwirken und diese durch ihre Betrachtungsweise ergänzen. Zudem stärken durch Praktiker betreute Fallstudien oder Planspiele zum Seminarthema den Theorie-Praxis-Bezug und das gemeinsame Gespräch in den Veranstaltungspausen bietet eine Vielzahl von Anregungen.

Die Durchführung von Seminaren in geblockter Form erlaubt aber nicht nur eine größere Flexibilität im Hinblick auf die Zusammenarbeit mit Praktikern. Blockseminare regen wirkungsvoller als wöchentliche Veranstaltungen gruppendynamische Prozesse an und tragen durch eine stärkere Interaktion zur Förderung der Kommunikationsfähigkeit bei. Dies gilt ganz besonders dann, wenn es sich um einen Tagungsort abseits der Universität handelt und ein entsprechendes Rahmenprogramm angeboten oder von den Studierenden gestaltet wird.

Auch im Hinblick auf die Seminarsitzungen sollte stärkeres Gewicht auf die bewusste kritische Reflexion des Seminarablaufs gelegt werden. So bietet ein Gespräch über die einzelnen Präsentationen den Studierenden die Möglichkeit, aus dem eigenen Referat und den Referaten der anderen Seminarteilnehmer Anregungen für die eigene (zukünftige) Gestaltung von Vorträgen zu gewinnen. Beim Vortragenden trägt das Feedback von Kommilitonen und Lehrenden auch zur Weiterentwicklung der Selbstkompetenz bei, indem er eigene Wahrnehmungen mit denen anderer Personen abgleichen kann. Die Studierenden lernen, Kritik anzunehmen und Kritik an anderen zu üben. In dieser Form gestaltete Seminare bieten die Möglichkeit, die derzeit in Lehrveranstaltungen nur eingeschränkt geförderte Kritikfähigkeit (vgl. Kapitel 5.2.3) stärker zu berücksichtigen und den bei der Kritikfähigkeit bestehenden Defiziten (vgl. Kapitel 5.5.1) entgegen zu wirken.

Damit sich die Studierenden in Seminaren nicht klausurorientiert träges Fachwissen aneignen, sollte der Schwerpunkt der Bewertung auf der Erstellung und Präsentation der Seminararbeit liegen (vgl. zur Prüfungsdidaktik Kapitel 6.4.1). Gegebenenfalls kann ganz auf das Schreiben und Bewerten von Klausuren im Rahmen von Seminaren verzichtet werden. Damit sich die Studierenden dennoch mit den Themenstellungen der anderen Seminarteilnehmer auseinander setzen, kann die aktive Mitarbeit bewertet werden.

6.3.3   Fallstudien

Wesentlich seltener als Vorlesungen und Seminare sind Fallstudien als Lehrveranstaltungsform Bestandteil der betriebswirtschaftlichen Ausbildung an Universitäten. Sie sind nur in wenigen Fällen expliziter Bestandteil von Studienplänen (vgl. exemplarisch UNIVERSITÄT HOHENHEIM 2002; UNIVERSITÄT TÜBINGEN 2002).

Charakterisierung

Fallstudien stellen eine symbolisch repräsentierte Umwelt dar (vgl. BECK 1995, S. 61) und gehen ursprünglich auf die Harvard Business School zurück (vgl. McNAIR/HERSUM 1954). Eine grundlegende theoretische Fundierung und Weiterentwicklung hat die Fallstudiendidaktik vor allem durch die entscheidungsorientierte Betriebswirtschaftslehre erhalten (vgl. KAISER 1983, S. 13). Im Mittelpunkt von Fallstudien steht die Absicht, Studierende mit komplexen Sachverhalten und Problemstellungen aus der Realität zu konfrontieren. Dabei wird die eigenständige Auseinandersetzung mit den Inhalten der Fallstudie erwartet.

Als Basis ihrer Auseinandersetzung erhalten die Studierenden die zur Fallbearbeitung erforderlichen Rahmenbedingungen geschildert. Dies kann sowohl durch eine Präsentation als auch durch Begleitmaterial geschehen. Außerdem bekommen die Studierenden im Umfang nicht festgelegtes ergänzendes Datenmaterial zur Verfügung gestellt, das sie durch eigene Recherchen ergänzen müssen. Die eigentliche Fallbearbeitung findet typischerweise in Gruppen statt, die von Lehrenden betreut werden. Es ist aber auch möglich, Fallstudien als Einzelarbeit zu konzipieren. Um die Authentizität der Fälle zu erhöhen, werden Fallstudien häufig in Zusammenarbeit mit Unternehmungen durchgeführt.

Ebenso wie bei anderen Lehrveranstaltungsformen gibt es auch bei Fallstudien Variationen (vgl. DOMSCH 1995, S. 605). Fallstudien unterscheiden sich zum Beispiel im Hinblick auf den Umfang der zur Verfügung gestellten Informationen und die Dauer der Fallbearbeitung. Gewöhnlich lassen sich bei der Fallstudienarbeit sechs Phasen abgrenzen (vgl. KAISER/KAMINSKI 1999, S. 138):

1. **Konfrontation:** In dieser Phase werden die Studierenden mit dem Fall konfrontiert und sollen die Problem- und Entscheidungssituation erfassen.

2. **Information:** Mit Hilfe des bereitgestellten Materials aber auch selbst auszuwählendem Material erschließen sich die Studierenden die für die Entscheidungsfindung erforderlichen Informationen.

3. **Exploration:** Aufgabe der Studierenden ist, die Situation zu analysieren und unterschiedliche Problemlösungen zu erarbeiten.

4. **Resolution:** Die Studierenden stellen unterschiedliche Lösungsvarianten gegenüber, bewerten sie und treffen die Entscheidung für eine Lösungsvariante. Dabei existiert nicht nur eine richtige Lösung, sondern es sind verschiedene Alternativen möglich.

5. **Disputation:** Die einzelnen Gruppen präsentieren ihre Ergebnisse und müssen diese in der Diskussion mit den anderen Teilnehmern verteidigen.

6. **Kollation:** Wenn die Fallstudie auf einer realen Situation beruht, werden die Gruppenlösungen abschließend mit der in der Realität getroffenen Entscheidung verglichen.

Das Phasenschema verdeutlicht, dass in den meisten Phasen die aktive Mitarbeit der Studierenden unverzichtbar ist.

Analyse

Fallstudien erlauben die Gestaltung von authentischen, multiplen, sozialen und instruktionalen Kontexten und werden damit den Gestaltungsprinzipien für problemorientierte Lernumwelten gerecht. Authentischen Charakter erhalten Fallstudien, auch wenn es sich nur um simulierte Umwelten handelt, dadurch, dass den Fällen meist tatsächliche Begebenheiten zugrunde liegen. Wenn Fallstudien nicht auf realen Situationen aufbauen, müssen sie zumindest realitätsnah konstruiert sein. Durch den wiederholten Einsatz unterschiedlicher Fallstudien bieten Fallstudien multiple Kontexte. Außerdem wird von den Studierenden erwartet, bei ihren Überlegungen unterschiedliche (multiple) Sichtweisen zu berücksichtigen (Phasen 3 und 4). In den abschließenden Phasen 5 und 6 werden sie mit alternativen Problemlösungen konfrontiert. Soziale Kontexte bestehen insofern, als die Phasen 2 bis 4, die den Schwerpunkt der Fallstudien bilden, meist in Kleingruppen durchgeführt werden. Die notwendige Unterstützung (instruktionaler Kontext) erfahren die Studierenden sowohl durch die Instruktionen zu Beginn der Fallstudie und die gemeinsame Diskussion am Ende als auch prozessbegleitend durch den jeder Gruppe zugeordneten Moderator.

Fallstudien fördern Sach-, Sozial- und Selbstkompetenz in ganz unterschiedlicher Form. Um Fallstudien erfolgreich bearbeiten zu können, müssen Studierende vor allem in den Phasen der Information und der Exploration auf vorhandenes Grundlagenwissen und auf fachspezifisches Wissen zurückgreifen. Darüber hinaus ist erforderlich, dass sie sich sowohl eigenständig als auch angeleitet neues Wissen aneignen. Entsprechend der Komplexität des Falles kommt das Wissen aus ganz unterschiedlichen Bereichen und die Studierenden müssen ihre Kenntnisse fachübergreifend vernetzen, um adäquate Lösungen zu entwickeln. Beispielsweise kann es notwendig sein, neben finanzwirtschaftlichen Kennzahlen auch die Interessen der Mitarbeiter der Unternehmung zu berücksichtigen und ein Marketingkonzept zu erstellen. Bei der Entwicklung eines Geschäftsmodells müssen Aspekte des Einkaufs, der Produktion und des Absatzes berücksichtigt werden. Fallstudien erlauben es, theoretische Kenntnisse an Fällen aus der Realität zu erproben und geben damit theoretischem Wissen praktische Bedeutsamkeit.

Besonders in Phase 3 wird die Analysefähigkeit der Studierenden gefordert. Ein Schwerpunkt liegt außerdem auf der Entscheidungsfähigkeit. So müssen die Studierenden in Phase 4 die von ihnen entwickelten Lösungsalternativen bewerten und eine Auswahl treffen. Aber auch in den Phasen 2 und 3 besitzen die Studierenden Entscheidungsfreiheit im Hinblick etwa auf die Auswahl ergänzenden Materials und der Vorgehensweise der Gruppe. Entsprechend stark sind die Impulse zur Weiterentwicklung der Entscheidungsfähigkeit. Zudem bieten Fallstudien die Möglichkeit zur Weiterentwicklung des eigenen Arbeitsstils, da die Arbeit in Gruppen bei häufig engem Zeitrahmen ein strukturiertes Vorgehen erfordert. Durch die Zusammenarbeit mit Kommilitonen können Anregungen für den eigenen Arbeitsstil gewonnen werden. Zusammenfassend betrachtet tragen Fallstudien in vielfältiger Form zum Erwerb von Sachkompetenz bei.

Auch wenn Fallstudien zunächst sach- und problembezogen sind, spielen soziale Kontexte eine wichtige Rolle. In den Phasen 2 bis 4 findet der Erkenntnisfortschritt in Kleingruppen statt. Hierbei müssen die Studierenden weitgehend ungelenkt ihre Gruppenarbeit effizient organisieren und zu gemeinsamen Entscheidungen finden. Die entwicklungsförderlichen Impulse fallen umso größer aus, je mehr Spielraum sie den Studierenden beispielsweise im Hinblick auf die zeitliche Gestaltung geben.

Fallstudien fördern unterschiedliche Aspekte der Sozialkompetenz. Durch die hohe Interaktionsdichte der Gruppenarbeiten üben die Studierenden die sowohl aus ihrer Sicht als auch aus Sicht von Unternehmungen und Professoren unzureichend ausgeprägte Kommunikationsfähigkeit (vgl. Kapitel 5.5.1; WILDT 1997, S. 210). Dabei lernen die Studierenden ihre eigene Meinung zu vertreten (Durchsetzungsfähigkeit), gleichzeitig aber auch auf die Ansichten und Interessen der anderen Gruppenmitglieder einzugehen (Einfühlungsvermögen). Fallstudien ermöglichen den Teilnehmern, ihre Integrations- und Teamfähigkeit weiter zu entwickeln, da sie sich in eine häufig willkürlich zusammengestellte Gruppe integrieren und mit den anderen Gruppenmitgliedern erfolgreich zusammenarbeiten müssen. Durch in der Gruppe zu treffende konfliktbehaftete Entscheidungen begünstigen Fallstudien den Erwerb von Konfliktfähigkeit. Da Arbeitsgruppen in Unternehmungen oftmals vergleichbare Problemstellungen mit entsprechenden gruppendynamischen Prozessen zu bewältigen haben, begünstigt die relative Authentizität von Lern- und Arbeitsumwelt die Transferfähigkeit der erworbenen Sozialkompetenz.

Zusätzlich zu den Phasen 2 bis 4 trägt auch die Phase 5 zur Aneignung von Sozialkompetenz bei. In dieser Phase müssen die Gruppen ihre Ergebnisse präsentieren, so dass die Studierenden ihre Fähigkeit zum Auftreten vor einer Gruppe üben. Außerdem müssen sie ihre Ergebnisse gegenüber den anderen Teilnehmern und gegebenenfalls gegenüber den Experten aus Unternehmungen verteidigen.

Fallstudien bewirken außerdem die Förderung der Selbstkompetenz. Gegenüber der passiven Aufnahme von Wissen führen Fallstudien zu einer erhöhten Lernbereitschaft (vgl. BROMMER 1992, S. 119). Sie unterstützen die Kritikfähigkeit der Studierenden, indem fundierte Entscheidungen in den unterschiedlichen Phasen die kritische Auseinandersetzung mit den Sachverhalten voraussetzen. Bei Fallstudien, die auf realen Gegebenheiten beruhen, verdeutlicht der Vergleich mit der tatsächlich getroffenen Entscheidung in Phase 6 den Studierenden, dass Entscheidungen mitunter nicht nach rationalen Gesichtspunkten getroffen werden. So üben individuelle Interessen von handelnden Personen teilweise großen Einfluss auf Entscheidungen aus. Auch dies kann die kritische Reflexion von Sachverhalten anregen. Durch den Aufbau von Zeitdruck wird bei Fallstudien die Belastbarkeit der Studierenden gefordert und gefördert.

Allerdings leisten Fallstudien bei unterschiedlichen Aspekten der Selbstkompetenz nur eingeschränkt einen Beitrag zur Weiterentwicklung. Da es sich bei Fallstudien um symbolisch-repräsentierte Umwelten handelt, übernehmen die Studierenden keine reale Verantwortung. Daher wird die Verantwortungsfähigkeit nur wenig gefördert. Ebenfalls eingeschränkt gefördert wird die Selbständigkeit. Zwar agieren die Studierenden in den Fallbearbeitungsgruppen relativ selbständig, allerdings werden sie insgesamt angeleitet und häufig sind Meilensteine eingebaut, die eine zeitliche Handlungsstruktur vorgeben.

Kritische Würdigung

Fallstudien erlauben eine realitätsnahe Übung, ohne die Konsequenzen der Ernstsituation fürchten zu müssen. Gegenüber realen Fällen bieten Fallstudien außerdem den Vorteil, dass über Fallstudien unabhängig von Raum und Zeit verfügt werden kann (vgl. BECK 1995, S. 63). Um trotz der tatsächlich nur symbolisch-repräsentierten Umwelten ein hohes Maß an Authentizität zu gewährleisten, bietet es sich an, Fallstudien in Zusammenarbeit mit Unternehmungen durchzuführen. Über den Fall hinaus wird bei einer kooperativen Durchführung durch den Kontakt mit Mitarbeitern von Unternehmungen der Realitätsbezug gestärkt (vgl. auch Kapitel 6.3.2). Allerdings bietet ein Fall aus der Realität nicht zwingend optimale Lernbedingungen. Erforderlich ist, reale Fälle an die Lernvoraussetzungen der Studierenden anzupassen und entsprechend komplexe Fälle zu konstruieren.

Damit in Fallstudien authentische, multiple, soziale und instruktionale Kontexte zur Geltung kommen, müssen unterschiedliche Konstruktionsprinzipien beachtet werden. Fallstudien sollten einen starken Realitätsbezug aufweisen, anschaulich sein, an die bisherigen Erfahrungen der Studierenden anknüpfen und ihre Inhalte sollten über den spezifischen Fall hinaus bedeutsam sein (vgl. ausführlich KAISER/KAMINSKI 1999, S. 153ff.). Eine Erstellung von Fallstudien, die diesen Anforderungen genügen, stellt hohe Anforderungen an den Konstrukteur und ist sehr zeitaufwändig. Daher sollte den Lehrenden eine größere Anzahl bewährter Fallstudiensammlungen zur Verfügung gestellt werden. Zusätzlich zur Erstellung erfordert die Durchführung von Fallstudien insbesondere für die Moderation der einzelnen Teams großen personellen Einsatz.

Außerdem ist eine Leistungsbewertung schwierig. Angesichts der Tatsache, dass die Notengebung wesentlichen Einfluss auf studentisches Lernen ausübt (vgl. Kapitel 6.4.1), sollte auf eine Benotung dennoch nicht verzichtet werden. Die Vergabe von Noten erhöht den Ernstcharakter der Fallstudien und es können gruppendynamische Prozesse ausgelöst oder verstärkt werden. Die Effekte der Notenvergabe sind davon abhängig, inwiefern einheitliche Noten vergeben werden oder zwischen den Teilnehmern differenziert wird. So kann die individuelle Notenvergabe ein Verhalten unterstützen, das zu Lasten der Gruppe geht. Hingegen kann die Vergabe von Noten für die Gruppengesamtleistung bewirken, dass einzelnen Gruppenteilnehmern die Leistungen der anderen Studierenden zu gute kommen. Die Bewertung bringt dann nicht ihre eigene Leistung zum Ausdruck. Da in der Realität in Unternehmungen sowohl die Leistungen von Einzelnen als auch von Gruppen bewertet werden und Konsequenzen nach sich ziehen, erhöht die Vergabe von Noten unabhängig von ihrer konkreten Ausgestaltung die Authentizität von Fallstudien.

Bei Fallstudien kommt dem Prozess der Leistungserstellung eine zentrale Rolle zu. Daher ist wichtig, dass die Studierenden nicht nur eine Rückmeldung zum Gesamtergebnis bekommen (Phase 6), sondern dass die einzelnen Gruppen mit ihrem Moderator die Gruppenprozesse während der Fallstudienarbeit kritisch reflektieren. Eine solche Analyse ermöglicht den Studierenden, sich eigener Verhaltensweisen bewusst zu werden. Dies kann beispielsweise dominantes Verhalten in der Gruppe sein oder ein zu geringes Durchsetzungsvermögen bei guten Ideen.

Fallstudien können durch authentische, multiple, soziale und instruktionale Kontexte zur Weiterentwicklung von Sach-, Sozial- und Selbstkompetenz beitragen (vgl. oben). Allerdings fördern sie nur teilweise alle drei Dimensionen beruflicher Handlungskompetenz integrativ. Beispielsweise dominiert in den Phasen 1 und 6 der instruktionale Kontext und es findet vor allem die Aneignung von Sachkompetenz statt. Dass Fallstudien alle drei Kompetenzen fördern, also effektiv sind, heißt außerdem nicht, dass Fallstudien auch effizient sind. Zum Beispiel ist die Aneignung von Grundlagenwissen und spezifischem Fachwissen in Fallstudien gegenüber anderen Lehrveranstaltungsformen sehr zeitintensiv und daher ineffizient (vgl. BROMMER 1992, S. 116ff.).

Bei einem Mittelwert von x = 3,58 (vgl. Anhang 9-11) sind Fallstudien eher selten Bestandteil der betriebswirtschaftlichen Ausbildung. Um wirkliche Lernerfolge im Hinblick auf die selbständige Entscheidungsfindung, die Aktivierung von trägem Wissen und die Integration in Arbeitsgruppen zu erzielen, ist der einmalige Einsatz von Fallstudien nicht hinreichend. Vielmehr sollten Fallstudien zum integralen Bestandteil der Ausbildung von betriebswirtschaftlichen Universitätsabsolventen werden.

6.3.4   Planspiele

Noch seltener als Fallstudien kommen (Unternehmungs-)Planspiele[107] beim betriebswirtschaftlichen Studium an Universitäten zum Einsatz (vgl. Anhang 9-11).

Charakterisierung

Im Gegensatz zu den zeitpunktbezogenen Fallstudien werden in Planspielen Abläufe in Unternehmungen über mehrere Perioden zeitlich gerafft simuliert (vgl. HENTZE/KAMMEL 2001, S. 395). Die Studierenden nehmen bestimmte Rollen ein und treffen Entscheidungen, die ganz unterschiedliche Wirkungen nach sich ziehen können. Das Ergebnis einer Periode stellt bei Planspielen zugleich die Ausgangssituation der Folgeperiode dar (vgl. BECK 1995, S. 63), so dass, anders als bei Fallstudien, auch die Handlungsfolgen im Modell berücksichtigt werden. Dadurch erfahren die Teilnehmer praktisch, welche Konsequenzen mit ihren Entscheidungen verbunden sind. Gleichzeitig werden theoretisch nur schwer nachvollziehbare Prozesse transparenter, da sie von den Studierenden mitgestaltet werden. Die Rückmeldung erlaubt den Studierenden, aus ihren Fehlern zu lernen und neue Erkenntnisse bei weiteren Entscheidungen zu berücksichtigen (vgl. BLOECH/HARTUNG/ORTH 2001, S. 283).

Auch bei Planspielen existieren zahlreiche Varianten. Beispielsweise können mehrere Unternehmungen miteinander konkurrieren. Möglich ist auch, das Zusammenspiel mehrerer Abteilungen innerhalb von Unternehmungen zu simulieren (vgl. BECK 1995, S. 63). Dabei spielen die Studierenden gewöhnlich in Gruppen mit 3 bis 5 Teilnehmern und stehen im Wettbewerb mit anderen Gruppen. Meist werden die Planspiele computerunterstützt durchgeführt (vgl. MANDL/REISERER/GEIER 2001, S. 80), so dass das Computerprogramm die Ergebnisse an die Gruppen zurückmeldet. Wenn es der (unzureichende) Kenntnisstand der Teilnehmer erfordert, können zwischen den einzelnen Spielrunden Sachverhalte erörtert werden.

Analyse

In Planspielen werden reale Situationen nachgebildet, ohne auf die Komplexität der Realität zu verzichten. Damit stellen Planspiele eine simulierte Lernumwelt

---

[107] Unternehmungsplanspiele stellen die am häufigsten genutzte Planspielform überhaupt dar (vgl. MANDL/REISERER/GEIER 2001, S. 80) und korrespondieren inhaltlich mit dem betriebswirtschaftlichen Studium.

mit weitgehend authentischem Charakter dar. Die Studierenden müssen in jeder Spielrunde Entscheidungen mit veränderten Rahmenbedingungen treffen. Außerdem nehmen die Studierenden bei gruppeninterner Rollenverteilung Aufgaben mit unterschiedlichen Zielsetzungen wahr und lernen dadurch verschiedene Sichtweisen kennen, so dass auch dadurch multiple Kontexte gegeben sind (vgl. MANDL/REISERER/GEIER 2001, S. 87). Da die Studierenden ihre Entscheidungen in Gruppen treffen, schaffen Planspiele soziale Kontexte. Um die Studierenden ihren Fähigkeiten und Kenntnissen entsprechend zu fördern, kann die Komplexität der Simulation bei guten Planspielen an die Fähigkeiten der Teilnehmer angepasst werden und im Spielverlauf variieren. Durch die Besprechung von technischen und inhaltlichen Unklarheiten sowie durch ergänzende fachliche Informationen kann der Spielleiter die notwendige instruktionale Unterstützung bieten. Damit werden Planspiele allen vier richtungsweisenden Gestaltungsprinzipien gerecht.

Bei zahlreichen Planspielen sind Grundlagenwissen in BWL und fachspezifische Kenntnisse eine wichtige Voraussetzung, um eine Abteilung oder Unternehmung erfolgreich zu leiten. Gleichzeitig können sich die Studierenden durch den Austausch von Wissen in der Gruppe und gegebenenfalls ergänzende fachliche Einheiten zusätzliche Kenntnisse aneignen. Allerdings ist der Erwerb neuen Wissens kein zentrales Ziel von Planspielen. Dementsprechend bestätigt eine Studie von BLOECH/HARTUNG/ORTH (vgl. 2001, S. 293), dass der Einfluss von Planspielen auf den Wissenszuwachs niedrig ist. Hingegen erscheint naheliegend, dass Planspiele durch die wiederholte Anwendung von Fachwissen dazu beitragen, träges Wissen zu vermeiden.

Die Untersuchung von BLOECH/HARTUNG/ORTH (vgl. 2001, S. 293) verdeutlicht auch, dass Planspiele gut geeignet sind, das Zusammenhangwissen der Studierenden zu stärken. So sind die Gruppen und die einzelnen Studierenden gezwungen, bei ihren Entscheidungen eine Vielzahl von Interdependenzen zwischen Unternehmungsbereichen oder zwischen Unternehmungen zu berücksichtigen. Außerdem müssen sie gegebenenfalls Rahmenbedingungen, wie zum Beispiel die vom Computer simulierte konjunkturelle Entwicklung, beachten. Dadurch werden sie veranlasst, fachübergreifend zu denken und beispielsweise volks- und betriebswirtschaftliche Kenntnisse zu verbinden.

Über die Förderung des vernetzten Denkens hinaus ist das Üben von Entscheidungen der wichtigste Grund für den Einsatz von Unternehmungsplanspielen in der Hochschullehre (vgl. BRONNER/KOLLMANNSPERGER 1998, S. 219). Die Studierenden müssen bei Planspielen in jeder Spielrunde die aktuelle Situation analysieren und daran anschließend Entscheidungen treffen. Hierbei werden die Studierenden oftmals bewusst unter Entscheidungsdruck gesetzt, indem sie, zum Beispiel bei engem Zeitrahmen, entgegengesetzte Interessen berücksichtigen müssen. Auch wenn die Akteure meist unmittelbar im Anschluss an ihre Entscheidung durch das Computerprogramm eine Rückmeldung über die Konsequenzen ihrer Handlungen erhalten, sollten die Entscheidungen am Ende des Spiels oder der Periode mit dem Spielleiter analysiert werden. Dabei ist wichtig, mit den Studierenden unklare Wirkungszusammenhänge zu erarbeiten.

Zusätzlich zu den methodischen Fähigkeiten erlauben Planspiele die Aneignung von Sprachkenntnissen. Die Erfahrungen von HÖLSCHER (vgl. 2000, S. 168) mit dem Einsatz von Planspielen im Rahmen des betriebswirtschaftlichen Studiums an der Universität Erlangen-Nürnberg zeigen, dass der gezielte Einsatz von englischsprachigen Planspielunterlagen zur spielerischen Aneignung und selbstverständlichen Nutzung des englischen Fachvokabulars durch die Studierenden führt.

Soziales Lernen ist bei Planspielen nur eingeschränkt explizit Gegenstand des Lernens. Allerdings bieten die sozialen Kontexte der Planspiele zahlreiche Impulse zum impliziten sozialen Lernen. Zum Beispiel müssen die Studierenden fortwährend innerhalb ihrer Gruppe Entscheidungen treffen und diese gegebenenfalls mit den anderen Gruppen abstimmen. Dabei sind in die meisten Planspiele sowohl gruppenintern als auch im Verhältnis zwischen den Gruppen gezielt Konfliktsituationen eingebaut. Dies erfordert von den Studierenden kooperatives Verhalten, den Einbezug der Interessen aller Gruppenmitglieder, Verhandlungsgeschick und einen offenen Kommunikationsstil (vgl. PRANDINI 2001, S. 312 sowie WILDT 1997, S. 210). Die Teilnehmer lernen sowohl in der eigenen Gruppe als auch im Kontakt zu den anderen Teilnehmern fremde Interessen in die eigene Entscheidung mit einzubeziehen. Dadurch, dass Kleingruppen den Ablauf prägen, gewährleisten Planspiele ein hohes Maß an sozialer Interaktion aller Teilnehmer.

Demgegenüber sind Planspiele nur eingeschränkt zur Förderung der Selbstkompetenz geeignet. So sind die zeitlichen und inhaltlichen Abläufe und Handlungsoptionen bei Planspielen weitgehend festgelegt und lassen für die Eigeninitiative der Studierenden sowie kreatives und flexibles Handeln nur wenig Raum. Aufgrund des vorgegebenen Ablaufs und der nur simulierten Umwelten stellt WILDT (vgl. 1997, S. 210) zudem fest, dass Planspiele nur eingeschränkt Selbständigkeit und Verantwortungsbewusstsein fördern. Allerdings müssen die Studierenden ihre Arbeit in Gruppen zumindest in begrenztem Umfang selbst organisieren. Außerdem tragen Planspiele zur Freude am Lernen bei und könnten sich damit auch positiv auf die Lernbereitschaft insgesamt auswirken. Durch die klaren Zielvorgaben und die durch den Wettkampfcharakter bedingte hohe

Motivation der Studierenden zur Zielerreichung sollten Planspiele zur Weiterentwicklung der Zielstrebigkeit beitragen.

Kritische Würdigung

Nach Ansicht von PRANDINI ermöglichen Planspiele „ein integriertes fachliches und soziales Lernen in idealer Weise" (PRANDINI 2001, S. 312). ACHTENHAGEN (vgl. 1995, S. 178) stellt fest, dass niemand die Wichtigkeit von Planspielen für die betriebswirtschaftliche Ausbildung bestreitet, Planspiele aber dennoch nur selten systematisch in Studienpläne eingebettet sind. Im Gegensatz zu ACHTENHAGEN verweisen SONNTAG/SCHAPER (vgl. 1999, S. 224) allerdings darauf, dass kaum Evaluationsstudien zur Effizienz von Planspielen vorliegen und die Frage nach dem Lerntransfer auf reale Arbeitssituationen weitgehend ungeklärt ist. Die aktuelle Studie von BLOECH/HARTUNG/ORTH (vgl. 2001, S. 293) erlaubt im Hinblick auf die Transferleistung keine eindeutige Aussage, wenngleich die Ergebnisse tendenziell für eine Verbesserung sprechen. Damit bleibt offen, welchen Beitrag Planspiele zur Transferunterstützung und damit zur Qualitätssicherung in Phase 4 des Bildungsprozesses (vgl. Kapitel 2.4) leisten können.

Auch wenn gesicherte Aussagen zum Kompetenzerwerb beim Einsatz von Planspielen nur begrenzt möglich sind, kann meines Erachtens auf Basis der vorangegangenen Überlegungen davon ausgegangen werden, dass Planspiele einen wichtigen Beitrag vor allem zum Erwerb von methodischer Kompetenz und Sozialkompetenz leisten können. Angesichts der erheblichen Defizite bei den methodischen Kompetenzen aus Sicht von Studierenden, Unternehmungen und Professoren (vgl. Kapitel 5.5.1) stellen Planspiele eine wichtige Ergänzung des bisherigen Studienangebots dar. Hingegen sind sie zur Weiterentwicklung der Selbstkompetenz und der fachlichen Kompetenz zwar grundsätzlich geeignet, jedoch aufgrund des großen Zeitaufwandes nicht effizient. Auch wenn der Umfang des Lerntransfers auf reale Arbeitssituationen offen ist, ermöglichen Planspiele den Studierenden die wiederholte Anwendung und damit die Aktivierung von Fachkenntnissen. Die Teilnehmer können neue Handlungsweisen proben und erfahren die Folgen ihres Verhaltens, ohne die in der Realität vorhandenen Konsequenzen fürchten zu müssen.

Dass Planspiele auch in Veranstaltungen mit vielen Hundert Studierenden erfolgreich eingesetzt werden können, zeigt die Durchführung von Planspielen mit bis zu 400 Studierenden an der Universität Erlangen-Nürnberg (vgl. HÖLSCHER 2002). Um zu guten Lernergebnissen zu führen, müssen die Dozenten allerdings didaktisch geschult sein (vgl. ACHTENHAGEN 1995, S. 178) und sollten das

Planspiel selbst zuvor als Teilnehmer erlebt haben (vgl. HÖLSCHER 2000, S. 162). Beispielsweise darf die Spielleitung keine Auskünfte geben, die den Spielverlauf beeinflussen und einzelne Gruppen bevorzugen oder benachteiligen. Andererseits müssen die verantwortlichen Mitarbeiter aber grundlegende Verständnisschwierigkeiten der Studierenden erkennen und die erforderliche instruktionale Unterstützung bieten. Um die Studierenden nicht zu überfordern, sollten es Planspiele erlauben, die Komplexität an den Kenntnisstand der Studierenden anzupassen und im Verlauf des Planspiels die Komplexität durch zusätzliche Aspekte zu erhöhen.

6.3.5 Projekte

Auch wenn Projekte bereits seit Mitte des 19. Jahrhunderts als Lehrveranstaltungsform an Universitäten zu finden sind (vgl. ACHTENHAGEN 1995, S. 169) und damit eine längere Tradition als das Studienfach Betriebswirtschaftslehre aufweisen, stellen sie ein nur selten genutztes Lehr-Lern-Arrangement dar.

Charakterisierung

Projekte sind in der Regel gut abgrenzbare, komplexe und neuartige Aufgabenstellungen, die gewöhnlich von mehreren Personen für einen begrenzten Zeitraum zur Bearbeitung übernommen werden (vgl. FRESE 2000, S. 500). Nach GUDJONS (vgl. 2001, S. 81ff. und S. 113) umfassen Projekte 4 Schritte, die ein umfassendes handlungsorientiertes Lehren und Lernen ermöglichen:

1. Auswahl einer problemhaltigen Sachlage.

2. Gemeinsame Entwicklung eines Plans zur Lösung.

3. Handlungsorientierte Auseinandersetzung mit dem Problem.

4. Überprüfung der erarbeiteten Problemlösung an der Realität.

Bei der Durchführung von Projekten bietet sich im Rahmen des betriebswirtschaftlichen Studiums die Zusammenarbeit mit Unternehmungen an. In diesem Fall werden die Aufgaben gewöhnlich von den Mitarbeitern der Unternehmungen gestellt und die Studierenden erarbeiten Lösungen für konkrete Probleme der Unternehmungsrealität. Die Lehrenden und Mitarbeiter von Unternehmungen stehen den Studierenden beratend zur Seite, während alle mit dem Projekt verbundenen Aktivitäten von den Studierenden eigenverantwortlich ausgeführt werden. Beispielsweise müssen sich die Studierenden Informationen beschaffen und diese auswerten, Lösungsmöglichkeiten entwickeln, die Umsetzung planen und realisieren, das Projekt koordinieren und die Ergebnisse vor den Lehrenden und Unternehmungsvertretern präsentieren.

Analyse

Durch den Umgang mit realen Problemen ist die Authentizität bei Projekten in idealer Weise gegeben. Zudem stellen Projekte eine von Unternehmungen häufig genutzte Organisationsform dar. Dementsprechend werden Studierende im Rahmen von Projekten nicht nur mit realen Inhalten, sondern gleichzeitig mit einer authentischen Arbeitsorganisation konfrontiert. Damit stellen Projekte in optimaler Form die von Studierenden, Unternehmungen und Professoren in höherem Maße geforderte Verbindung von Theorie und Praxis her (vgl. Kapitel 5.5.3). Außerdem müssen die Studierenden unterschiedliche Sichtweisen berücksichtigen und sich im Projektverlauf immer wieder neuen Gegebenheiten anpassen, so dass auch multiple Kontexte gegeben sind. Durch die Arbeit in einer Projektgruppe und die Begleitung durch Lehrende und Mitarbeiter von Unternehmungen werden soziale und instruktionale Kontexte geschaffen.

In authentischen Kontexten lernen die Studierenden Fachwissen sowie wissenschaftliche Theorien, Modelle und Methoden adäquat auf die konkreten realen Problemstellungen anzuwenden und ihren Nutzen kritisch zu reflektieren (vgl. BALDERJAHN 2000, S. 234). Projekte sind daher gut geeignet, die Anwendung theoretischer Sachverhalte zu üben. Die Aneignung neuer Sachverhalte können sie dagegen nur sehr eingeschränkt und unsystematisch leisten, indem sich die Studierenden prozessbegleitend gegebenenfalls problemorientiert neues Wissen aneignen. Projekte ermöglichen den Studierenden, einen Arbeitsstil zu entwickeln, der der Realität sehr nahe kommt. Die Studierenden lernen zum Beispiel, effizient Informationen zu beschaffen und Wichtiges von Unwichtigem zu unterscheiden (vgl. KREUZER 1994, S. 72). Die Strukturierung komplexer Aufgaben, die Erarbeitung und Bewertung von Lösungsalternativen sowie die anschließende Entscheidung für eine Alternative fördern einen strukturierten Arbeitsstil und die Fähigkeit, analytisch zu denken und fundiert Entscheidungen zu treffen. Die Aneignung von Sprach- und EDV-Kenntnissen ist zweitrangig.

Da es sich um reale Kontexte handelt, lernen die Studierenden, sich mit Widerständen auseinander zu setzen und üben damit ihre Durchsetzungsfähigkeit sowohl gegenüber externen Partnern als auch innerhalb der Gruppe. Die weitgehend selbständige Entwicklung des organisatorischen Rahmens durch die einzelnen Gruppen fördert realitätsnahe gruppendynamische Prozesse. Außerdem üben die Studierenden sachgemäß zu kommunizieren, Argumente auszutauschen, eigene Standpunkte zu vertreten sowie Konflikte sachgerecht auszutragen. Die Studierenden können sowohl ihre verkäuferischen Fähigkeiten als auch sicheres Auftreten weiterentwickeln. Beispielsweise müssen sie am Ende des Projekts und teils auch projektbegleitend ihre Ergebnisse präsentieren und je nach Konzeption des Projekts die Vertreter von Unternehmungen von ihrem Entwurf überzeugen.

Bei Projekten wird oftmals ein hoher Zeiteinsatz von den Studierenden gefordert (vgl. ESCHENBACH 1994, S. 211). In Verbindung mit einem fixierten Endtermin lernen die Studierenden mit einer hohen Arbeitsbelastung und mit Termindruck umzugehen. Gleichzeitig tragen Projekte durch die Auseinandersetzung mit realen Problemen zur Motivation der Studierenden bei. Studierende erfahren bei der Durchführung von Projekten, wie wichtig zielorientiertes Handeln ist, um im festgesetzten Zeitraum zum Ziel zu gelangen. Meilensteine während des Projekts erlauben, gemeinsam mit dem Betreuer bisheriges fachliches und soziales Handeln sowie personale Einstellungen kritisch zu reflektieren. Im Gegensatz zu simulierten Umwelten müssen die Studierenden außerdem Verantwortung für reale Konsequenzen ihres Handelns übernehmen. Projekte sind daher besonders gut geeignet, um Verantwortungsbewusstsein und Selbständigkeit zu stärken (vgl. WILDT 1997, S. 210) und leisten einen nachhaltigen Beitrag zur Persönlichkeitsentwicklung (vgl. KREUZER 1994, S. 72).

Kritische Würdigung

Projekte ermöglichen ebenso wie Fallstudien und Planspiele, sich von der Strukturierung nach Fächern zu lösen und stärker zu einer prozessorientierten Betrachtung zu gelangen. Eine solche an Handlungsfeldern orientierte Betrachtungsweise ist näher an der Realität als die strenge, in der betrieblichen Praxis kaum vorzufindende, Abgrenzung nach Fachsystematik. Projekte fördern in hohem Umfang vor allem methodische, soziale und personale Kompetenzen. Trotz dieser sowohl aus theoretischen Überlegungen gewonnenen als auch durch Untersuchungen und Erfahrungen gestützten positiven Einschätzung (vgl. exemplarisch KREUZER 1994, S. 72; WILDT 1997, S. 210; BALDERJAHN 2000, S. 235f.) weisen EL HAGE/BARGEL (vgl. 1999, S. 32) darauf hin, dass noch immer eine systematische Evaluation von Projekten als Basis für eine umfassende Beurteilung fehlt.

Projekte stellen hohe Anforderungen an die fachlichen Kenntnisse der Studierenden. Beispielsweise sind die Studierenden nur dann fähig, ihre konkreten Projekterfahrungen in einen Gesamtrahmen einzuordnen, wenn sie über die entsprechenden Vorkenntnisse verfügen. Außerdem besteht bei Projekten die Gefahr, die Teilnehmer zu überfordern. Um eine Überforderung frühzeitig zu erkennen und ihr entgegen wirken zu können, sind Meilensteine ein wichtiges Element von

Projekten. Sie bieten Studierenden und Lehrenden Orientierung und erlauben den Lehrenden, instruktiv in den Prozess einzugreifen und den Studierenden fachlich, sozial und personal Hilfestellungen zu bieten.

Projekte erfordern sowohl auf Seiten der Studierenden als auch der Lehrenden einen erheblichen Arbeitsaufwand. Dem steht für Studierende und für Lehrende der Vorteil gegenüber, dass Projekte die Zusammenarbeit von Universitäten und Unternehmungen stärken. Indem Professoren mit aktuellen Fragestellungen von Unternehmungen konfrontiert werden, erhalten sie über das Projekt hinaus Impulse, um den von Studierenden gewünschten Realitätsbezug auch anderer Lehrveranstaltungen zu stärken (vgl. Kapitel 5.2.3 sowie KREUZER 1994, S. 72). Außerdem erlaubt eine wiederholte Durchführung von Projekten beispielsweise mit dem gleichen Partner auch bei Projekten eine gewisse Standardisierung und damit zeitliche Entlastung. Für Unternehmungen liefern Projekte einerseits einen Beitrag zur Problemlösung und erlauben ihnen andererseits, frühzeitig Kontakt zu Nachwuchskräften aufzubauen.

Die Erfahrungen aus über 30 Projekten zeigen nach Ansicht von ESCHENBACH (vgl. 1994), dass Projekte beim betriebswirtschaftlichen Studium an Universitäten für alle Beteiligten ein Gewinn sind.

6.3.6   E-Learning

E-Learning tritt bislang kaum als eigenständige Lehrveranstaltungsform in Erscheinung. Es wird zur Zeit zwar selten (vgl. Anhang 9-11), aber in vielfältiger Weise, vor allem in Kombination mit anderen Lehrveranstaltungsformen genutzt.[108]

Charakterisierung

Es gibt zahlreiche Definitionen von E-Learning (vgl. DICHANZ/ERNST 2002, S. 43ff.). Gemeinsam ist den meisten Begriffsbestimmungen, dass unter E-Learning ein durch Informations- und Kommunikationstechnik unterstütztes oder ermöglichtes Lernen verstanden wird (vgl. BACK/BENDEL/STOLLER-SCHAI 2001, S. 35). Zum E-Learning werden unter anderem Trainingssysteme, tutorielle Systeme und Simulationsprogramme gerechnet (vgl. zur unterschiedlichen Funktionalität SONNTAG/SCHAPER 1999, S. 215f. sowie WEIDENMANN

---

[108] Umfassendes Datenmaterial zu Computer, Internet und Multimedia in der Lehre findet sich bei BARGEL 2000a.

2001, S. 455ff.). Der Computereinsatz ermöglicht damit sowohl einfache Frage-Antwort-Aufgaben als auch die Modellierung komplexer Lernumwelten. Angesichts der großen Unterschiede in den Programmen können im Folgenden nur typische Charakteristika und nicht die einzelnen Ansätze des E-Learning im Hinblick auf ihren Beitrag zur Aneignung von beruflicher Handlungskompetenz analysiert werden.

Analyse

Bei den meisten Lernprogrammen dominiert relativ losgelöst von realen Anwendungssituationen die Aneignung von Wissen. Eher selten bieten Lernprogramme die Möglichkeit zum Sammeln realitätsnaher Erfahrungen, so dass authentische Kontexte, die sich an betrieblichen Arbeitssituationen orientieren, eine Ausnahme darstellen.[109] Authentisch ist E-Learning allerdings insofern, als betriebliches Lernen in zunehmendem Umfang auf Lernprogrammen basiert und sich die Studierenden durch die Nutzung von E-Learning im Rahmen des betriebswirtschaftlichen Studiums methodisch auf das berufsbegleitende Lernen vorbereiten können.

E-Learning ermöglicht die Gestaltung verschiedenartiger Lehr-Lern-Arrangements, die sich im Hinblick auf die zeitliche, inhaltliche und soziale Struktur des Lernprozesses unterscheiden. Damit eröffnet E-Learning ein weites didaktisch-methodisches Entscheidungsfeld zur Gestaltung multipler Lernkontexte und erlaubt, dass spezifische Inhalte in unterschiedlicher Form angewendet werden. E-Learning lässt die Gestaltung von sozialen Kontexten zu. Allerdings liegt der Schwerpunkt der meisten Systeme auf dem alleinigen Lernen der Studierenden. Die Kommunikation mit anderen Studierenden oder Lehrenden ist häufig nur eine Ergänzung und dient zum Beispiel dem Austausch von Ergebnissen.

Da viele Lernende durch komplexe multimediale Lernumgebungen überfordert sind und selbstgesteuerte Lernprozesse nur selten ohne Anleitung gelingen (vgl. FISCHER/MANDL 2002, S. 627), ist eine Lernbegleitung der Studierenden durch Lehrende unerlässlich. Der erforderliche Umfang der Instruktionen ist insbesondere von den Vorkenntnissen der Lernenden und von der Programmgestaltung abhängig. Sind Programme so gestaltet, dass sie sich den Kenntnissen und dem Lernfortschritt der Studierenden anpassen, sinkt der Bedarf an Hilfestellungen durch Lehrende. Aber auch dann sollte den Nutzern die Möglichkeit

---

[109]   Anders stellt sich die Situation zum Beispiel bei Computerprogrammen zur Unterstützung von Fallstudien oder Planspielen dar.

gegeben werden, sich bei Bedarf an Lehrende zu wenden. Wichtig ist in vielen Fällen eine Einführung in die Nutzung der Programme und Hilfe bei technischen Schwierigkeiten.

Unterschiedliche Formen des E-Learning, zum Beispiel Trainingssysteme und tutorielle Systeme, eignen sich gut zum Erwerb und sehr gut zum Festigen von Grundlagenwissen und spezifischen Fachkenntnissen als wichtigen Aspekten der Sachkompetenz. Gegenüber anderen Lehrveranstaltungsformen, die vorwiegend rezeptives Lernen fördern, ist der einzelne Studierende beim E-Learning fortwährend gefordert, aktiv zu lernen. Dabei werden Fehler unmittelbar korrigiert, so dass der Lerneffekt verstärkt wird und die Studierenden eine Rückmeldung über ihren Lernfortschritt erhalten (vgl. ENDERS 2002, S. 106). Dadurch, dass gute Lernprogramme den Schwierigkeitsgrad und die Lerngeschwindigkeit an den Lernenden anpassen, können sie den individuellen Fähigkeiten der Anwender optimal gerecht werden.

Eine klassische Anwendung des E-Learning stellt das Vokabeltraining dar. Inzwischen sind die Sprachlernprogramme ausgereift und erlauben die umfassende Aneignung von Sprachkenntnissen. Zudem ermöglichen Lernprogramme sowohl implizit als auch explizit den Erwerb von EDV-Kenntnissen. Hingegen werden die methodischen Fähigkeiten bei den üblichen Lernprogrammen kaum geschult. Ursache dafür sind unter anderem die oftmals geringen Freiheiten der Anwender und die eingeschränkte Komplexität der Aufgabenstellungen. Ausnahmen stellen zum Beispiel netzbasierte Planspiele dar.

Bei den meisten E-Learning-Anwendungen steht das individuelle Lernen im Mittelpunkt. Die Interaktion und insbesondere der direkte soziale Kontakt der Studierenden untereinander, mit Lehrenden oder mit Mitarbeitern von Unternehmungen findet eher am Rande statt. Dementsprechend bietet E-Learning typischerweise nur geringe Anregungen zum Erwerb von Sozialkompetenz. Allerdings erlaubt E-Learning den Studierenden durch netzbasierten Dialog mit Lehrenden und Lernenden, die Fähigkeit zur sachorientierten Kommunikation auf elektronischem Wege zu erwerben. Angesichts der Tatsache, dass die Zusammenarbeit in und zwischen Unternehmungen immer häufiger auf elektronischen Medien aufbaut, ist dies eine wichtige Kompetenz für Fach- und Führungskräfte. Da sich Lern- und Anwendungssituation bei der Nutzung des Internet nicht grundlegend unterscheiden, bietet E-Learning im Hinblick auf diese Fähigkeit einen authentischen Lernkontext.

E-Learning überwindet räumliche und zeitliche Grenzen herkömmlicher Lern-formen[110] und führt zur Individualisierung des Lernens. Damit verbunden sind erweiterte Freiheiten für die Lernenden. Gleichzeitig erfordert E-Learning, dass die Studierenden die Verantwortung für ihr Lernen übernehmen und selbständig lernen. Über die Selbständigkeit und das Verantwortungsbewusstsein hinaus sind allerdings kaum positive Wirkungen von E-Learning auf die Selbstkompetenz zu erkennen. So werden weder Flexibilität noch Kritikfähigkeit spezifisch gefördert und auch die anfänglich zum Teil durch E-Learning hervorgerufene Lernbereit-schaft ist selten von Dauer oder auf andere Lern- und Arbeitskontexte übertrag-bar.

Kritische Würdigung

Beim E-Learning werden die Lehrenden zum Begleiter von Lernprozessen. Ihre Aufgabe ist nicht mehr die Lehre an sich, sondern die Beratung und Unterstüt-zung der selbständig Lernenden. Besonders geeignet erscheint E-Learning, um in enger Verzahnung mit anderen Veranstaltungsformen den Erwerb fachlichen Wissens zu unterstützen. In einer Untersuchung konnte gezeigt werden, dass Studierende, die in Ergänzung der Vorlesung den Lernstoff mit einem Computer-programm aufarbeiteten, bessere Prüfungsergebnisse erzielten als diejenigen, die nur die Vorlesung und Übung besuchten (vgl. DUBS 1996, S. 319). Da E-Lear-ning tendenziell eher wenig zum Erwerb methodischer Fähigkeiten sowie zur Aneignung von Sozial- und Selbstkompetenz beiträgt, ist das Anwendungsgebiet jedoch begrenzt. Sieht man berufliche Handlungskompetenz als Studienziel, ist E-Learning alleine ungeeignet, um vollständige Studiengänge zu ersetzen. E-Learning stellt aber eine wichtige Ergänzung dar.

Ein Nachteil von E-Learning ist die Abhängigkeit von der Technik. Dabei besteht die Gefahr, dass weniger der Lerninhalt als vielmehr die (mangelhafte) Technik und Bedienung die Aufmerksamkeit des Lernenden erfordern und sich negativ auf den Erwerb von Sach-, Sozial- und Selbstkompetenz auswirken. Voraus-setzung für erfolgreiche Lernprozesse sind daher didaktisch hochwertige sowie technisch zuverlässige und einfach zu bedienende Programme. Dementsprechend hoch sind der finanzielle Aufwand für die Entwicklung und die Anforderungen an die fachlichen, pädagogischen und softwaretechnischen Kompetenzen der Entwickler. Damit sich der Aufwand für die Erstellung lohnt, ist eine entspre-

---

[110] Allerdings gibt es unter Umständen Zeitvorgaben, um gemeinsame Lernfortschritte einer Arbeits-gruppe zu ermöglichen, die Betreuung der Studierenden zu erleichtern oder um Videokonferenzen durchzuführen.

chend große Nutzerzahl erforderlich, so dass sich der Einsatz von E-Learning vor allem im Standardbereich anbietet. Hier kann E-Learning sowohl zu einer Steigerung vor allem des fachlichen Lernerfolgs als auch zu einer zeitlichen Entlastung der Lehrenden führen.

6.3.7 Vergleichende Bewertung unterschiedlicher Lehrveranstaltungsformen

Jede der untersuchten Lehrveranstaltungsformen trägt auf spezifische Weise zum Erwerb von Sach-, Sozial- und Selbstkompetenz bei. Um ihre Potenziale im Rahmen des betriebswirtschaftlichen Studiums bewerten zu können, ist die Berücksichtigung der Lernziele und ihre Gewichtung unerlässlich.

Nach Ansicht aller Befragten sollte die Sachkompetenz auch künftig im Mittelpunkt des betriebswirtschaftlichen Studiums stehen (vgl. Kapitel 5.5.3). Grundlegende Bedeutung kommt hierbei den fachlichen Kenntnissen zu, da eine ausreichend breite Wissensbasis Voraussetzung für vernetztes Denken und lebenslanges Lernen ist (vgl. DUBS 1998, S. 28f.). Um sich diese Wissensbasis anzueignen, sind Vorlesungen ein unverzichtbarer Bestandteil des betriebswirtschaftlichen Studiums. Allerdings sollte der Wissenserwerb künftig nicht mehr einseitig im Mittelpunkt der Vorlesungen stehen (vgl. Kapitel 6.3.2). E-Learning bietet sich an, um eine effiziente eigenverantwortliche Aneignung von Wissen zu ermöglichen und damit in Vorlesungen Raum für vertiefende, Zusammenhänge entwickelnde Fachdiskussionen zu schaffen. E-Learning und Übungen eignen sich auch, um den Erwerb von Fachwissen und seine Anwendung zu verzahnen, um der Entstehung von trägem Wissen entgegenzuwirken.

Sowohl Vorlesungen als auch E-Learning ermöglichen nur eingeschränkt die Gestaltung ganzheitlicher Lernumwelten im Sinne einer gleichzeitigen Schaffung authentischer, multipler, sozialer und instruktionaler Kontexte. Defizite bestehen besonders im Hinblick auf die authentischen und sozialen Kontexte. Dementsprechend sind Vorlesungen und E-Learning zur integrativen Förderung von Sach-, Sozial- und Selbstkompetenz nicht hinreichend. Angesichts der von Studierenden, Unternehmungen und Professoren geforderten stärkeren Berücksichtigung von Sozial- und Selbstkompetenz im Rahmen des betriebswirtschaftlichen Studiums (vgl. Kapitel 5.5.3), sind neue Formen des selbstgesteuerten Lernens zwingend erforderlich.

Im Hinblick auf die Realitätsnähe sind Fallstudien, Planspiele und Projekte den anderen Lehrveranstaltungsformen vorzuziehen. Der Grad der Authentizität steigt dabei von Fallstudien über Planspiele hin zu Projekten an (vgl. CZYCHOLL

2001, S. 182). Gleichzeitig erfordern alle drei Lehrveranstaltungsformen, auch wenn sie computerunterstützt durchgeführt werden, einen personellen Einsatz, der den für Vorlesungen erforderlichen Aufwand übersteigt. Angesichts der Möglichkeiten zur Förderung von Kompetenzen, die in Vorlesungen nur unzureichend berücksichtigt werden, ist die stärkere Integration in das betriebswirtschaftliche Studium unerlässlich. Allerdings sollten Fallstudien, Planspiele und Projekte auch künftig nur eine Ergänzung des Studienplans darstellen, da insbesondere im Hinblick auf die fachlichen Kenntnisse Vorlesungen mit aktiver Beteiligung der Studierenden effizienter sind.

Wissenschaftlich fundierte Studien, die die Effizienz von Fallstudien, Planspielen und Projekten hinsichtlich des Erwerbs von Sach-, Sozial- und Selbstkompetenz vergleichend evaluieren, fehlen. Daher kann derzeit keinem der drei Lehr-Lern-Arrangements der Vorrang eingeräumt werden. Außerdem muss ihr Einsatz auch von den zur Verfügung stehenden Möglichkeiten abhängig gemacht werden. Beispielsweise sind Planspiele und Fallstudien nur zu bestimmten Themenkomplexen vorhanden und für Projekte können eventuell keine geeigneten Praxispartner gefunden werden.

Seminare sind besonders geeignet, methodische Fähigkeiten zu fördern. Um über die methodischen Fähigkeiten hinaus auch die Aneignung von Sozialkompetenz zu stärken, sollte der Gestaltung sozialer Kontexte im Rahmen der Seminarsitzungen besondere Bedeutung beigemessen werden. Um die Interaktionsdichte zu erhöhen, ist die geblockte Form des Seminars wöchentlichen Sitzungen vorzuziehen. Diese Form erleichtert auch, die Authentizität durch die Zusammenarbeit mit Unternehmungen zu erhöhen. Da der Schwerpunkt von Seminaren auf der Erstellung der Seminararbeit liegt, sind sie hinsichtlich der Förderung der Sozialkompetenz weniger effizient als Fallstudien, Planspiele oder Projekte. Im Hinblick auf den Erwerb von fachlichen Kenntnissen sind Vorlesungen den Seminaren vorzuziehen.

Neben den Lernzielen müssen die Vorkenntnisse der Studierenden bei der Gestaltung der Lernumwelten angemessen berücksichtigt werden. Beispielsweise erlauben Vorlesungen, gegebenenfalls in Verbindung mit E-Learning, den Studierenden, sich systematisch Grundlagenwissen in Betriebswirtschaftslehre und fachspezifische Kenntnisse anzueignen. Daher sind sie besonders für das Grundstudium eine den Lernenden angemessene Veranstaltungsform. Hingegen setzen Fallstudien, Planspiele und Projekte meist fachliche Kenntnisse voraus. Aus diesem Grunde sollten sie erst eingesetzt werden, wenn die kognitiven Voraussetzungen durch angeleitete Lernaktivitäten geschaffen worden sind (vgl. DUBS 1998, S. 30). Sie bieten sich daher vor allem für das Hauptstudium an. Auf den fachlichen Kenntnissen aufbauend erlauben Fallstudien, Planspiele und

Projekte die integrative Weiterentwicklung der methodischen, sozialen und personalen Kompetenzen. Durch ihre stärkere Realitätsorientierung lernen die Studierenden den Nutzen wissenschaftlicher Methoden für die berufliche Realität kennen. Damit erleichtern Fallstudien, Planspiele und Projekte den Übergang in den Beruf. Da Seminare auf fachlichen Kenntnissen aufbauen, befinden sie sich in den derzeitigen Studienplänen entwicklungsangemessen im Hauptstudium.

Damit berufliche Handlungskompetenz als Studienziel nicht nur im Rahmen der Lehrveranstaltungen gefördert wird, sondern die Lernumwelten beim betriebswirtschaftlichen Studium insgesamt prägt, muss das die Lehrveranstaltungen ergänzende Dienstleistungsangebot kompetenzorientiert gestaltet werden.

6.4 Gestaltung des ergänzenden Dienstleistungsangebots

6.4.1 Prüfungen

Nach Ansicht von Studierenden, Unternehmungen und Professoren haben Diplomnoten nur einen relativ geringen Aussagewert für die berufliche Leistungsfähigkeit von betriebswirtschaftlichen Universitätsabsolventen (vgl. Kapitel 5.5.3). Dieses Befragungsergebnis verdeutlicht, dass die derzeit vorherrschenden Prüfungen nicht die beruflich erforderlichen Kompetenzen erfassen. Dies zieht Konsequenzen für den Erwerb von beruflicher Handlungskompetenz und für die Gestaltung und Benotung von Prüfungen nach sich.

Auch wenn die Abnahme von Prüfungen beim betriebswirtschaftlichen Studium meist eng mit den Lehrveranstaltungen verbunden ist, sind sie eine über die Lehrveranstaltungen hinausgehende Dienstleistung der Universität. Für ihre Durchführung und inhaltliche Ausgestaltung sind im Rahmen der grundsätzlichen Vorgaben der Studien- und Prüfungsordnungen weitgehend die einzelnen Lehrstühle verantwortlich.

Die meisten Studierenden erwarten vom betriebswirtschaftlichen Studium nicht nur den Erwerb neuen Wissens, sie wollen auch einen formalen Befähigungsnachweis erlangen, für den das Ablegen von Prüfungen die Voraussetzung darstellt. Außerdem geben die Prüfungsergebnisse den Studierenden Auskunft, in welchem Umfang sie den Anforderungen des betriebswirtschaftlichen Studiums gerecht werden. Die Lehrenden erhalten durch Prüfungen eine Rückmeldung über den Leistungsstand der Studierenden. Diese Rückmeldung stellt ein wichtiges Element im Rahmen der Qualitätssicherung dar (vgl. Kapitel 2.4).

Im Hinblick auf den Erwerb von Sach-, Sozial- und Selbstkompetenz kommt der Lernanreiz- beziehungsweise Motivationsfunktion von Prüfungen eine wichtige

Rolle zu. Angesichts der Bedeutung, die Prüfungen als Befähigungsnachweis aus Sicht der Studierenden für den Berufseinstieg haben, prägt die Ausgestaltung der Prüfungen entscheidend das implizite Lernverhalten der Studierenden und trägt damit wesentlich zum Erwerb oder Nichterwerb von beruflicher Handlungskompetenz bei (vgl. ARNOLD/SCHÜSSLER 1998, S. 8). Trotz der richtungsweisenden Bedeutung von Prüfungen für den Kompetenzerwerb Studierender ist eine Prüfungsdidaktik an Universitäten nahezu unbekannt (vgl. KAPPLER/ SCHEYTT 1997, S. 13). Damit vergeben Universitäten die Chance, Anreize zum Kompetenzerwerb zu schaffen, die ihnen die gezielte Ausgestaltung von Prüfungen bietet.

Die derzeitigen Prüfungen spiegeln in erster Linie die fachlichen Kenntnisse der Studierenden wider und entsprechen dem wissensdominierten Stil der Lehrveranstaltungen. Sie begünstigen damit oberflächliche Formen des Lernens, die darauf abzielen, an Prüfungen kurzzeitig über Wissen zu verfügen und es danach wieder zu vergessen (vgl. SCHRADER/HELMKE 2000, S. 274; WINTELER 2002b, S. 530). Dies trifft in besonderem Maße auf Multiple-Choice-Prüfungen zu, die im Hinblick auf einen umfassenden Kompetenzerwerb kontraproduktiv sind (vgl. BLK 2001b, S. 17).

Neben fachlichen Kenntnissen bringen Diplomnoten in begrenztem Umfang auch Selbstkompetenz zum Ausdruck, da Diplomnoten durch die Belastbarkeit, Zielstrebigkeit und Lernbereitschaft der Studierenden mitbestimmt werden. Im Hinblick auf die Sozialkompetenz besitzen die Noten beim betriebswirtschaftlichen Studium praktisch keinen Aussagegehalt. Berufliche Handlungskompetenz ist demzufolge nur ansatzweise Gegenstand der Prüfungen. Dies gilt unabhängig davon, ob es sich um Prüfungssysteme mit Blockprüfungen am Ende des Studiums handelt oder um studienbegleitende Leistungspunktesysteme. Daher ist nicht zu erwarten, dass von den Prüfungen über fachliche Kenntnisse hinaus in nennenswertem Umfang Lernanreize für den Erwerb von beruflicher Handlungskompetenz ausgehen.

Um positive Impulse für neue Formen des Lernens zu setzen, sollten die Prüfungen so gestaltet sein, dass die berufliche Handlungskompetenz der Studierenden zur Geltung kommt. Universitäten müssen Prüfungen entwickeln, die vernetztes, fachübergreifendes Denken erfassen und kooperative Problemlösungskompetenzen bewerten (vgl. BLK 2001b, S. 17). Dabei ist nicht nur das Lernergebnis, sondern auch der Lernprozess zu berücksichtigen (vgl. MANDL 2001, S. 43). Das bedeutet, dass Leistungspunkte nicht mehr nur für fachliche Kenntnisse vergeben werden, sondern auch für den Lernprozess im Rahmen von Fallstudien, Planspielen und Projekten. Bewertungskriterien können die Gestaltung der Gruppenarbeit, die Vorgehensweise bei der Erarbeitung von Lösungen und die Präsentation der Ergebnisse sein. Damit werden Leistungen bewertet, die eine handlungsorientierte Aneignung und Anwendung von Sach-, Sozial- und Selbstkompetenz verlangen. Das so gestaltete Bewertungssystem bietet einen Anreiz zur Stärkung dieser Kompetenzen und stellt einen wesentlichen Baustein dar, um den Erwerb von Sach-, Sozial- und Selbstkompetenz zu gewährleisten.

Aufgrund ihrer größeren Authentizität erhöhen kompetenzorientierte Prüfungen den Aussagegehalt (Validität) der Prüfungsergebnisse im Hinblick auf die berufliche Leistungsfähigkeit und verbessern damit die Übertragbarkeit der Leistungsergebnisse vom Bildungs- auf das Beschäftigungssystem (vgl. Kapitel 2.1). Auch wenn die Bewertung schwierig ist und die Objektivität gegenüber herkömmlichen Prüfungen geringer ausfällt, wird durch die gezielte Schulung der Prüfer und Handreichungen wie zum Beispiel Bewertungs- und Beurteilungsbogen eine „kontrollierte Subjektivität" ermöglicht.

6.4.2 Zusatzveranstaltungen

Ergänzend zur integrativen Förderung von Sach-, Sozial- und Selbstkompetenz in den Lehrveranstaltungen (vgl. Kapitel 6.3) ist eine additive Förderung in Form von Zusatzveranstaltungen wichtig. Diese ermöglichen die gezielte Weiterentwicklung spezifischer Aspekte von Sach-, Sozial- und Selbstkompetenz.

Die größten Defizite bei der Sach-, Sozial- und Selbstkompetenz sehen die Studierenden mit einem Defizit von $\Delta x = 1,10$ beim sicheren Auftreten (vgl. Kapitel 5.2.1). Hat ein Studierender Schwierigkeiten mit dem Auftreten vor einer Gruppe ist es nicht ausreichend, dass er im Rahmen von Seminaren, Fallstudien oder Projekten diese Fähigkeit nur vereinzelt übt. In diesem Fall ist eine gezielte Förderung geboten, bei der das Auftreten vor einer Gruppe im Mittelpunkt des Trainings steht und nicht wie bei Lehrveranstaltungen einer unter vielen Aspekten ist. Um den Studierenden die Möglichkeit zu bieten, diese Fähigkeit weiter zu entwickeln, sollten für interessierte Studierende häufiger als gegenwärtig (vgl. Anhang 9-11) Rhetorik- und Präsentationstrainings angeboten werden. Solche Trainings erlauben den Studierenden, ihre Wirkung auf andere bewusster wahrzunehmen. Die gezielte Rückmeldung an die Teilnehmer ermöglicht den Studierenden, in kurzer Zeit große Fortschritte zu erzielen. Die erworbenen Kenntnisse können sie im weiteren Verlauf ihres Studiums in Lehrveranstaltungen und mündlichen Prüfungen je nach Situation in authentischen, multiplen, sozialen und instruktionalen Kontexten üben.

Einen Beitrag zum sicheren Auftreten können die mit einem Mittelwert von $\Delta x = 4,85$ (vgl. Anhang 9-11) noch seltener als Rhetorik- und Präsentationstrainings angebotenen Moderationstrainings leisten. Diese üben das Auftreten vor einer Gruppe mit dem Ziel, Gruppenprozesse zu steuern. Über sicheres Auftreten hinaus fördern Moderationstrainings weitere Komponenten der Sozialkompetenz wie die Fähigkeit, Konflikte zu erkennen, sich in andere hinein zu versetzen und integrierend zu wirken.

Unterschiedliche Aspekte der Sozialkompetenz der Studierenden können durch die derzeit ebenfalls sehr selten angebotenen Teamtrainings gefördert werden ($\Delta x = 4{,}67$; vgl. Anhang 9-11). Solche gruppendynamischen Trainings, die auch als Sensitivitätstrainings bezeichnet werden, unterstützen die Studierenden dabei, ohne Aufgabe der eigenen Identität, ein Verhalten zu zeigen, das die Gruppe in ihrer Aufgabenerfüllung fördert und arbeitsfähig erhält. Teamtrainings sind besonders wichtig, weil Studierende im Alltag nur selten eine inhaltlich differenzierte Rückmeldung über ihr soziales Verhalten erhalten und daher auch Fortschritte bei der Bewältigung von Problemsituationen nur schwer gelingen (vgl. HENTZE/KAMMEL 2001, S. 395ff.). Angesichts der großen Wichtigkeit von Teamfähigkeit aus Sicht von Studierenden, Unternehmungen und Professoren (vgl. Kapitel 5.5.1), ist ein Ausbau des Angebots dringend geboten.

Bei Veranstaltungen wie Rhetorik-, Moderations-, Präsentations- oder auch Teamtrainings bietet sich eine Zusammenarbeit mit Unternehmungen an. Bei solchen Angeboten besteht die Möglichkeit, dass Unternehmungen zu einem für Studierende und Lehrstuhl kostenfreien Angebot bereit sind, da viele Unternehmungen im Rahmen ihres Hochschulmarketings ein Interesse haben, mit Studierenden in Kontakt zu treten. Eine solche Zusammenarbeit reduziert den zeitlichen Aufwand, der bei einer Durchführung entsprechender Veranstaltungen durch Mitarbeiter des Lehrstuhls erforderlich wäre. Außerdem erhöht sich durch Praxispartner der Realitätsbezug der Veranstaltungen.

Um den von Studierenden, Unternehmungen und Professoren geforderten stärkeren Realitätsbezug des betriebswirtschaftlichen Studiums herzustellen, bieten sich zudem eine Reihe weiterer Veranstaltungen in Zusammenarbeit mit Unternehmungen an. Dazu gehören beispielsweise Diskussionsrunden mit Fach- und Führungskräften. Solche Gespräche im kleinen Kreis erlauben den Studierenden, den praktischen Nutzen ihrer betriebswirtschaftlichen Kenntnisse zu erfahren sowie Fachkenntnisse und fachspezifische Interessen weiter zu entwickeln. Außerdem können solche Diskussionsrunden von Studierenden als Ansatzpunkt genutzt werden, um im Hinblick auf Praktika oder Diplomarbeiten Kontakte zu Unternehmungen zu knüpfen. Für Lehrende bieten die Gespräche Anregungen zur Stärkung des von Studierenden geforderten höheren Realitätsbezugs von Lehrveranstaltungen. Einen vergleichbaren Nutzen bieten auch Exkursionen zu Unternehmungen. Da die Veranstaltungen oftmals weitgehend von Unternehmungen getragen werden, sind sie mit den meist begrenzten personellen Möglichkeiten von Lehrstühlen durchführbar.

Deutliche Unterschiede im Hinblick auf die Wichtigkeit aus Sicht der Unternehmungen zeigt die empirische Analyse bei den Sprachkenntnissen (vgl. Kapitel 5.3.1). Gleichzeitig bestehen bei den Studierenden große Unterschiede in den tatsächlich vorhandenen Sprachkenntnissen. Dementsprechend ist es weder unter dem Aspekt der von Unternehmungen gestellten Anforderungen noch angesichts der sehr unterschiedlichen Vorkenntnisse angebracht, die Studierenden zum Erwerb von Sprachkenntnissen zu verpflichten. Sowohl bezüglich der gewünschten Sprache und der (fachlichen) Sprachinhalte als auch bezüglich des Anforderungsniveaus sollte den Studierenden die Wahl zwischen unterschiedlichen Angeboten überlassen werden. Da die Studierenden selbst ihre Defizite mit $\Delta x = 1,00$ höher einschätzen als die Unternehmungen ($\Delta x = 0,42$; vgl. Anhang 12-1), besteht auch ohne Zwang eine hinreichende Motivation zur Stärkung der Sprachkenntnisse.

Ebenso wie bei den Sprachkenntnissen existieren bei den EDV-Kenntnissen große Unterschiede in den Vorkenntnissen (vgl. Kapitel 5.2.1). Während die Studierenden relativ große Defizite wahrnehmen ($\Delta x = 0,97$), bestehen aus Sicht von Unternehmungen eher geringe Defizite ($\Delta x = 0,40$; vgl. Anhang 12-1). Angesichts der knappen Zeit der Studierenden und der Tatsache, dass die EDV-Kenntnisse der Universitätsabsolventen den Anforderungen der Unternehmungen weitgehend gerecht werden, ist eine generelle Förderung nicht angebracht. Allerdings können freiwillige Zusatzangebote den Studierenden die Möglichkeit bieten, sich individuell sowohl Grundlagenwissen anzueignen als auch spezifische Kompetenzen aufzubauen.

Eine wichtige Dienstleistung der Universitäten ist die Bereitstellung von (Austausch-)Studienplätzen an ausländischen Universitäten. Da bei einem Auslandsstudium sowohl bürokratische Hindernisse als auch finanzielle Belastungen (zum Beispiel Studiengebühren) zu bewältigen sind, ist es den Studierenden ohne Auslandsstudienprogramme nur in Ausnahmefällen möglich, ein solches Studium durchzuführen. Anders als bei Auslandspraktika, bei denen die Beratung durch Lehrende ausreichend ist (vgl. Kapitel 6.4.3), sind die Universitäten beim Auslandsstudium für das Angebot hauptverantwortlich. Die Wichtigkeit dieses Angebots für die Entwicklung beruflicher Handlungskompetenz verdeutlicht die empirische Erhebung (vgl. Kapitel 5.2.3). Studierende, die ein Auslandsstudium absolviert haben, nehmen sich als sach- und selbstkompetenter sowie insgesamt als beruflich handlungskompetenter wahr.

Ein wesentlicher Teil des Studiums ist das Selbststudium der Studierenden. Es beansprucht circa 50 % der für das Studium verwendeten Zeit (vgl. Kapitel 4.4). Über die gezielte Verzahnung des Selbststudiums mit Lehrveranstaltungen (vgl. Kapitel 6.3) und die implizite Steuerung des Selbststudiums durch die Gestaltung der Prüfungen (vgl. Kapitel 6.4.1) hinaus, kann es durch die institutionalisierte Einrichtung von Arbeitskreisen gefördert werden. Informelle Arbeitskreise können durch das Angebot geeigneter Gruppenräume unterstützt werden. Im Gegensatz zum autodidaktischen Lernen bieten Arbeitskreise soziale Kontexte und ermöglichen so den Erwerb von Sozialkompetenz. Zudem sind sie eine auch in Unternehmungen häufig genutzte Organisationsform. Dementsprechend stellen Arbeitskreise einen relativ authentischen Kontext dar, so dass die Studierenden realitätsnah lernen. Stärker als Alleinarbeit ermöglichen Arbeitskreise, Sachverhalte kritisch zu reflektieren und unterschiedliche Betrachtungsweisen zu berücksichtigen. Das Ausmaß der Instruktion kann dabei an die Fähigkeit der Studierenden zur Selbstorganisation ihrer Arbeitsgruppen angepasst werden. Durch unterschiedliche Aufgabenstellungen können außerdem multiple Kontexte geschaffen werden, so dass gelenkte Arbeitsgruppen als Lernumwelt allen vier richtungsweisenden Gestaltungsprinzipien gerecht werden.

Um die (Selbst-)Lernprozesse der Studierenden zu fördern, sollten vor allem für Studienanfänger Seminare zum Thema Lernen angeboten werden. Solche Seminare machen die Lernprozesse selbst zum Gegenstand der Betrachtung. Sie ermöglichen den Studierenden, ihre bisherigen Lernstrategien kritisch zu reflektieren. Außerdem bieten sie Hilfestellungen, um neue Lernstrategien zu entwickeln, die ihnen ein effizientes Arbeiten ermöglichen. Damit eng verbunden ist ein effektives und effizientes Zeitmanagement, dem sowohl im Studium als auch im Beruf große Bedeutung zukommt. Diese Fähigkeit sollte von den Studierenden nicht nur implizit erwartet werden. Empfehlenswert ist, interessierten Studierenden die Gelegenheit zur Teilnahme an einem Zeitmanagementseminar zu geben.

6.4.3   Betreuung der Studierenden

Über Zusatzveranstaltungen hinaus erlaubt die Betreuung von Studierenden die Kompetenzentwicklung gezielt zu unterstützten.

Im Gegensatz zum fachlichen Wissen erwerben Studierende berufliche Handlungskompetenz nicht nur an der Universität selbst, sondern in ganz unterschiedlichen Lebensbereichen. Um Sach-, Sozial- und Selbstkompetenz optimal zu fördern, müssen Universitäten die Orte der informellen Bildung entdecken, als solche ernst nehmen und gestalten (vgl. BLK 2001a, S. 3). Dieser Anforderung können Universitäten dadurch gerecht werden, dass sie die Studierenden umfassend betreuen. Die Betreuung der Studierenden ermöglicht, formelle und informelle Bildungsprozesse zu verbinden. Damit deckt sich, dass der häufigere Kontakt und die intensivere Betreuung durch Lehrende wichtige Verbesserungswünsche aus Sicht der Studierenden sind (vgl. BARGEL/RAMM/MULTRUS 2001, S. 234 und S. 277). Eine verbesserte und intensivere Betreuung ist wichtig, weil ein ungenügendes Beratungs- und Betreuungsangebot studienzeitverlängernd wirkt (vgl. SCHAEPER/MINKS 1997, S. 57) und Potenziale zur Stärkung von beruflicher Handlungskompetenz ungenutzt bleiben.

Praktika sind ein entscheidender Ansatzpunkt, um den Realitätsbezug des betriebswirtschaftlichen Studiums zu stärken und zur Weiterentwicklung von beruflicher Handlungskompetenz beizutragen (vgl. unter anderem Kapitel 4.5 und Kapitel 5.2.3). Allerdings benötigen Praktika klare Ziel- und Aufgabenstellungen sowie die Auswertung an Universitäten (vgl. BLK 2001a, S. 20). Nur so ist es möglich, praktische Erfahrungen kritisch zu reflektieren, zu systematisieren, einzuordnen und die Notwendigkeit theoriegeleiteten Wissens für die Realität in Unternehmungen zu verdeutlichen (vgl. BLK 2001a, S. 20).

Wichtig ist aber nicht nur die bewusste Reflexion der Praktika. Da die Qualität der Praktika wesentlichen Einfluss auf die Kompetenzentwicklung ausübt (vgl. Kapitel 5.2.3), sollte eine hohe Qualität sichergestellt werden. Dazu können beispielsweise Praktikumsbörsen dienen, in denen Studierende ihre Erfahrungen bei absolvierten Praktika austauschen. Sie bieten Interessenten Hilfestellungen bei der Wahl eines geeigneten Praktikums. Voraussetzung für eine hohe Qualität ist zudem, dass die eigenen Ziele im Hinblick auf ein Praktikum bewusst geklärt werden und die Basis für die Suche nach einem Praktikumsplatz darstellen. Hierzu kann die Beratung der Studierenden wichtige Impulse geben.

Die Betreuung der Studierenden kann auch dazu dienen, diejenigen Studierenden, die noch kein Praktikum absolviert haben, angesichts der positiven Effekte von Praktika (vgl. Kapitel 5.2.3), nachhaltig zur Durchführung anzuregen. Dies ist vor allem deshalb wichtig, weil Studierende, die noch kein Praktikum gemacht haben, die Bedeutung von Praktika tendenziell zu niedrig einschätzen (vgl. Kapitel 5.2.3). Eine Möglichkeit, wissenschaftliche Theorie und Realität von Unternehmungen zu verknüpfen, stellen auch in Zusammenarbeit mit Unternehmungen geschriebene Diplomarbeiten dar. Zu ihrer Betreuung und Unterstützung sollten die Lehrstühle bereit sein.

Die Betreuung der Studierenden kann sowohl bedarfsorientiert auf Wunsch von Studierenden als auch institutionalisiert geschehen. Beide Möglichkeiten sind wichtig und haben ihre Berechtigung. Das größere Potenzial besitzt die langfristig angelegte und institutionalisierte Betreuung. Basis für die Betreuung der Studierenden ist idealer Weise ein zu Beginn des Studiums erstellter, gleichzeitig aber auch flexibler, individueller Entwicklungsplan. Ein solcher Plan ermöglicht, bewusst eigene Ziele festzulegen und Wege zu ihrer Realisierung zu planen. Der regelmäßige Abgleich von Zielen und Zielerreichung bietet den Studierenden die Möglichkeit, Abweichungen von der Planung frühzeitig zu erkennen und die Ursachen zu analysieren. Diese Analyse sollte den Studierenden Möglichkeiten zur Förderung ihrer Kompetenzen aufzeigen und möglichst in gezielten Maßnahmen münden. Dementsprechend kann ein langfristiger Entwicklungsplan neben der Prüfungsplanung Zeiten für Praktika und ein Auslandsstudium enthalten. Eher kurzfristig können bedarfsabhängig Zusatzveranstaltungen zur Förderung von Sach-, Sozial- und Selbstkompetenz integriert werden.

Die intensive und individuelle Betreuung der Studierenden bietet zusätzlich zum direkten Nutzen für die Studierenden den Vorteil, dass die Lehrenden über die Prüfungsergebnisse und die meist schriftlichen Befragungen hinaus Erkenntnisse über den Lernerfolg der Studierenden gewinnen. Insbesondere sind die Gespräche eine gute Möglichkeit, Ursachen für Erfolg oder Misserfolg beim Erwerb von beruflicher Handlungskompetenz zu erkennen. Die intensive Betreuung der Studierenden kann daher helfen, Schwächen in den einzelnen Phasen des Bildungsprozesses zu erkennen (vgl. Kapitel 2.4) und einen Beitrag zur Weiterentwicklung sowohl der Lehrveranstaltungen als auch des ergänzenden Dienstleistungsangebots leisten.

Die regelmäßigen Gespräche mit Studierenden ermöglichen, die Studierenden intensiver an der Planung und Durchführung von Aktivitäten zu beteiligen. So können die Studierenden aufgrund ganz unterschiedlicher Lebenserfahrungen (zum Beispiel durch eine vorangegangene Ausbildung, Praktika oder ein Studium an einer anderen Universität) vielfältige Ansichten und Erfahrungen mitbringen (vgl. WAGNER 2000, S. 133). Diese können neue Impulse für die Weiterentwicklung des Studiums bewirken.

Zur Betreuung der Studierenden gehört auch, ihnen Informationen effizient zur Verfügung zu stellen. Möglichkeiten hierzu bieten das Internet und insbesondere Newsletter. Newsletter erlauben eine weitgehend zeit- und ortsunabhängige Kommunikation und machen den Studierenden ohne großen Aufwand aktuelle entscheidungsrelevante Informationen zugänglich. Damit entlasten sie die Studierenden zeitlich und schaffen Freiräume für anderweitige kompetenzförderliche Aktivitäten. Newsletter erlauben auch, die Transparenz des Leistungsangebots im Hinblick auf Zusatzveranstaltungen zu erhöhen. Dadurch stehen den Studierenden mehr Informationen als Basis für die Auswahl der für sie passenden Veranstaltungen zur Verfügung.

6.5 Fazit zu den Konsequenzen für die Gestaltung des betriebswirtschaftlichen Studiums

Damit die Lernumwelten beim betriebswirtschaftlichen Studium künftig stärker die Aneignung von beruflicher Handlungskompetenz ermöglichen, sind die Lehrenden auf ein breites Repertoire an Lehrmethoden angewiesen, die den Gestaltungsprinzipien der Problemorientierung entsprechen. Ein wichtiger Schlüssel für eine qualitative Bildungsreform liegt daher in der didaktischen Professionalisierung der Lehrenden durch Aus- und Weiterbildung (vgl. BLK 2001a, S. 4; WINTELER 2002b, S. 530f.). Lehrende müssen angeleitet werden, die eigene Lehre kritisch zu reflektieren und sie benötigen Anregungen für Veränderungen. Professoren müssen lernen, vom „Podest ihrer Fachkompetenz" (MAYER 1999, S. 82) herabzusteigen und Lernprozesse zu moderieren, Lernarrangements zu gestalten, das Lernumfeld auszuloten und angemessen in ihre Lehre einzubeziehen. Dies erfordert ein „Coaching für Hochschullehrer" (WINTELER 2001, S. 342). Nur durch individualisierte Beratungs- und Trainingsprogramme wird es gelingen, von der dozentenzentrierten Wissensvermittlung zur studierendenzentrierten Kompetenzentwicklung zu gelangen. Dazu gehört auch, dass Lehren und Lernen an Universitäten in Deutschland verstärkt zum Gegenstand didaktischer Forschung und Entwicklung gemacht werden (vgl. HUBER 2001, S. 1042).

Solange das Ansehen und die Berufungschancen von Universitätsprofessoren durch die Leistungen in der Forschung bestimmt werden, ist verständlich, dass vor allem Nachwuchsprofessoren die Lehre vernachlässigen und sich auf Vorlesungen und Seminare als einfachste Lehrverfahren konzentrieren (vgl. DUBS 1996, S. 323; WITTE 1999, S. 24ff.). Wichtig für einen über punktuelle Initiativen hinausgehenden Wandel sind daher Veränderungen im Zielsystem der Professoren. Dabei sind die Anreize so zu setzen, dass Professoren Reputation durch die Qualität Lehre erwerben. Nur wenn ihr Ansehen und ihre Karrieremöglichkeiten von den Leistungen in der Lehre (mit-)bestimmt werden, wird sich bei den Lehrenden das Selbstverständnis als Dienstleister der Studierenden durchsetzen. Andernfalls werden Universitäten auch künftig „Biotope traditioneller, wenn nicht gar nostalgischer Wissensvermittlung" (QUADBECK-SEEGER 2001, S. 186) bleiben.

Bei der traditionell wissensorientierten Lehre findet die Rückkopplung zwischen Studierenden und Lehrenden weitgehend über Klausuren statt. Damit die Lehrenden den Erwerb von beruflicher Handlungskompetenz bei Studierenden beurteilen können, ist über Klausuren hinaus eine intensivere Rückkopplung der Leistungen unerlässlich. Nur so können die Lehrenden den Erfolg ihres Handelns beurteilen. Um diese Rückkoppelung zu gewährleisten, ist ein Ausbau der Qualitätssicherung erforderlich. Qualitätssicherung muss dabei das Leistungsangebot der Universitäten insgesamt im Blickfeld haben. Eine Fokussierung der Qualitätssicherung allein auf die Vorlesungen kann zu einer Stabilisierung der Didaktik fremdorganisierten Lernens führen und damit paradoxerweise dazu beitragen, dass sich die Ausbildungsqualität an Universitäten nicht grundlegend verbessert (vgl. ARNOLD/SCHÜSSLER 1998, S. 55).

Sowohl durch die Gestaltung der Lehrveranstaltungen als auch durch die Gestaltung des ergänzenden Dienstleistungsangebots tragen die Universitäten entscheidend zur Förderung beruflicher Handlungskompetenz bei den Studierenden insgesamt bei. Gleichzeitig ist die Kompetenzentwicklung stets an die aktive Auseinandersetzung der Lernenden mit der Umwelt gebunden. Unabhängig von der Qualität der Lernumwelten ist daher letztlich der einzelne Studierende für die Weiterentwicklung seiner Sach-, Sozial- und Selbstkompetenz hauptverantwortlich.

Beispielsweise sind die Studierenden bei der Gestaltung ihrer (Selbst-)Lernorganisation weitgehend frei. Auch ohne dass die Lehrenden Arbeitsgruppen unterstützen, haben die Studierenden die Möglichkeit, diese in ihr Selbststudium zu integrieren und damit unter anderem ihre Sozialkompetenz zu stärken. Besonders wichtig für die Kompetenzentwicklung sind Praktika (vgl. Kapitel 5.2.3). Hierbei kann die systematische Unterstützung und Beratung durch Lehrende zur Optimierung beitragen (vgl. Kapitel 6.4.2). Zunächst sollten sich die Studierenden jedoch eigenständig um Praktika kümmern. Das Gleiche gilt, wenn Rhetorik- und Präsentationstrainings oder Planspiele nicht von den Universitäten angeboten werden. Häufig führen studentische Organisationen solche Veranstaltungen in Zusammenarbeit mit Unternehmungen für Studierende durch. Außerdem erlaubt die Mitarbeit in studentischen Organisationen die eigenen Kompetenzen in authentischen, multiplen und sozialen Kontexten weiter zu entwickeln.

Die derzeitige Gestaltung der Lernumwelten an Universitäten stellt die Studierenden sowohl im Hinblick auf die Studiengestaltung insgesamt als auch im Hinblick auf einzelne Lehrveranstaltungen und Prüfungen vor unstrukturierte Probleme. Ihre erfolgreiche Bewältigung erfordert von den Studierenden zum Beispiel, sich Unterlagen und Informationen effizient zu organisieren, Kontakte zu Kommilitonen zu pflegen und sich selbständig für die umfassende Weiterentwicklung ihrer beruflichen Handlungskompetenz zu engagieren. Da die Lösung komplexer Probleme eine wichtige Anforderung an Universitätsabsolventen darstellt, ist nicht auszuschließen, dass Universitäten durch ihre geringe Dienstleistungsorientierung zum Erwerb von beruflicher Handlungskompetenz beitragen. Gleichzeitig darf aber nicht vergessen werden, dass durch inhaltlich und methodisch unzureichende Lehrveranstaltungen sowie das teilweise fehlende Dienstleistungsangebot viele Chancen ungenutzt bleiben. So stellt BARGEL (vgl. 1996, S. 69) fest, dass weder eine Arbeitskultur der Verschulung noch eine ungeregelte, anforderungsarme und unübersichtliche Arbeitskultur den Studierenden optimale Entwicklungsvoraussetzungen bietet. Erforderlich ist vielmehr, dass instruktionale Lehrstrategien stärker mit Strategien verschränkt werden, in denen Lehrende als Berater fungieren und den Studierenden authentische, multiple und soziale Kontexte für problemorientiertes, selbstgesteuertes Lernen bieten (vgl. SEEBER/SQUARRA 2002, S. 158).

7 Schlussbetrachtung

Aufgaben, Strukturen und Umwelt von Unternehmungen stellen zunehmend höhere und komplexere Anforderungen an betriebswirtschaftliche Universitätsabsolventen. Über Sachkompetenz hinaus gewinnen Sozial- und Selbstkompetenz an Bedeutung für die berufliche Leistungsfähigkeit. Trotz der veränderten Anforderungen dominiert beim betriebswirtschaftlichen Studium an Universitäten einseitig die Aneignung von Sachkompetenz.

Dieses Defizit in der Ausbildung Studierender wird von einem Defizit in der Forschung begleitet. Als Kriterien für Studienerfolg dienen in wissenschaftlichen Untersuchungen vor allem die Diplomnote und die Studiendauer. Beide Kriterien und ganz besonders die Diplomnote sind nach Meinung von Studierenden, Unternehmungen und Professoren nur eingeschränkt geeignet, um die berufliche Leistungsfähigkeit von Universitätsabsolventen angemessen zu erfassen (vgl. Kapitel 5.5.3). Da die überwiegende Zahl der Studierenden eine berufsbefähigende Ausbildung für Fach- und Führungstätigkeiten in Unternehmungen erwartet (vgl. Kapitel 2.5 und Kapitel 3.4.1), sind Diplomnote und Studiendauer sowohl als Kriterien für Studienerfolg als auch zur Weiterentwicklung des betriebswirtschaftlichen Studiums unzureichend.

Vor diesem Hintergrund war das Ziel der vorliegenden Untersuchung, theoretisch und empirisch fundiert berufliche Handlungskompetenz als inhaltliches Kriterium für Studienerfolg zu analysieren. Um einseitige und damit unangemessene Betrachtungsweisen zu vermeiden, berücksichtigt die Untersuchung integrativ die Sichtweisen von Studierenden, Unternehmungen und Professoren als den drei wesentlichen Anspruchsgruppen. Im Rahmen der empirischen Erhebung wurden Studierende bankwirtschaftlicher Fächer, Mitarbeiter von Banken und Sparkassen sowie Professoren betriebswirtschaftlicher und insbesondere bankwirtschaftlicher Lehrstühle befragt. Trotz der bankwirtschaftlichen Ausrichtung erlaubt die Untersuchung die Annahme, dass die Ergebnisse über die Bankwirtschaft hinaus für das betriebswirtschaftliche Universitätsstudium insgesamt richtungsweisenden Charakter besitzen (vgl. Kapitel 5.6).

Bedeutung beruflicher Handlungskompetenz

Berufliche Handlungskompetenz ist die Fähigkeit und Bereitschaft einer Person „in beruflichen Situationen problemorientiert und sachgerecht, durchdacht sowie in individueller und gesellschaftlicher Verantwortung zu handeln" (BADER

1991, S. 443). Aus Sicht von Studierenden, Unternehmungen und Professoren sowie als Leitziel beruflicher Bildung überhaupt (vgl. Kapitel 3) stellt berufliche Handlungskompetenz das zentrale Kriterium für Studienerfolg dar.

Kompetenzanalytisch setzt sich berufliche Handlungskompetenz aus den Dimensionen Sach-, Sozial- und Selbstkompetenz zusammen. Sowohl die kompetenzanalytischen als auch die theoretischen Überlegungen zu den Studienzielen verdeutlichen, dass alle drei Dimensionen erforderlich sind, damit Universitätsabsolventen den Anforderungen an Fach- und Führungskräfte gerecht werden können. Diese Überlegungen werden durch die empirische Analyse beruflicher Handlungskompetenz bestätigt. Nach Meinung von Studierenden, Unternehmungen und Professoren sind alle drei Dimensionen für die berufliche Leistungsfähigkeit wichtig. Außerdem weisen Sach-, Sozial- und Selbstkompetenz sowohl untereinander als auch zur beruflichen Handlungskompetenz aus Sicht der drei Anspruchsgruppen fast durchgängig hohe Korrelationen auf und stehen demzufolge in enger Beziehung. Den höchsten Beitrag zur Aufklärung der beruflichen Handlungskompetenz leistet die Selbstkompetenz.

Übereinstimmend sind die Befragten der Ansicht, dass auch künftig der Schwerpunkt des betriebswirtschaftlichen Studiums auf der Sachkompetenz liegen muss. Allerdings sollten Sozial- und Selbstkompetenz im Vergleich zur Sachkompetenz stärker als derzeit gefördert werden. Außerdem zeigt die Untersuchung, dass die Defizite der Universitätsabsolventen keineswegs einseitig bei der Sozial- und Selbstkompetenz liegen, sondern auch bei der Sachkompetenz.

Bei der Sachkompetenz ist den drei Anspruchsgruppen das Grundlagenwissen in BWL wichtiger als die fachspezifischen Kenntnisse. Die methodischen Fähigkeiten sind nach Meinung der Befragten zum einen tendenziell bedeutsamer als die fachlichen Fähigkeiten, zum anderen sehen die Befragten vor allem bei den methodischen Fähigkeiten Defizite bei den Universitätsabsolventen. Bei regressionsanalytischer Betrachtung kommt dennoch den fachlichen Fähigkeiten aus Sicht von Studierenden, Unternehmungen und Professoren eine größere Bedeutung für die Sachkompetenz zu als den methodischen Fähigkeiten. Die Sprach- und EDV-Kenntnisse leisten keinen nennenswerten Beitrag zur Aufklärung der Sachkompetenz.

Ebenso wie bei der Sachkompetenz sind auch bei der Sozialkompetenz strukturelle Gemeinsamkeiten in den Ansichten von Studierenden, Unternehmungen und Professoren zu erkennen. Sowohl im Hinblick auf die Wichtigkeit als auch bei regressionsanalytischer Betrachtung kommt „weichen" Merkmalen wie der Team-, Kommunikations- und Integrationsfähigkeit die entscheidende Bedeutung für die Sozialkompetenz der Universitätsabsolventen zu. Auch wenn sich bei den

Defiziten ein uneinheitliches Bild abzeichnet, sollte der Schwerpunkt bei der Gestaltung des betriebswirtschaftlichen Studiums auf den „weichen" Merkmalen liegen.

Bei Sach-, Sozial- und Selbstkompetenz sehen Professoren signifikant größere Defizite bei Universitätsabsolventen als Studierende und Unternehmungen. Ganz besonders ausgeprägt sind diese Wahrnehmungsunterschiede bei der Selbstkompetenz. Während die Professoren das Defizit bei $\Delta x = 1,48$ sehen, liegt es für die Studierenden bei $\Delta x = 0,52$ und für die Unternehmungen bei $\Delta x = 0,89$. Überdurchschnittliche Defizite bestehen nach Meinung der drei Anspruchsgruppen bei der Kritikfähigkeit und der Eigeninitiative.

Einflussfaktoren auf den Erwerb beruflicher Handlungskompetenz

Die entwicklungsförderliche Gestaltung der Lernumwelten erfordert die Kenntnis der Einflussfaktoren, die die Aneignung von Sach-, Sozial- und Selbstkompetenz ermöglichen und unterstützen. Bei einigen Aspekten der betriebswirtschaftlichen Ausbildung reicht hierzu die Betrachtung der Studiensituation an der Universität aus. Dies ist dann der Fall, wenn, wie zum Beispiel bei spezifischen Fachkenntnissen, nur wenige Berührungspunkte mit anderen Umwelten der Studierenden bestehen. Im Hinblick auf den Erwerb beruflicher Handlungskompetenz ist die Beschränkung auf die Lernumwelten an Universitäten nicht hinreichend, weil der Erwerb insbesondere von Sozial- und Selbstkompetenz alle Lebensbereiche der Studierenden betrifft.

Aufbauend auf dem Modell der menschlichen Entwicklung von BRONFENBRENNER (vgl. Kapitel 2.1) werden die Einflussfaktoren auf den Erwerb beruflicher Handlungskompetenz in vier Bereiche unterteilt. Dabei wird zwischen Faktoren der Person, Faktoren des privaten Lebensbereichs, studienbezogenen Faktoren sowie berufsbezogenen Faktoren unterschieden. Entscheidend für den Kompetenzerwerb sind in der vorliegenden Untersuchung berufs- und studienbezogene Faktoren. Die untersuchten Faktoren der Person und des privaten Lebensbereichs spielen nur eine untergeordnete Rolle.

Besondere Bedeutung für den Erwerb von beruflicher Handlungskompetenz haben aus Sicht von Studierenden, Unternehmungen und Professoren die Qualität der Lehrveranstaltungen und Praktika. Wichtig sind außerdem der Praxisbezug des Studiums sowie die Betreuung der Studierenden durch die Lehrstühle. Vor allem nach Meinung der befragten Professoren kommt einem Auslandsstudium eine wichtige Rolle bei der Aneignung beruflicher Handlungskompetenz zu. Eine Berufsausbildung vor dem Studium sowie ehrenamtliches Engagement sind im

Verhältnis zu den anderen Faktoren nach Ansicht der Befragten kaum von Bedeutung. Die regressionsanalytische Auswertung der Studierendendaten unterstreicht, dass die Qualität der Lehrveranstaltungen und Praktika den größten Einfluss auf die Ausprägung beruflicher Handlungskompetenz haben. Hingegen spielen unter anderem die Abiturgesamtnote, die studienbegleitende Erwerbstätigkeit, das Lebensalter sowie der wöchentliche Zeitaufwand für das Studium keine oder nur eine unwesentliche Rolle für den Erwerb von Sach-, Sozial- und Selbstkompetenz bei Studierenden.

Förderungsmöglichkeiten beruflicher Handlungskompetenz

Die Möglichkeiten zur Förderung von beruflicher Handlungskompetenz beim betriebswirtschaftlichen Studium sind bei weitem nicht ausgeschöpft. Richtungsweisend für die entwicklungsförderliche Gestaltung von Lernumwelten sind authentische, multiple, soziale und instruktionale Kontexte. Demgegenüber dominieren bei der derzeitigen Ausbildung einseitig wissensorientierte instruktionale Lernumwelten. Diese werden den Anforderungen der beruflichen Realität an Universitätsabsolventen nicht gerecht.

Damit die Lernumwelten Sach-, Sozial- und Selbstkompetenz fördern, müssen künftig vielfältigere Lehr-Lern-Arrangements genutzt werden. Angesichts des, durch die Untersuchung bestätigten, integrativen Charakters der drei Kompetenzen ist die integrative Förderung dieser Kompetenzen wichtig. Hierzu bieten sowohl Fallstudien, Planspiele und Projekte als auch Vorlesungen, Seminare und E-Learning unterschiedliche Möglichkeiten, die sich an den Lernzielen und individuellen Lernvoraussetzungen orientieren müssen. Die nachhaltige Förderung beruflicher Handlungskompetenz macht insbesondere eine an den richtungsweisenden Gestaltungsprinzipien orientierte Neugestaltung der Vorlesungen notwendig. Außerdem erfordert die von Studierenden, Unternehmungen und Professoren erwartete ausgewogenere Förderung von Sach-, Sozial- und Selbstkompetenz die verstärkte Einbindung von Fallstudien, Planspielen und Projekten in betriebswirtschaftliche Studienpläne.

Die Untersuchung verdeutlicht Defizite im vorlesungsergänzenden Dienstleistungsangebot und zeigt Optimierungsmöglichkeiten auf. Während Unternehmungen zunehmend die Möglichkeiten des Coaching zur Weiterentwicklung von Fach- und Führungskräften erkennen, sind die Studierenden bei ihrer Studiengestaltung weitgehend auf sich allein gestellt. Die Betreuung der Lernenden würde erlauben, Orte der informellen Bildung neu zu entdecken, formelle und informelle Bildungsprozesse stärker zu verbinden und diese gezielt für die Aneignung von Sach-, Sozial- und Selbstkompetenz zu nutzen. Beispielsweise kann eine Betreuung von Praktika durch Universitäten die Studierenden unterstützen, ihre persönlichen Erfahrungen mit der Realität in Unternehmungen bewusst und kritisch zu reflektieren und die Bedeutsamkeit betriebswirtschaftlichen Wissens für Arbeitsprozesse zu erkennen. Eine individuelle Beratung würde den Studierenden zudem helfen, ihre Defizite zu erkennen und den Lehrenden Hinweise für erforderliche Zusatzangebote zur spezifischen Weiterentwicklung einzelner Kompetenzen geben.

Unbedingt erforderlich ist eine Neugestaltung der Prüfungen. Prüfungen sind richtungsweisend für studentisches Lernen und prägen den „heimlichen Lehrplan". Die derzeitigen Prüfungsanforderungen unterstützen einseitig oberflächliches, auf fachliches Wissen ausgerichtetes Lernen. Dementsprechend gering schätzen die Befragten die Aussagefähigkeit der Prüfungsergebnisse für die berufliche Leistungsfähigkeit ein. Damit Prüfungen einen umfassenden Anreiz zur Stärkung beruflicher Handlungskompetenz bieten, müssen Sach-, Sozial- und Selbstkompetenz gleichermaßen Bestandteil der Prüfungen sein. Dies erfordert komplexere Prüfungsformen und setzt voraus, dass der Prüfungsdidaktik an deutschen Universitäten mehr Beachtung geschenkt wird.

Abschließendes Fazit

Langfristig tragfähige Konzepte zur Förderung beruflicher Handlungskompetenz beim betriebswirtschaftlichen Studium an Universitäten setzen gemeinsame Interessen und Überzeugungen der wesentlichen Anspruchsgruppen voraus. Die Untersuchung zeigt, dass die Ansichten der Befragten sowohl in Bezug auf die Kompetenzen als auch hinsichtlich der relevanten Einflussfaktoren in wesentlichen Punkten strukturell übereinstimmen. Nur im Ausmaß der wahrgenommenen Kompetenzdefizite bestehen deutliche Unterschiede. Demzufolge besteht eine gemeinsame Grundlage, die es ermöglicht, die Ansichten von Studierenden, Unternehmungen und Professoren bei der Weiterentwicklung des betriebswirtschaftlichen Studiums gleichermaßen zu berücksichtigen. Die theoretisch und empirisch fundierte Analyse beruflicher Handlungskompetenz erlaubt es, künftige Diskussionen über die Weiterentwicklung der betriebswirtschaftlichen Ausbildung an Universitäten auf einer breiteren Basis wissenschaftlicher Forschungsergebnisse zu führen.

Inwiefern die Möglichkeiten der einzelnen Lehr-Lern-Arrangements und des ergänzenden Dienstleistungsangebots zur Förderung beruflicher Handlungskompetenz genutzt und aufeinander abgestimmt werden, hängt entscheidend von der strukturellen Weiterentwicklung der Universitäten ab. Erforderlich sind vor allem eine größere Flexibilität in finanzieller und in personeller Hinsicht sowie eine umfassende Qualitätssicherung, die ökonomische Anreize zur Verbesserung der Lehrqualität schafft. Nur wenn dies gelingt, werden die Universitäten der umfassenden Kompetenzentwicklung Studierender in Zukunft größeres Gewicht einräumen.

ANHANGVERZEICHNIS

Anhang 1: Mikro-, Meso-, Exo- und Makrosystem als ineinander geschachtelte Anordnung konzentrischer Strukturen

(vgl. KELL 1989, S. 13)

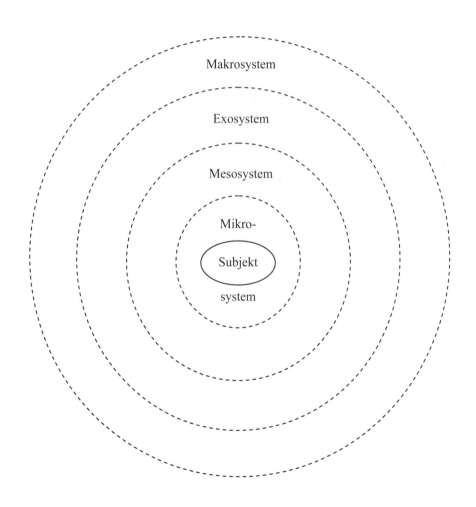

Makrosystem

Exosystem

Mesosystem

Mikro-

Subjekt

system

Anhang 2:   Erstellung des Schichtindex

Angelehnt an SCHEUCH/DAHEIM (vgl. 1970, S. 65ff.) wurde ein Schichtindex erstellt (vgl. zum Begriff der Schichtung und zu Schichtungsmodellen auch WALLNER/FUNKE-SCHMITT-RINK 1980, S. 16f. und S. 33 ff.; SCHÄFERS 1995, S. 239f.; GEISSLER 1996, S. 82ff. sowie STATISTISCHES BUNDES-AMT 2000, S. 552ff.). SCHEUCH/DAHEIM (vgl. 1970, S. 103) unterteilen die Bevölkerung in sechs Schichten: in untere und obere Unterschicht, untere, mittlere und obere Mittelschicht sowie Oberschicht. Aufgrund des prozentual geringen Anteils der Bevölkerung, der der Oberschicht zuzuordnen ist, wird diese in der vorliegenden Untersuchung mit der oberen Mittelschicht zusammengefasst (vgl. STATISTISCHES BUNDESAMT 2000, S. 558). SCHEUCH/DAHEIM verwenden in ihrem vereinfachten Index zur Messung der sozialen Schicht die Merkmale Beruf, Einkommen und Schulbildung.[1] Da viele Studierende das Einkommen Ihrer Eltern wohl nur schätzen können und dieses zudem für die Identifizierung der sozialen Schicht nur eingeschränkt bedeutsam ist (vgl. STEINKAMP 1998, S. 260), wird wie auch in anderen Untersuchungen (vgl. BARGEL/RAMM/ MULTRUS 2001) auf die Erfassung des Einkommens verzichtet. Der Schichtindex (vgl. Anhang 2-3) errechnet sich daher angelehnt an SCHEUCH/DAHEIM (vgl. 1970, S. 102f.) additiv aus beruflicher Position (vgl. Anhang 2-1) und Bildungsabschluss (vgl. Anhang 2-2). Im Unterschied zu SCHEUCH/DAHEIM wird nicht nach Beruf und Bildungsabschluss des Hauternährers gefragt, sondern, den gesellschaftlichen Entwicklungen Rechnung tragend, nach Beruf und Bildungsabschluss beider Elternteile (vgl. unter anderem SIMEANER/RÖHL/ BARGEL 2001, S. 282; SCHNITZER/ISSERSTEDT/MIDDENDORFF 2001, S. 467f.).[2] Für die Einordnung nach sozialer Schicht ist der höhere Punktwert und damit die höhere soziale Schicht von Vater oder Mutter maßgeblich.

---

[1]   Zur Schulbildung rechnen SCHEUCH/DAHEIM (vgl. 1970, S. 103) auch ein Hochschulstudium. In die differenzierte Fassung von SCHEUCH/DAHEIM (vgl. 1970, S. 98f.) gehen darüber hinaus Merkmale wie beispielsweise der Besitz bestimmter Güter, das Leseverhalten oder die Wohnungssituation ein. Eine so differenzierte Erfassung erscheint im Rahmen dieser Arbeit, bei der die soziale Schichtzugehörigkeit nur ein Aspekt unter anderen ist, nicht erforderlich zu sein.

[2]   Eine Erfassung auch des beruflichen Bildungsabschlusses wie sie von SIMEANER/RÖHL/ BARGEL (vgl. 2001, S. 282f.) vorgenommen wird, erscheint hingegen nicht erforderlich zu sein und erbringt nur einen beschränkten Erkenntnisgewinn, da beruflicher Abschluss und berufliche Stellung oftmals direkt korrespondieren. Beispielsweise hat ein Meister (berufliche Stellung) gewöhnlich eine Meisterprüfung (beruflicher Abschluss), ein Facharbeiter einen Facharbeiterabschluss.   .

Berufliche Position	Punktwert
angelernter Arbeiter	1
Facharbeiter/einfacher Beamter/einfacher Angestellter	2
Meister/Techniker/mittlerer Beamter/qualifizierter Angestellter	3
Ingenieur/gehobener Beamter	4
höherer Beamter/Leitender Angestellter	5

Anhang 2-1:   Berufliche Position von Vater und Mutter

Bei Selbständigen sowie Freiberuflern wurde entsprechend der Tätigkeitsbeschreibung eine Zuordnung vorgenommen.

Bildungsabschluss	Punktwert
Ohne Hauptschulabschluss	0
Hauptschulabschluss/Volksschule	1
Realschulabschluss/Mittelschule/mittlere Reife	2
Fachhochschulreife	3
Abitur	4
Abgeschlossenes Studium an einer Fachhochschule oder Berufsakademie	5
Abgeschlossenes Studium an einer Hochschule oder Universität	6

Anhang 2-2:   Schulbildung von Vater und Mutter

Soziale Schicht	Punktwert
Untere Unterschicht (z.B. angelernter Arbeiter mit oder ohne Hauptschulabschluss)	1-2
Obere Unterschicht (z.B. Facharbeiter oder einfacher Angestellter mit Hauptschulabschluss)	3-4
Untere Mittelschicht (z.B. Meister oder qualifizierter Angestellter mit Realschulabschluss)	5-6
Mittlere Mittelschicht (z.B. gehobener Beamter oder Ingenieur mit Fachhochschulabschluss)	7-8
Obere Mittelschicht und Oberschicht (z.B. leitender Angestellter mit Abitur, höherer Beamter, Arzt)	9-11

Anhang 2-3:   Soziale Schicht von Vater und Mutter

Auch wenn in den vergangenen Jahren Kritik am Schichtungsmodell von SCHEUCH/DAHEIM geübt wurde und bezweifelt wird, dass es in der heutigen Gesellschaft der BRD noch Gültigkeit besitzt (vgl. MÜLLER-SCHNEIDER 1994, S. 16), erscheint es dennoch für diese Untersuchung gut geeignet zu sein. Die Merkmale berufliche Position und Bildung sind im Gegensatz beispielsweise zur studentischen Milieustruktur (vgl. GAPSKI/KÖHLER/LÄHNEMANN 2000) relativ einfach und zuverlässig zu erfassen und stehen noch immer in enger Verbindung zueinander.[3] Darüber hinaus gehen die verwendeten Merkmale auch heute noch in soziologische Bevölkerungsuntersuchungen ein. So stellt beispielsweise bei der Differenzierung nach Erlebnismilieus die Schulbildung einen wichtigen Einflussfaktor dar (vgl. MÜLLER-SCHNEIDER 1994, S. 17f. und S. 41).

---

[3]   Während in der BRD 1987 die Korrelation von Bildung und Einkommen nur .33 betrug und von Beruf und Einkommen .37, korrelierten Bildung und Beruf mit .73 (vgl. MÜLLER-SCHNEIDER 1994, S. 76). Es kann daher im Hinblick auf die untersuchten Merkmale Bildung und Beruf von Statuskonsistenz gesprochen werden.

Anhang 3: Fragebogen[4]

 ### Universität Hohenheim

Lehrstuhl für Bankwirtschaft
und Finanzdienstleistungen

Fragebogen zur Entwicklung beruflicher Handlungskompetenz an Universitäten

Diese Befragung ist Teil eines Forschungsprojekts am Lehrstuhl für Bankwirtschaft und Finanzdienstleistungen der Universität Hohenheim. Ziel ist es, das betriebswirtschaftliche Studium so zu gestalten, dass Sie optimal auf die beruflichen Anforderungen im Anschluss an Ihr Studium vorbereitet werden. Ihre Mithilfe ist daher sehr wichtig. Die Beantwortung der Fragen dauert ca. 20 Minuten.

Die Auswertung erfolgt **anonym und streng vertraulich**. Schreiben Sie bitte weder Matrikelnummer noch Name auf das Blatt.

Bitte beachten Sie bei der Beantwortung der Fragen:
• Es gibt keine richtigen oder falschen Antworten. Entscheidend ist nur Ihre persönliche Meinung.
• Bitte beantworten Sie die Fragen alleine.
• Bitte beantworten Sie alle Fragen in der angegebenen Reihenfolge. Lassen Sie bitte keine Frage aus.
• Erklärungen zu den Begriffen Sach-, Sozial- und Personale Kompetenz sowie berufliche Handlungskompetenz finden Sie auf der letzten Seite des Fragebogens.

Vielen Dank für Ihren Beitrag zum Gelingen des Projekts!
Dipl.-Hdl., Dipl.-Bw. (BA) Friedrich Trautwein

---

[4] Abgebildet ist der Fragebogen für Studierende. Die Fragebogen für die Unternehmungen und Professoren sind bis Frage 7 weitgehend identisch mit dem Studierendenfragebogen. Die Mitarbeiter der Kreditinstitute wurden außerdem gefragt, ob ihr Kreditinstitut den privaten, öffentlich-rechtlichen, genossenschaftlichen oder sonstigen (Bundesbank) Kreditinstituten zugeordnet werden kann. Zudem wurden sie gefragt, ob sie einer Fach- oder Personalabteilung angehören. Die Professoren wurden nach ihrem Fachgebiet gefragt. Bei Interesse können die anderen Fragebogen beim Autor angefordert werden. Aufgrund der Umformatierung können sich gegenüber dem Originalfragebogen leichte Verschiebungen ergeben.

I. Fragen zum Kompetenzerwerb

Bitte bewerten Sie die Wichtigkeit der folgenden Fähigkeiten/Qualifikationen im Hinblick auf Ihre spätere berufliche Tätigkeit und beschreiben Sie Ihr derzeitiges Ist-Profil (tatsächliche Fähigkeiten):

1) Sachkompetenz	Wichtigkeit		Ist-Profil/Ausprägung	
	äußerst wichtig	weniger wichtig	sehr stark ausgeprägt	weniger stark ausgeprägt
Grundlagenwissen in BWL	☐ ☐ ☐ ☐ ☐ ☐		☐ ☐ ☐ ☐ ☐ ☐	
Spezifische Fachkenntnisse, z.B. Bank ...	☐ ☐ ☐ ☐ ☐ ☐		☐ ☐ ☐ ☐ ☐ ☐	
Sprachkenntnisse	☐ ☐ ☐ ☐ ☐ ☐		☐ ☐ ☐ ☐ ☐ ☐	
EDV-Kenntnisse	☐ ☐ ☐ ☐ ☐ ☐		☐ ☐ ☐ ☐ ☐ ☐	
Strukturierter Arbeitsstil	☐ ☐ ☐ ☐ ☐ ☐		☐ ☐ ☐ ☐ ☐ ☐	
Entscheidungsfähigkeit	☐ ☐ ☐ ☐ ☐ ☐		☐ ☐ ☐ ☐ ☐ ☐	
Analytisches Denken	☐ ☐ ☐ ☐ ☐ ☐		☐ ☐ ☐ ☐ ☐ ☐	
Fachübergreifendes Denken	☐ ☐ ☐ ☐ ☐ ☐		☐ ☐ ☐ ☐ ☐ ☐	

2) Sozialkompetenz	Wichtigkeit		Ist-Profil/Ausprägung	
	äußerst wichtig	weniger wichtig	sehr stark ausgeprägt	weniger stark ausgeprägt
Verkäuferische Fähigkeiten	☐ ☐ ☐ ☐ ☐ ☐		☐ ☐ ☐ ☐ ☐ ☐	
Kommunikationsfähigkeit	☐ ☐ ☐ ☐ ☐ ☐		☐ ☐ ☐ ☐ ☐ ☐	
Sicheres Auftreten	☐ ☐ ☐ ☐ ☐ ☐		☐ ☐ ☐ ☐ ☐ ☐	
Integrationsfähigkeit	☐ ☐ ☐ ☐ ☐ ☐		☐ ☐ ☐ ☐ ☐ ☐	
Einfühlungsvermögen	☐ ☐ ☐ ☐ ☐ ☐		☐ ☐ ☐ ☐ ☐ ☐	
Durchsetzungsfähigkeit	☐ ☐ ☐ ☐ ☐ ☐		☐ ☐ ☐ ☐ ☐ ☐	
Konfliktfähigkeit	☐ ☐ ☐ ☐ ☐ ☐		☐ ☐ ☐ ☐ ☐ ☐	
Teamfähigkeit	☐ ☐ ☐ ☐ ☐ ☐		☐ ☐ ☐ ☐ ☐ ☐	

3) Personale Kompetenz

	Wichtigkeit		Ist-Profil/Ausprägung	
	äußerst wichtig	weniger wichtig	sehr stark ausgeprägt	weniger stark ausgeprägt
Belastbarkeit	☐ ☐ ☐ ☐ ☐ ☐		☐ ☐ ☐ ☐ ☐ ☐	
Eigeninitiative	☐ ☐ ☐ ☐ ☐ ☐		☐ ☐ ☐ ☐ ☐ ☐	
Lernbereitschaft	☐ ☐ ☐ ☐ ☐ ☐		☐ ☐ ☐ ☐ ☐ ☐	
Flexibilität	☐ ☐ ☐ ☐ ☐ ☐		☐ ☐ ☐ ☐ ☐ ☐	
Kritikfähigkeit	☐ ☐ ☐ ☐ ☐ ☐		☐ ☐ ☐ ☐ ☐ ☐	
Verantwortungsbewusstsein	☐ ☐ ☐ ☐ ☐ ☐		☐ ☐ ☐ ☐ ☐ ☐	
Selbständigkeit	☐ ☐ ☐ ☐ ☐ ☐		☐ ☐ ☐ ☐ ☐ ☐	
Zielstrebigkeit	☐ ☐ ☐ ☐ ☐ ☐		☐ ☐ ☐ ☐ ☐ ☐	

4) Kompetenzen insgesamt

	Wichtigkeit		Ist-Profil/Ausprägung	
	äußerst wichtig	weniger wichtig	sehr stark ausgeprägt	weniger stark ausgeprägt
Sachkompetenz insgesamt	☐ ☐ ☐ ☐ ☐ ☐		☐ ☐ ☐ ☐ ☐ ☐	
Sozialkompetenz insgesamt	☐ ☐ ☐ ☐ ☐ ☐		☐ ☐ ☐ ☐ ☐ ☐	
Personale Kompetenz insgesamt	☐ ☐ ☐ ☐ ☐ ☐		☐ ☐ ☐ ☐ ☐ ☐	

5) Wie beurteilen Sie Ihre berufliche Handlungskompetenz insgesamt?

	trifft voll zu				trifft weniger zu
Auf meine künftigen Aufgaben bin ich gut vorbereitet	☐	☐	☐	☐	☐
Alles in allem ist meine Leistungsfähigkeit groß	☐	☐	☐	☐	☐
Ich werde keine Schwierigkeiten haben, den beruflichen Anforderungen gerecht zu werden	☐	☐	☐	☐	☐
Ich kann mich schnell auf neue Situationen einstellen	☐	☐	☐	☐	☐
Ich bin in der Lage, auch komplexe Problemstellungen erfolgreich zu bewältigen	☐	☐	☐	☐	☐
Ich bin in hohem Maße leistungsbereit	☐	☐	☐	☐	☐
Meine Fähigkeiten erlauben es mir, vielseitige Aufgabenstellungen erfolgreich zu bewältigen	☐	☐	☐	☐	☐

6) Was denken Sie über die Vorbereitung von Universitäten auf die berufliche Realität in Unternehmen?

	trifft voll zu					trifft weniger zu
Universitäten bereiten Studierende optimal auf berufliche Anforderungen vor	☐	☐	☐	☐	☐	☐
Universitäten sollten stärker als derzeit Sachkompetenz fördern	☐	☐	☐	☐	☐	☐
Universitäten sollten stärker als derzeit Sozialkompetenz fördern	☐	☐	☐	☐	☐	☐
Universitäten sollten stärker als derzeit Personale Kompetenz fördern	☐	☐	☐	☐	☐	☐
Der Schwerpunkt der Ausbildung an Universitäten sollte auf der Sachkompetenz liegen	☐	☐	☐	☐	☐	☐
Theorie und Praxis sollten beim Studium an Universitäten stärker verbunden werden	☐	☐	☐	☐	☐	☐
Eine gute Diplomnote spricht für hohe berufliche Leistungsfähigkeit .	☐	☐	☐	☐	☐	☐
Eine kurze Studiendauer spricht für hohe berufliche Leistungsfähigkeit	☐	☐	☐	☐	☐	☐

7) Welche Bedeutung kommt Ihrer Einschätzung nach folgenden Aspekten für den Erwerb von beruflicher Handlungskompetenz zu?

	äußerst wichtig					weniger wichtig
Praktika während des Studiums	☐	☐	☐	☐	☐	☐
Berufsausbildung vor dem Studium	☐	☐	☐	☐	☐	☐
Qualität der Lehrveranstaltungen	☐	☐	☐	☐	☐	☐
Betreuungsqualität durch Lehrstühle	☐	☐	☐	☐	☐	☐
Praxisbezug des Studiums	☐	☐	☐	☐	☐	☐
Auslandsstudium	☐	☐	☐	☐	☐	☐
Ehrenamtliches Engagement	☐	☐	☐	☐	☐	☐

II. Fragen zum Studium

Bitte beachten Sie, dass sich die Fragen **auf Ihren Studiengang und die von Ihnen besuchten Lehrveranstaltungen insgesamt** beziehen und **nicht** auf einen konkreten Lehrstuhl oder eine bestimmte Lehrveranstaltung.

8) **An welcher Universität studieren Sie?**

☐..Eichstätt-Ingolstadt ☐..Hohenheim ☐..München (LMU)

☐..Potsdam ☐..Tübingen

9) **Haben Sie schon an einer anderen Hochschule studiert?**

☐..ja ☐..nein

10) **Haben Sie schon im Ausland studiert?** ☐..ja ☐..nein

11) **Im wievielten Fachsemester sind Sie im WS 2002/03?** ____

12) **Haben Sie Ihr Vordiplom/Ihre Zwischenprüfung bereits abgeschlossen?**

☐..ja ☐..nein

Wenn ja, im wievielten Fachsemester? _____

Wenn ja, mit welcher Durchschnittsnote? ___,__

13) **Wie viele Stunden wenden Sie im Durchschnitt pro Woche während des Semesters für das Studium insgesamt auf (Lehrveranstaltungen, Lerngruppen, Selbststudium u.ä.):**

☐..weniger als 30 Stunden ☐..31-35 Stunden ☐..36-40 Stunden

☐..41-45 Stunden ☐..46-50 Stunden ☐..mehr als 50 Stunden

14) **Welche Fächer vertiefen Sie/planen Sie zu vertiefen?** (Je nach Universität unterschiedliche Zahl, falls noch unklar, bitte offen lassen)

1) _____ 2) _____

3) _____ 4) _____

15) Wie bewerten Sie die Lehrstühle in Ihrem Studiengang insgesamt?

	trifft vollständig zu	trifft zu	trifft eher zu	trifft eher nicht zu	trifft nicht zu	trifft gar nicht zu
Die Mitarbeiter der Lehrstühle sind für mich gut erreichbar	☐	☐	☐	☐	☐	☐
Die Lehrstühle helfen mir dabei, mit Praktikern in Kontakt zu treten	☐	☐	☐	☐	☐	☐
Die Betreuung (z.b. bei Seminararbeiten, Prüfungsvorbereitung) finde ich sehr gut	☐	☐	☐	☐	☐	☐
Bei Bedarf kann ich Fragen mit Professoren persönlich besprechen	☐	☐	☐	☐	☐	☐
Bei Interesse werden mir Klausurergebnisse erläutert	☐	☐	☐	☐	☐	☐
Das Studienangebot der Lehrstühle finde ich attraktiv	☐	☐	☐	☐	☐	☐
Das Studienangebot bietet mir eine gute Berufsvorbereitung	☐	☐	☐	☐	☐	☐
Benötigte Informationen sind für mich zugänglich	☐	☐	☐	☐	☐	☐
Die Informationen der Lehrstühle sind aktuell	☐	☐	☐	☐	☐	☐

16) Treffen folgende Feststellungen auf Lehrveranstaltungen in Ihrem Studiengang zu?

	trifft vollständig zu	trifft zu	trifft eher zu	trifft eher nicht zu	trifft nicht zu	trifft gar nicht zu
Schwierige Sachverhalte werden für mich verständlich erläutert .	☐	☐	☐	☐	☐	☐
Der Zusammenhang mit der Praxis wird aufgezeigt	☐	☐	☐	☐	☐	☐
Die Beispiele der Dozenten fördern meinen Lernerfolg	☐	☐	☐	☐	☐	☐
Die Dozenten schaffen es, mich für das jeweilige Gebiet zu motivieren	☐	☐	☐	☐	☐	☐
Das Lernziel der Lehrveranstaltungen ist mir immer klar	☐	☐	☐	☐	☐	☐
Zu den Lehrveranstaltungen werden gute Skripte angeboten	☐	☐	☐	☐	☐	☐
Die Dozenten vergewissern sich, dass der behandelte Stoff verstanden wurde	☐	☐	☐	☐	☐	☐
Fragen der Studierenden werden angemessen berücksichtigt	☐	☐	☐	☐	☐	☐
Der Bezug zur beruflichen Realität ist für mich klar	☐	☐	☐	☐	☐	☐
Die Dozenten stellen fachübergreifende Zusammenhänge her ...	☐	☐	☐	☐	☐	☐
Die Lehrveranstaltungen fördern meine Kritikfähigkeit	☐	☐	☐	☐	☐	☐
In Lehrveranstaltungen wird die aktive Mitarbeit der Studierenden erwartet	☐	☐	☐	☐	☐	☐

17) Was denken Sie über Ihr Studium?

	trifft vollständig zu	trifft zu	trifft eher zu	trifft eher nicht zu	trifft nicht zu	trifft gar nicht zu
Ich habe mein jetziges Studium vor allem wegen der interessanten Studieninhalte gewählt	☐	☐	☐	☐	☐	☐
Nach einem langen Wochenende oder Urlaub freue ich mich wieder auf das Studium	☐	☐	☐	☐	☐	☐
Es ist für mich von großer persönlicher Bedeutung, gerade dieses Fach zu studieren	☐	☐	☐	☐	☐	☐
Wenn ich genügend Zeit hätte, würde ich mich mit bestimmten Fragen meines Studiums, auch unabhängig von Prüfungsanforderungen, intensiver beschäftigen	☐	☐	☐	☐	☐	☐
Die Beschäftigung mit bestimmten Studieninhalten ist mir wichtiger als Zerstreuung, Freizeit und Unterhaltung	☐	☐	☐	☐	☐	☐
Die Beschäftigung mit bestimmten Stoffinhalten wirkt sich positiv auf meine Stimmung aus	☐	☐	☐	☐	☐	☐

18) Wie häufig werden Ihrer Erfahrung nach folgende Veranstaltungen bzw. Veranstaltungsformen in Ihrem Studiengang angeboten?

	sehr häufig	häufig	eher häufig	eher selten	selten	sehr selten/nie
Rhetorik-/Präsentationstrainings	☐	☐	☐	☐	☐	☐
Rollenspiele	☐	☐	☐	☐	☐	☐
Fallstudien	☐	☐	☐	☐	☐	☐
Vorträge/Diskussionen mit Praktikern	☐	☐	☐	☐	☐	☐
Unternehmensplanspiele	☐	☐	☐	☐	☐	☐
Führungstrainings	☐	☐	☐	☐	☐	☐
Moderationstrainings	☐	☐	☐	☐	☐	☐
Teamtrainings	☐	☐	☐	☐	☐	☐
Projektarbeiten	☐	☐	☐	☐	☐	☐
E-Learning	☐	☐	☐	☐	☐	☐

19) Streben Sie im Anschluss an Ihr Studium die Tätigkeit bei einer Bank an?

☐..eher ja   ☐..eher nein   ☐..weiß noch nicht

20) Streben Sie im Anschluss an Ihr Studium die Tätigkeit an einer Universität an?

☐..eher ja   ☐..eher nein   ☐..weiß noch nicht

III. Fragen zu beruflichen Tätigkeiten

21) Haben Sie vor Beginn ihres Studiums eine Berufsausbildung gemacht?

☐..ja, eine kaufmännische Berufsausbildung

☐..ja, eine nicht-kaufmännische Berufsausbildung

☐..nein

22) Haben Sie vor Beginn Ihres Studiums eine berufliche oder andere Tätigkeit ausgeübt?

☐..Wehrdienst   ☐..Zivildienst   ☐..freiwilliges soziales Jahr

☐..sonstiges: _____   ☐..nein

23) Üben Sie während der Vorlesungszeit eine Erwerbstätigkeit aus?

☐..ja

☐..nein

Wenn ja, wie hoch ist der Zeitaufwand pro Woche? ____Stunden

Wenn ja, hat ihre Erwerbstätigkeit einen inhaltlichen Bezug zu Ihrem Studium?

☐..ja   ☐..nein

24) Haben Sie vor oder während des Studiums schon Praktika gemacht?

☐..ja, und zwar insgesamt ____ (Monate)

☐..nein

Wenn ja, wo hat das Praktikum/die Praktika stattgefunden?

☐..in Deutschland

☐..im Ausland

☐..sowohl als auch

Wenn ja, wie bewerten sie Ihr Praktikum/Ihre Praktika insgesamt?	trifft vollständig zu	trifft zu	trifft eher zu	trifft eher nicht zu	trifft nicht zu	trifft gar nicht zu
Das Praktikum/die Praktika würde ich sofort wieder machen	☐	☐	☐	☐	☐	☐
Die meisten Tätigkeiten waren für mich interessant	☐	☐	☐	☐	☐	☐
Was ich im Praktikum gelernt habe, hilft mir für meine künftige berufliche Tätigkeit	☐	☐	☐	☐	☐	☐
Das Praktikum/die Praktika waren sehr nützlich für mich	☐	☐	☐	☐	☐	☐
Die Tätigkeiten haben viel mit den Inhalten meines Studiums zu tun gehabt	☐	☐	☐	☐	☐	☐
Beim Praktikum/den Praktika habe ich viel Neues gelernt	☐	☐	☐	☐	☐	☐
Viele Aufgaben habe ich selbständig bearbeitet	☐	☐	☐	☐	☐	☐

IV. Allgemeine Fragen

25) **Wie alt sind Sie?** _____ Jahre

26) **Welches Geschlecht haben Sie?** ☐..männlich   ☐..weiblich

27) **Wie viele Geschwister haben Sie?** _____

28) **Wo wohnen Sie derzeit überwiegend?**
   ☐..bei Eltern oder Verwandten
   ☐..in der eigenen Wohnung
   ☐..im Wohnheim
   ☐..in einer Wohngemeinschaft (WG)
   ☐..sonstiges: _____

29) **Welche Durchschnittsnote haben Sie im Abitur bekommen?** __,__
   (falls Sie kein Abitur haben, geben Sie bitte die Note der Zugangsberechtigung zum Universitätsstudium an)

30) **Bitte beschreiben Sie ihre derzeitige Situation:**	trifft vollständig zu	trifft zu	trifft eher zu	trifft eher nicht zu	trifft nicht zu	trifft gar nicht zu
Ich habe einen sehr großen Freundeskreis an der Universität	☐	☐	☐	☐	☐	☐
Ich habe einen sehr großen Freundeskreis außerhalb der Universität	☐	☐	☐	☐	☐	☐
Ich habe viel Kontakt zu meinen Eltern	☐	☐	☐	☐	☐	☐
Es würde auffallen, wenn ich einmal eine Woche nicht an der Universität wäre	☐	☐	☐	☐	☐	☐
Ich habe genügend Freunde, an die ich mich bei Problemen wenden kann	☐	☐	☐	☐	☐	☐

31) Sind sie ehrenamtlich engagiert?

	sehr häufig aktiv	häufig aktiv	eher häufig aktiv	eher selten aktiv	selten aktiv	nicht aktiv
Aktive Mitarbeit in studentischen Gruppen	☐	☐	☐	☐	☐	☐
Aktive Mitarbeit in kirchlichen Gruppen	☐	☐	☐	☐	☐	☐
Aktive Mitarbeit in Sportvereinen	☐	☐	☐	☐	☐	☐
Sonstiges: _____	☐	☐	☐	☐	☐	☐

32) Welchen Beruf üben Ihr Vater und Ihre Mutter aus bzw. haben sie zuletzt ausgeübt?

	Vater	Mutter
Angelernter Arbeiter	☐	☐
Facharbeiter/einfacher Beamter/einfacher Angestellter (z.B. Kfz-Mechaniker, Postbote, einfacher Verkäufer)	☐	☐
Meister/Techniker/mittlerer Beamter/qualifizierter Angestellter (z.B. Kfz-Meister, Sachbearbeiter)	☐	☐
Ingenieur/gehobener Beamter	☐	☐
höherer Beamter/Leitender Angestellter (z.B. Gymnasiallehrer, Abteilungsleiter)	☐	☐
Selbständiger/Freiberufler (z.B. Firmenbesitzer, Landwirt, Arzt, Rechtsanwalt) Bitte kurze Tätigkeitsbeschreibung: _____	☐	☐
Hausmann/Hausfrau	☐	☐
Sonstiges: _____	☐	☐
Weiß nicht	☐	☐

33) Welchen Schul-/Studienabschluss haben Ihr Vater und Ihre Mutter?
(Mehrfachnennungen möglich)

	Vater	Mutter
Ohne Schulabschluss	☐	☐
Sonderschulabschluss	☐	☐
Hauptschulabschluss/Volksschule	☐	☐
Realschulabschluss/Mittelschule/mittlere Reife	☐	☐
Fachhochschulreife	☐	☐
Abitur	☐	☐
Fachhochschul-/Berufsakademieabschluss	☐	☐
Universitäts-/Hochschulabschluss	☐	☐
Sonstiges: _____	☐	☐
Weiß nicht	☐	☐

Wenn Sie Anregungen oder Kritik haben, freue ich mich, wenn Sie mir diese mitteilen.

....

....

....

....

....

....

....

Vielen Dank für Ihre Mitarbeit!

Begriffserklärungen:

Sachkompetenz beinhaltet allgemeines und fachspezifisches Wissen sowie die Fähigkeit und Bereitschaft, dieses bei beruflichen Aufgaben methodengeleitet und situationsgerecht einzusetzen.

Sozialkompetenz ist die Fähigkeit und Bereitschaft, sich mit anderen Personen rational und zielgerichtet auseinander zu setzen und sich gruppen- und beziehungsbewusst zu verhalten.

Personale Kompetenz ist die Fähigkeit und Bereitschaft, sich selbst im Rahmen einer Arbeitsaufgabe oder Arbeitsgruppe zu entwickeln sowie eigene Begabung, Motivation und Leistungsbereitschaft zu entfalten.

Berufliche Handlungskompetenz ist die Fähigkeit und Bereitschaft, in beruflichen Situationen sachgerecht, durchdacht sowie in individueller und gesellschaftlicher Verantwortung zu handeln. Berufliche Handlungskompetenz beinhaltet Sach-, Sozial- und Personale Kompetenz.

Anhang 4: Anschreiben[5]

UNIVERSITÄT HOHENHEIM
Institut für Betriebswirtschaftslehre
Lehrstuhl für Bankwirtschaft
und Finanzdienstleistungen
Prof. em. Dr. Joh. Heinr. v. Stein

Universität Hohenheim (510 F), D – 70593 Stuttgart

Herrn Professor
«Titel_2» «Vorname» «Nachname»
«UniName»
«Lehrstuhl_für» «LehrstuhlName»
«Straße»

«PLZ» «Ort»

Schloss Hohenheim Osthof – Nord –

Ihr Gesprächspartner:

Dipl.-Hdl. Friedrich Trautwein
Telefon: 0711 / 459-3149
Telefax: 0711 / 459-3448
E-mail: trautwei@uni-hohenheim.de

Hohenheim, den 12. November 2002

**Berufliche Handlungskompetenz
betriebswirtschaftlicher Universitätsabsolventen**

Sehr geehrter Herr Professor «Nachname»,

Lehrende, Studierende und Unternehmungen fordern gleichermaßen beruflich handlungs-kompetente Universitätsabsolventen. Offen bleibt vielfach, welche Bedeutung einzelne Komponenten beruflicher Handlungskompetenz besitzen und wie stark sie bei Universitätsabsolventen ausgeprägt sind. Diese Fragen und darauf aufbauend Förderungsmöglichkeiten beruflicher Handlungskompetenz an Universitäten stehen im Mittelpunkt meiner Dissertation. Dabei werden multiperspektivisch die Sichtweisen von Professoren, Studierenden und Unternehmungen erhoben.

Angesichts der Bedeutung, die dem Studium an Universitäten aus Sicht sowohl jedes einzelnen Studierenden als auch der Gesellschaft als ganzer zukommt, wird die Erhebung vom Deutschen Hochschulverband befürwortet. Um zuverlässige Ergebnisse zu erhalten, ist die Beantwortung des Fragebogens durch möglichst viele Befragte außerordentlich wichtig. Das Beantworten der Fragen erfordert 10 Minuten. Die Gestaltung des Fragebogens sichert Ihnen Anonymität.

Um Ihre Antworten auswerten zu können, bitte ich um Rücksendung des Fragebogens bis 27. November 2002. Ein adressierter und frankierter Rückumschlag ist beigefügt. Als Dank für Ihre Unterstützung sende ich Ihnen auf Wunsch gerne eine Zusammenfassung der Ergebnisse zu. Bei Interesse bitte ich um ein kurzes E-mail. Sollten Sie Rückfragen oder Anregungen haben, stehe ich Ihnen jederzeit gerne zur Verfügung.

Für Ihren Beitrag zum Gelingen des Projekts bedanke ich mich schon im voraus ganz herzlich.

Mit freundlichen Grüßen

Dipl.-Hdl. Friedrich Trautwein

---

[5]   Vergleichbar ist auch das Anschreiben an die Kreditinstitute.

Anhang 5: Begleitschreiben[6]

STIFTUNG KREDITWIRTSCHAFT
Stiftung zur Förderung von Forschung und Lehre
auf dem Gebiet der Kreditwirtschaft an der Universität Hohenheim

STIFTUNG KREDITWIRTSCHAFT/UNIVERSITÄT HOHENHEIM (511), D-70593 STUTTGART

Herrn Professor
«Titel_2» «Vorname» «Nachname»
«UniName»
«Lehrstuhl_für» «LehrstuhlName»
«Straße»

«PLZ» «Ort»

Hohenheim, den 12. November 2002

**Forschungsprojekt: Berufliche Handlungskompetenz
betriebswirtschaftlicher Universitätsabsolventen**

Sehr geehrter Herr Kollege,

veränderte Kundenansprüche, institutioneller Wandel und Internationalisierung sowie der intensive Einsatz von Informationstechnik führen zu veränderten Anforderungen an Fach- und Führungskräfte. Vor diesem Hintergrund gewinnt die Frage an Bedeutung, welche Kompetenzen bei Universitätsabsolventen erforderlich sind, um den beruflichen Anforderungen gerecht werden zu können.

Der wesentlich von Unternehmungen getragenen Stiftung Kreditwirtschaft ist es seit Jahren ein zentrales Anliegen, Universitätsstudium und Realität miteinander zu verbinden. Dabei ist besonders wichtig, Studierende möglichst gut und bedarfsgerecht auf ihre Aufgaben als künftige Fach- und Führungskräfte vorzubereiten. Daraus ergibt sich die Bedeutung des Projekts für Wissenschaft und Praxis.

Ziel des Forschungsprojekts von Herrn Dipl.-Hdl. Friedrich Trautwein ist es, wissenschaftlich verlässliche Kenntnisse über die Entwicklung beruflicher Handlungskompetenz an Universitäten und die Bedeutung ihrer Komponenten zu gewinnen. Basis der Untersuchung ist eine empirische Erhebung bei Lehrenden, Unternehmungen und Studierenden. Damit dieses Vorhaben gelingen kann, bitte ich Sie, den beigefügten Fragebogen zu beantworten.

Für Ihre Unterstützung danke ich Ihnen im voraus sehr herzlich.

Mit besten Grüßen

Ihr

Prof. Dr. Joh. Heinr. von Stein

Schloß Hohenheim (Osthof, Gebäude 4.36), D-70593 Stuttgart · Telefon (0711) 459-2903 bzw. 459-2900 · Telefax (0711)459-3448 · e-Mail: stifkred@uni-hohenheim.de
Bankverbindung: Südwestbank AG, Stuttgart (BLZ 600 907 00), Kto.-Nr. 741 670 003 (Universitätsbund Hohenheim e.V./Sonderkonto Stiftung Kreditwirtschaft)

---

[6]   Vergleichbar ist auch das Begleitschreiben an die Kreditinstitute.

Anhang 6:   Angeschriebene Banken und Sparkassen[7]

Nr.	Institut[8]	Sektor	Anzahl Befragte PA[9]	FA[10]	Ges.
1	Deutsche Bank AG	privat	3	9	12
2	Bayerische Hypo- und Vereinsbank AG	privat	2	4	6
3	Dresdner Bank AG[11]	privat	5	10	15
4	Commerzbank AG	privat	1	8	9
5	Westdeutsche Landesbank Girozentrale	öff.-rechtl.	1		1
6	DZ Bank AG	genos.	2		2
7	Bayerische Landesbank Girozentrale	öff.-rechtl.	1		1
8	Landesbank Baden-Württemberg	öff.-rechtl.	2	6	8
9	Kreditanstalt für Wiederaufbau	öff.-rechtl.		5	5
10	Norddeutsche Landesbank Girozentrale	öff.-rechtl.	1	5	6
11	Bankgesellschaft Berlin AG	privat	1	5	6
12	Depfa Deutsche Pfandbrief Bank AG [B)]	privat			
13	Landesbank Schleswig-Holstein Girozentrale	öff.-rechtl.	1	1	2
14	Landesbank Hessen-Thüringen Girozentrale [B)]	öff.-rechtl.			
15	Allgemeine Hypotheken Rheinboden AG	privat	1		1

---

[7]   Vgl. Franke 2002. Sortiert nach der Bilanzsumme.

[8]   Erläuterung zu den Anmerkungen:
   A)   Keine Befragung, da das Kreditinstitut kaum/keine Universitätsabsolventen beschäftigt.
   B)   Keine Befragung aus anderen Gründen: insbesondere wurde eine Teilnahme aus Zeitgründen (beispielsweise Urlaub, Fusion und Umstrukturierung) oder grundsätzlichen Erwägungen abgelehnt.

[9]   Personalabteilung.

[10]   Fachabteilung.

[11]   Davon zwei Mitarbeiter der Personalabteilung der Advance Bank AG.

16	Landesbank Berlin Girozentrale[12]	öff.-rechtl.			
17	Hamburgische Landesbank Girozentrale	öff.-rechtl.	2	7	9
18	Deutsche Hypothekenbank Frankfurt-Hamburg AG [B)]	privat			
19	DGZ Deka-Bank	öff.-rechtl.	1		1
20	RHEINHYP Rheinische Hypothekenbank AG [B)]	privat			
21	HVB Real Estate Bank Aktiengesellschaft	privat	1		1
22	Eurohypo AG Europäische Hypothekenbank der Deutschen Bank [B)]	privat			
23	Deutsche Genossenschafts-Hypothekenbank AG	genos.	1		1
24	Postbank AG	privat	1	4	5
25	Landesbank Rheinland-Pfalz Girozentrale	öff.-rechtl.	2	3	5
26	Hypothekenbank in Essen AG	privat	1		1
27	Landwirtschaftliche Rentenbank AG [A)]	öff.-rechtl.			
28	WGZ Westdeutsche Genossenschafts-Zentralbank eG	genos.	1		1
29	Deutsche Ausgleichsbank	öff.-rechtl.	1	2	3
30	BHF-Bank AG[13]	privat	1		1
31	Deutsche Bank 24[14]	privat			
32	Landesbank Sachsen Girozentrale	öff.-rechtl.	2	4	6
33	L-Bank	öff.-rechtl.	1		1
34	Berlin-Hannoversche Hypothekenbank AG[15]	privat			

[12] Personalbeschaffung erfolgt über die Bildungsakademie der Bankgesellschaft Berlin (siehe dort).

[13] Heute: ING BHF-Bank.

[14] Befragung erfolgte zusammen mit der Deutsche Bank AG.

[15] Personalbeschaffung erfolgt über die Bildungsakademie der Bankgesellschaft Berlin (siehe dort).

35	Westfälische Hypothekenbank AG	privat	1	2	3
36	SEB AG	privat	1	4	5
37	Bremer Landesbank Kreditanstalt Oldenburg – Girozentrale	öff.-rechtl.	1		1
38	IKB Deutsche Industriebank AG	privat	1		1
39	Hamburger Sparkasse[16]	öff.-rechtl.	1	4	5
40	Württembergische Hypothekenbank AG	privat	1		1
41	Münchener Hypothekenbank eG	genos.	1		1
42	Dexia Hypothekenbank Berlin AG	privat	1	2	3
43	Volkswagen Financial Services AG [B)]	privat			
44	Baden-Württembergische Bank AG	privat	2	2	4
45	Deutsche Hypothekenbank (Actien-Gesellschaft)	privat	1	2	3
46	DKB Deutsche Kreditbank AG	privat	1		1
47	Stadtsparkasse Köln	öff.-rechtl.	1		1
48	Deutsche Apotheker- und Ärztebank eG [B)]	genos.			
49	Vereins- und Westbank AG	privat	1		1
50	Westfälische Landschaft Bodenkredit-bank AG	privat	1		1
51	Sächsische Aufbaubank GmbH	öff.-rechtl.	1		1
52	Frankfurter Sparkasse	öff.-rechtl.	1	2	3
53	LfA Förderbank Bayern	öff.-rechtl.	1		1
54	SEB Hypothekenbank AG[17]	privat			
55	Kreissparkasse Köln	öff.-rechtl.	1		1
56	Nassauische Sparkasse (Naspa)	öff.-rechtl.	1		1

[16] Die drei freien Sparkassen Hamburg, Frankfurt und Bremen werden aufgrund ihrer engen Bindung an die öffentlich-rechtlichen Kreditinstitute diesen zugeordnet.

[17] Befragung erfolgte zusammen mit der SEB AG.

57	Landesbank Saar Girozentrale	öff.-rechtl.	1		1
58	Westdeutsche ImmobilienBank AG	öff.-rechtl.	1		1
59	Stadtsparkasse München	öff.-rechtl.	1	1	2
60	Schleswig-Holsteinische Landschaft Hypothekenbank AG[18]	privat			
61	Düsseldorfer Hypothekenbank AG	privat	1		1
62	HSBC Trinkaus & Burkhardt KGaA [B)]	privat			
63	Deutsche Verkehrs-Bank AG	privat	1		1
64	Citibank Privatkunden AG	privat	1		1
65	Die Sparkasse in Bremen [B)]	öff.-rechtl.			
66	Berliner Volksbank eG	genos.	1		1
67	Dresdner Bank Lateinamerika AG	privat	1		1
68	Investitionsbank des Landes Brandenburg	öff.-rechtl.	1		1
69	Sal. Oppenheim jr. & Cie.	privat	2		2
70	Wüstenrot Bank AG	privat	1	2	3
71	Sparkasse Aachen [B)]	öff.-rechtl.			
72	Deutsche Schiffsbank AG	privat	1		1
73	Stadt-Sparkasse Düsseldorf	öff.-rechtl.	1		1
74	Oldenburgische Landesbank AG	privat	1		1
75	Sparkasse Nürnberg	öff.-rechtl.	1	2	3
76	Stadtsparkasse Hannover	öff.-rechtl.	1	3	4
77	AKA Ausfuhrkredit-Gesellschaft mbH [B)]	privat			
78	DIBA Allgemeine Deutsche Direktbank AG	privat		1	1
79	Landessparkasse zu Oldenburg	öff.-rechtl.	1		1
80	Sparkasse Essen [B)]	öff.-rechtl.			
81	Kreissparkasse Esslingen-Nürtingen	öff.-rechtl.	1		1

---

[18] Verschmelzung auf die DG Hyp zum 1.1.2002 (siehe dort).

82	Kreissparkasse Ludwigsburg	öff.-rechtl.	1		1
83	Sparkasse Münsterland-Ost [B)]	öff.-rechtl.			
84	M.M.Warburg & Co. KGaA	privat	1		1
85	Stadt- und Kreissparkasse Leipzig	öff.-rechtl.	1		1
86	Kreissparkasse Hannover	öff.-rechtl.	1		1
87	Kreissparkasse Heilbronn [A)]	öff.-rechtl.			
88	SchmidtBank GmbH & Co. KGaA	privat	1	3	4
89	Stadt- und Kreis-Sparkasse Pforzheim [A)]	öff.-rechtl.			
90	Kreissparkasse Waiblingen	öff.-rechtl.	1		1
91	Stadtsparkasse Dortmund [A)]	öff.-rechtl.			
92	Kreissparkasse München-Starnberg [A)]	öff.-rechtl.			
93	Sparkasse Mainfranken	öff.-rechtl.	1		1
94	Sparkasse Krefeld	öff.-rechtl.	2		2
95	Sparkasse Bielefeld [A)]	öff.-rechtl.			
96	Kreissparkasse Böblingen	öff.-rechtl.	1		1
97	Mittelbrandenburgische Sparkasse [A)]	öff.-rechtl.			
98	Sparkasse Bonn [A)]	öff.-rechtl.			
99	Sparkasse Saarbrücken [A)]	öff.-rechtl.			
100	Sparkasse Bochum [A)]	öff.-rechtl.			
101	Bundesbank[19]		1	5	6
	Summe		108	86	194

---

[19]　Die Bundesbank wurde zusätzlich zu den 100 größten Banken und Sparkassen in die Befragung aufgenommen, da sie aufgrund ihres besonderen Charakters zwar nicht zu den Kreditinstituten gerechnet wird, aufgrund ihres Aktivitätenspektrums aber einen hohen Anteil betriebs- und bankwirtschaftlicher Universitätsabsolventen beschäftigt.

Anhang 7: Angeschriebene Professoren[20]

Nr.	Professor	Universität	Lehrstuhl[21]
1	Meyer, Margit	Bayerische Julius-Maximilians-Universität Würzburg	Marketing
2	Wenger, Ekkehard	Bayerische Julius-Maximilians-Universität Würzburg	Bank- und Kreditwirtschaft [B)]
3	Winter, Stefan	Bayerische Julius-Maximilians-Universität Würzburg	Personal und Organisation
4	Breisig, Thomas	Carl von Ossietzky Universität Oldenburg	Organisation und Personal
5	Raabe, Thorsten	Carl von Ossietzky Universität Oldenburg	Absatz und Marketing
6	Zimmermann, Gebhard	Carl von Ossietzky Universität Oldenburg	Finanzwirtschaft und Bankbetriebslehre [B)]
7	Friedl, Birgit	Christian-Albrechts-Universität Kiel	Controlling
8	Klapper, Daniel	Christian-Albrechts-Universität Kiel	Absatzwirtschaft
9	Nippel, Peter	Christian-Albrechts-Universität Kiel	Finanzwirtschaft [B)]
10	Veit, Klaus-Rüdiger	Christian-Albrechts-Universität Kiel	Rechnungswesen
11	Wolf, Joachim	Christian-Albrechts-Universität Kiel	Organisation
12	Bea, Franz Xaver	Eberhard Karls Universität Tübingen	Planung & Organisation

---

[20] Geordnet nach Universität.

[21] Mit B) bezeichnete Lehrstühle werden zur Gruppe der Lehrstühle für Banken, Kreditwirtschaft, Finanzen und Finanzierung gerechnet.

13	Berndt, Ralph	Eberhard Karls Universität Tübingen	Marketing
14	Neus, Werner	Eberhard Karls Universität Tübingen	Bankwirtschaft [B)]
15	Schiller, Ulf	Eberhard Karls Universität Tübingen	Unternehmensrechnung und Controlling
16	Schöbel, Rainer	Eberhard Karls Universität Tübingen	Betriebliche Finanzwirtschaft [B)]
17	Grimm, Ulrich	EBS Oestrich-Winkel	Strategische Unternehmensführung
18	Hommel, Ulrich	EBS Oestrich-Winkel	Investment and Risk Management
19	Johanning, Lutz	EBS Oestrich-Winkel	Asset Management [B)]
20	Kreikebaum, Hartmut	EBS Oestrich-Winkel	Internationales Management II
21	Schäffer, Utz	EBS Oestrich-Winkel	Controlling
22	Schiereck, Dirk	EBS Oestrich-Winkel	Bank- und Finanzmanagement [B)]
23	Thommen, Jean-Paul	EBS Oestrich-Winkel	Organisation und Personal
24	Dilger, Alexander	Ernst-Moritz-Arndt-Universität Greifswald	Personal- und Organisationsökonomie
25	Matschke, Manfred Jürgen	Ernst-Moritz-Arndt-Universität Greifswald	Betriebliche Finanzwirtschaft [B)]
26	Pechtl, Hans	Ernst-Moritz-Arndt-Universität Greifswald	Marketing
27	Bohl, Martin T.	Europa-Universität Viadrina Frankfurt/Oder	Finanzwirtschaft und Kapitalmarkttheorie [B)]
28	Dorow, Wolfgang	Europa-Universität Viadrina Frankfurt/Oder	Unternehmensplanung, Organisation und Personalwesen

29	Kötzle, Alfred	Europa-Universität Viadrina Frankfurt/ Oder	Controlling
30	Stickel, Eberhard	Europa-Universität Viadrina Frankfurt/ Oder	Wirtschaftsinformatik, Finanz- und Bankwirtschaft [B)]
31	Bresser, Rudi K. F.	Freie Universität Berlin	Management
32	Haedrich, Günther	Freie Universität Berlin	Marketing
33	Kruschwitz, Lutz	Freie Universität Berlin	Bank- und Finanzwirtschaft [B)]
34	Diller, Hermann	Friedrich-Alexander-Universität Nürnberg	Marketing
35	Gerke, Wolfgang	Friedrich-Alexander-Universität Nürnberg	Bank- und Börsen wesen [B)]
36	Holtbrügge, Dirk	Friedrich-Alexander-Universität Nürnberg	Internationales Management
37	Hungenberg, Harald	Friedrich-Alexander-Universität Nürnberg	Unternehmensführung
38	Alewell, Dorothea	Friedrich-Schiller-Universität Jena	Personalwirtschaft und Organisation
39	Botta, Volkmar	Friedrich-Schiller-Universität Jena	Rechnungswesen und Controlling
40	Kürsten, Wolfgang	Friedrich-Schiller-Universität Jena	Finanzierung, Banken und Risikomanage ment [B)]
41	Meckl, Reinhard	Friedrich-Schiller-Universität Jena	Internationales Management
42	Fischer, Thomas M.	Handelshochschule Leipzig	Unternehmensrechnung und Controlling
43	Kirchgeorg, Manfred	Handelshochschule Leipzig	Marketingmanagement
44	Lindstaedt, Hagen	Handelshochschule Leipzig	Strategisches Mangement und Organisation

45	Schwetzler, Bernhard	Handelshochschule Leipzig	Finanzmanagement und Banken [B)]
46	Börner, Christoph J.	Heinrich Heine Universität Düsseldorf	Finanzdienst leistungen [B)]
47	Franz, Klaus-Peter	Heinrich Heine Universität Düsseldorf	Unternehmensprüfung und Controlling
48	Günter, Bernd	Heinrich Heine Universität Düsseldorf	Marketing
49	Hamel, Winfried	Heinrich Heine Universität Düsseldorf	Unternehmensführung, Organisation und Personal
50	Schirmeister, Raimund	Heinrich Heine Universität Düsseldorf	Finanzierung und Investition [B)]
51	Demougin, Dominique	Humboldt-Universität Berlin	Organisationstheorie
52	Hildebrandt, Lutz	Humboldt-Universität Berlin	Marketing
53	Müller, Sigrid	Humboldt-Universität Berlin	Finanzierung [B)]
54	Schwalbach, Joachim	Humboldt-Universität Berlin	Management
55	Stehle, Richard	Humboldt-Universität Berlin	Bank- und Börsen wesen [B)]
56	Ewert, Ralf	Johann Wolfgang Goethe-Universität Frankfurt	Controlling und Auditing
57	Hommel, Michael	Johann Wolfgang Goethe-Universität Frankfurt	Wirtschaftsprüfung und Rechnungslegung
58	Kaas, Klaus Peter	Johann Wolfgang Goethe-Universität Frankfurt	Marketing
59	Kossbiel, Hugo	Johann Wolfgang Goethe-Universität Frankfurt	Personalwirtschaft

60	Krahnen, Jan Pieter	Johann Wolfgang Goethe-Universität Frankfurt	Kreditwirtschaft und Finanzierung [B)]
61	Laux, Helmut	Johann Wolfgang Goethe-Universität Frankfurt	Organisation und Management
62	Maurer, Raimond	Johann Wolfgang Goethe-Universität Frankfurt	Investment, Portfolio-Management und Alterssicherung
63	Schlag, Christian	Johann Wolfgang Goethe-Universität Frankfurt	Derivate und Financial Engineering [B)]
64	Schmidt, Reinhard H.	Johann Wolfgang Goethe-Universität Frankfurt	Internationales Bank- und Finanzwesen [B)]
65	Wahrenburg, Mark	Johann Wolfgang Goethe-Universität Frankfurt	Bankbetriebslehre [B)]
66	Bronner, Rolf	Johannes Gutenberg-Universität Mainz	Organisation
67	Heil, Oliver P.	Johannes Gutenberg-Universität Mainz	Marketing
68	Herrmann, Andreas	Johannes Gutenberg-Universität Mainz	Marketing
69	Keuper, Frank	Johannes Gutenberg-Universität Mainz	Risikomanagement oder Controlling
70	Rammert, Stefan	Johannes Gutenberg-Universität Mainz	Rechnungslegung
71	Trautmann, Siegfried	Johannes Gutenberg-Universität Mainz	Finanzwirtschaft [B)]
72	Benner, Wolfgang	Justus-Liebig-Universität Gießen	Betriebswirtschaftliche Geldwirtschaft [B)]
73	Bessler, Wolfgang	Justus-Liebig-Universität Gießen	Finanzierung und Banken [B)]

74	Esch, Franz-Rudolf	Justus-Liebig-Universität Gießen	Marketing
75	Krüger, Wilfried	Justus-Liebig-Universität Gießen	Organisation, Unternehmungsführung, Personal
76	Schanz, Günther	Justus-Liebig-Universität Gießen	Unternehmensführung
77	Fischer, Thomas M.	Katholische Universität Eichstätt Ingolstadt	Controlling und Wirtschaftsprüfung
78	Burger, Anton	Katholische Universität Eichstätt-Ingolstadt	Unternehmensrechnung
79	Büschken, Joachim	Katholische Universität Eichstätt-Ingolstadt	Absatzwirtschaft und Marketing
80	Kutschker, Michael	Katholische Universität Eichstätt-Ingolstadt	Internationales Management
81	Ringelstetter, Max J.	Katholische Universität Eichstätt-Ingolstadt	Organisation und Personal
82	Wilkens, Marco	Katholische Universität Eichstätt-Ingolstadt	Finanzierung und Bankbetriebslehre [B)]
83	Kirsch, Werner	LMU München	Strategische Unternehmensführung und Organisation
84	Meyer, Anton	LMU München	Marketing
85	Meyer zu Selhausen, Hermann	LMU München	Bankwirtschaft [B)]
86	Rudolph, Bernd	LMU München	Kapitalmarktforschung und Finanzierung [B)]
87	Becker, Manfred	Martin-Luther-Universität Halle	Organisation und Personalwirtschaft
88	Schmidt, Rainhart	Martin-Luther-Universität Halle	Finanzwirtschaft und Bankbetriebslehre [B)]
89	Weiser, Christoph	Martin-Luther-Universität Halle	Internes Rechnungswesen und Controlling

90	Becker, Wolfgang	Otto-Friedrich-Universität Bamberg	Unternehmensführung & Controlling
91	Engelhard, Johann	Otto-Friedrich-Universität Bamberg	Internationales Management
92	Oehler, Andreas	Otto-Friedrich-Universität Bamberg	Finanzwirtschaft [B)]
93	Wimmer, Frank	Otto-Friedrich-Universität Bamberg	Absatzwirtschaft
94	zu Knyphausen-Aufseß, Dodo	Otto-Friedrich-Universität Bamberg	Personalwirtschaft und Organisation
95	Erichson, Bernd	Otto-von-Guericke-Universität Magdeburg	Marketing
96	Luhmer, Alfred	Otto-von-Guericke-Universität Magdeburg	Unternehmensrechnung und Controlling
97	Reichling, Peter	Otto-von-Guericke-Universität Magdeburg	Finanzierung und Banken [B)]
98	Spengler, Thomas	Otto-von-Guericke-Universität Magdeburg	Unternehmensführung und Organisation
99	Wolff, Birgitta	Otto-von-Guericke-Universität Magdeburg	Internationales Management
100	Gerum, Elmar	Philipps-Universität Marburg	Organisations- und Personalwirtschaftslehre
101	Priewasser, Erich	Philipps-Universität Marburg	Bankbetriebslehre [B)]
102	Breuer, Wolfgang	RWTH Aachen	Betriebliche Finanzwirtschaft [B)]
103	Möller, Hans Peter	RWTH Aachen	Unternehmensrechnung und Finanzierung [B)]
104	Steffenhagen, Hartwig	RWTH Aachen	Unternehmenspolitik und Marketing
105	Lohmann, Karl	Technische Universität Bergakademie Freiberg	Investition, Finanzierung und Bankbetriebslehre [B)]

106	Nippa, Michael	Technische Universität Bergakademie Freiberg	Unternehmensführung und Personalwesen
107	Rogler, Silvia	Technische Universität Bergakademie Freiberg	Rechnungswesen und Controlling
108	Gebert, Diether	Technische Universität Berlin	Organisation, Personalwesen und Führungslehre
109	Krystek, Ulrich	Technische Universität Berlin	Strategisches Controlling
110	Trommsdorf, Volker	Technische Universität Berlin	Marketing I
111	von Werder, Axel	Technische Universität Berlin	Organisation und Unternehmensführung
112	Zwicker, Eckart	Technische Universität Berlin	Unternehmensrechnung und Controlling
113	Götze, Uwe	Technische Universität Chemnitz	Unternehmensrechnung und Controlling
114	Lang, Rainhart	Technische Universität Chemnitz	Organisation und Arbeitswissenschaft
115	Pawlowsky, Peter	Technische Universität Chemnitz	Personal & Führung
116	Thießen, Friedrich	Technische Universität Chemnitz	Finanzwirtschaft und Bankbetriebslehre [B)]
117	Benkhoff, Birgit	Technische Universität Dresden	Personalwirtschaft
118	Günther, Thomas	Technische Universität Dresden	Betriebliches Rechnungswesen/Controlling
119	Lokarek-Junge, Hermann	Technische Universität Dresden	Finanzwirtschaft und Finanzdienst leistungen [B)]
120	Müller, Stefan	Technische Universität Dresden	Marketing

121	Schirmer, Frank	Technische Universität Dresden	Organisation
122	Töpfer, Armin	Technische Universität Dresden	Marktorientierte Unternehmensführung
123	Dintner, Rolf	Technische Universität Ilmenau	Rechnungswesen/Controlling
124	Hoppe, Karl-Heinz	Technische Universität Ilmenau	Marketing
125	Trost, Ralf	Technische Universität Ilmenau	Finanzwirtschaft/ Investition [B)]
126	von der Oelsnitz, Dietrich	Technische Universität Ilmenau	Unternehmensführung
127	Coenenberg, Adolf G.	Universität Augsburg	Wirtschaftsprüfung und Controlling
128	Ebers, Mark	Universität Augsburg	Unternehmensführung und Organisation
129	Gierl, Heribert	Universität Augsburg	Marketing
130	Neuberger, Oswald	Universität Augsburg	Personalwesen
131	Steiner, Manfred	Universität Augsburg	Finanz- und Bankwirtschaft [B)]
132	Böhler, Heymo	Universität Bayreuth	Marketing
133	Kühlmann, Torsten M.	Universität Bayreuth	Betriebliches Personalwesen und Führungslehre
134	Remer, Andreas	Universität Bayreuth	Organisation und Management
135	Tebroke, Hermann-Josef	Universität Bayreuth	Finanzwirtschaft und Bankbetriebslehre [B)]
136	Becker, Fred G.	Universität Bielefeld	Organisation, Personal und Unternehmungsführung
137	Braun, Thomas	Universität Bielefeld	Finanzwirtschaft [B)]

138	Jahnke, Hermann	Universität Bielefeld	Controlling und Produktionswirtschaft
139	Wielenberg, Stefan	Universität Bielefeld	Externes Rechnungswesen
140	Bieg, Hartmut	Universität des Saarlandes	Bankbetriebslehre [B)]
141	Scholz, Christian	Universität des Saarlandes	Organisation, Personal- und Informationsmanagement
142	Weinberg, Peter	Universität des Saarlandes	Marketing
143	Küpper, Willi	Universität Hamburg	Personalwirtschaftslehre
144	Reitsperger, Wolf Dietrich	Universität Hamburg	Internationales Management
145	Schmidt, Hartmut	Universität Hamburg	Kapitalmärkte
146	Diedrich, Ralf	Universität Leipzig	Controlling und interne Unternehmensrechnung
147	Föhr, Silvia	Universität Leipzig	Personalwirtschaftslehre
148	Hielscher, Udo	Universität Leipzig	Finanzierung und Investition [B)]
149	Löbler, Helge	Universität Leipzig	Marketing
150	Singer, Jürgen	Universität Leipzig	Bankwesen [B)]
151	Baxmann, Ulf G.	Universität Lüneburg	Bank- und Finanzwirtschaft [B)]
152	Martin, Albert	Universität Lüneburg	Personal und Führung
153	Albrecht, Peter	Universität Mannheim	Risikotheorie, Portfolio Management und Versicherungswirtschaft
154	Bühler, W.	Universität Mannheim	Finanzierung [B)]

155	Homburg, Christian	Universität Mannheim	Marketing I
156	Oechsler, Walter A.	Universität Mannheim	Personalwesen und Arbeitswissenschaft
157	Perlitz, Manfred	Universität Mannheim	Internationales Management
158	Weber, Martin	Universität Mannheim	Finanzwirtschaft, insb. Bankbetriebslehre [B)]
159	Betge, Peter	Universität Osnabrück	Finanzierung und Banken [B)]
160	Hoppe, Uwe	Universität Osnabrück	Organisation und Wirtschaftsinformatik
161	Ossadnik, Wolfgang	Universität Osnabrück	Rechnungswesen und Controlling
162	Standop, Dirk	Universität Osnabrück	Absatz/Marketing
163	Bühner, Rolf	Universität Passau	Organisation und Personalwesen
164	Steiner, Jürgen	Universität Passau	Finanzwirtschaft und Bankbetriebslehre [B)]
165	Wilhelm, Jochen	Universität Passau	Finanzierung [B)]
166	Balderjahn, Ingo	Universität Potsdam	Marketing
167	Hummel, Detlev	Universität Potsdam	Finanzierung und Banken [B)]
168	Wagner, Dieter	Universität Potsdam	Organisation und Personalwesen
169	Drukarczyk, Jochen	Universität Regensburg	Finanzierung [B)]
170	Drumm, Hans Jürgen	Universität Regensburg	Personalwirtschaft, Organisation und Unternehmungsplanung
171	Hruschka, Harald	Universität Regensburg	Marketing
172	Eilenberger, Guido	Universität Rostock	Bankbetriebslehre und Finanzwirtschaft [B)]

173	Graßhoff, Jürgen	Universität Rostock	Rechnungswesen, Controlling, Wirtschaftsprüfung
174	Richter, Hans-Jörg	Universität Rostock	Management
175	Bergmann, Gustav	Universität Siegen	Marketing
176	Berthel, Jürgen	Universität Siegen	Personal-Management, Organisation und Unternehmungsführung
177	Groenewald, Horst	Universität Siegen	Personal-Management
178	Keck, Werner	Universität Siegen	Finanzierung und Bankmanagement [B)]
179	Wiedemann, Arnd	Universität Siegen	Finanz- und Bankmanagement [B)]
180	Ackermann, Karl-Friedrich	Universität Stuttgart	Personalmanagement
181	Horváth, Péter	Universität Stuttgart	Controlling
182	Reiß, Michael	Universität Stuttgart	Organisation
183	Schäfer, Henry	Universität Stuttgart	Finanzwirtschaft [B)]
184	Milde, Hellmuth	Universität Trier	Geld, Kredit und Finanzierung [B)]
185	Schertler, Walter	Universität Trier	Organisation und Strategisches Management
186	Wächter, Hartmut	Universität Trier	Arbeit, Personal, Organisation
187	Backes-Gellner, Uschi	Universität zu Köln	Personalwirtschaftslehre
188	Frese, Erich	Universität zu Köln	Organisationslehre
189	Hartmann-Wendels, Thomas	Universität zu Köln	Bankbetriebslehre [B)]
190	Homburg, Carsten	Universität zu Köln	Controlling

191	Kempf, Alexander	Universität zu Köln	Finanzierungslehre [B)]
192	Berens, Wolfgang	Westfälische Wilhelms-Universität Münster	Controlling
193	Harm, Christian	Westfälische Wilhelms-Universität Münster	Internationale Wirtschaft
194	Meffert, Heribert	Westfälische Wilhelms-Universität Münster	Marketing
195	Pfingsten, Andreas	Westfälische Wilhelms-Universität Münster	Kreditwesen [B)]
196	Röder, Klaus	Westfälische Wilhelms-Universität Münster	Finanzierung [B)]
197	Brockhoff, Klaus	WHU Koblenz	Unternehmenspolitik
198	Jost, Peter-J.	WHU Koblenz	Organisationstheorie
199	Kaufmann, Lutz	WHU Koblenz	Internationales Management
200	Krafft, Manfred	WHU Koblenz	Marketing
201	Rudolf, Markus	WHU Koblenz	Finanzintermediäre und Kapitalmarkttheorie [B)]
202	Zimmermann, Heinz	WHU Koblenz	Internationale Unternehmungsfinanzierung

Anhang 8:   Zeitliche Verteilung des Rücklaufs[22]

Arbeitstage nach Versand	Unternehmungen	Professoren
2	1	5
3	20	9
4	14	12
5	17	16
6	3	6
7	10	4
8	9	13
9	9	7
10	9	1
11	6	6
12	3	9
13	3	5
14	1	1
15	3	2
mehr als 15	10	6
gesamt	**118**	**102**

---

[22]   Nur verwertbare Fragebögen.

Anhang 9: Ergebnisse zu den Studierenden

Kompetenzen	Sozialkompetenz	Selbstkompetenz	Berufliche Handlungskompetenz
Sachkompetenz	.58***	.62***	.58***
Sozialkompetenz		.57***	.50***
Selbstkompetenz			.63***

Anhang 9-1:   *Korrelationen zwischen den Ausprägungen der einzelnen Dimensionen und beruflicher Handlungskompetenz aus Sicht von Studierenden*

Vorbereitung durch Universitäten auf die berufliche Realität		x	s
Merkmal	Universitäten bereiten Studierende optimal auf berufliche Anforderungen vor.	4,07	1,13
	Universitäten sollten stärker als derzeit Sachkompetenz fördern.	3,00	1,27
	Universitäten sollten stärker als derzeit Sozialkompetenz fördern.	2,40	1,15
	Universitäten sollten stärker als derzeit Selbstkompetenz fördern.[23]	2,38	1,10
	Der Schwerpunkt der Ausbildung an Universitäten sollte auf der Sachkompetenz liegen.	2,62	1,16
	Theorie und Praxis sollten beim Studium an Universitäten stärker verbunden werden.	1,76	1,03
	Eine gute Diplomnote spricht für hohe berufliche Leistungsfähigkeit.	4,17	1,42
	Eine kurze Studiendauer spricht für hohe berufliche Leistungsfähigkeit.	3,56	1,50

Anhang 9-2:   *Vorbereitung durch Universitäten auf die berufliche Realität*

---

[23] Im Fragebogen wird im Interesse der Verständlichkeit für die Befragten statt von Selbstkompetenz von personaler Kompetenz gesprochen (vgl. Kapitel 3.2.2).

Soziale Eingebundenheit		x	s
Merkmal	Ich habe einen sehr großen Freundeskreis an der Universität.	2,98	1,11
	Ich habe einen sehr großen Freundeskreis außerhalb der Universität.	2,40	1,04
	Ich habe viel Kontakt zu meinen Eltern.	2,29	1,09
	Es würde auffallen, wenn ich einmal eine Woche nicht an der Universität wäre.	2,84	1,56
	Ich habe genügend Freunde, an die ich mich bei Problemen wenden kann.	2,00	0,96
Gesamtskala (α = .60)		**2,50**	**0,73**

Anhang 9-3:   Soziale Eingebundenheit

Ehrenamtliches Engagement		x	s
Merkmal	Aktive Mitarbeit in studentischen Gruppen	4,69	1,74
	Aktive Mitarbeit in kirchlichen Gruppen	5,47	1,16
	Aktive Mitarbeit in Sportvereinen	4,57	1,77
	Sonstiges[24]	4,59	1,99
Gesamtskala (α = .68)		**4,58**	**1,46**

Anhang 9-4:   Ehrenamtliches Engagement

---

[24] Mittelwert und Standardabweichung beruhen auf nur 104 Antwortenden.

Korrelationen		Lehrstühle	Lehrveranstaltungen
Kompetenz	Sachkompetenz	.12*	.23***
	Sozialkompetenz	n.s.	.13*
	Selbstkompetenz	.21***	.27***
	Berufliche Handlungskompetenz	.26***	.32***

Anhang 9-5:   *Zusammenhang zwischen der Bewertung der Lehrstühle und Lehrveranstaltungen und der Ausprägung der Kompetenzen*

Erwerb von beruflicher Handlungskompetenz		x	s
Merkmal	Praktika während des Studiums	1,79	1,04
	Berufsausbildung vor dem Studium	3,69	1,55
	Qualität der Lehrveranstaltungen	2,20	1,01
	Betreuungsqualität durch Lehrstühle	2,53	1,20
	Praxisbezug des Studiums	1,92	1,10
	Auslandsstudium	2,76	1,38
	Ehrenamtliches Engagement	3,59	1,47

Anhang 9-6:   *Bedeutung unterschiedlicher Merkmale für den Erwerb von beruflicher Handlungskompetenz*

Auslandsstudium		ja	nein	Δx
Merkmal	Sprachkenntnisse	2,35	3,18	0,83***
	Analytisches Denken	2,34	2,62	0,28*
	Fachübergreifendes Denken	2,53	2,89	0,36**
	Belastbarkeit	2,00	2,42	0,42***
	Lernbereitschaft	2,02	2,34	0,32*
	Verantwortungsbewusstsein	1,88	2,19	0,31*
	Selbständigkeit	2,02	2,34	0,32*

Anhang 9-7:   *Ausprägung von Einzelmerkmalen mit signifikanten Mittelwertunterschieden in Abhängigkeit vom Studium im Ausland*

Praktika		ja	nein	Δx
Merkmal	Sprachkenntnisse	2,77[25]	3,29	0,52***
	Strukturierter Arbeitsstil	2,59	2,90	0,31*
	Sicheres Auftreten	2,62	2,98	0,36**
	Eigeninitiative	2,44	2,89	0,45**
	Lernbereitschaft	2,17	2,43	0,26*
	Selbständigkeit	2,13	2,49	0,36**
	Zielstrebigkeit	2,19	2,54	0,35**

Anhang 9-8:   *Ausprägung von Einzelmerkmalen mit signifikanten Mittelwertunterschieden in Abhängigkeit von absolvierten Praktika*

---

[25] Studierende mit Auslandspraktika weisen einen Mittelwert von x = 2,47 auf.

Praktika	x	s
Das Praktikum/die Praktika würde ich sofort wieder machen.	2,01	1,15
Die meisten Tätigkeiten waren für mich interessant.	2,21	1,08
Was ich im Praktikum gelernt habe, hilft mir für meine künftige berufliche Tätigkeit.	2,15	1,18
Das Praktikum/die Praktika waren sehr nützlich für mich.	1,95	1,05
Die Tätigkeiten haben viel mit den Inhalten meines Studiums zu tun gehabt.	2,98	1,33
Beim Praktikum/den Praktika habe ich viel Neues gelernt.	2,18	1,10
Viele Aufgaben habe ich selbständig bearbeitet.	1,87	0,89
Gesamtskala (α = .89)	**2,19**	**0,86**

Anhang 9-9:   Bewertung absolvierter Praktika

Studieninteresse	x	s
Ich habe mein jetziges Studium vor allem wegen der interessanten Studieninhalte gewählt.	2,53	1,13
Nach einem langen Wochenende oder Urlaub freue ich mich wieder auf das Studium.	3,16	1,32
Es ist für mich von großer persönlicher Bedeutung, gerade dieses Fach zu studieren.	2,78	1,22
Wenn ich genügend Zeit hätte, würde ich mich mit bestimmten Fragen meines Studiums, auch unabhängig von Prüfungsanforderungen, intensiver beschäftigen.	2,39	1,12
Die Beschäftigung mit bestimmten Studieninhalten ist mir wichtiger als Zerstreuung, Freizeit und Unterhaltung.	3,68	1,22
Die Beschäftigung mit bestimmten Stoffinhalten wirkt sich positiv auf meine Stimmung aus.	3,34	1,28
Gesamtskala (α = .81)	**2,98**	**0,87**

Anhang 9-10:   Studieninteresse

Häufigkeit unterschiedlicher Veranstaltungsformen		x	s
Veranstaltungsform	Rhetorik-/Präsentationstrainings	4,30	1,17
	Rollenspiele	4,90	1,00
	Fallstudien	3,58	1,13
	Vorträge/Diskussionen mit Praktikern	3,05	1,06
	Unternehmensplanspiele	4,14	1,02
	Führungstrainings	4,94	1,01
	Moderationstrainings	4,85	1,09
	Teamtrainings	4,67	1,12
	Projektarbeiten	3,75	1,28
	E-Learning	4,87	1,14

Anhang 9-11: Häufigkeit unterschiedlicher Veranstaltungsformen

Anhang 10: Ergebnisse zu den Unternehmungen

Kompetenzen nach Abteilung		Mittelwert		Differenz
		Fachabteilung	Personalabt.	Δx
Kompetenz insgesamt	Wichtigkeit — Sachkompetenz	2,03	1,96	0,07
	Sozialkompetenz	1,93	1,54	0,39**
	Selbstkompetenz	2,02	1,63	0,39**
	Ausprägung — Sachkompetenz	3,00	2,73	0,27*
	Sozialkompetenz	3,07	3,00	0,07
	Selbstkompetenz	3,02	2,90	0,12

Anhang 10-1: Kompetenzen insgesamt bei Fach- und Personalabteilungen

Merkmale nach Bankensektor[26]		Mittelwert		Differenz
		privat	öff.-rechtl.	Δx
Merkmal	Wichtigkeit — Spezifische Fachkenntnisse	2,59	1,94	0,65**
	EDV-Kenntnisse	2,20	2,57	0,37*
	Verkäuferische Fähigkeiten	2,27	3,06	0,79**
	Konfliktfähigkeit	2,00	2,35	0,35*
	Ausprägung — Strukturiertes Denken	3,30	2,91	0,39*
	Entscheidungsfähigkeit	3,78	3,36	0,42*
	Flexibilität	2,88	2,51	0,37*
	Selbständigkeit	3,18	2,77	0,41*

Anhang 10-2: Merkmale mit signifikanten Mittelwertdifferenzen zwischen privaten und öffentlich-rechtlichen Kreditinstituten

---

[26] Aufgrund der zu geringen Fallzahl werden die genossenschaftlichen Kreditinstitute sowie die Bundesbank hier nicht berücksichtigt.

Kompetenzen	Sozialkompetenz	Selbstkompetenz	Berufliche Handlungskompetenz
Sachkompetenz	.54***	.50***	.42***
Sozialkompetenz		.55***	.44***
Selbstkompetenz			.61***

Anhang 10-3: Korrelationen zwischen den Ausprägungen der einzelnen Dimensionen und beruflicher Handlungskompetenz

Vorbereitung durch Universitäten auf die berufliche Realität		x	s
Merkmal	Universitäten bereiten Studierende optimal auf berufliche Anforderungen vor.	3,81	0,98
	Universitäten sollten stärker als derzeit Sachkompetenz fördern.	2,99	1,20
	Universitäten sollten stärker als derzeit Sozialkompetenz fördern.	2,08	0,82
	Universitäten sollten stärker als derzeit Selbstkompetenz fördern.	2,27	0,89
	Der Schwerpunkt der Ausbildung an Universitäten sollte auf der Sachkompetenz liegen.	3,06	1,20
	Theorie und Praxis sollten beim Studium an Universitäten stärker verbunden werden.	1,65	0,94
	Eine gute Diplomnote spricht für hohe berufliche Leistungsfähigkeit.	3,61	1,13
	Eine kurze Studiendauer spricht für hohe berufliche Leistungsfähigkeit.	2,77	1,05

Anhang 10-4: Vorbereitung durch Universitäten auf die berufliche Realität

Erwerb von beruflicher Handlungskompetenz		x	s
Merkmal	Praktika während des Studiums	1,64	0,82
	Berufsausbildung vor dem Studium	2,66	1,28
	Qualität der Lehrveranstaltungen	2,36	1,01
	Betreuungsqualität durch Lehrstühle	2,56	1,11
	Praxisbezug des Studiums	1,66	0,87
	Auslandsstudium	2,68	1,20
	Ehrenamtliches Engagement	3,32	1,11

Anhang 10-5: Bedeutung unterschiedlicher Merkmale für den Erwerb von beruflicher Handlungskompetenz

Anhang 11: Ergebnisse zu den Professoren

Kompetenzen	Sozialkom-petenz	Selbstkom-petenz	Berufliche Hand-lungskompetenz
Sachkompetenz	.58***	.63***	.52***
Sozialkompetenz		.63***	.36***
Selbstkompetenz			.61***

Anhang 11-1:   Korrelationen zwischen den Ausprägungen der einzelnen Dimensionen und beruflicher Handlungskompetenz

Vorbereitung durch Universitäten auf die berufliche Realität		x	s
Merkmal	Universitäten bereiten Studierende optimal auf berufliche Anforderungen vor.	3,65	1,12
	Universitäten sollten stärker als derzeit Sachkompetenz fördern.	3,03	1,43
	Universitäten sollten stärker als derzeit Sozialkompetenz fördern.	2,32	1,11
	Universitäten sollten stärker als derzeit Selbstkompetenz fördern.	2,57	1,25
	Der Schwerpunkt der Ausbildung an Universitäten sollte auf der Sachkompetenz liegen.	2,68	1,44
	Theorie und Praxis sollten beim Studium an Universitäten stärker verbunden werden.	2,59	1,41
	Eine gute Diplomnote spricht für hohe berufliche Leistungs-fähigkeit.	3,31	1,27
	Eine kurze Studiendauer spricht für hohe berufliche Leis-tungsfähigkeit.	2,78	1,22

Anhang 11-2:   Vorbereitung durch Universitäten auf die berufliche Realität

Erwerb von beruflicher Handlungskompetenz		x	s
Merkmal	Praktika während des Studiums	1,95	1,04
	Berufsausbildung vor dem Studium	3,71	1,35
	Qualität der Lehrveranstaltungen	2,03	0,84
	Betreuungsqualität durch Lehrstühle	2,32	1,15
	Praxisbezug des Studiums	2,59	1,13
	Auslandsstudium	2,07	0,92
	Ehrenamtliches Engagement	2,86	1,29

Anhang 11-3: Bedeutung unterschiedlicher Merkmale für den Erwerb von beruflicher Handlungskompetenz

Anhang 12: Ergebnisse von Studierenden, Unternehmungen und Professoren im Vergleich

Sachkompetenz		Defizit[27]			Signifikanz[28]
		Stud.	Untern.	Prof.	
Merkmal	Grundlagenwissen in BWL	0,58	0,35	1,56	S*P, U*P
	Spezifische Fachkenntnisse	0,91	1,00	0,20	S*P, U*P
	Sprachkenntnisse	1,00	0,42	1,31	S*U, U*P
	EDV-Kenntnisse	0,97	0,40	0,61	S*U, S*P
	Strukturierter Arbeitsstil	0,70	1,38	2,01	S*U, S*P, U*P
	Entscheidungsfähigkeit	1,05	1,41	1,85	S*U, S*P, U*P
	Analytisches Denken	0,69	1,01	2,00	S*U, S*P, U*P
	Fachübergreif. Denken	0,84	1,53	2,28	S*U, S*P, U*P
Gesamtskala		**0,84**	**0,94**	**1,48**	**S*P, U*P**

Anhang 12-1: Defizite bei der Sachkompetenz im Vergleich

---

[27] Zu den Defiziten aus Sicht von Studierenden, Unternehmungen und Professoren und ihrer Berechnung vgl. Kapitel 5.2 bis Kapitel 5.4.

[28] Dabei bedeutet S*U, dass sich die Defizite aus Sicht von Studierenden und Unternehmungen signifikant unterscheiden. Bei S*P sind es Studierende und Professoren und bei U*P Unternehmungen und Professoren, die sich in ihrer Wahrnehmung signifikant unterscheiden.

Sozialkompetenz		Defizit		Signifikanz
	Stud.	**Untern.**	**Prof.**	
Verkäuferische Fähigkeit	0,65	1,26	0,47	S*U, U*P
Kommunikationsfähigkeit	0,96	1,33	1,75	S*U, S*P, U*P
Sicheres Auftreten	1,10	0,98	1,20	n.s.
Integrationsfähigkeit	0,54	0,84	1,41	S*U, S*P, U*P
Einfühlungsvermögen	0,01	0,81	1,12	S*U, S*P, U*P
Durchsetzungsfähigkeit	0,82	0,93	1,05	n.s.
Konfliktfähigkeit	0,78	1,41	1,78	S*U, S*P, U*P
Teamfähigkeit	0,62	1,05	1,68	S*U, S*P, U*P
Gesamtskala	**0,68**	**1,07**	**1,31**	**S*U, S*P, U*P**

Anhang 12-2:   Defizite bei der Sozialkompetenz im Vergleich

Selbstkompetenz	Defizit			Signifikanz
	Stud.	Untern.	Prof.	
Belastbarkeit	0,50	0,89	1,38	S*U, S*P, U*P
Eigeninitiative	0,71	1,21	1,91	S*U, S*P, U*P
Lernbereitschaft	0,49	0,44	1,27	S*P, U*P
Flexibilität	0,64	0,97	1,29	S*U, S*P, U*P
Kritikfähigkeit	0,65	1,04	1,55	S*U, S*P, U*P
Verantwortungsbewussts.	0,34	0,99	1,63	S*U, S*P, U*P
Selbständigkeit	0,48	1,02	1,74	S*U, S*P, U*P
Zielstrebigkeit	0,41	0,59	1,08	S*P, U*P
Gesamtskala	**0,52**	**0,89**	**1,48**	**S*U, S*P, U*P**

Anhang 12-3: Defizite bei der Selbstkompetenz im Vergleich

Berufliche Handlungskompetenz	Bewertung durch			Signifikanz
	Stud.	**Unt.**	**Prof.**	
gut vorbereitet	3,26	3,31	3,07	n.s.
große Leistungsfähigkeit	2,43	2,59	2,63	n.s.
keine Schwierigkeiten	2,81	3,15	3,13	S*U, S*P
neue Situationen	2,14	2,66	2,74	S*U, S*P
komplexe Problemstellungen	2,46	2,61	2,68	n.s.
hohe Leistungsbereitschaft	2,09	2,37	2,65	S*U, S*P, U*P
vielseitige Aufgabenstellungen	2,45	2,56	2,52	n.s.
Gesamtskala	**2,52**	**2,75**	**2,77**	**S*U, S*P**

Anhang 12-4:   Berufliche Handlungskompetenz im Vergleich

LITERATURVERZEICHNIS

Achtenhagen, F. (1990): Vorwort. In: Senatskommission für Berufsbildungsforschung (Hrsg.): Berufsbildungsforschung an den Hochschulen der Bundesrepublik Deutschland. Weinheim: VCH, S. VII-VIII.

Achtenhagen, F. (1995): Berufliche Ausbildung. In: van Buer, J./Jungkunz, D. (Hrsg.): Berufsbildung in den neunziger Jahren (Studien zur Wirtschafts- und Erwachsenenpädagogik aus der Humboldt-Universität zu Berlin). Berlin, S. 147-208.

Achtenhagen, F. (1998): Schlüsselqualifikationen. In: Euler, D. (Hrsg.): Berufliches Lernen im Wandel. Nürnberg, S. 649-655.

Aebli, H. (2001): Zwölf Grundformen des Lernens. 11. Aufl., Stuttgart: Klett-Cotta.

Aff, J./Grohmann, S./Kögler, G. (1991): Das Rollenspiel. Wien: Manz.

Albach, H. (1992): Non universitati sed vitae oeconomicae discimus. In: Achtenhagen, F./John, E. G. (Hrsg.): Mehrdimensionale Lehr-Lern-Arrangements. Wiesbaden: Gabler, S. 23-38.

Allport, G. W. (1970): Gestalt und Wachstum in der Persönlichkeit. 3. Aufl., Meisenheim am Glan: Anton Hain.

Amelang, M./Bartussek, D. (2001): Differentielle Psychologie und Persönlichkeitsforschung. 5. Aufl., Stuttgart: Kohlhammer.

Amrhein, D. (1998): Die Universität als Dienstleistungsunternehmen. Wiesbaden: Deutscher Universitäts-Verlag.

Apel, H.-J. (1999): Die Vorlesung. Köln: Böhlau.

Apenburg, E. (1980): Untersuchungen zur Studienzufriedenheit in der heutigen Massenuniversität (Europäische Hoschschulschriften: Reihe 6, Band 72). Frankfurt am Main: Lang.

Arnold, R. (1991): Bildungsbedarf und Bildungsbedarfsanalyse im Betrieb. In: Arnold, R. (Hrsg.): Taschenbuch der betrieblichen Bildungsarbeit. Hohengehren: Schneider, S. 146-155.

Arnold, R. (1992): Schlüsselqualifikationen. Kölner Zeitschrift für Wirtschaft und Pädagogik, 7 (13), S. 65-88.

Arnold, R. (1998): Kompetenzentwicklung. Zeitschrift für Berufs- und Wirtschaftspädagogik, 94 (4), S. 496-504.

Arnold, R./Schüßler, I. (1998): Wandel der Lernkulturen. Darmstadt: Wissenschaftliche Buchgesellschaft.

Arnold, R./Steinbach, S. (1998): Auf dem Weg zur Kompetenzentwicklung? In: Markert, W. (Hrsg.): Berufs- und Erwachsenenbildung zwischen Markt und Subjektbildung. Baltmannsweiler: Schneider, S. 22-32.

Artelt, C./Demmrich, A./Baumert, J. (2001): Selbstreguliertes Lernen. In: Baumert, J. u.a. (Hrsg.): PISA 2000. Opladen: Leske + Budrich, S. 271-298.

Aschenbrücker, K. (1991): Wirtschaftspädagogische Theorie und Personalentwicklung. Wiesbaden: Deutscher Universitäts-Verlag.

Asendorpf, J. B. (1999): Psychologie der Persönlichkeit. 2. Aufl., Berlin: Springer.

Ausubel, D. P. (1979): Das Jugendalter. 6. Aufl., München: Juventa.

Baacke, D. (1996): Medienkompetenz. In: von Rein, A. (Hrsg.): Medienkompetenz als Schlüsselbegriff. Bad Heilbrunn: Klinkhardt, S. 112-124.

Back, A./Bendel, O./Stoller-Schai, D. (2001): E-Learning im Unternehmen. Zürich: Orell Füssli.

Backes-Gellner, U./Sadowski, D. (1996): Die Bedeutung der betriebswirtschaftlichen Ausbildung für den Standort Deutschland. ZfB-Ergänzungsheft, 1/96, S. 125-136.

Backhaus, K. u.a. (2000): Multivariate Analysemethoden. 9. Aufl., Berlin: Springer.

Bader, R. (1989): Berufliche Handlungskompetenz. Die berufsbildende Schule, 41 (2), S. 73-77.

Bader, R. (1990): Entwicklung beruflicher Handlungskompetenz in der Berufsschule. Dortmund.

Bader, R. (1991): Entwicklung beruflicher Handlungskompetenz durch Verstehen und Gestalten von Systemen. Die berufsbildende Schule, 43 (7/8), S. 441-458.

Bader, R. (2000a): Konstruieren von Lernfeldern. In: Bader, R./Sloane, P. F. E. (Hrsg.): Lernen in Lernfeldern. Markt Schwaben: Eusl, S. 33-50.

Bader, R. (2000b): Kommunikative Kompetenz. Die berufsbildende Schule, 52 (7/8), S. 211-212.

Bader, R./Müller, M. (2002): Leitziel der Berufsbildung. Die berufsbildende Schule, 54 (6), S. 176-182.

Bader, R./Ruhland, H.-J. (1993): Kompetenz durch Bildung und Beruf. Die berufsbildende Schule, 45 (7/8), S. 233-235.

Baethge, M./Teichler, U. (1995): Bildungssystem und Beschäftigungssystem. In: Baethge, M./Nevermann, K. (Hrsg.): Organisation, Recht und Ökonomie des Bildungswesens (Enzyklopädie Erziehungswissenschaft, Band 5). Stuttgart: Ernst Klett, S. 206-225.

Balderjahn, I. (2000): Projektorientiertes Lernen. Wirtschaftswissenschaftliches Studium, 29 (4), S. 233-237.

Bank, V. (2000): Bedarfs- und Zielcontrolling. In: Seeber, S./Krekel, E. M./van Buer, J. (Hrsg.): Bildungscontrolling. Frankfurt am Main: Lang, S. 51-70.

Bankhofer, U./Hilbert, A. (1995): Eine empirische Untersuchung zum Berufseinstieg von Wirtschafts- und Sozialwissenschaftlern. ZfB, 65 (12), S. 1423-1441.

Bargel, T. (1996): Studiensituation und Studienqualität aus der Sicht der Studierenden. In: Gnahs, D./Krekel, E. M./Wolter, A. (Hrsg.): Qualitätsmanagement im Bildungswesen. St. Marienthal, S. 53-71.

Bargel, T. (2000a): Studierende und die virtuelle Hochschule (Hefte zur Bildungs- und Hochschulforschung 30). Konstanz.

Bargel, T. (2000b): Lebensgefühle und Zukunftsperspektiven von Studierenden (Hefte zur Bildungs- und Hochschulforschung 31). Konstanz.

Bargel, T./El Hage, N. (2000): Evaluation der Hochschullehre. In: Helmke, A./Hornstein, W./Terhart, E. (Hrsg.): Qualität und Qualitätssicherung im Bildungsbereich (Zeitschrift für Pädagogik, Beiheft 41). Weinheim: Beltz, S. 207-224.

Bargel, T./Ramm, M./Multrus, F. (2001): Studiensituation und studentische Orientierungen (Herausgegeben vom BMBF). Bonn.

Baron-Boldt, J. (1989): Die Validität von Schulabschlußnoten für die Prognose von Ausbildungs- und Studienerfolg (Europäische Hochschulschriften, Reihe 6, Band 280). Frankfurt am Main: Lang.

Bartussek, D. (1995): Soziale Interaktion. In: Sarges, W. (Hrsg.): Management-Diagnostik. 2. Aufl., Göttingen: Hogrefe, S. 353-365.

Bathke, G.-W./Schreiber, J./Sommer, D. (2000): Soziale Herkunft deutscher Studienanfänger (HIS Kurzinformation, A9/2000). Hannover.

Baumert, J. (2001): Vergleichende Leistungsmessung im Bildungsbereich. In: Oelkers, J. (Hrsg.): Zukunftsfragen der Bildung (Zeitschrift für Pädagogik, Beiheft 43). Weinheim: Beltz, S. 13-36.

Baumert, J./Schümer, G. (2001): Familiäre Lebensverhältnisse, Bildungsbeteiligung und Kompetenzerwerb. In: Baumert, J. u.a. (Hrsg.): PISA 2000. Opladen: Leske + Budrich, S. 323-407.

Baumgardt, J. (1979): Das Betriebspraktikum des Diplom-Handelslehrer. Wirtschaft und Erziehung, 31 (2), S. 33-38.

Beck, H. (1995): Schlüsselqualifikationen. 2. Aufl., Darmstadt: Winklers.

Beck, S. (2001): Schlüsselqualifikationen im Spannungsfeld von Bildung und Qualifikation (Hohenheimer Schriftenreihe zur Berufs- und Wirtschaftspädagogik, Band 2). Stuttgart: ibw.

Beisheim, M. (1997): Schnittstelle Hochschule – Bankbetrieb. Österreichisches Bankarchiv, 45 (9), S. 677-682.

Beitner, R. P. (1993): Brauchen die Sparkassen Akademiker? Betriebswirtschaftliche Blätter, 42 (7), S. 319-323.

Berekoven, L./Eckert, W./Ellenrieder, P. (2001): Marktforschung. 9. Aufl., Wiesbaden: Gabler.

Berg, L. u.a. (1994): Die Situation der Studentenschaft in den Wirtschaftswissenschaften an der Universität Mainz im Frühjahr 1994. Mainz.

Bernstein, B. (1965): A Socio-linguistic Approach to Social Learning. In: Gould, J. (Hrsg.): Penguin Survey of the Social Sciences 1965. Harmondsworth: Penguin Books, S. 144-168.

Bernstein, B./Henderson, D. (1975): Schichtspezifische Unterschiede in der Bedeutung der Sprache für die Sozialisation. In: Bernstein, B. (Hrsg.): Sprachliche Kodes und soziale Kontrolle. Düsseldorf: Pädagogischer Verlag Schwann, S. 22-45.

Beutel, K./Fischer, H.-P. (1995): Fragestellungen für Führungskräfte zur PE-Bedarfserfassung. In: Sattelberger, T. (Hrsg.): Innovative Personalentwicklung. 3. Aufl., Wiesbaden: Gabler, S. 59-65.

Beywl, W./Schobert, B. (2000): Evaluation – Controlling – Qualitätsmanagement in der betrieblichen Weiterbildung. 3. Aufl., Bielefeld: Bertelsmann.

Bilden, H. (1998): Geschlechtsspezifische Sozialisation. In: Hurrelmann, K./Ulich, D. (Hrsg.): Handbuch der Sozialisationsforschung. 5. Aufl., Weinheim: Beltz, S. 279-301.

Blankertz, H. (1986): Theorien und Modelle der Didaktik. 12. Aufl., Weinheim: Juventa.

BLK (1995): Beschäftigungsperspektiven der Absolventen des Bildungswesens. Bonn.

BLK (2000): Bildungs- und Qualifikationsziele von morgen (Arbeitsstab Forum Bildung). Bonn.

BLK (2001a): Kompetenzen als Ziele von Bildung und Qualifikation (Arbeitsstab Forum Bildung). Bonn.

BLK (2001b): Empfehlungen des Forum Bildung (Arbeitsstab Forum Bildung). Bonn.

Bloech, J./Hartung, S./Orth, C. (2001): Lehr-Lern-Prozesse beim Einsatz von Unternehmensplanspielen in der kaufmännischen Fortbildung. In: Beck, K./Krumm, V. (Hrsg.): Lehren und Lernen in der beruflichen Erstausbildung. Opladen: Leske + Budrich, S. 283-295.

Blum, F. u.a. (1998): Erfassung von Handlungskompetenz in den Prüfungen der Industrie- und Handelskammern. 3. Aufl., Bielefeld: Bertelsmann.

BMBF (2000): Studierende und Studienanfänger an Hochschulen 1975 bis 1998. Bonn.

Bode, C. (1996): Kommentierte Grafiken zum deutschen Hochschul- und Forschungssystem. 2. Aufl., München: Prestel.

Bolten, S./Sauermann, K./Hanser, P. (1997): Manager von der Uni? Absatzwirtschaft, 40 (8), S. 28-37.

Borkenau, P./Ostendorf, F. (1989): Untersuchungen zum Fünf-Faktoren-Modell der Persönlichkeit und seiner diagnostischen Erfassung. Zeitschrift für Differentielle und Diagnostische Psychologie, 10 (4), S. 239-251.

Borkenau, P./Ostendorf, F. (1991): Ein Fragebogen zur Erfassung fünf robuster Persönlichkeitsfaktoren. Diagnostica, 37 (1), S. 29-41.

Borkenau, P./Ostendorf, F. (1993): NEO-Fünf-Faktoren Inventar. Göttingen: Hogrefe.

Bornmann, L./Daniel, H.-D. (2000): Reliabilität und Konstruktvalidität des Kurzfragebogens zu Kompetenz- und Kontrollüberzeugungen (FKK). Empirische Pädagogik, 14 (4), S. 391-407.

Bortz, J. (1999): Statistik für Sozialwissenschaftler. 5. Aufl., Berlin: Springer.

Bortz, J./Döring, N. (1995): Forschungsmethoden und Evaluation. 2. Aufl., Berlin: Springer.

Brinkmann, G. (1967): Die Prognose des Studienerfolges. Kölner Zeitschrift für Soziologie und Sozialpsychologie, 19, S. 322-333.

Brocke, B. (1995): Intelligenz: Struktur und Prozeß. In: Sarges, W. (Hrsg.): Management-Diagnostik. 2. Aufl., Göttingen: Hogrefe, S.225-240.

Brockhoff, K. (1996): Ergebnisse der Tagung: Die Bedeutung der betriebswirtschaftlichen Ausbildung für den Standort Deutschland. ZfB-Ergänzungsheft, 1/96, S. 137-139.

Brommer, U. (1992): Lehr- und Lernkompetenz erwerben. Wiesbaden: Gabler.

Bronfenbrenner, U. (1979): The Ecology of Human Development. Cambridge: Harvard University Press.

Bronner, R./Hische, V. (1995): Zur Entwicklung eines Evaluations-Instrumentariums. In: von Landsberg, G./Weiß, R. (Hrsg.): Bildungs-Controlling. 2. Aufl., Stuttgart: Schäffer-Poeschel, S. 47-55.

Bronner, R./Kollmannsperger, M. (1998): Planspiele als hochschuldidaktische Lehrmethode. Wirtschaftswissenschaftliches Studium, 27 (4), S. 218-220.

Brosius, F. (1998): SPSS 8.0. Professionelle Statistik unter Windows. Bonn: MITP-Verlag.

Broverman, I. K. u.a. (1972): Sex-Role Stereotypes. Journal of Social Issues, 28 (2), S. 59-78.

Brunstein, I. (1991): Die Betriebswirtschaftslehre in Frankreich unter einer vergleichenden Lupe. Die Betriebswirtschaft, 51 (2), S. 153-169.

Buchmann, U. (1999): Die akademische Berufsausbildung aus der Sicht von Parteien. Siegen.

Buchmann, U. (2000): Das Hochschulstudium aus berufs- und wirtschaftspädagogischer Sicht. In: Buchmann, U./Schmidt-Peters, A. (Hrsg.): Berufsbildung aus ökologischer Perspektive. Hamburg: Kovac, S. 53-70.

Buchmann, U./Kell, A. (1997): Studieren in der Spannung von Beruf und Bildung. Zeitschrift für Berufs- und Wirtschaftspädagogik, 93 (6), S. 587-606.

Bülow-Schramm, M. (2001): Evaluation. In: Hanft, A. (Hrsg.): Grundbegriffe des Hochschulmanagements. Neuwied: Luchterhand, S. 111-118.

Bultmann, T. (1993): Zwischen Humboldt und Standort Deutschland. Marburg: BdWi-Verlag.

Butsch, W. u.a. (1991): Ausbildung im Wandel (Neue Formen des Lernens im Betrieb, Band 4). Weinheim: Deutscher Studien Verlag.

Buttler, F. (1992): Tätigkeitslandschaft bis 2010. In: Achtenhagen, F./John, E. G. (Hrsg.): Mehrdimensionale Lehr-Lern-Arrangements. Wiesbaden: Gabler, S. 162-182.

Carstensen, D./Reissert, R. (1995): Interne und externe Evaluation (HIS Kurzinformation, A 16/95). Hannover.

Chomsky, N. (1969): Aspekte der Syntax-Theorie. Frankfurt am Main: Suhrkamp.

Costa, P. T./McCrae, R. R. (1992): Revised NEO Personality Inventory (NEO PI-R) and NEO Five Factor Inventory (NEO FFI). Odessa.

CSC Ploenzke AG (2000): Absolventenreport 2000. Kiedrich.

Czycholl, R. (1999): Handlungsorientierung. In: Kaiser, F.-J./Pätzold, G. (Hrsg.): Wörterbuch Berufs- und Wirtschaftspädagogik. Bad Heilbrunn: Klinkhardt, S. 216-219.

Czycholl, R. (2001): Handlungsorientierung und Kompetenzentwicklung in der beruflichen Bildung. In: Bonz, B. (Hrsg.): Didaktik der beruflichen Bildung. Baltmannsweiler: Schneider, S. 170-186.

Daniel, H.-D. (1994): Hörerbefragung an der Universität Mannheim. Empirische Pädagogik, 8 (2), S. 109-129.

Daniel, H.-D. (1995): Bewertung der Lehre aus Sicht der Studierenden und Absolventen. In: Müller-Böling, D. (Hrsg.): Qualitätssicherung in Hochschulen. Gütersloh: Bertelsmann Stiftung, S. 160-185.

Daniel, H.-D. (1996): Korrelate der Fachstudiendauer von Betriebswirten. ZfB-Ergänzungsheft, 1/96, S. 95-115.

Daniel, H.-D. (1998): Beiträge der empirischen Hochschulforschung zur Evaluierung von Forschung und Lehre. In: Teichler, U./Daniel, H.-D./ Enders, J. (Hrsg.): Brennpunkt Hochschule. Frankfurt am Main: Campus, S. 11-53.

Daniel, H.-D. (2000a): Methoden und Instrumente der Evaluation von Studium und Lehre. In: HRK (Hrsg.): Im Aufbruch (Beiträge zur Hochschulpolitik, 9/2000). Bonn, S. 37-48.

Daniel, H.-D. (2000b): Die Bewertung der Lehre durch Studierende. Beiträge zur Hochschulforschung, 22 (3), S. 275-296.

Davies, J. L./Melchiori, G. S. (1982): Developing the image and public reputation of universities. International Journal of Institutional Management in Higher Education, 6 (2), S. 87-108.

Daviter, J./Gassner, N. (1999): Rahmenbedingungen des Studiums (Sozial-ökonomische Texte, Nr. 69). Hamburg.

De Weert, E. (1997): Organisationsformen des Hochschulsystems im internationalen Vergleich. In: Hoebink, H. (Hrsg.): Perspektiven für die Universität 2000. Neuwied: Luchterhand, S. 179-193.

Decker, A./Wegmann, C. (1997): Qualität des Studiums an der WFI (Diskussionsbeiträge der Wirtschaftswissenschaftlichen Fakultät Ingolstadt, Nr. 92). Ingolstadt.

Degenhardt, A. (1978): Geschlechtstypisches Verhalten. Psychologische Rundschau, XXIX (1), S. 15-37.

Deutscher Bildungsrat (1974): Empfehlungen der Bildungskommission. Bonn.

Dewe, B./Sander, U. (1996): Medienkompetenz und Erwachsenenbildung. In: von Rein, A. (Hrsg.): Medienkompetenz als Schlüsselbegriff. Bad Heilbrunn: Klinkhardt, S. 125-142.

DFG (1990): Berufsbildungsforschung an den Hochschulen der Bundesrepublik Deutschland. Weinheim: VCH.

Dichanz, H./Ernst, A. (2002): E-Learning. In: Scheffer, U./Hesse, F. W. (Hrsg.): E-Learning. Stuttgart: Klett-Cotta, S. 43-66.

Diepold, P./Kell, A. (1993): Einführung: Modernität der deutschen Berufsausbildung im Kontext der europäischen Integration. In: Diepold, P./Kell, A. (Hrsg.): Entwicklungen in der Berufsausbildung (Zeitschrift für Berufs- und Wirtschaftspädagogik, Beiheft 11). Stuttgart: Steiner, S. 7-13.

Dietzen, A. (1999): Zur Nachfrage nach überfachlichen Qualifikationen und Kompetenzen in Stellenanzeigen. In: Alex, L./Bau, H. (Hrsg.): Wandel beruflicher Anforderungen. Bielefeld: Bertelsmann, S. 33-59.

Dillman, D. A. (2000): Mail and Internet Surveys. 2. Aufl., New York: John Wiley & Sons.

Domsch, M. (1995): Fallstudien. In: Sarges, W. (Hrsg.): Management-Diagnostik. 2. Aufl., Göttingen: Hogrefe, S. 602-608.

Donat, M. (1991): Selbstbeurteilung. In: Schuler, H. (Hrsg.): Beurteilung und Förderung beruflicher Leistung (Beiträge zur Organisationspsychologie, Band 4). Stuttgart: Verlag für angewandte Psychologie, S. 135-145.

Dörig, R. (1995): Schlüsselqualifikationen. In: Dubs, R./Dörig, R. (Hrsg.): Dialog Wissenschaft & Praxis. St. Gallen, S. 192-215.

Dubs, R. (1995): Die Suche nach einer neuen Lehr-Lern-Kultur. Zeitschrift für Berufs- und Wirtschaftspädagogik, 91 (6), S. 567-572.

Dubs, R. (1996): Betriebswirtschaftliche Ausbildung in der Herausforderung. Die Unternehmung, 50 (5), S. 305-324.

Dubs, R. (1998): Berufliches Lernen im Wandel? In: Euler, D. (Hrsg.): Berufliches Lernen im Wandel? Nürnberg, S. 11-32.

Dubs, R. (1999a): Die Ausbildung in Kreditinstituten vor dem Hintergrund veränderter Anforderungen. In: Siebertz, P./von Stein, J. H. (Hrsg.): Handbuch Banken und Personal. Frankfurt am Main: Fritz Knapp, S. 443-475.

Dubs, R. (1999b): Konstruktivismus. In: Kaiser, F.-J./Pätzold, G. (Hrsg.): Wörterbuch Berufs- und Wirtschaftspädagogik. Bad Heilbrunn: Klinkhardt, S. 246-248.

Dubs, R. (2000): Bildungscontrolling im beruflichen Bildungswesen in der Schweiz. In: Seeber, S./Krekel, E. M./van Buer, J. (Hrsg.): Bildungscontrolling. Frankfurt am Main: Lang, S. 195-211.

Dumpert, M. (2001): Entwicklung von Sozialkompetenzen als Herausforderung für Führungskräfte (Wirtschaftspädagogisches Forum, Band 14). Paderborn: Eusl.

Dziuban, C. D./Shirkey, E. C. (1974): When is a correlation matrix appropriate for factor analysis? Psychological Bulletin, 81 (6), S. 358-361.

Eagly, A. H. (1987): Sex Differences in Social Behavior. Hillsdale: Lawrence Erlbaum.

Ebbinghaus, M. (2000): Controlling des Bildungserfolges. In: Seeber, S./Krekel, E. M./van Buer, J. (Hrsg.): Bildungscontrolling. Frankfurt am Main: Lang, S. 117-129.

El Hage, N. (1996a): Studentische Urteile zur Lehr- und Studienqualität (Hefte zur Bildungs- und Hochschulforschung 19). Konstanz.

El Hage, N. (1996b): Lehrevaluation und studentische Veranstaltungskritik (Herausgegeben vom Bundesministerium für Bildung, Wissenschaft, Forschung und Technologie). Bonn.

El Hage, N./Bargel, T. (1999): Förderung von Schlüsselqualifikationen im Projektstudium (Hefte zur Bildungs- und Hochschulforschung 27). Konstanz.

Enderle, W. (1995): Bildungscontrolling. Bankinformation und Genossenschaftsforum, 22 (7), S. 29-33.

Enders, A. (2002): Interneteinsatz in der betriebswirtschaftlichen Aus- und Weiterbildung. Wiesbaden: Deutscher Universitäts-Verlag.

Engel, U. (2000): Determinanten studentischer Qualitätsurteile. In: HRK (Hrsg.): Leitbild der Hochschule (Beiträge zur Hochschulpolitik, 2/2000). Bonn, S. 127-140.

Engel, U./Pohlenz, P. (2001): Lehre und Studium im Spiegel studentischer Bewertungen. In: Spiel, C. (Hrsg.): Evaluation universitärer Lehre. Münster: Waxmann, S. 131-150.

Eschenbach, R. (1994): Erfahrungen aus 30 Projektseminaren in der universitären Betriebswirteausbildung. ZfB-Ergänzungsheft, 2/94, S. 207-215.

Esser, F. H. (1997): Beruf als didaktische Kategorie (Wirtschafts-, berufs- und sozialpädagogische Texte, Band 28). Köln: Botermann & Botermann.

Euler, D. (1994): Didaktik einer sozio-informationstechnischen Bildung (Wirtschafts-, berufs- und sozialpädagogische Texte, Band 22). Köln: Botermann & Botermann.

Euler, D. (1996): Lernortkooperation als Mittel zur Förderung von Transferkompetenz. In: Bundesinstitut für Berufsbildung (Hrsg.): Lernortkooperationen und Abgrenzung der Funktionen von Betrieb und Berufsschule. Bielefeld: Bertelsmann, S. 183-205.

Euler, D./Reemtsma-Theis, M. (1999): Sozialkompetenzen? Zeitschrift für Berufs- und Wirtschaftspädagogik, 95 (2), S. 168-198.

Evaluationsagentur Baden-Württemberg (2001a): Grundsätze der Evaluationsagentur Baden-Württemberg für hochschulübergreifende Evaluationsverfahren. Mannheim.

Evaluationsagentur Baden-Württemberg (2001b): Gliederungsvorschlag und Frageleitfaden für den Selbstreport. Mannheim.

Evers, F. T./Rush, J. C./Berdrow, I. (1998): The bases of competence. San Francisco: Jossey-Bass.

Faber, K. (2001): Qualitätsmanagement und Organisationsentwicklung an Hochschulen. In: Cordes, J./Roland, F./Westermann, G. (Hrsg.): Hochschulmanagement. Wiesbaden: Gabler, S. 123-142.

Fahrenberg, J./Hampel, R./Selg, H. (2001): Das Freiburger Persönlichkeitsinventar. 7. Aufl., Göttingen: Hogrefe.

Faix, W. G. (1994): Personale Entwicklung. In: Konegen-Grenier, C./Schlaffke, W. (Hrsg.): Praxisbezug und soziale Kompetenz (Kölner Texte & Thesen 20). Köln: Deutscher Instituts-Verlag, S. 196-215.

Faix, W. G./Laier, G. (1996): Soziale Kompetenz. 2. Aufl., Wiesbaden: Gabler.

Filipp, S.-H. (1993): Entwurf eines heuristischen Bezugsrahmens für Selbstkonzept-Forschung. In: Filipp, S.-H. (Hrsg.): Selbstkonzept-Forschung. 3. Aufl., Stuttgart: Klett-Cotta, S. 129-152.

Finkenstaedt, T. (1990): Lehre und Studium. In: Teichler, U. (Hrsg.): Das Hochschulwesen in der Bundesrepublik Deutschland. Weinheim: Deutscher Studien Verlag, S. 153-177.

Fischer, F./Mandl, H. (2002): Lehren und Lernen mit neuen Medien. In: Tippelt, R. (Hrsg.): Handbuch Bildungsforschung. Opladen: Leske + Budrich, S. 623-637.

Frackmann, M. (2001): Neue Qualifikationsanforderungen und Berufsbildung. In: Schanz, H. (Hrsg.): Berufs- und wirtschaftspädagogische Grundprobleme (Berufsbildung konkret, Band 1). Baltmannsweiler: Schneider, S. 215-228.

Franke, Dirk (2002): Die Top 100 der deutschen Kreditwirtschaft. Die Bank, 102 (7), S. 496-498.

Freimann, J. (1994): Das Theorie-Praxis-Dilemma der Betriebswirtschaftslehre. In: Fischer-Winkelmann, W. F. (Hrsg.): Das Theorie-Praxis-Problem der Betriebswirtschaftslehre. Wiesbaden: Gabler, S. 7-24.

Frese, E. (2000): Grundlagen der Organisation. 8. Aufl., Wiesbaden: Gabler.

Freter, H. (2001): Positionierung von Universitäten im Wettbewerb. In: Böhler, H./Sigloch, J. (Hrsg.): Unternehmensführung und empirische Forschung. Bayreuth: REA, S. 31-65.

Frey, A. (1999): Aufbau beruflicher Handlungskompetenz. Empirische Pädagogik, 13 (1), S. 29-56.

Frey, A. (2002): Berufliche Handlungskompetenz. Empirische Pädagogik, 16 (2), S. 139-156.

Fried, A. u.a. (1999): Leitfaden zur Konzipierung und Umsetzung von postgradualen Studiengängen im sozialwissenschaftlichen Bereich (QUEM-Report, Schriften zur beruflichen Weiterbildung, Heft 61). Berlin.

Friede, C. K. (1994): Sozialkompetenz als Ziel der Berufserziehung. Zeitschrift für Berufs- und Wirtschaftspädagogik, 90 (6), S. 606-625.

Friede, C. K. (1996): Beurteilung beruflicher Handlungskompetenz. Berufsbildung, 50 (38), S. 5-10.

Froböse, M. (1996): Die Bedeutung der Vermittlung von Schlüsselqualifikationen im Rahmen der universitären Ausbildung von Wirtschaftswissenschaftlern. In: Hörschgen, H./Froböse, M. (Hrsg.): Herausforderungen für das Marketing in Forschung und Lehre. Sternenfels: Wissenschaft & Praxis, S. 129-140.

Fürstenberg, F. (2000): Zur Problematik von Hochschul-Rankings. In: Clemens, W./Strübing, J. (Hrsg.): Empirische Sozialforschung und gesellschaftliche Praxis. Opladen: Leske + Budrich, S. 103-112.

Galley, F./Kiener, U./Meyer, T. (1994): Studienverlauf, Studienerfolg und Studienabbruch an den Hochschulen. Bern.

Gapski, J./Köhler, T./Lähnemann, M. (2000): Alltagsbewußtsein und Milieustruktur der westdeutschen Studierenden in den 80er und 90er Jahren (HIS Kurzinformation, A1/2000). Hannover.

Gaugler, E. (1994a): Inhalt und Funktionen betriebswirtschaftlicher Schlüsselqualifikationen. In: Konegen-Grenier, C./Schlaffke, W. (Hrsg.): Praxisbezug und soziale Kompetenz (Kölner Texte & Thesen 20). Köln: Deutscher Instituts-Verlag, S. 117-131.

Gaugler, E. (1994b): Der Wandel der betriebswirtschaftlichen Universitätsausbildung im Zuge der Internationalisierung der Wirtschaft. ZfB-Ergänzungsheft, 2/94, S. 3-13.

Geißler, R. (1994a): Die pluralisierte Schichtstruktur der modernen Gesellschaft. In: Geißler, R. (Hrsg.): Soziale Schichtung und Lebenschancen in Deutschland. 2. Aufl., Stuttgart: Enke, S. 6-36.

Geißler, R. (1994b): Soziale Schichtung und Bildungschancen. In: Geißler, R. (Hrsg.): Soziale Schichtung und Lebenschancen in Deutschland. 2. Aufl., Stuttgart: Enke, S. 111-159.

Geißler, R. (1996): Die Sozialstruktur Deutschlands. 2. Aufl., Opladen: Westdeutscher Verlag.

Geißler, H. (1999): Bildungscontrolling. In: Kaiser, F.-J./Pätzold, G. (Hrsg.): Wörterbuch Berufs- und Wirtschaftspädagogik. Bad Heilbrunn: Klinkhardt, S. 147-148.

Gellert, C. (1999): Zum Wandel von Ausbildungszielen und Studienorganisation in Deutschland und Europa. Beiträge zur Hochschulforschung, 21 (1), S. 9-26.

Gerke, W. u.a. (2001): Beschäftigungsperspektiven im Finanzsektor (Schriftenreihe des Zentrums für Europäische Wirtschaftsforschung, Band 58). Baden-Baden: Nomos.

Gerlich, P. (1999): Controlling von Bildung, Evaluation oder Bildungs-Controlling? München: Hampp.

Giesen, H. (2000): Geschlechtsunterschiede. In: Amelang, M. (Hrsg.): Determinanten individueller Unterschiede (Enzyklopädie der Psychologie, Themenbereich C, Serie 8, Band 4). Göttingen: Hogrefe, S. 539-593.

Gigerenzer, G. (1981): Messung und Modellbildung in der Psychologie. München: Reinhardt.

Gloger-Tippelt, G. (1996): Konstrukte im Bereich der Geschlechtertypisierung. In: Amelang, M. (Hrsg.): Temperaments- und Persönlichkeitsunterschiede (Enzyklopädie der Psychologie, Themenbereich C, Serie 8, Band 3). Göttingen: Hogrefe, S. 223-255.

Gnahs, D./Krekel, E. M./Wolter, A. (1996): Qualitätsmanagement im Bildungswesen. In: Gnahs, D./Krekel, E. M./Wolter, A. (Hrsg.): Qualitätsmanagement im Bildungswesen. St. Marienthal, S. 1-10.

Goffman, E. (1994): Interaktion und Geschlecht. Frankfurt am Main: Campus.

Gold, A. (1988): Studienabbruch, Abbruchneigung und Studienerfolg (Europäische Hoschschulschriften: Reihe 6, Psychologie; Band 259). Frankfurt am Main: Lang.

Gold, A. (1999): Studienabbruch und Studienerfolg. In: Schröder-Gronostay, M./Daniel, H.-D. (Hrsg.): Studienerfolg und Studienabbruch. Neuwied: Luchterhand, S. 51-65.

Gonon, P. (1999): Schlüsselqualifikationen. In: Kaiser, F.-J./Pätzold, G. (Hrsg.): Wörterbuch Berufs- und Wirtschaftspädagogik. Bad Heilbrunn: Klinkhardt, S. 341-342.

Greif, S. (1987): Soziale Kompetenzen. In: Frey, D./Greif, S. (Hrsg.): Sozialpsychologie. 2. Aufl., München: Psychologie Verlags Union, S. 312-320.

Greimel, B. (2002): Lehrerevaluation durch Beurteilungen der Lernenden. Zeitschrift für Berufs- und Wirtschaftspädagogik, 98 (2), S. 197-224.

Grieger, J. (1997): Erzeugung von Qualifizierungsqualifikationen als Gegenstand der Personalwirtschaftslehre. In: Auer, M./Laske, S. (Hrsg.): Personalwirtschaftliche Ausbildung an Universitäten. München: Hampp, S. 74-92.

Griesbach, H. u.a. (1995): Studenten, Studiensituation und Studienverhalten. In: Huber, L. (Hrsg.): Ausbildung und Sozialisation in der Hochschule (Enzyklopädie Erziehungswissenschaft, Band 10). Stuttgart: Klett, S. 219-249.

Griesbach, H. u.a. (1998): Studienabbruch (HIS Kurzinformation, A5/98). Hannover.

Große-Oetringhaus, W. F. (1993): Sozialkompetenz. Zeitschrift für betriebswirtschaftliche Forschung, 45 (3), S. 270-295.

Gruber, H./Mandl, H./Renkl, A. (2000): Was lernen wir in Schule und Hochschule. In: Mandl, H./Gerstenmaier, J. (Hrsg.): Die Kluft zwischen Wissen und Handeln. Göttingen: Hogrefe, S. 139-156.

Gudjons, H. (2001): Handlungsorientiert lehren und lernen. 6. Aufl., Bad Heilbrunn: Klinkhardt.

Guilford, J. P. (1974): Persönlichkeit. 6. Aufl., Weinheim: Beltz.

Gutenberg, E. (1951): Die Produktion. (Grundlagen der Betriebswirtschaftslehre, Band 1). Berlin: Springer.

Gutenberg, E. (1955): Der Absatz. (Grundlagen der Betriebswirtschaftslehre, Band 2). Berlin: Springer.

Habersam, M. (2000): Die Idee des Universitätscontrolling. In: Laske, S./Habersam, M./Kappler, E. (Hrsg.): Qualitätsentwicklung in Universitäten (Universität und Gesellschaft, Band 2). München: Hampp, S. 151-174.

Hacker, W. (1998): Allgemeine Arbeitspsychologie (Schriften zur Arbeitspsychologie, Nr. 58). Bern: Huber.

Hacker, W. (1999): Handlung. In: Asanger, R./Wenninger, G. (Hrsg.): Handwörterbuch Psychologie. Weinheim: Psychologie Verlags Union, S. 275-282.

Hackl, P./Sedlacek, G. (2001): Evaluierung als Chance zur kontinuierlichen Verbesserung der Lehre. In: Spiel, C. (Hrsg.): Evaluation universitärer Lehre. Münster: Waxmann, S. 111-129.

Hansen, U. (1999): Die Universität als Dienstleister. In: Stauss, B./Balderjahn, I. (Hrsg.): Dienstleistungsorientierung in der universitären Ausbildung. Stuttgart: Schäffer-Poeschel, S. 369-383.

Hansen, U./Hennig-Thurau, T./Langer, M. F. (2000): Qualitätsmanagement von Hochschulen. Die Betriebswirtschaft, 60 (1), S. 23-38.

Hansen, U./Hennig-Thurau, T./Wochnowski, H. (1997): TEACH-Q: Ein valides und handhabbares Instrument zur Bewertung von Vorlesungen. Die Betriebswirtschaft, 57 (3), S. 376-396.

Hardenacke, H. (1997): Schlüsselqualifikationen. In: Gröner, U. (Hrsg.): Wirtschaftswissenschaft. Heidelberg: v. Decker, S. 33-42.

Harteis, C. u.a. (2001): Kernkompetenzen und ihre Interpretation zwischen ökonomischen und pädagogischen Ansprüchen. Zeitschrift für Berufs- und Wirtschaftspädagogik, 97 (2), S. 222-246.

Hasewinkel, V./Lemcke, H./Zwicker, E. (2001): Qualifizierungsinvestitionen durch Bildungscontrolling optimieren. Die Bank, 101 (12), S. 880-886.

Heeg, F.-J./Jäger, C. (1995): Konzeption und Einführung einer Bildungscontrolling-Systematik. In: von Landsberg, G./Weiß, R. (Hrsg.): Bildungs-Controlling. 2. Aufl., Stuttgart: Schäffer-Poeschel, S. 341-361.

Heid, H. (1998): Berufliche Bildung im Spannungsfeld zwischen betrieblichen Anforderungen und individuellen Ansprüchen. In: Euler, D. (Hrsg.): Berufliches Lernen im Wandel. Bayreuth: Druckhaus Bayreuth, S. 33-54.

Heidegger, G. (1996): Von Schlüsselqualifikationen zu Schlüsselkompetenzen. In: Gonon, P. (Hrsg.): Schlüsselqualifikationen kontrovers. Aarau: Sauerländer, S. 101-106.

Heiland, T. (2001): Marketing und Wettbewerb im deutschen Hochschulsystem. Wiesbaden: Deutscher Universitäts-Verlag.

Heine, C. (2002): Studieren an der Universität Münster (HIS Kurzinformation, A1/2002). Hannover.

Heinisch, M./Lanthaler, W. (1993): Im Brennpunkt Universität. Heidelberg: Physica.

Heinzel, M. (1997): Anforderungen deutscher Unternehmen an betriebswirtschaftliche Hochschulabsolventen. Wiesbaden: Deutscher Universitäts-Verlag.

Heise, E. u.a. (1997): Studieninteresse und berufliche Orientierungen als Determinanten der Studienzufriedenheit. Zeitschrift für Pädagogische Psychologie, 11 (2), S. 123-132.

Heise, E. u.a. (1999): Zum Einfluß von Studienzielen und Wertorientierungen auf die allgemeine Studienzufriedenheit. Empirische Pädagogik, 13 (3), S. 231-251.

Hener, Y. (1996): Sicherung von Qualität in Lehre und Studium durch hoch-schulautonome Evaluationsverfahren. In: Gnahs, D./Krekel, E. M./Wolter, A. (Hrsg.): Qualitätsmanagement im Bildungswesen. St. Marienthal, S. 40-51.

Henschel, T. R. (2001): Dialogische Handlungs- und Entscheidungskompe-tenzen. In: Alfred Herrhausen Gesellschaft (Hrsg.): Orientierung für die Zukunft. München: Piper, S. 137-152.

Hentze, J./Kammel, A. (2001): Personalwirtschaftslehre 1. 7. Aufl., Bern: Haupt.

Herberger, K. (2001): Hochschulorganisation. In Haug, V. (Hrsg.): Das Hochschulrecht in Baden-Württemberg. Heidelberg: C. F. Müller, S. 70-141.

Herrmann, T. (1987): Lehrbuch der empirischen Persönlichkeitsforschung. 5. Aufl., Göttingen: Hogrefe.

Heublein, U. (1999): Der Studienabbruch – ein Hinweis auf die Reform der Studiengestaltung? In: HIS (Hrsg.): Von der Schule über das Studium in den Beruf? (HIS Kurzinformation, A4/99). Hannover, S. 44-50.

Heublein, U. (2003): Ursachen des Studienabbruchs. Forschung & Lehre, 10 (5), S. 256-258.

Heublein, U. u.a. (2002): Studienabbruchstudie 2002 (HIS Kurzinformation, A5/2002). Hannover.

Heublein, U./Sommer, D. (2002): Studienanfänger 2000/2001 (HIS Kurzinfor-mation, A2/2002). Hannover.

Heursen, G. (1995): Kompetenz. In: Lenzen, D./Mollenhauer, K. (Hrsg.): Theorien und Grundbegriffe der Erziehung und Bildung (Enzyklopädie Erziehungswissenschaft, Band 1). Stuttgart: Klett, S. 472-478.

Heyman, M. (2001): Betrachtungen zum amerikanischen Hochschulwesen. In: Breinig, H./Gebhardt, J./Ostendorf, B. (Hrsg.): Das deutsche und das amerikanische Hochschulsystem. Münster: LIT, S. 23-31.

Hoerburger, R. (1998): Ein „Zentrum zum Erwerb von Handlungskompetenz" als mögliche Antwort auf den Bedeutungsverlust der traditionellen Berufsschule an der Schwelle des 21. Jahrhunderts. Kölner Zeitschrift für Wirtschaft und Pädagogik, 13 (25), S. 3-29.

Hoffacker, W. (2000): Die Universität des 21. Jahrhunderts. Neuwied: Luchter-hand.

Hölscher, L. (2000): Das Planspiel als Lehrmethode für Massenveranstaltungen. ZfB-Ergänzungsheft, 3/2000, S. 155-177.

Holtkamp, R./Koller, P./Minks, K.-H. (2000): Hochschulabsolventen auf dem Weg in den Beruf (HIS Hochschulplanung, Band 143). Hannover.

Homburg, C./Pflesser, C. (2000): Konfirmatorische Faktorenanalyse. In: Herrmann, A./Homburg, C. (Hrsg.): Marktforschung. 2. Aufl., Wiesbaden: Gabler, S. 414-437.

Hönn, G. (2002): Zur Universität im Wandel. Forschung & Lehre, 9 (3), S. 132-135.

Höppel, D. (1993): Ursachen langer Studienzeiten an der Universität Hohenheim. Wendlingen: Ulrich E. Grauer.

Horn, W. (1969): Prüfsystem für Schul- und Bildungsberatung. Göttingen: Hogrefe.

Hornbostel, S. (2001): Hochschulranking. In: Müller-Böling, D./Hornbostel, S./ Berghoff, S. (Hrsg.): Hochschulranking. Gütersloh: Bertelsmann Stiftung, S. 7-41.

Hörschgen, H. u.a. (1993): Erfolg in Studium und Beruf. 2. Aufl., Stuttgart.

Hoss, G. (1993): Bildungscontrolling. In: Horvath, P./Reichmann, T. (Hrsg.): Vahlens großes Controllinglexikon. München: C. H. Beck, S. 78-81.

HRK (1994): Studienstrukturreform in Anglistik und Betriebswirtschaftslehre (Dokumente zur Hochschulreform 92). Bonn.

HRK (1995): Europäische Pilotprojekte für die Qualitätsbewertung im Bereich der Hochschulen (Dokumente zur Hochschulreform 105). Bonn.

Huber, L. (1995): Hochschuldidaktik als Theorie der Bildung und Ausbildung. In: Huber, L. (Hrsg.): Ausbildung und Sozialisation in der Hochschule (Enzyklopädie Erziehungswissenschaft, Band 10). Stuttgart: Klett, S. 114-138.

Huber, L. (1998): Sozialisation in der Hochschule. In: Hurrelmann, K./Ulich, D. (Hrsg.): Handbuch der Sozialisationsforschung, 5. Aufl., Weinheim: Beltz, S. 417-441.

Huber, L. (2001): Lehren und Lernen an der Hochschule. In: Roth, L. (Hrsg.): Pädagogik. 2. Aufl., München: Oldenbourg, S. 1042-1057.

Hüttner, M./Schwarting, U. (2000): Explorative Faktorenanalyse. In: Herrmann, A./Homburg, C. (Hrsg.): Marktforschung. 2. Aufl., Wiesbaden: Gabler, S. 381-412.

Hüttner, M./Schwarting, U. (2002): Grundzüge der Marktforschung. 7. Aufl., München: Oldenbourg.

Jank, W./Meyer, H. (2002): Didaktische Modelle. 5. Aufl., Berlin: Cornelsen.

Jungkunz, D. (1995): Berufsausbildungserfolg in ausgewählten Ausbildungsberufen des Handwerks. Weinheim: Deutscher Studien Verlag.

Jungkunz, D. (1996): Zufriedenheit von Auszubildenden mit ihrer Berufsausbildung. Zeitschrift für Berufs- und Wirtschaftspädagogik, 92 (4), S. 400-415.

Kaiser, F.-J. (1983): Grundlagen der Fallstudiendidaktik. In: Kaiser, F.-J. (Hrsg.): Die Fallstudie. Bad Heilbrunn: Klinkhardt, S. 9-34.

Kaiser, F.-J. (1999): Wirtschaftspädagogik. In: Kaiser, F.-J./Pätzold, G. (Hrsg.): Wörterbuch Berufs- und Wirtschaftspädagogik. Bad Heilbrunn: Klinkhardt, S. 394-396.

Kaiser, F.-J./Kaminski, H. (1999): Methodik des Ökonomie-Unterrichts. 3. Aufl., Bad Heilbrunn: Klinkhardt.

Kamenz, U. (2001): Marktforschung. 2. Aufl., Stuttgart: Schäffer-Poeschel.

Kappler, E./Scheytt, T. (1997): Praxisorientierung in der betriebswirtschaftlichen Ausbildung. In: Auer, M./Laske, S. (Hrsg.): Personalwirtschaftliche Ausbildung an Universitäten. München: Hampp, S. 11-26.

Karkoschka, U. (1998): Validität eignungsdiagnostischer Verfahren zur Messung sozialer Kompetenz (Europäische Hochschulschriften, Reihe 5, Band 2256). Frankfurt am Main: Lang.

Kell, A. (1984): Einstellungen zu Arbeit und Beruf. In: Kell, A./Lipsmeier, A. (Hrsg.): Berufliches Lernen ohne berufliche Arbeit? (Zeitschrift für Berufs- und Wirtschaftspädagogik, Beiheft 5). Stuttgart: Steiner, S. 29-40.

Kell, A. (1989): Berufspädagogische Überlegungen zu den Beziehungen zwischen Lernen und Arbeiten. In: Kell, A./Lipsmeier, A. (Hrsg.): Lernen und Arbeiten (Zeitschrift für Berufs- und Wirtschaftspädagogik, Beiheft 8). Stuttgart: Steiner, S. 9-25.

Kell, A. (1995a): Organisation, Recht und Finanzierung der Berufsbildung. In: Arnold, R./Lipsmeier, A. (Hrsg.): Handbuch der Berufsbildung. Opladen: Leske + Budrich, S. 369-397.

Kell, A. (1995b): Das Berechtigungswesen zwischen Bildungs- und Beschäftigungssystem. In: Blankertz, H. u.a. (Hrsg.): Sekundarstufe II (Enzyklopädie Erziehungswissenschaft, Band 9). Stuttgart: Klett, S. 289-320.

Kell, A. (2000): Berufsbildungsforschung aus berufs- und wirtschaftspädagogischer Sicht. In: Adick, C./Kraul, M./Wigger, L. (Hrsg.): Was ist Erziehungswissenschaft? Donauwörth: Auer, S. 149-164.

Kellermann, P. (2000): Employability als ultima ratio? In: Clemens, W./Strübing, J. (Hrsg.): Empirische Sozialforschung und gesellschaftliche Praxis. Opladen: Leske + Budrich, S. 173-190.

Kienzler, G./Winz, C. (2002): Ausbildungsqualität bei Bankkaufleuten (Studienreihe der Stiftung Kreditwirtschaft an der Universität Hohenheim, Band 32). Sternenfels: Wissenschaft & Praxis.

Kieser, A. (1996): Die Evaluation wirtschaftswissenschaftlicher Fachbereiche. Wirtschaftswissenschaftliches Studium, 25 (10), S. 545-548.

Kießler, O: (1994): Betriebswirtschaftslehre. In: Fischer-Winkelmann, W. F. (Hrsg.): Das Theorie-Praxis-Problem der Betriebswirtschaftslehre. S. 55-71.

Klafki, W. (1999): Die bildungstheoretische Didaktik im Rahmen kritisch-konstruktiver Erziehungswissenschaft. In: Gudjons, H./Winkel, R. (Hrsg.): Didaktische Theorien. 10. Aufl., Hamburg: Bergmann und Helbig, S. 13-34.

Kleber, E. W. (1995): Strukturell-funktionale Erziehungsforschung. In: Haft, H./Kordes, H. (Hrsg.): Methoden der Erziehungs- und Bildungsforschung (Enzyklopädie Erziehungswissenschaft, Band 2). Stuttgart: Klett, S. 83-105.

Klockner, C. (1999): Qualitätssicherung durch Evaluation als Aufgabe der Hochschulen. In: HRK (Hrsg.): Qualität an Hochschulen (Beiträge zur Hochschulpolitik, 1/1999). Bonn, S. 15-25.

Klockner, C./Barz, A. (1995): Qualitätssicherung in der Lehre. In: Müller-Böling, D. (Hrsg.): Qualitätssicherung in Hochschulen. Gütersloh: Bertelsmann Stiftung, S. 119-123.

Klüver, J. (1995): Hochschule und Wissenschaftssystem. In: Huber, L. (Hrsg.): Ausbildung und Sozialisation in der Hochschule (Enzyklopädie Erziehungswissenschaft, Band 10). Stuttgart: Klett, S. 78-91.

KMK (1997): Rahmenlehrplan für den Ausbildungsberuf Bankkaufmann/Bankkauffrau. Bielefeld: Bertelsmann.

KMK (2000): Handreichungen für die Erarbeitung von Rahmenlehrplänen der Kultusministerkonferenz. Bonn.

KMK (2001): Prognose der Studienanfänger, Studierenden und Hochschulabsolventen bis 2015. Bonn.

Knauf, H. (2001): Schlüsselqualifikationen. Das Hochschulwesen, 49 (2), S. 45-50.

Knoll, J. (2001): Hochschuldidaktik. In: Hanft, A. (Hrsg.): Grundbegriffe des Hochschulmanagements. Neuwied: Luchterhand, S. 155-159.

Konegen-Grenier, C. (1996): Die Bedeutung der betriebswirtschaftlichen Ausbildung für den Standort Deutschland. ZfB-Ergänzungsheft, 1/96, S. 117-124.

Konegen-Grenier, C. (2002): Studierfähigkeit und Hochschulzugang (Kölner Texte & Thesen 61). Köln: Deutscher Instituts-Verlag.

Kotthoff, H. (1994): Geschlecht als Interaktionsritual. In: Goffmann, E. (Hrsg.): Interaktion und Geschlecht. Frankfurt am Main: Campus, S. 159-194.

Krampen, G. (1982): Differentialpsychologie der Kontrollüberzeugungen. Göttingen: Hogrefe.

Krampen, G. (1991): Fragebogen zu Kompetenz- und Kontrollüberzeugungen (FKK). Göttingen: Hogrefe.

Krampen, G./Heil, F. E. (1995): Kontrollüberzeugungen. In: Sarges, W. (Hrsg.): Management-Diagnostik. 2. Aufl., Göttingen: Hogrefe, S. 295-302.

Krautwurst, O. (2000): Banken als lernfähige Organisationen. Wiesbaden: Deutscher Universitäts-Verlag.

Kreuzer, S. (1994): Integriertes Projektstudium. In: Konegen-Grenier, C./ Schlaffke, W. (Hrsg.): Praxisbezug und soziale Kompetenz (Kölner Texte & Thesen 20). Köln: Deutscher Instituts-Verlag, S. 65-76.

Kriz, J. (2000): Vermessene Qualität. In: Clemens, W./Strübing, J. (Hrsg.): Empirische Sozialforschung und gesellschaftliche Praxis. Opladen: Leske + Budrich, S. 67-82.

Kromrey, H. (1993): Studentische Vorlesungskritik. Soziologie, 1993 (1), S. 39-56.

Kromrey, H. (2001): Evaluation von Lehre und Studium. In: Spiel, C. (Hrsg.): Evaluation universitärer Lehre. Münster: Waxmann, S. 21-59.

Kromrey, H. (2003): Evaluierung und Evaluationsforschung. Psychologie in Erziehung und Unterricht, 50, S. 11-26.

Kurz, G./Fischer, W./Wagner, H. (1995): Prognose des Studienerfolges in Studiengängen des Maschinenbaus. Empirische Pädagogik, 9 (3), S. 331-360.

Kuß, H. (2000): Qualitätscontrolling in der kreditwirtschaftlichen Weiterbildung (Schriftenreihe des Zentrums für Ertragsorientiertes Bankmanagement, Band 24). Frankfurt am Main: Fritz Knapp.

Kyburz-Graber, R./Högger, D./Wyrsch, A. (2000): Sozio-ökologische Umweltbildung in der Praxis. Zürich.

Laske, S. (1994): Projektseminar Unternehmensanalyse. ZfB-Ergänzungsheft, 2/94, S. 181-193.

Laur-Ernst, U. (1990): Handeln als Lernprinzip. In: Reetz, L./Reitmann, T. (Hrsg.): Schlüsselqualifikationen (Materialien zur Berufsbildung, Band 3). Hamburg: Feldhaus, S. 145-152.

Laur-Ernst, U. (1996): Schlüsselqualifikationen in Deutschland. In: Gonon, P. (Hrsg.): Schlüsselqualifikationen kontrovers. Aarau: Sauerländer, S. 17-23.

Lehmann, R. H. (2000): Input-Controlling im Bildungsbereich. In: Seeber, S./Krekel, E. M./van Buer, J. (Hrsg.): Bildungscontrolling. Frankfurt am Main: Lang, S. 71-85.

Leimer, H. W. (1990): Vernetztes Denken im Bankmanagement (Neue betriebswirtschaftliche Forschung, Band 70). Wiesbaden: Gabler.

Lenzen, A. (1998): Erfolgsfaktor Schlüsselqualifikationen. Heidelberg: Sauer.

Lewalter, D. u.a. (1998): Die Bedeutsamkeit des Erlebens von Kompetenz, Autonomie und sozialer Eingebundenheit für die Entwicklung berufsspezifischer Interessen. In: Beck, K./Dubs, R. (Hrsg.): Kompetenzentwicklung in der Berufserziehung (Zeitschrift für Berufs- und Wirtschaftspädagogik, Beiheft 14). Stuttgart: Steiner, S. 143-168.

Lewin, K. (1999): Studienabbruch in Deutschland. In: Schröder-Gronostay, M./Daniel, H.-D. (Hrsg.): Studienerfolg und Studienabbruch. Neuwied: Luchterhand, S. 17-49.

Lewin, K. u.a. (2000): Evaluation der Praxissemester an den Fachhochschulen des Landes Nordrhein-Westfalen (HIS Hochschulplanung, Band 147). Hannover.

Lewin, K./Heublein, U./Sommer, D. (2000): Differenzierung und Homogenität beim Hochschulzugang (HIS Kurzinformation, A7/2000). Hannover.

Lisop, I. (1998): Bildung und/oder Qualifikation bei modernen Produktionskonzepten? In: Markert, W. (Hrsg.): Berufs- und Erwachsenenbildung zwischen Markt und Subjektbildung. Baltmannsweiler: Schneider, S. 33-53.

Lisop, I. (1999): Qualifikation und Qualifikationsforschung. In: Kaiser, F.-J./Pätzold, G. (Hrsg.): Wörterbuch Berufs- und Wirtschaftspädagogik. Bad Heilbrunn: Klinkhardt, S. 334-336.

Löbbert, S. (1996): Möglichkeiten zur Steuerung des Erfolgs. Betriebswirtschaftliche Blätter, 45 (1), S. 29-35.

Lukesch, H. (1998): Einführung in die pädagogisch-psychologische Diagnostik. 2. Aufl., Regensburg: Roderer.

Mandl, H. (2001): Auf dem Weg zu einer neuen Kultur des Lehrens und Lernens. Politische Studien, 52 (375), S. 35-45.

Mandl, H./Friedrich, H. F./Hron, A. (1994): Psychologie des Wissenserwerbs. In: Weidenmann, B. u.a. (Hrsg.): Pädagogische Psychologie. 3. Aufl., Weinheim: Beltz, S. 143-218.

Mandl, H./Krause, U.-M. (2001): Lernkompetenz für die Wissensgesellschaft (Forschungsbericht, Nr. 145). München.

Mandl, H./Reiserer, M./Geier, B. (2001): Problemorientiertes Lernen mit netzbasierten Planspielen. In: Mandl, H. u.a. (Hrsg.): Planspiele im Internet. Bielefeld: Bertelsmann, S. 78-94.

Mandl, H./Schnurer, K. (2001): Medienkompetenz. In: Hanft, A. (Hrsg.): Grundbegriffe des Hochschulmanagements. Neuwied: Luchterhand, S. 280-286.

Marggraf, C. (1994): Handlungskompetenz rückt in den Vordergrund. Betriebswirtschaftliche Blätter, 43 (6), S. 296-298.

Mayer, E. (1999): Die Studienstruktur der Zukunft. In: HIS (Hrsg.): Von der Schule über das Studium in den Beruf? (HIS Kurzinformation, A4/99). Hannover, S. 77-82.

Mayerhöfer, A. (2003): Was wirklich zählt. Capital, 42 (6), S. 88-92.

McNair, M./Hersum, A. C. (1954): The Case Method at the Harvard Business School. New York: McGraw-Hill.

Meffert, H./Kirchgeorg, M. (1999): Betriebswirtschaftliche Hochschulausbildung an Universitäten und Business Schools. In: Stauss, B./Balderjahn, I. (Hrsg.): Dienstleistungsorientierung in der universitären Ausbildung. Stuttgart: Schäffer-Poeschel, S. 81-99.

Meinhold, M. (2000): Von der Evaluation zur Qualitätssicherung. In: HRK (Hrsg.): Im Aufbruch (Beiträge zur Hochschulpolitik, 9/2000). Bonn. S. 77-87.

Mellerowicz, K. (1952): Eine neue Richtung in der Betriebswirtschaftslehre? ZfB, 22 (3), S. 145-161.

Mentzel, W. (2001): Personalentwicklung. München: Deutscher Taschenbuch Verlag.

Mertens, D. (1974): Schlüsselqualifikationen. Mitteilungen aus der Arbeitsmarkt- und Berufsforschung, 7 (1), S. 36-43.

Merz, F. (1979): Geschlechterunterschiede und ihre Entwicklung (Lehrbuch der Differentiellen Psychologie, Band 3). Göttingen: Hogrefe.

Mewes, H. (2001): Das amerikanische Hochschulsystem. In: Breinig, H./Gebhardt, J./Ostendorf, B. (Hrsg.): Das deutsche und das amerikanische Hochschulsystem. Münster: LIT, S. 195-207.

Meyer-Dohm, P. (1991): Bildungsarbeit im lernenden Unternehmen. In Meyer-Dohm, P./Schneider, P. (Hrsg.): Berufliche Bildung im lernenden Unternehmen. Stuttgart: Klett, S. 19-31.

Michaelis, E. (2000): Möglichkeiten und Grenzen der Evaluation. In: HRK (Hrsg.): Leitbild der Hochschule (Beiträge zur Hochschulpolitik, 2/2000). Bonn, S. 141-149.

Mielke, R. (1996): Lerntheoretische Persönlichkeitskonstrukte. In: Amelang, M. (Hrsg.): Temperaments- und Persönlichkeitsunterschiede (Enzyklopädie der Psychologie, Themenbereich C, Serie 8, Band 3). Göttingen: Hogrefe, S. 185-222.

Minks, K.-H. (1999): Hochschulabsolventen zwischen wissenschaftlicher Bildung und beruflicher Qualifikation. In: HIS (Hrsg.): Von der Schule über das Studium in den Beruf? (HIS Kurzinformation, A4/99). Hannover, S. 83-94.

Mittelstraß, J. (1994): Die unzeitgemäße Universität. Frankfurt am Main: Suhrkamp.

Morkel, A. (2000): Theorie und Praxis. Forschung & Lehre, 7 (8), S. 396-398.

Müller, B. (1995): Vermittlung von Methodenkompetenz für kaufmännisch-administrative Tätigkeiten (Hochschulschriften zum Personalwesen, Band 21). München: Hampp.

Müller, M. (1996): Analyse und Modifikation des Unterrichtsklimas an der Berufsschule. Erlangen-Nürnberg.

Müller, W. (1983): Die Förderung der Berufsreife und der Berufswahlreife (Schriftenreihe Wirtschaftsdidaktik, Berufsbildung und Konsumentenerziehung, Band 3). Heidelberg: esprint.

Müller-Böling, D. (1995): Qualitätssicherung in Hochschulen. In: Müller-Böling, D. (Hrsg.): Qualitätssicherung in Hochschulen. Gütersloh: Bertelsmann Stiftung, S. 27-45.

Müller-Böling, D. (1997): Zur Organisationsstruktur von Universitäten. Die Betriebswirtschaft, 57 (5), S. 603-614.

Müller-Böling, D. (1999a): Der Studienführer 1998. In: Stauss, B./Balderjahn, I. (Hrsg.): Dienstleistungsorientierung in der universitären Ausbildung. Stuttgart: Schäffer-Poeschel, S. 347-365.

Müller-Böling, D. (1999b): Evaluation betriebswirtschaftlicher Studiengänge. In: Egger, A./Grün, O./Moser, R. (Hrsg.): Managementinstrumente und -konzepte. Stuttgart: Schäffer-Poeschel, S. 353-380.

Müller-Böling, D. (2000): Die entfesselte Hochschule. Gütersloh: Bertelsmann Stiftung.

Müller-Böling, D. (2001): Qualitätsmanagement. In: Hanft, A. (Hrsg.): Grundbegriffe des Hochschulmanagements. Neuwied: Luchterhand, S. 388-395.

Müller-Schneider, T. (1994): Schichten und Erlebnismilieus. Wiesbaden: Deutscher Universitäts-Verlag.

Multrus, F. (2001): Skalenentwicklung zur Messung der Lehr- und Studienqualität (Hefte zur Bildungs- und Hochschulforschung 36). Konstanz.

Mummenthal, L. (2001): Konzept der Sparkassenakademie Bayern weist Bildungscontrolling neue Wege. Betriebswirtschaftliche Blätter, 50 (10), S. 480-483.

Münch, J. (2000): Die Hochschulsysteme Deutschlands, der USA und Japans im Vergleich. In: von Weizsäcker, R. K. (Hrsg.): Schul- und Hochschulorganisation. Berlin: Duncker & Humblot, S. 75-116.

Müßig-Trapp, P./Schnitzer, K. (1997): Vorbereitung auf Europa durch Mobilität und Internationalisierung des Studiums (HIS Kurzinformation, A14/97). Hannover.

MWK (1998): Abschlussbericht der Hochschulstrukturkommission Baden-Württemberg. Stuttgart.

MWK (1999): Bildungsplan für die Berufsschule. Villingen: Neckar-Verlag.

MWK (2001). Die Evaluationsagentur Baden-Württemberg (Aktuelle Reihe, Nr. 10). Stuttgart.

Oevermann, U. (1977): Sprache und soziale Herkunft. 4. Aufl., Frankfurt am Main: Suhrkamp.

Oevermann, U. (1980): Schichtenspezifische Formen des Sprachverhaltens und ihr Einfluß auf die kognitiven Prozesse. In: Roth, H. (Hrsg.): Begabung und Lernen (Gutachten und Studien der Bildungskommission). 12. Aufl., Stuttgart: Klett, S. 297-356.

Ohlsen, U. (1985): Eine empirische Untersuchung der Einflussgrößen des Examenserfolges für Absolventen wirtschaftswissenschaftlicher Studiengänge der Universität Münster (Europäische Hochschulschriften, Reihe 5, Band 660). Frankfurt am Main: Lang.

Olesch, G. (1995): Controlling in den einzelnen Bildungsprozessen. In: von Landsberg, G./Weiß, R. (Hrsg.): Bildungs-Controlling. 2. Aufl., Stuttgart: Schäffer-Poeschel, S. 323-337.

Ostendorf, F. (1990): Sprache und Persönlichkeitsstruktur. Regensburg: Roderer.

Ostendorf, F. (1991): Das Fünf-Faktoren-Modell als umfassendes Modell der Persönlichkeitsbeurteilung. In: Schuler, H./Funke, U. (Hrsg.): Eignungsdiagnostik in Forschung und Praxis (Beiträge zur Organisationspsychologie, Band 10). Stuttgart: Verlag für Angewandte Psychologie, S. 234-238.

Ott, B. (1997): Grundlagen des beruflichen Lernens und Lehrens. Berlin: Cornelsen Girardet.

Patry, J.-L. (2000): Transfersicherung. In: Seeber, S./Krekel, E. M./van Buer, J. (Hrsg.): Bildungscontrolling. Frankfurt am Main: Lang, S. 131-150.

Pätzold, G. (1999): Berufspädagogik. In: Kaiser, F.-J./Pätzold, G. (Hrsg.): Wörterbuch Berufs- und Wirtschaftspädagogik. Bad Heilbrunn: Klinkhardt, S. 124-126.

Pawlik, K. (1976): Dimensionen des Verhaltens. 3. Aufl., Bern: Hans Huber.

Peters, T. J./Waterman, R. H. Jr. (1982): In Search of Excellence. New York: Harper & Row.

Piaget, J. (1976): Die Äquilibration der kognitiven Strukturen. Stuttgart: Klett.

Picot, A./Reichwald, R./Wigand, R. T. (2001): Die grenzenlose Unternehmung. 4. Aufl., Wiesbaden: Gabler.

Piontkowski, U. (1982): Interaktion und Kommunikation im Unterricht. In: Treiber, B./Weinert, F. E. (Hrsg.): Lehr-Lern-Forschung. München: Urban & Schwarzenberg, S. 149-176.

Portele, G./Huber, L. (1995): Hochschule und Persönlichkeitsentwicklung. In: Huber, L. (Hrsg.): Ausbildung und Sozialisation in der Hochschule (Enzyklopädie Erziehungswissenschaft, Band 10). Stuttgart: Klett, S. 92-113.

Porter, M. E. (1999a): Wettbewerbsstrategie. 10. Aufl., Frankfurt am Main: Campus.

Porter, M. E. (1999b): Nationale Wettbewerbsvorteile. Wien: Ueberreuter.

Prandini, M. (2001): Persönlichkeitserziehung und Persönlichkeitsbildung von Jugendlichen (Wirtschaftspädagogisches Forum, Band 18). Paderborn: Eusl.

Prätsch, J./Schröder, M. (1996): Weiterbildung: nur ein Kostenfaktor? bank und markt, 25 (1), S. 16-21.

Putzmeister AG (2002): Beurteilungsbogen. Aichtal.

Quadbeck-Seeger, H.-J. (2001): Erneuerung durch Bildung. In: Alfred Herrhausen Gesellschaft (Hrsg.): Orientierung für die Zukunft. München: Piper, S. 183-190.

Rebmann, K./Tenfelde, W./Uhe, E. (1998): Berufs- und Wirtschaftspädagogik. Wiesbaden: Gabler.

Reetz, L. (1990): Zur Bedeutung der Schlüsselqualifikationen in der Berufsausbildung. In Reetz, L./Reitmann, T. (Hrsg.): Schlüsselqualifikationen. Hamburg: Feldhaus, S. 16-35.

Reetz, L. (1999a): Kompetenz. In: Kaiser, F.-J./Pätzold, G. (Hrsg.): Wörterbuch Berufs- und Wirtschaftspädagogik. Bad Heilbrunn: Klinkhardt, S. 245-246.

Reetz, L. (1999b): Zum Zusammenhang von Schlüsselqualifikationen – Kompetenzen – Bildung. In: Tramm, T. (Hrsg.): Professionalisierung kaufmännischer Berufsbildung. Frankfurt am Main: Lang S. 32-51.

Reinmann-Rothmaier, G./Mandl, H. (2001): Unterrichten und Lernumgebungen gestalten. In: Krapp, A./Weidenmann, B. (Hrsg.): Pädagogische Psychologie. 4. Aufl., Weinheim: Beltz, S. 601-646.

Reischmann, J. (1996): Kursbeurteilungsbogen. Tübingen.

Reuke, H. (1996): Flächendeckende und systematische Evaluation von Lehre und Studium in Niedersachsen. Beiträge zur Hochschulforschung, 18 (1/2), S. 81-100.

Riemann, R. (1997): Persönlichkeit (Psychologia universalis, Neue Reihe, Band 5). Lengerich: Pabst.

Riemann, R./Allgöwer, A. (1993): Eine deutschsprachige Fassung des „Interpersonal Competence Questionnaire" (ICQ). Zeitschrift für Differentielle und Diagnostische Psychologie, 14 (3), S. 153-163.

Rindermann, H. (1997): Generalisierbarkeit studentischer Veranstaltungsbeurteilungen. Psychologie in Erziehung und Unterricht, 44, S. 216-234.

Rindermann, H. (1998): Skalen der Lehrevaluation. In: Krampen, G./Zayer, H. (Hrsg.): Psychologiedidaktik und Evaluation I. Bonn: Deutscher Psychologen-Verlag, S. 295-316.

Rindermann, H. (1999): Bedingungs- und Effektvariablen in der Lehrevaluationsforschung. Unterrichtswissenschaft, 27 (4), S. 357-380.

Rindermann, H. (2001a): Lehrevaluation. Landau: Empirische Pädagogik.

Rindermann, H. (2001b): Die studentische Beurteilung von Lehrveranstaltungen. In: Spiel, C. (Hrsg.): Evaluation universitärer Lehre. Münster: Waxmann, S. 61-88.

Rindermann, H. (2002): Verbesserung der Lehre. Forschung & Lehre, 9 (7), S. 370-372.

Rindermann, H./Amelang, M. (1994): Das Heidelberger Inventar zur Lehrveranstaltungs-Evaluation (HILVE). Heidelberg: Asanger.

Rindermann, H./Oubaid, V. (1999): Auswahl von Studienanfängern durch Universitäten. Zeitschrift für Differentielle und Diagnostische Psychologie, 20 (3), S. 172-191.

Rosigkeit, A. (1995): Reformdefizite der deutschen Hochschule (Europäische Hochschulschriften, Reihe 5, Band 1718). Frankfurt am Main: Lang.

Roth, H. (1971): Entwicklung und Erziehung (Pädagogische Anthropologie, Band II). Hannover: Schroedel.

Sader, M./Weber, H. (1996): Psychologie der Persönlichkeit. München: Juventa.

Sauter, W. (1994): Vom Vorgesetzten zum Coach der Mitarbeiter. Weinheim: Deutscher Studien Verlag.

Schaeper, H./Minks, K.-H. (1997): Studiendauer (HIS Kurzinformation, A1/97). Hannover.

Schäfers, B. (1995): Gesellschaftlicher Wandel in Deutschland. 6. Aufl., Stuttgart: Enke.

Schanz, G. (2000): Wissenschaftsprogramme der Betriebswirtschaftslehre. In: Bea, F. X./Schweitzer, M. (Hrsg.): Allgemeine Betriebswirtschaftslehre. 8. Aufl., Stuttgart: Lucius & Lucius, S. 80-158.

Scheidegger, U. M. (2001): Management des Strategieprozesses an Universitäten. Bern: Haupt.

Scheuch, E. K./Daheim, H. (1970): Soziale Schichtung und Mobilität. In: König, R. (Hrsg.): Kölner Zeitschrift für Soziologie und Sozialpsychologie, Sonderheft 5, 4. Aufl., S. 65-103.

Schiefele, U. u.a. (1992): Eine neue Version des „Fragebogen zum Studieninteresse" (FSI) (Gelbe Reihe, Arbeiten zur Empirischen Pädagogik und Pädagogischen Psychologie, Nr. 21). München.

Schiefele, U. u.a. (1993): Der „Fragebogen zum Studieninteresse" (FSI). Diagnostica, 39 (4), S. 335-351.

Schiefele, U./Krapp, A./Schreyer, I. (1993): Metaanalyse des Zusammenhangs von Interesse und schulischer Leistung. Zeitschrift für Entwicklungspsychologie und Pädagogische Psychologie, XXV (2), S. 120-148.

Schiefele, U./Schreyer, I. (1994): Intrinsische Lernmotivation und Lernen. Zeitschrift für Pädagogische Psychologie, 8 (1), 1994, S. 1-13.

Schiefele, U./Urhahne, D. (2000): Motivationale und volitionale Bedingungen der Studienleistung. In: Schiefele, U./Wild, K. P. (Hrsg.): Interesse und Lernmotivation. Münster: Waxmann, S. 183-205.

Schiefele, U./Wild, K.-P./Winteler, A. (1995): Lernaufwand und Elaborationsstrategien als Mediatoren der Beziehung von Studieninteresse und Studienleistung. Zeitschrift für Pädagogische Psychologie, 9 (3/4), S. 181-188.

Schimank, U./Winnes, M. (2001): Jenseits von Humboldt? In: Stölting, E./Schimank, U. (Hrsg.): Die Krise der Universitäten. Wiesbaden: Westdeutscher Verlag, S. 295-325.

Schircks, A. D. (1994): Management Development und Führung. Göttingen: Verlag für Angewandte Psychologie.

Schlaffke, W. (1998): Das Konzept der Schlüsselqualifikationen. In: Olbertz, J.-H. (Hrsg.): Zwischen den Fächern. Opladen: Leske + Budrich, S. 187-198.

Schlaffke, W. (2002): Wie wird unsere Schule wieder Weltklasse? Köln: Kölner Universitätsverlag.

Schlömer-Helmerking, R. (1996): Lernziel Sozialkompetenz (Europäische Hochschulschriften, Reihe 11, Band 685). Frankfurt am Main: Lang.

Schmidt-Peters, A. (2000): Empirische Untersuchung von personalen Entwicklungsprozessen in der beruflichen Weiterbildung aus ökologischer Perspektive. In: Buchmann, U./Schmidt-Peters, A. (Hrsg.): Berufsbildung aus ökologischer Perspektive. Hamburg: Kovac, S. 71-96.

Schmiel, M./Sommer, K.-H. (2001): Berufs- und Wirtschaftspädagogik als wissenschaftliche Disziplin. In: Schanz, H. (Hrsg.): Berufs- und wirtschaftspädagogische Grundprobleme (Berufsbildung konkret, Band 1). Baltmannsweiler: Schneider, S. 8-21.

Schnabel, K. (2001): Psychologie der Lernumwelt. In: Krapp, A./Weidenmann, B. (Hrsg.): Pädagogische Psychologie. 4. Aufl., Weinheim: Beltz, S. 467-511.

Schnitzer, K./Isserstedt, W./Middendorff, E. (2001): Die wirtschaftliche und soziale Lage der Studierenden in der Bundesrepublik Deutschland 2000 (Herausgegeben vom BMBF). Bonn.

Schomburg, H./Teichler, U. (1998): Studium, Studienbedingungen und Berufserfolg. In: Teichler, U. (Hrsg.): Brennpunkt Hochschule. Frankfurt am Main: Campus, S. 141-172.

Schön-Gaedike, A.-K. (1978): Intelligenz und Intelligenzdiagnostik. Weinheim: Beltz.

Schrader, F.-W./Helmke, A. (2000): Wirksamkeit des Hochschulunterrichts aus Sicht der Studierenden. In: Helmke, A./Hornstein, W./Terhart, E. (Hrsg.): Qualität und Qualitätssicherung im Bildungsbereich (Zeitschrift für Pädagogik, Beiheft 41). Weinheim: Beltz, S. 261-276.

Schrader, U./Eretge, F. (1999): Herausforderungen für die betriebswirtschaftliche Lehre durch verändertes Studierendenverhalten. In: Stauss, B./Balderjahn, I. (Hrsg.): Dienstleistungsorientierung in der universitären Ausbildung. Stuttgart: Schäffer-Poeschel, S. 101-133.

Schramm, U. (1997): Handlungsorientierung in der Berufsausbildung im Berufsfeld „Wirtschaft und Verwaltung". Köln: Eul.

Schreiber, J./Sommer, D. (2000): Studentische Erfahrungen und Absichten zu Beginn des Hochschulstudiums (HIS Kurzinformation, A6/00). Hannover.

Schröder-Gronostay, M. (1999): Studienabbruch – Zusammenfassung des Forschungsstandes. In: Schröder-Gronostay, M./Daniel, H.-D. (Hrsg.): Studienerfolg und Studienabbruch. Neuwied: Luchterhand, S. 209-240.

Schuler, H. (2001): Noten und Studien- und Berufserfolg. In: Rost, D. H. (Hrsg.): Handwörterbuch Pädagogische Psychologie. 2. Aufl., Weinheim: Psychologie Verlags Union, S. 501-507.

Schuler, H./Barthelme, D. (1995): Soziale Kompetenz als berufliche Anforderung. In: Seyfried, B. (Hrsg.): „Stolperstein" Sozialkompetenz. Bielefeld: Bertelsmann, S. 77-116.

Schulz, W. (1979): Unterricht. In: Heimann, P./Otto, G./Schulz, W. (Hrsg.): Unterricht. 10. Aufl., Hannover: Schroedel, S. 13-47.

Schulz, W. (1999): Die lehrtheoretische Didaktik. In: Gudjons, H./Winkel, R. (Hrsg.): Didaktische Theorien. 10. Aufl., Hamburg: Bergmann und Helbig, S. 35-56.

Schulze, T. (1995): Ökologie. In: Lenzen, D./Mollenhauer, K. (Hrsg.): Theorien und Grundbegriffe der Erziehung und Bildung (Enzyklopädie Erziehungswissenschaft, Band 1). Stuttgart: Klett, S. 262-279.

Schwadorf, H. (2003): Berufliche Handlungskompetenz in der dualen kaufmännischen Erstausbildung. Dissertation, Universität Hohenheim.

Schweitzer, M. (2000): Gegenstand und Methoden der Betriebswirtschaftslehre. In: Bea, F. X./Schweitzer, M. (Hrsg.): Grundfragen (Allgemeine Betriebswirtschaftslehre, Band 1). 8. Aufl., Stuttgart: Lucius & Lucius, S. 23-79.

Seeber, S. (2000): Stand und Perspektiven von Bildungscontrolling. In: Seeber, S./Krekel, E. M./van Buer, J. (Hrsg.): Bildungscontrolling. Frankfurt am Main: Lang, S. 19-50.

Seeber, S./Squarra, D. (2002): Wie beurteilen Berufsschüler und -schülerinnen die Qualität ihres Unterrichts? Wirtschaft und Erziehung, 54 (5), S. 157-164.

Siebertz, P. (1999): Der Mensch im Unternehmen. In: Siebertz, P./von Stein, J. H. (Hrsg.): Handbuch Banken und Personal. Frankfurt am Main: Fritz Knapp, S. 19-39.

Sieger-Hanus, B. (2001): Einflussfaktoren auf die berufliche Sozialkompetenz und deren Entwicklung in der dualen kaufmännischen Erstausbildung (Hohenheimer Schriftenreihe zur Berufs- und Wirtschaftspädagogik, Band 1). Stuttgart: ibw.

Simeaner, H./Röhl, T./Bargel, T. (2001): Studiensituation und Studierende Datenalmanach (Hefte zur Bildungs- und Hochschulforschung 35). Konstanz.

Skiera, B./Albers, S. (2000): Regressionsanalyse. In: Herrmann, A./Homburg, C. (Hrsg.): Marktforschung. 2. Aufl., Wiesbaden: Gabler, S. 203-236.

Sonntag, K./Schaper, N. (1999): Förderung beruflicher Handlungskompetenz. In: Sonntag, K. (Hrsg.): Personalentwicklung in Organisationen. 2. Aufl., Göttingen: Hogrefe, S. 211-244.

Sperling, U. (1994): Bildungscontrolling als strategischer Erfolgsfaktor. Kölner Zeitschrift für Wirtschaft und Pädagogik, 9 (17), S. 61-79.

Speth, H. (1999): Theorie und Praxis des Wirtschaftslehre-Unterrichts. 6. Aufl., Rinteln: Merkur.

Spies, K. u.a. (1996): Diskrepanzen zwischen Bedürfnissen und Angeboten im Studium und ihre Beziehungen zur Studienzufriedenheit. Empirische Pädagogik, 10 (4), S. 377-409.

Spies, K. u.a. (1998): Zur Abhängigkeit der Studienzufriedenheit von Diskrepanzen zwischen Fähigkeiten und Anforderungen. Psychologie in Erziehung und Unterricht, 45 (1), S. 36-52.

Stanat, P./Kunter, M. (2001): Kooperation und Kommunikation. In: Baumert, J. u.a. (Hrsg.): PISA 2000. Opladen: Leske + Budrich, S. 299-322.

Stang, R. (1996): Wahrnehmungsbildung als Zukunftsaufgabe. In: von Rein, A. (Hrsg.): Medienkompetenz als Schlüsselbegriff. Bad Heilbrunn: Klinkhardt, S. 143-155.

Stangel-Meseke, M. (1994): Schlüsselqualifikationen in der betrieblichen Praxis. Wiesbaden: Deutscher Universitäts-Verlag.

Stark, R. u.a. (1995): Förderung von Handlungskompetenz durch geleitetes Problemlösen und multiple Lernkontexte. Zeitschrift für Entwicklungspsychologie und Pädagogische Psychologie, XXVII (4), S. 289-312.

Statistisches Bundesamt (2000): Datenreport 1999 (Schriftenreihe, Band 365). Bonn.

Statistisches Bundesamt (2002a): Hochschulen. Bonn: (URL: http://www. destatis.de/basis/d/biwiku/hochtab1.htm vom 18.12.02).

Statistisches Bundesamt (2002b): Studierende. Bonn: (URL: http://www. destatis.de/jahrbuch/jahrtab50.htm vom 18.12.02).

Staudt, E. u.a. (1997): Kompetenz und Innovation (Innovation: Forschung und Management, Band 10). Bochum.

Staufenbiel, J. E./Heimburger, S./Friedenberger, T. (2002): Wirtschaft studieren. 2. Aufl., Köln: Staufenbiel.

Staufenbiel, J. E./Stephan, M. (1998): Wirtschaft studieren. Köln: Staufenbiel Verlag.

Stegner, A. (2000): Ansätze und Perspektiven einer anspruchsgruppenorientierten Hochschulgestaltung (Unternehmen und Steuern, Band 16). Aachen: Shaker.

Steig, M. (2000): Handlungskompetenz. Schotten: STG.

Steinkamp, G. (1998): Sozialstruktur und Sozialisation. In: Hurrelmann, K./Ulich, D. (Hrsg.): Handbuch der Sozialisationsforschung. Weinheim: Beltz, S. 251-277.

Stief, M. (2001): Selbstwirksamkeitserwartungen, Ziele und Berufserfolg. Aachen: Shaker.

Stüdemann, K. (1994): Betriebswirtschaftslehre. In: Konegen-Grenier, C./Schlaffke, W. (Hrsg.): Praxisbezug und soziale Kompetenz (Kölner Texte & Thesen 20). Köln: Deutscher Instituts-Verlag, S. 32-47.

Tarnai, C. (1994): Beurteilung der Studienbedingungen durch Studierende der Fächer Jura, Betriebswirtschaftslehre und Soziologie (Sozialwissenschaftliche Forschungsdokumentationen 8). Münster.

Teichler, U. (1995): Hochschule und Beschäftigungssystem. In: Huber, L. (Hrsg.): Ausbildung und Sozialisation in der Hochschule (Enzyklopädie Erziehungswissenschaft, Band 10). Stuttgart: Klett, S. 59-77.

Teichler, U. (2000): Potentiale und Erträge von Absolventenstudien. In: Burkhardt, A./Schomburg, H./Teichler, U. (Hrsg.): Hochschulstudium und Beruf. Kassel, S. 9-26.

Teichler, U./Schomburg, J. (1991): Warum wird so lange studiert? In: Stifterverband für die deutsche Wissenschaft (Hrsg.): Studienzeitverkürzung (Materialen zur Bildungspolitik 12). Bonn, S. 14-61.

Trautner, H. M. **(2002):** Allgemeine Entwicklungspsychologie (Grundriss der Psychologie, Band 12). 2. Aufl., Stuttgart: Kohlhammer.

Trogele, U. **(1995):** Strategisches Marketing für deutsche Universitäten (Europäische Hochschulschriften, Reihe 5, Band 1761). Frankfurt am Main: Lang.

Trost, G. **(1975):** Vorhersage des Studienerfolgs. Braunschweig: Westermann.

Trost, G./Bickel, H. **(1979):** Studierfähigkeit und Studienerfolg. München: Minerva-Publikation.

Tully, C. J. **(1994):** Lernen in der Informationsgesellschaft. Opladen: Westdeutscher Verlag.

Universität Hohenheim (2000): Absolventenbefragung im Herbst 2000. Stuttgart-Hohenheim.

Universität Hohenheim (2002): Studienplan für das Studium der Wirtschaftswissenschaften. Stuttgart-Hohenheim.

Universität Tübingen (2002): Studienplan für das Hauptstudium in den Diplomstudiengängen Betriebswirtschaftslehre, Internationale BWL, Volkswirtschaftslehre und internationale VWL. Tübingen.

van Buer, J. (2000): Prozesscontrolling. In: Seeber, S./Krekel, E. M./van Buer, J. (Hrsg.): Bildungscontrolling. Frankfurt am Main: Lang, S. 87-116.

Verstege, R. (2002): Profile der Computernutzung von Jugendlichen (Hohenheimer Schriftenreihe zur Berufs- und Wirtschaftspädagogik, Band 4). Stuttgart: ibw.

Volpert, W. (1989): Entwicklungsförderliche Aspekte von Arbeits- und Lernbedingungen. In: Kell, A./Lipsmeier, A. (Hrsg.): Lernen und Arbeiten. Stuttgart: Steiner, S. 117-134.

von Cube, F. (1999): Die kybernetisch-informationstheoretische Didaktik. In: Gudjons, H./Winkel, R. (Hrsg.): Didaktische Theorien. 10. Aufl., Hamburg: Bergmann und Helbig, S. 57-74.

von Harnier, L./Schneider-Amos, I. (1992): Auswirkungen einer Berufsausbildung auf das Studium der Betriebswirtschaftslehre (Herausgegeben vom Bayerischen Staatsinstitut für Hochschulforschung und Hochschulplanung). München.

von Salisch, M. (2000): Zum Einfluß von Gleichaltrigen (Peers) und Freunden auf die Persönlichkeitsentwicklung. In: Amelang, M. (Hrsg.): Determinanten individueller Unterschiede (Enzyklopädie der Psychologie, Themenbereich C, Serie 8, Band 4). Göttingen: Hogrefe, S. 345-405.

von Stein, J. H. (2000): Trends im Bankwesen. In: Riekeberg, M./Stenke, K. (Hrsg.): Banking 2000. Wiesbaden: Gabler, S. 11-27.

von Stein, J. H./Gruber, D. (1999a): Rahmenbedingungen der Bankenlandschaft. In: Siebertz, P./von Stein, J. H. (Hrsg.): Handbuch Banken und Personal. Frankfurt am Main: Fritz Knapp, S. 3-18.

von Stein, J. H./Gruber, D. (1999b): Auswirkungen von Entwicklungstendenzen im Bankenbereich auf Personal und Personalwesen. In: Siebertz, P./von Stein, J. H. (Hrsg.): Handbuch Banken und Personal. Frankfurt am Main: Fritz Knapp, S. 715-732.

von Stein, J. H./Trautwein, F. (2002a): Ausbildungscontrolling an Universitäten (Studienreihe der Stiftung Kreditwirtschaft an der Universität Hohenheim, Band 31). Sternenfels: Wissenschaft & Praxis.

von Stein, J. H./Trautwein, F. (2002b): Fach- und Führungskräfteausbildung an der Universität. Sparkasse, 119 (9), S. 412-414.

von Sydow, M./Staschen, H./Többe, S. (1999): Handbuch Studium und Praktikum im Ausland. Frankfurt am Main: Eichborn.

von Trotha, K. (1998): Evaluation mit Augenmaß. Die Betriebswirtschaft, 58 (3), S. 412-415.

Vonken, M. (2001): Von Bildung zu Kompetenz. Zeitschrift für Berufs- und Wirtschaftspädagogik, 97 (4), S. 502-522.

Wächter, H. (1999): Herausforderungen des BWL-Studiums durch veränderte Tätigkeitsstrukturen in Unternehmen. In: Stauss, B./Balderjahn, I. (Hrsg.): Dienstleistungsorientierung in der universitären Ausbildung. Stuttgart: Schäffer-Poeschel, S. 17-38.

Wagner, E. (2001): Universitäten im Wettbewerb. Wiesbaden: Deutscher Universitäts-Verlag.

Wagner, K. (2000): Das Vorschlagwesen als ein Instrument der Lehre. ZfB-Ergänzungsheft, 3/2000, S. 131-142.

Wallner, E. M./Funke-Schmitt-Rink, M. (1980): Soziale Schichtung und soziale Mobilität (Soziologie der Gegenwart, Band 6). Heidelberg: Quelle & Meyer.

Weidenmann, B. (2001): Lernen mit Medien. In: Krapp, A./Weidenmann, B. (Hrsg.): Pädagogische Psychologie. 4. Aufl., Weinheim: Beltz, S. 415-465.

Weiß, R. (2002): Kompetenzentwicklung als strategische Herausforderung der betrieblichen Weiterbildung. In: Becker, M./Schwarz, V./Schwertner, A. (Hrsg.): Theorie und Praxis der Personalentwicklung. 2. Aufl., München: Hampp, S. 75-95.

Westermann, R. u.a. (1996): Identifikation und Erfassung von Komponenten der Studienzufriedenheit. Psychologie in Erziehung und Unterricht, 43 (1), S. 1-22.

Westermann, R. u.a. (1998): Bewertung von Lehrveranstaltungen und Studienbedingungen durch Studierende. Empirische Pädagogik, 12 (2), S. 133-166.

Wiedmann, K.-P. (1999): Herausforderungen des BWL-Studiums durch veränderte Anforderungen der Unternehmen. In: Stauss, B./Balderjahn, I. (Hrsg.): Dienstleistungsorientierung in der universitären Ausbildung. Stuttgart: Schäffer-Poeschel, S. 39-80.

Wiedmann, T. (2001): Rechtsgrundlagen für die Hochschulen in Baden-Württemberg. In Haug, V. (Hrsg.): Das Hochschulrecht in Baden-Württemberg. Heidelberg: C. F. Müller, S. 11-42.

Wild, K.-P./Krapp, A. (1996): Lernmotivation in der kaufmännischen Erstausbildung. In: Beck, K./Heid, H. (Hrsg.): Lehr-Lern-Prozesse in der kaufmännischen Erstausbildung (Zeitschrift für Berufs- und Wirtschaftspädagogik, Beiheft 13). Stuttgart: Steiner, S. 90-107.

Wild, K.-P./Zimmermann, M. (1995): Berufsausbildung vor dem Studium (Gelbe Reihe, Arbeiten zur empirischen Pädagogik und Pädagogischen Psychologie, Nr. 35). München.

Wildt, J. (1997): Fachübergreifende Schlüsselqualifikationen. In: Welbers, U. (Hrsg.): Das integrierte Handlungskonzept Studienreform. Neuwied: Luchterhand, S. 198-213.

Wilsdorf, D. (1991): Schlüsselqualifikationen. München: Lexika.

Wimmer, F./Frank, B. (1999): Verbesserung der Lehre durch Qualitätsmanagement. In: Stauss, B./Balderjahn, I. (Hrsg.): Dienstleistungsorientierung in der universitären Ausbildung. Stuttgart: Schäffer-Poeschel, S. 385-412.

Winteler, A. (2001): Lehrende an Hochschulen. In: Krapp, A./Weidenmann, B. (Hrsg.): Pädagogische Psychologie. 4. Aufl., Weinheim: Beltz, S. 332-345.

Winteler, A. (2002a): Lehrqualität = Lernqualität? Das Hochschulwesen, 50 (2), S. 42-49.

Winteler, A. (2002b): Evaluation – und was dann? Forschung & Lehre, 9 (10), S. 529-531.

Winteler, A./Sierwald, W./Schiefele, U. (1988): Interesse, Leistung und Wissen. Empirische Pädagogik, 2 (3), S. 227-250.

Wissenschaftsrat (1996): Empfehlungen zur Stärkung der Lehre in den Hochschulen durch Evaluation. Berlin.

Wissenschaftsrat (2000): Beschäftigungssystem – Hochschulbildung – Studienreform. Köln.

Wissenschaftsrat (2001): Entwicklung der Fachstudiendauer an Universitäten von 1990 bis 1998. Köln.

Wissenschaftsrat (2002): Eckdaten und Kennzahlen zur Lage der Hochschulen von 1980 bis 2000. Köln.

Witt, F. H. (1995): Theorietraditionen der betriebswirtschaftlichen Forschung (Neue betriebswirtschaftliche Forschung, Band 153). Wiesbaden: Gabler.

Witte, F. (1999): Wirtschaftlichkeit in Hochschulen. Aachen: Shaker.

Witte, T. (1996): Förderung von beruflicher Handlungskompetenz bei Auszubildenden in Genossenschaftsbanken durch ein ganzheitlich ansetzendes innerbetriebliches Ausbildungswesen. Göttingen: Cuvillier.

Wittenberg, R./Rothe, T. (1999): Studienabbruch sowie Studienfach- und Studienortwechsel an der Wirtschafts- und Sozialwissenschaftlichen Fakultät der Universität Erlangen-Nürnberg. In: Schröder-Gronostay, M./Daniel, H.-D. (Hrsg.): Studienerfolg und Studienabbruch. Neuwied: Luchterhand, S. 105-131.

Witthaus, U. (2000): Outcome-Controlling? In: Seeber, S./Krekel, E. M./van Buer, J. (Hrsg.): Bildungscontrolling. Frankfurt am Main: Lang, S. 151-171.

Wöhe, G./Döring, U. (2000): Einführung in die allgemeine Betriebswirtschaftslehre. 20. Aufl., München: Vahlen.

Wolf, P./Spiel, C./Pellert, A. (2001): Entwicklung eines Fragebogens zur globalen Lehrveranstaltungsevaluation. In: Spiel, C. (Hrsg.): Evaluation universitärer Lehre. Münster: Waxmann, S. 90-109.

Wolff, H. (1999): Gesellschaftliche Veränderungen auf dem Weg zur Wissensgesellschaft und Herausforderungen an das Bildungssystem. In: HIS (Hrsg.): Von der Schule über das Studium in den Beruf? (HIS Kurzinformation, A4/99). Hannover, S. 5-9.

Woll, A. (2001): Reform der Hochschulausbildung durch Wettbewerb (Abhandlungen zu Bildungsforschung und Bildungsrecht, Band 10). Berlin: Duncker & Humblot.

Wollert, A. (1990): Führung im Jahre 2000. Personalführung, 1990 (6), S. 396-401.

Wolter, A. (1999): Strategisch wichtige Veränderungen im Ausbildungsverhalten von Schülern und Konsequenzen für den Hochschulzugang. In: HIS (Hrsg.): Von der Schule über das Studium in den Beruf? (HIS Kurzinformation, A4/99). Hannover, S. 10-22.

Woratschek, H. (2001): Qualitätsmanagement als Basis für das Qualitätsmanagement einer Universität. In: Böhler, H./Sigloch, J. (Hrsg.): Unternehmensführung und empirische Forschung. Bayreuth: REA, S. 67-92.

Wottreng, S. (1999): Handbuch Handlungskompetenz. Aarau: Bildung Sauerländer.

ZEvA (1999): Evaluation von Lehre und Studium in den Fächern der Wirtschaftswissenschaften an den niedersächsischen Hochschulen (Schriftenreihe „Evaluation der Lehre" 14/99). Hannover.

ZEvA (2002): Qualitätssicherung in Lehre und Studium (Schriftenreihe „Lehre an Hochschulen" 31/02). Hannover.

Zielke, D. (1998): Die Ursachen des Ausbildungserfolges aus Schülersicht. Zeitschrift für Berufs- und Wirtschaftspädagogik, 94 (3), S. 394-402.

Zimmermann, M. (1994): Zum Problem der „Verbindung" von Theorie und Praxis an verschiedenen „Lernorten". Kölner Zeitschrift für Wirtschaft und Pädagogik, 9 (16), S. 75-93.

Zink, K. J. (1999): Qualitätsmanagement. In: HRK (Hrsg.): Qualität an Hochschulen (Beiträge zur Hochschulpolitik, 1/1999). Bonn, S. 27-37.

Zoglowek, H. (1995): Zum beruflichen Selbstkonzept des Sportlehrers (Europäische Hochschulschriften, Reihe 35, Band 15). Frankfurt am Main: Lang.

Gesetze:

Grundgesetz (GG) für die Bundesrepublik Deutschland in der Fassung vom 19. Dezember 2000.

Hochschulrahmengesetz (HRG) in der Fassung vom 19. Januar 1999.

Universitätsgesetz Baden-Württemberg (UG BW). Gesetz über die Universitäten im Lande Baden-Württemberg in der Fassung vom 1. Februar 2000.

Studienreihe der Stiftung Kreditwirtschaft an der Universität Hohenheim